suhrkamp taschenbuch
wissenschaft 393

Anders als in der Bundesrepublik Deutschland stand die Erforschung der Bauernrevolten des 16. bis 18. Jahrhunderts in den west- und osteuropäischen Ländern im Vordergrund der historischen Forschung und hat beachtliche Kontroversen provoziert. Dieser Band faßt die Ergebnisse dieser Forschungen zusammen, in der Absicht, sie hierzulande zur Diskussion zu stellen und eine Untersuchung vergleichbarer deutscher Ereignisse anzuregen.

Die in diesem Band gesammelten Texte berücksichtigen vor allem die Revolten im west-, mittel- und ostmitteleuropäischen Bereich. Er enthält sowohl methodisch-reflektierende als auch vergleichende und exemplarisch analysierende Arbeiten, die von ausgewiesenen Sachkennern der einzelnen Länder verfaßt wurden.

Eine umfassende sozialgeschichtliche Erforschung der vorrevolutionären Gesellschaft Europas erfordert eine stärkere Berücksichtigung des bäuerlichen Widerstandes.

Winfried Schulze, geboren 1942, ist seit 1978 ordentlicher Professor für Neuere Geschichte an der Ruhr-Universität Bochum.

Veröffentlichungen: *Landesdefension und Staatsbildung*, 1973; *Soziologie und Geschichtswissenschaft*, 1974; *Reich und Türkengefahr im späten 16. Jahrhundert*, 1978; *Bäuerlicher Widerstand gegen feudale Herrschaft*, 1980.

Europäische Bauernrevolten der frühen Neuzeit

Herausgegeben von Winfried Schulze

Suhrkamp

suhrkamp taschenbuch wissenschaft 393
Erste Auflage 1982

Satz und Druck: Georg Wagner, Nördlingen
Printed in Germany
Umschlag nach Entwürfen von
Willy Fleckhaus und Rolf Staudt

CIP-Kurztitelaufnahme der Deutschen Bibliothek
Europäische Bauernrevolten der frühen Neuzeit /
hrsg. von Winfried Schulze. – 1. Aufl. –
Frankfurt am Main : Suhrkamp, 1982.
(Suhrkamp-Taschenbuch Wissenschaft ; 393)
ISBN 3-518-27993-9
NE: Schulze, Winfried [Hrsg.]; GT

Inhalt

Vorbemerkung

Soziale Bewegungen gehören zweifellos zu den bevorzugten Themen der neueren historischen Forschung. Hierin durchaus den großen historischen Persönlichkeiten vergleichbar, sind Revolten, Aufstände, Streikbewegungen oder revolutionäre Vorgänge von besonderem Erkenntniswert, um die Wirksamkeit oder das Kollidieren langfristiger politischer, wirtschaftlicher und geistiger Veränderungen zu belegen, sie gleichsam in einem überschaubaren Handlungszusammenhang zu verdichten. Im Bereich der frühneuzeitlichen deutschen Geschichte hat sich das einschlägige Interesse vor allem auf den Bauernkrieg von 1524-26 und auf städtische Volksbewegungen im Zeitalter der Reformation konzentriert. Am Ende dieser Epoche sind es dann wieder die deutschen Jakobiner, die eine überproportionale Aufmerksamkeit erregten. Der Zeitraum jedoch zwischen Bauernkrieg und Französischer Revolution hat in dieser Hinsicht bis vor wenigen Jahren kein besonderes Interesse hervorgerufen. Diese Epoche gilt als von »politischer Apathie« der bäuerlichen Bevölkerung geprägt, und ein durchaus repräsentativer Handbuchartikel von 1909 formulierte: »Der Geist der Resignation, der sklavischen Unterwürfigkeit und der geistigen und körperlichen Trägheit, verbunden mit Tücke und Bosheit, Haß und Bitterkeit gegen die Herrschaft, der dem ganzen Bauernstand jahrhundertelang das Gepräge gab, verbreitete sich.« Franz Schnabel sah schon 1931 das Volk nach der Niederlage des Bauernkrieges die »Bühne der Geschichte« verlassen und diese den siegreichen Fürsten überlassen.

In den Diskussionen des Bauernkriegsgedenkjahres 1975 ergaben sich nun vielfache Anregungen, durch eine genauere Untersuchung sowohl der spätmittelalterlichen als auch der frühneuzeitlichen agrarischen Konflikte die Bewegung des Bauernkrieges deutlicher hervortreten zu lassen. Auch andere Fragestellungen interessierten sich für die Reaktion der untertänigen Bevölkerung auf die Durchsetzung des modernen Steuerstaates, schließlich waren es auch die Anregungen der schon weiter fortgeschrittenen Forschung in den west- und ostmitteleuropäischen Ländern, die einschlägige Untersuchungen für Deutschland nahelegten. Diese hier kurz angesprochenen Richtungen haben sowohl durch Verbreiterung der Quellenbasis durch Detailstudien als auch durch erste Gesamtinterpretationen die oben skizzierte ältere Bewertung in Frage gestellt, wenn nicht schon erheblich relativiert.

Angesichts dieser Entwicklung der historischen Forschung in der Bundesrepublik Deutschland schien es wünschenswert, die deutschen Forschungsergebnisse in die der europäischen Nachbarländer einzuordnen. Hier haben die Untertanenrevolten des »Ancien Régime« z. T. beachtliche Forschungskontroversen ausgelöst bzw. tun das im Augenblick noch. Der vorliegende Sammelband soll über vergleichbare Ergebnisse und die verwendeten Forschungskonzepte in einigen europäischen Ländern informieren, den europäischen Vergleich erleichtern und weitere Forschungen auf diesem Gebiet anregen.

Die Auswahl der Texte wurde bestimmt durch den durchaus unterschiedlichen Forschungsstand in den einzelnen Ländern und die Tatsache, daß sich im Rahmen eines Readers kein Gesamtüberblick über alle Länder gewinnen läßt. Die vorliegenden Aufsätze wurden in drei Gruppen angeordnet, die die drei wichtigsten Beobachtungsebenen der Forschung repräsentieren: die methodische und konzeptionelle Reflexion, den vergleichenden Ansatz und die exemplarische Analyse einzelner Länder oder sogar einzelner Bewegungen. Die russischen Bauernrevolten wurden wegen ihrer deutlich unterschiedlichen Ausgangsbedingungen gegenüber dem west-, mittel- und ostmitteleuropäischen Bereich bewußt nicht mit in die Sammlung aufgenommen. Auch die Probleme bäuerlichen Widerstands in Spanien, Italien, Norwegen, Schweden oder Finnland konnten in diesem Band leider nicht berücksichtigt werden.

Die Vorbereitung dieses Bandes wurde angeregt und erleichtert durch die Finanzierung eines einschlägigen Forschungsprojekts aus Mitteln der Stiftung Volkswagenwerk in ihrem Programm der »vergleichenden europäischen Geschichte der frühen Neuzeit«. Prof. Dr. Peter Blickle (Bern) und der Herausgeber bearbeiten innerhalb dieses Projekts ausgewählte Aspekte der »agrarischen Sozialkonflikte vom Spätmittelalter bis zum 18. Jahrhundert im europäischen Vergleich«. Ich benutze gern diese Gelegenheit, um der Stiftung für ihre unbürokratische und anregende Hilfe zu danken.

Dank schulde ich auch den in- und ausländischen Kollegen, die einer erneuten Publikation ihrer Beiträge sofort zustimmten und

z. T. auch die Mühe einer Überarbeitung auf sich genommen haben. Nicht zuletzt aber bin ich Burkhart Asmuss, Helmut Gabel, Sabine Schenkel, Fritz Seeberger, Werner Troßbach und Dr. Erdmann Weyrauch für ihre Übersetzungen und für ihre konstruktive Mitarbeit am Forschungsprojekt und an diesem Band zu Dank verpflichtet, ebenso Christiane Schroeder für ihre Mithilfe beim Korrekturlesen.

Bochum, im Januar 1982 Winfried Schulze

Winfried Schulze

Europäische und deutsche Bauernrevolten der frühen Neuzeit – Probleme der vergleichenden Betrachtung[1]

I.

In einem der ersten Versuche, einen Überblick über die Bauernrevolten des 16. und 17. Jahrhunderts in ihrem gesamteuropäischen Ausmaß zu gewinnen, stellte der englische Historiker Henry Kamen einen eindeutigen Höhepunkt dieser Bewegungen an der Wende vom 16. zum 17. Jahrhundert fest.[2] Benutzt man seine Hinweise und ergänzt man sie mit weiteren Angaben für den mitteleuropäischen Bereich, so ergibt sich eine Fülle von gleichzeitigen bäuerlichen Widerstandsbewegungen, die von den französischen Revolten der Croquants im Limousin und Périgord (1593-95), der englischen Revolte in Oxfordshire 1596, den nieder- und oberösterreichischen Bauernkriegen zwischen 1594 und 1597[3], einigen kleineren Revolten in Oberschwaben, im Allgäu und in Bayern sowie am Hochrhein und in der Eidgenossenschaft bis zu einzelnen Revolten in der Lausitz und in Böhmen reichen.[4] Zumindest für die mitteleuropäischen Beobachter war es keine Frage, daß die Gefahr eines neuen umfassenden Bauernkrieges bestand. Doch auch außerhalb des bislang berührten west- und mitteleuropäischen Bereichs tobten Revolten. 1596 brachen in Finnland »Keulenkrieg« genannte Unruhen aus, im gleichen Jahre auch in der Ukraine und in Litauen. Auch in Ungarn lassen sich für 1597, für 1598 in Bulgarien Revolten nachweisen, nachdem schon 1573 in der südlichen Steiermark und in Kroatien-Slawonien ein großer Aufstand gegen die Grundherrschaften ausgebrochen war. In Siebenbürgen kam es 1599 zu einem Aufstand der leibeigenen Untertanen und 1596 war im italienischen Reichslehen Madrignano während einer Revolte der Grundherr Bonifacio Malaspina ermordet worden.[5] »Weder der Lauf der Zeit noch die Umwandlung der Leibeigenschaft in die Freiheit haben die alte Neigung zu Rebellion und Ungehorsam von Seiten der Bauern mildern können«, stellte im Jahre 1600 der französische Adelige

Olivier de Serres fest und traf damit wohl genau den allgemeinen Eindruck seiner europäischen Standesgenossen.[6]

Wenn alle diese Bewegungen auch unterschiedlich hinsichtlich ihrer Gründe, ihres Ausmaßes und ihrer Zielsetzungen verliefen, so sind sie doch in ihrer Gesamtheit ein eindrucksvoller Beleg für die Existenz eines breiten, zuweilen in Revolten, Aufständen und Kriegen gipfelnden bäuerlichen Widerstandes, den wir in der Epoche der frühen Neuzeit zur Normalität der europäischen Staaten – auch der bislang nicht genannten – zu rechnen haben, der gleichwohl von der historischen Forschung noch nicht hinreichend thematisiert und nur versuchsweise als gesamteuropäisches Phänomen gesehen worden ist.[7] Der französische Mediävist Marc Bloch hat uns die Beobachtung hinterlassen, daß die agrarische Revolte mit der Grundherrschaft so untrennbar verbunden sei wie der Streik mit den großen kapitalistischen Unternehmen.[8] Angesichts der offensichtlichen Problematik eines solchen Vergleiches hat er damit der historischen Forschung die Aufgabe zugewiesen, die Bedingungen, Formen und Wirkungen des bäuerlichen Widerstands zu erforschen und in den allgemeinen historischen Wirkungszusammenhang einzuordnen. Wie hat die historische Forschung diese Aufgabe gelöst, ja hat sie Blochs Feststellung der Normalität des Widerstands überhaupt ernst genommen?

Ein erster Blick auf die einschlägigen Forschungsergebnisse zeigt, daß erst die neuere Forschung diesem von Bloch empfohlenen Problembereich gerecht geworden ist. Die Historiker des 19. Jahrhunderts haben natürlich im Kontext einer monarchisch-etatistischen Betrachtungsweise auch die großen bäuerlichen Widerstandsbewegungen zur Kenntnis genommen. Sie wurden als hemmende Faktoren der modern-staatlichen Entwicklung interpretiert, als Argumente in konfessionellen oder dynastischen Polemiken verwandt, als letztlich unerklärbare soziale Verhaltensformen bezeichnet, wenn etwa Leopold von Ranke vom deutschen Bauernkrieg als dem »größten Naturereignis des deutschen Staates« sprach.[9] Eine durch die Sehweise von Regierungen geprägte Historiographie begnügte sich mit wenigen spektakulären Beispielen von Bauernkriegen oder -revolten, übernahm ungeprüft die Bewertung der meist obrigkeitlich geprägten Quellenbestände und zeitgenössischer Berichterstatter, die vom aufständischen Volk als »many-headed monster« oder als »beste farouche« sprachen[10], wenn sie nicht von vornherein programmatisch auf die

Erforschung jener Bewegungen verzichtete, die geeignet waren, das geschichtliche Bild der historischen Leistungen nationaler Dynastien zu verdunkeln. So entstand eine historische Anschauung, die dem bäuerlichen Widerstand als Phänomen sui generis keine Aufmerksamkeit entgegenbrachte und ihn verdrängte. Es ist dagegen von besonderem Interesse festzustellen, daß den Zeitgenossen des 17. und 18. Jahrhunderts die Revolten des »gemeinen Mannes« durchaus als zusammenhängendes Problem erschienen. John H. Elliott hat in seinem Beitrag über Revolution und Kontinuität im frühmodernen Europa auf die Fülle der Belege hingewiesen, die die Reflexion über »Sedition« und »Rebellion« verdeutlichen.[11] Titel wie »Wahrhafftig-Abbildender Auffruhr- und Empörungsspiegel, in welchem alle unruhige und verwegene Köpffe gar leicht und eigentlich zu erkennen seyn« (1687), »Historie aller Zusammenrottierungen des Pöbels, Tumulte und Empörungen in Großbritannien« (1718), »Continuirende Rebellion« (1650) oder »Turbolenze d'Europa« (1654) mögen dies andeuten[12], und als später Beleg sei ein anonymer Autor aus dem Jahre 1785 zitiert, der die Revoltenhäufigkeit einzelner europäischer Länder (Ungarn, Preußen, England, Frankreich) vergleichend untersuchte und diese mit der jeweiligen Beziehung zwischen Fürst und Untertanen in Zusammenhang brachte.[13] Gegenüber einer solchen umfassenden Betrachtungsweise ist es um so erstaunlicher, daß die historische Forschung des 19. und 20. Jahrhunderts eine europäisch vergleichende Erforschung des Revoltenproblems nicht versucht hat.

Es kann in diesem Zusammenhang nicht den einzelnen Versuchen nachgegangen werden, sich diesen generellen Tendenzen zu entziehen. Ganz allgemein kann festgehalten werden, daß die bürgerlichen Revolutionen des 19. Jahrhunderts und die Herausbildung marxistisch orientierter Parteien zugleich auch Ansatzpunkte boten, die bislang vernachlässigte Geschichte der Bauernrevolten intensiver zu erforschen und – vor allem – in politischer Absicht zu würdigen und herauszustellen. Dies gilt in vergleichbarer Weise auch für jene Revolten, die sich in den Kontext der europäischen Nationalstaatsbildung integrieren und von daher politisch verwerten ließen. Daneben muß besonders auf die Leistungen der sich im 19. Jahrhundert entfaltenden landesgeschichtlichen Forschung hingewiesen werden, die sich der Geschichte der lokalen und regionalen Bauernrevolten annahm und diese einer, wenn auch meist begrenzten, Öffentlichkeit zugänglich machte.[14]

Bevor in den nächsten Abschnitten ein Überblick über die neuere Forschung entwickelt werden soll, müssen vorab einige begriffliche Probleme diskutiert werden. Die Formulierung des Titels dieses Beitrags erfordert eine Bestimmung des Begriffs der Bauernrevolte. Dieser Begriff wurde gewählt, weil er sich im bisherigen Sprachgebrauch der europäischen Länder als gemeinsamer Nenner für die Fülle von sozialen Bewegungen der agrarisch wirtschaftenden Bevölkerung erwiesen hat. Damit wird begrifflich noch nicht der Tatsache Rechnung getragen, daß sich diese Bewegungen bei näherer Betrachtung keineswegs alle als Revolten im engeren Sinne bezeichnen lassen. Für Teilbereiche sind bislang ganze Stufenleitern der bäuerlichen Reaktionen auf herrschaftlich-staatliche Forderungen entwickelt worden, die von der nachlässigen Leistung der Frondienste, deren Verweigerung, der Flucht, der Prozeßführung, über organisierte Abgaben- und Leistungsverweigerungen, den Einsatz von Gewalt zur Abwehr von staatlichen Gegenmaßnahmen bis hinauf zum Bauernkrieg als der höchsten Stufe des bäuerlichen Widerstands reichen, in der organisierte, bewaffnete Aktionen bäuerlicher Haufen gegen Städte, Adelssitze, Steuereinnehmer oder Militär zu verzeichnen sind. Da diese Stufe eher die Ausnahme des bäuerlichen Kampfes darstellt, kann die Revolte als eine bäuerliche Widerstandsbewegung im lokal-regionalen Rahmen bezeichnet werden, die auf eine oder mehrere konkrete Forderungen im herrschaftlich-bäuerlichen Verhältnis abzielt und hinsichtlich des Organisationsgrads der Bewegung im allgemeinen defensiv orientiert ist, d. h. organisierte Gewalt – im Unterschied zum Bauernaufstand oder gar Bauernkrieg – nur zur Verteidigung der vermeintlich angegriffenen bäuerlichen Rechtsposition einsetzt.[15]

Natürlich hat sich die historische Forschung zunächst auf die herausragenden Formen des Bauernkriegs und des Bauernaufstands konzentriert. Die intensive Nachfrage nach der ganzen Fülle der Konflikte zwischen Staat bzw. Grundherrschaft und Bauern hat jedoch schon bald die eben erwähnte Stufenfolge des bäuerlichen Widerstands nahegelegt, und es erscheint deshalb angebracht, die hier näher behandelten Revolten als die manifeste Form eines breiten Spektrums bäuerlichen Widerstands zu verstehen. Dieses Spektrum ist jedoch in den einzelnen europäischen

Ländern erst unterschiedlich intensiv erforscht worden.[16] Insofern scheint es problematisch, im jetzigen Stadium der Forschung schon Aussagen über Konflikthäufigkeit und innergesellschaftliche Stabilität allein auf die Zahl der vorläufig bekannten Revolten und Bauernkriege gründen zu wollen. Der englische Historiker G. Elton wies einmal darauf hin, daß die Summe hunderter kleiner Aufläufe und Unruhen, die sich Jahr für Jahr ergaben, für die Regierung Tudor-Englands ein viel drängenderes Problem gewesen sei als die nur gelegentlichen großen Aufstände.[17] Eine solche, die innere Ordnung frühmoderner Staaten thematisierende Betrachtung muß auch zu einer Relativierung des Revoltenphänomens führen, wie es hier zunächst nur programmatisch entwickelt werden kann. Es bedarf hier noch vergleichender Untersuchungen der konfligierenden Interessen von Grundherren und Bauern, der juristischen Verfahren, der zentralstaatlichen Eingriffe usw., allgemein formuliert, der Formen des Konfliktaustrags in den jeweiligen politisch-gesellschaftlichen Systemen, um zu fundierten vergleichenden Aussagen zu kommen.[18]

II.

Es ist unbestreitbar, daß die heutigen Interpretationen am stärksten durch den Gegensatz zwischen marxistischen und nichtmarxistischen Forschungsansätzen geprägt sind. Auch wenn wir relativierend in Rechnung stellen, daß durch die innere Differenzierung der Positionen innerhalb der ost- und südosteuropäischen Länder bzw. durch die unorthodoxen Fragestellungen westeuropäischer Marxisten eine relativ breite Skala teilweise sich überschneidender Ansätze entstanden ist, so empfiehlt sich zunächst der Rückgriff auf diese grundlegende Trennung.

Auf der marxistischen Seite muß jede Analyse sozialer Konflikte in der Epoche des Feudalismus von der Kategorie des »Klassenkampfes« ausgehen, wie er – unbeschadet der langen begrifflichen Tradition – als Arbeitsbegriff durch den sowjetischen Historiker B. F. Poršnev in die neuere einschlägige Forschung eingeführt worden ist. Wichtigster Punkt seiner methodischen Überlegungen war eine Adaption des Klassenkampfbegriffs an die historische Realität der Epoche der frühen Neuzeit durch den Begriff der »niederen Formen des Klassenkampfes«. Damit konnte die ganze Vielfalt der bäuerlichen Widerstandshandlungen nach der Welle der spätmittelalterlichen Bauernkriege unter grundsätzlicher Wahrung des Klassenkampfkonzeptes erfaßt werden. Zugleich verband Poršnev den bäuerlichen »Klassenkampf« mit der Entwicklung des Staates in dieser Epoche. Auf eine kurze Formel gebracht besagte seine These, daß Bauernaufstände die Ausbildung zentralisierter nationaler Monarchien notwendig machten; der Absolutismus als die entwickeltste Form der monarchischen Herrschaft ist die notwendige Folge des bäuerlichen Kampfes: »Die Volksmassen schlossen sich zusammen und zwangen so den Feudalstaat zur Zentralisierung.«[19]

Gerade angesichts einer weitgehenden Rezeption in Osteuropa und starker Auswirkungen auf die westeuropäische Forschung scheint es notwendig, auf die scharfen Diskussionen hinzuweisen, die Poršnevs Thesen schon bei ihrer Veröffentlichung auslösten. Wie Diskussionsberichte und Gegenveröffentlichungen zeigen, konzentrierte sich der Hauptvorwurf der Kritiker auf eine Hypostasierung des Klassenkampfes zum »Entwicklungsgesetz der Feudalgesellschaft«. »Indem Poršnev«, so sein Hauptkritiker J. A. Kosminski, »anstelle des Anwachsens der Produktivkräfte und des Wechsels der Produktionsverhältnisse die Entwicklung als Klassenkampf unterschiebt, beraubt er letzteren der historischen Grundlage, macht ihn zu einer überhistorischen Kategorie und entstellt den natürlich-historischen Charakter der Entwicklung der Menschheit.«[20] Trotz dieser grundlegenden methodischen Einwände kann man feststellen, daß Poršnevs Variierung des Klassenkampfkonzepts, seine Verbindung von bäuerlichem Widerstand und Absolutismus, starke Anerkennung gefunden und die weiteren Forschungen auf diesem Gebiet unstreitig beeinflußt hat. Eine bewußte Differenzierung zwischen der »objektiven Triebkraft« der Produktivkräfte und der »subjektiven Triebkraft« des Klassenkampfes (so der DDR-Historiker Bernhard Töpfer) erleichtert diese Rezeption, während polnische Historiker wie Bobinska und Maczak sich diesem Konzept gegenüber eher kritisch verhalten haben.[21]

Ein auf die erwähnte Kritik an Poršnev zurückgreifender Interpretationsansatz des sowjetischen Historikers Čistozvonov hat demgegenüber einen anderen Weg beschritten.[22] Er hat, vor allem im Zusammenhang mit der Erforschung der kapitalistischen Durchdringung Europas, versucht, den bäuerlichen Widerstand in dieser Epoche aus den sich verändernden ökonomischen Grundlagen zu erklären. In deutlicher, wenn auch nicht ausgesprochener Distanz zu Poršnev betonte Čistozvonov erneut die entscheidende Bedeutung von Produktivkraftentwicklung und gesellschaftlicher Arbeitsteilung für den gesamten historischen Entwicklungsprozeß. Seine regionale Typisierung bäuerlicher Widerstandsbewegungen orientiert sich stark an seinen früheren Studien über die Manufakturepoche des europäischen Kapitalismus. Damit vertritt Čistozvonov gegenüber Poršnev eine relativ starke Marginalisierung des bäuerlichen Kampfes, der nur in seiner jeweiligen Relation zur Entwicklung des Bürgertums gesehen wird. Schließlich warnte er – und auch dies ist gegen Poršnev zu verstehen – davor, »den bloß zeitlichen Zusammenfall der bäuerlichen und der bäuerlich-plebejischen Kundgebungen in der untersuchten Epoche« als »organische Komplexe oder als identische Erscheinung« zu verstehen. Hierin muß eine Warnung vor einer zusammenhängenden Erforschung und eigenen Bewertung des bäuerlichen Widerstands gesehen werden, die bislang m. E. zu Recht wenig Anklang gefunden hat.[23] Die hier angebotene Globalanalyse scheint auch für die breite Einzelforschung in den osteuropäischen Ländern keineswegs repräsentativ zu sein, hier hat sich eher der von Poršnev beschrittene Weg einer differenzierten Formenanalyse des bäuerlichen Widerstands durchgesetzt. Daneben muß hervorgehoben werden, daß in einer Reihe von osteuropäischen Staaten die Geschichte der Bauernaufstände ganz zielstrebig in die Nationalgeschichte integriert und damit für diese genutzt worden ist. Diese Tendenz war gerade in den letzten Jahren gut zu beobachten, als sich die Gedenkjahre wichtiger Bauernbewegungen häuften. Eröffnet wurde der Reigen von Gedenktagen durch die ungarischen Veranstaltungen zum 500. Geburtstag des Georg Dòzsa[24], fortgesetzt durch die jugoslawischen Feiern zum 400. Gedenkjahr des Windischen Bauernaufstands im Jahre 1573[25], in gewisser Weise auch durch die Bauernkriegsgedenkfeiern und -publikationen in der DDR im Jahre 1975[26] und schließlich abgeschlossen durch das Gedenken an die böhmischen Bauernaufstände im Jahre 1775, die von der tschechoslowakischen Geschichtswissenschaft intensiv bearbeitet wurden.[27] Auch die russischen Veranstaltungen und Publikationen zum 200. Jahrestag der Pugačev-Revolte (1773-1775) können in diesem Zusammenhang erwähnt werden.[28] In allen Fällen war eine starke Funktionalisierung der historischen Erforschung der Bauernbewegungen für ein marxistisch geprägtes, mit nationalen Momenten durchsetztes Geschichtsbild zu beobachten.

Darüber hinaus muß angemerkt werden, daß sich z. T. erhebliche Differenzierungen der bislang verwendeten Forschungsstrategien durchgesetzt haben, so z. B. in Ungarn eine verstärkte Hinwendung zur Ideologiegeschichte der Bewegung von 1514, in der Tschechoslowakei eine vorsichtigere Untersuchung der Formen des Klassenkampfes, und in der DDR-Forschung hat Gerhard Heitz die Forderung erhoben, »dem Zusammenhang zwischen Agrarstruktur und Klassenkampf vertieft und vergleichend nachzugehen«.[29]

Damit – so läßt sich feststellen – ist der Versuch unternommen worden, bei genereller Wahrung des Klassenkampfbegriffs durch ergänzende Gesichtspunkte eine methodische Differenzierung dieses Konzepts vorzunehmen und damit bestimmte Schwächen auszugleichen. Der grundlegende Nachteil einer pauschalen forschungsleitenden Verwendung des Klassenkampfbegriffs muß weiterhin darin gesehen werden, daß seine Anwendung auf die Epoche der frühen Neuzeit eine zu eindeutige Polarisierung der gesellschaftlichen Interessenlagen impliziert, die sich realhistorisch in den Revolten selbst nicht nachweisen läßt. Zwar muß mit Historikern wie dem englischen Mediävisten Rodney Hilton gesehen werden, daß die Bauern mit anderen sozialen Gruppen in Beziehungen stehen, »which inevitably generate antagonism«[30], doch bietet eine solche Formulierung die Möglichkeit einer differenzierten Betrachtung von konfligierenden gesellschaftlichen Interessen, also dem Antagonismus einerseits und den daraus resultierenden Spannungen, Konflikten und Lösungen andererseits. Diese für die Erklärung sozialer Bewegungen notwendige Differenzierung wird durch den Klassenkampfbegriff überdeckt. Darüber hinaus ist bei der undifferenzierten Anwendung dieses Konzepts von vornherein eine gewisse Vernachlässigung der Bedeutung des frühmodernen Staates gegeben, der in neuer Weise die gesellschaftlichen Auseinandersetzungen mitbestimmt. Schließlich ist gerade in der französischen Forschung deutlich auf die Schwierigkeiten hingewiesen worden, die sich ergeben, wenn der Begriff des Klassenkampfs auf eine Gesellschaft angewendet wird, deren Wertvorstellungen und Interessenlagen vor allem ständisch bestimmt sind.[31] Diese Voraussetzungen mit in die Forschung zu integrieren scheint vor allem deshalb wichtig, weil sich in den gesellschaftlichen Konflikten dieser Epoche vertikale Solidaritäten ergeben können, die mit dem Klassenkampfkonzept nicht oder nicht adäquat erfaßt werden können. Kritische Bemerkungen zu diesem Konzept sollen jedoch nicht von der Tatsache ablenken, daß die intensiv betriebenen Forschungen auf dem Gebiet der ostmittel- und osteuropäischen Bauernrevolten eine Vielzahl sehr beachtlicher Einzelanalysen und Quellensammlungen erbracht haben.

Angesichts der geschilderten Entwicklung des Klassenkampfbegriffs als Leitbegriff der einschlägigen Forschung und seiner breiten Rezeption gerade in der DDR ist es von besonderem Interesse, die jüngste Diskussion über diesen Begriff zu verfolgen. Sie wurde ausgelöst durch Ausführungen Jürgen Kuczynskis im Rahmen seiner »Geschichte des Alltags des Deutschen Volkes«, die die Reichweite des Begriffs betreffen.[32] Entgegen der bislang weitgehend einheitlichen Meinung der DDR-Historiker bezweifelte Kuczynski, ob der Prozeßweg als Teil des Klassenkampfs zu werten sei, ob nicht vielmehr die Prozeßführung mit Hilfe feudaler Gerichte das genaue Gegenteil sei. Wenn diese Deutung auch von den kritisierten Kollegen abgelehnt wurde – ganz prononciert zuletzt von Gerhard Heitz[33] –, so zeigt die aufgebrochene Diskussion doch die grundlegende Schwäche des Forschungskonzepts »Klassenkampf«, das über keinerlei Potential verfügt, um die Rolle von Gerichten, die partiell objektiv antifeudale Urteile ausspechen, von landesfürstlichen Bauernschutzmaßnahmen, adäquat zu würdigen.

III.

Die nichtmarxistische Forschung zur Geschichte der europäischen Bauernrevolten entzieht sich eines so eindeutigen Charakterisierungsmerkmals, wie es das Klassenkampfkonzept für den marxistischen Bereich darstellt. Gleichwohl läßt sich feststellen, daß der Anstoß, der von diesem Konzept ausging, die Forschung besonders in den westeuropäischen Ländern direkt und indirekt beeinflußt hat.

Am deutlichsten sichtbar gilt dies für Frankreich, wo Poršnevs Forschungen nicht bloß in ihrer allgemeinen Form rezipiert zu werden brauchten, sondern wo Poršnev selbst eine zusammenfassende Darstellung der französischen Bauernrevolten vor der Fronde vorgelegt hatte.[34] Damit wurde ein bislang weithin akzeptiertes Muster der französischen Ancien-Régime-Forschung in Frage gestellt, das die bekannten Bauernrevolten des 16. und 17. Jahrhunderts immer mehr als Aufstände regionaler Einheiten gegen eine zentralistische Fiskalpolitik interpretiert hatte. Da diese Forschungskontroverse inzwischen mehrfach aufgearbeitet worden ist, braucht hier nicht näher auf diese Debatte eingegangen werden, deren sachlicher Ertrag dem Urteil Robert Mandrous nach hoch einzuschätzen ist.[35] Hervorzuheben sind die langfristigen Wirkungen der Kontroverse zwischen Poršnev und Roland Mousnier. Da beide in den Bauernrevolten – unbeschadet ihrer unterschiedlichen Interpretationen – bedeutsame Bewegungen sahen, ohne die vor allem die Entwicklung des französischen Absolutismus nicht zu verstehen ist, leitete diese Kontroverse eine in jeder Beziehung intensivierte Erforschung bäuerlicher Revolten ein. Damit sind sowohl jene Historiker gemeint, die – der Mousnierschen Argumentationslinie folgend – den antifiskalischen Charakter der Revolten betonten[36], aber auch jene, die dem Studium der Revolten eine intensive Erforschung der ländlichen Sozialstruktur zugrunde legten, die den Wandel der Konfliktformen heraushoben oder denen es um Organisationsprobleme und um die Motivation der Bewegungen ging.[37]

Damit sind wichtige Teilfragen angesprochen, denen heute das Interesse der einschlägigen Forschung gilt. Sie sind inzwischen auch von Bedeutung geworden für die Erforschung der englischen Bauernrevolten, deren Ergebnisse durch Clifford Davies auf die Anwendbarkeit der Mousnierschen Fragestellungen hin überprüft wurden.[38] Sieht man einmal von der durch Mousnier aufgeworfenen Frage nach der Stoßrichtung der Bauernbewegungen ab, so wird sich in der nichtmarxistischen westeuropäischen Forschung am ehesten eine Konzentrierung auf die folgenden Fragenkomplexe feststellen lassen. Einmal ist dies die Frage nach den Organisationsformen der Bewegungen, von Interesse vor allem für die vergleichende Erforschung sozialen Protests. Es verwundert deshalb nicht, daß einige Systematisierungsversuche (Bercé, Ch. Tilly, Sabean) sich an diesem Kriterium orientiert haben und die starke Gemeindeorientierung der Revolten hervorgehoben haben.[39]

Die zweite Frage betrifft – ebenfalls geprägt vom vergleichenden Interesse – die Inhalte von bäuerlichen Widerstandsbewegungen, d. h. die Frage nach den Zielvorstellungen dieser Bewegungen. Damit ist Mousniers Unterscheidung von antifiskalisch und antifeudal ebenso angesprochen wie Charles Tillys Unterscheidung von reaktiven und proaktiven Varianten des sozialen Protestes, mit denen er die unterschiedlichen Zielvorstellungen aufständischer Bauern des 17. Jahrhunderts und streikender Arbeiter des 19. Jahrhunderts zu charakterisieren versuchte.[40]

Die dritte Frage zielt auf die Erforschung der Legitimation der bäuerlichen Bewegungen ab. Diese Frage ist vor allem deshalb wichtig, weil damit erst der bäuerliche Widerstand in dem Sinne erklärbar gemacht wird, daß er auf bestimmte grundlegende Verhaltensmuster zurückgeführt werden kann. Damit entfällt der Zwang, die Bauernrevolte als elementaren Ausbruch, als irrationale Verhaltensform betrachten zu müssen, so wie dies in Formulierungen wie »fureur paysanne« (Mousnier) oder »force aveugle« (Petran, Mandrou) anzuklingen scheint.[41] Sie kann nach der schwierigen Untersuchung einschlägiger Quellen in ein Geflecht bäuerlicher Wertvorstellungen und Verhaltensmuster eingeordnet werden und damit erst historisch erklärt werden. Auf diesem Gebiet haben sich eine Anzahl von Historikern in der gemeinsamen Absicht getroffen, das Verhalten von sozialen Unterschichten zu untersuchen und zu deuten. Wenn sich die Arbeiten auch auf durchaus unterschiedliche Bereiche erstrecken (so E. P. Thompson für englische Unterschichten im 18. Jahrhundert, George Rudé u. a. für die Sansculotten, Nathalie Zemon Davis für die religiösen Unruhen des 16. Jahrhunderts in Frankreich, Emmanuel Le Roy Ladurie für die Bauern des Languedoc, um nur einige Beispiele zu nennen)[42], so ist doch all diesen Beiträgen die Absicht eigen, die scheinbare Irrationalität der hier auftretenden Widerstandsbewegungen aufzulösen und sie auf bestimmte, bislang unbekannte Muster sozialen Verhaltens zurückzuführen. Vor einigen Jahren würdigte Nathalie Zemon Davis die Leistungen dieser Historiker, wenn sie feststellte, daß »nowadays this hydra-headed monster has taken on a more orderly shape«. . . . »We may see these crowds as prompted by political and moral traditions that legitimize and even prescribe their violence.«[43]

IV.

Vergleichende Geschichtsforschung muß sich ihrer Möglichkeiten und Risiken bewußt sein, um sich nicht in den drohenden Gefahren unrealistischer Fragestellungen oder der Formulierung von Trivialitäten zu verlieren. Für unser Thema heißt dies, Fragestellungen zu vermeiden, die eine einheitliche Begründung des bäuerlichen Widerstands für alle europäischen Länder anvisieren oder nur nationale Charakteristika nebeneinanderstellen würden. Da es an Stimmen nicht fehlt, die einen vergleichenden europäischen Ansatz für problematisch halten und die Singularität der einzelnen Bewegungen betonen[44], muß zunächst nach den strukturellen Ausgangsbedingungen der Revolten gefragt werden, die ihre Vergleichbarkeit ermöglichen, ja einen Vergleich überhaupt erst als sinnvoll erscheinen lassen. Dabei soll versucht werden, die langfristigen ökonomischen Veränderungen, die das Verhältnis von Bauern und Grundherrn tangierten, für eine generelle Interessenbestimmung dieser Epoche nutzbar zu machen und auf diese Art und Weise dem Dilemma »antagonistischer Klassen« zu entkommen.

Die folgenden wirtschaftlichen und politischen Ausgangsbedingungen und Entwicklungen lassen sich festhalten:

– In allen europäischen Staaten bilden die Bauern den überwiegenden Bevölkerungsanteil, ihre Produktion bildet das ökonomische Rückgrat der nationalen Volkswirtschaften.

– In allen europäischen Staaten bilden damit die Bauern die Grundlage des gesamten sozialen Systems. Sie finanzieren durch Steuern und Abgaben den überwiegenden Teil der adeligen Haushalte und der staatlichen Budgets.

– Alle europäischen Staaten befinden sich zwischen dem Beginn des 16. Jahrhunderts und dem Ende des 18. Jahrhunderts in unterschiedlichen Stadien einer Übergangsphase zwischen Subsistenz- und Marktwirtschaft. Diese Feststellung schließt den Sachverhalt ein, daß sich in einzelnen Ländern »Inseln industrieller Tätigkeit« herausbildeten, die sich in Absatzkrisen zu Gebieten starker Abhängigkeit vom Getreideangebot und -preis entwickelten.

– Alle europäischen Staaten sind in dieser Epoche durch die Konkurrenz von autonomen adeligen Grundherrschaften und zentralisierten oder zentralisierenden Monarchien geprägt. Beide wetteifern um die Kontrolle über die Bauern.

Diese vier Bedingungen sind besonders geeignet, das Interesse an den Reaktionen der von den angesprochenen Wandlungsprozessen betroffenen Bauern zu provozieren. Zugleich liefern uns diese Ausgangsbedingungen die Voraussetzungen für eine generelle Charakterisierung der Interessenlagen, die das Verhältnis von Bauern, Grundherren und frühmodernem Staat bestimmen. Trotz höchst unterschiedlicher Entwicklungsstufen der staatlichen Organisation in den europäischen Ländern unserer Epoche können wir generell davon ausgehen, daß in keinem Land alleine das Verhältnis Bauer – Grundherrschaft entscheidend war. In allen Fällen traten die nationalen Monarchien bzw. Territorialfürsten – wenn auch in unterschiedlicher Intensität – als zusätzlicher Machtfaktor hinzu und sei es nur durch den grundlegenden Anspruch auf Steuern. Daraus ergab sich ein kompliziertes Dreiecksverhältnis zwischen bäuerlichen Untertanen, Grundherrschaften und zentralstaatlichen Instanzen, das durch drei grundsätzliche Interessenbündel bestimmt war.

1. Die Grundherrschaften hatten angesichts sich verstärkender geldwirtschaftlicher Tendenzen und der durch eine demographische Aufwärtsentwicklung insgesamt günstigen agrarischen Konjunktur ein grundlegendes Interesse daran, die bäuerlichen Abgaben- und Dienstverpflichtungen möglichst intensiv zu nutzen, wobei die jeweilige Agrarstruktur die bevorzugte Form der Rentensteigerung bestimmte.

2. Die bäuerlichen Untertanen hatten ihrerseits ein starkes Interesse an einer möglichst weitgehenden Sicherung ihrer individuellen und kollektiven Besitztitel an Land, ihres Vererbungsrechts und der Nutzung bzw. Vermarktung ihrer erwirtschafteten Produkte zu günstigen Bedingungen, weil damit erst die individualisierte Form der Bodennutzung ihre Früchte tragen konnte und eine Teilhabe an der agrarischen Konjunktur möglich wurde.

3. Die zentralen Monarchien (in Deutschland die Territorialstaaten) hatten ihrerseits ein vorrangiges Interesse an einer ökonomisch gesunden und steuerfähigen Bevölkerung, um sich nach außen behaupten und nach innen ihre Herrschaft stabilisieren zu können. Gewaltmonopol und stehende Heere bilden die Grundlage für die Durchsetzung staatlicher Macht sowohl gegen adelige Frondeure wie gegen revoltierende Untertanen.

Wichtigste Schlußfolgerung aus diesen so charakterisierten Interessenlagen von Bauern, Grundherrschaften und zentralen Instanzen scheint zunächst die Ableitbarkeit bestimmter grundsätzlicher Konfliktlagen zu sein, wenn wir die oben aufgeführten generellen wirtschaftlichen Entwicklungstrends voraussetzen. Angesichts einer sich verstärkenden Produktion für den Markt war der Konflikt zwischen Bauern und Grundherrn um die Nutzung der Marktchancen unvermeidlich. Von daher erklären sich grundherrschaftlicher Anfeilzwang, Vermehrung der Frondienste, Enclosure-Bewegung und Bauernlegen ebenso wie Fronverweigerungen und Kampf gegen die grundherrlichen Bannrechte. Damit wird zugleich deutlich, daß in einer so strukturierten Gesellschaft kein traditional-funktionales Modell ausgewogener Pflichten und Rechte mehr bestehen konnte, daß vielmehr bestimmte Konflikte zwischen den genannten gesellschaftlichen Gruppen unvermeidlich wurden. Die statische Vorstellung der »société tripartite« oder »trifonctionnelle«, wie dies kürzlich Georges Duby formuliert hat, wurde damit grundlegend in Frage gestellt.[45] Die frühmoderne, zur Souveränität tendierende Staatlichkeit Europas ist nicht nur eine Reaktion auf dynastisch-nationale Konkurrenz und die konfessionellen Kämpfe, sondern auch auf diese gesellschaftlichen Konfliktlagen.

Diese Interessendivergenz zwischen Bauern, Grundeigentümern und den europäischen Fürsten wurde ganz offensichtlich zum Grundmerkmal der europäischen Staaten der frühen Neuzeit. Diese Epoche der europäischen Geschichte ist innenpolitisch durch zwei Konfliktebenen charakterisiert, nämlich durch Ständekämpfe, Fronden, fürstlich-parlamentarische Konflikte auf der einen Seite und durch Untertanenrevolten auf der anderen Seite. Zuweilen verschränken sich diese beiden Ebenen auch zeitlich, so wie wir dies in den habsburgischen Erbländern gegen Ende des 16. Jahrhunderts feststellen können, wo sich fürstlich-ständischer Konflikt um die Konfession und Bauernkriege überschneiden. Gleiches gilt für die französischen Bauernrevolten des 16. und 17. Jahrhunderts, wo die königliche Autorität sich gegen adeligen Regionalismus und bäuerlichen Widerstand zu behaupten hatte.[46] Beide Ebenen der Auseinandersetzung lassen sich auf die eben skizzierte dreigliedrige Interessenkonstellation zurückführen. Während in den Ständekämpfen im Kern um das Besteuerungsrecht und den Versuch seiner frühparlamentarischen Absicherung gestritten wurde, ging es in den Bauernrevolten um das Ausmaß der Besteuerung und der verschiedenen Rentenformen. Noch schärfer formuliert: Während in den Ständekämpfen um das prinzipielle Zugriffsrecht auf die bäuerliche Produktion gerungen wurde, konzentrierten sich die Bauernrevolten auf das Ausmaß der Abschöpfung von der bäuerlichen Produktion. Es erscheint notwendig, stärker als dies bislang in der Forschung geschehen ist, den Zusammenhang zwischen beiden Ebenen des Konfliktes zu sehen und damit die bislang intensiv betriebene institutionell orientierte Ständeforschung in einen Zusammenhang mit der Geschichte der bäuerlichen Widerstandsbewegungen hineinzustellen.[47]

Gerade angesichts der Erträge einer vergleichenden europäischen Ständegeschichte ist es nicht einzusehen[48], warum eine ähnlich orientierte Erforschung der frühneuzeitlichen Bauernrevolten nicht als ebenso sinnvoll und ergiebig angesehen werden kann. Die verschiedenen Manifestationen des bäuerlichen Widerstands, die wir in den europäischen Staaten finden, sind wichtige Indizien für den jeweiligen Grad innergesellschaftlicher Stabilität. Wenn man davon ausgeht, daß die Entwicklung der modernen Staaten in Europa und ihre spezifischen Versuche zur Sicherung der inneren Stabilität auch eine Reaktion auf eine Vielzahl innerstaatlicher Ordnungsprobleme ökonomischer, sozialer und religiöser Art waren, dann sollte deutlich werden, daß der Widerstand gerade bäuerlicher Bevölkerungsschichten als der unverzichtbaren Grundlage staatlicher Existenz in unserer Epoche ein vorzüglicher Ansatzpunkt ist, um den Erfolg oder Mißerfolg früher Staatlichkeit bzw. den Prozeß ihrer Durchsetzung zu messen und zu gewichten.

Zum anderen müssen wir den bäuerlichen Widerstand in den allgemeinen Prozeß des Übergangs von der feudalen zur bürgerlich-kapitalistischen Ordnung hineinstellen. Unabhängig davon, ob dieser Übergang als Ergebnis einer Überlagerung des agrarischen Sektors durch gewerblich-industrielle Formen der Produktion oder durch den Siegeszug einer marktorientierten kommerzialisierten Agrarproduktion oder durch einen regional differenzierten »bäuerlichen Kapitalismus« gesehen wird[49], in jedem Fall ist Ausmaß und Form der Reaktion bäuerlicher Schichten auf diesen grundlegenden Prozeß, also der Grad ihres Widerstands dagegen, zu einem Gegengewicht dieses Vorgangs geworden. Eric J. Hobsbawm glaubte in einem kürzlich publizierten Beitrag »mit einiger Wahrscheinlichkeit« versichern zu können, daß »vom 16. bis zum 18. Jahrhundert der erfolgreiche bäuerliche Widerstand tatsächlich die Entwicklung hin zum Kapitalismus verlangsamt« habe.[50] Auch wenn über die Allgemeingültigkeit einer solchen Aussage noch diskutiert werden mag, so ist in jedem Fall an der Anregung festzuhalten, den bäuerlichen Widerstand als Faktor auch in die Erklärung dieses grundlegenden Transformationsprozesses einzubringen, die allzu oft nur mit objektiv-ökonomischen Faktoren versucht wird. Als Ausgangspunkt dieser Debatte um die Faktoren des Übergangs vom Feudalismus zum Kapitalismus gilt heute die Dobb-Sweezy-Debatte um die »endogene« oder »exogene« Interpretation dieses Übergangs bzw. »die richtige Verbindung« (P. Anderson)[51] dieser Faktoren. Aus dem Blickwinkel unseres Themas ist es erfreulich, daß durch den amerikanischen Historiker Robert Brenner 1977 in dieser Debatte mit demographisch definierten Entwicklungskonzeptionen (M. M. Postan, E. Le Roy Ladurie) die Rolle gesellschaftlicher Konflikte neu betont wurde.[52] Bei der Verbindung von bäuerlichem Widerstand und dem hier angesprochenen Übergangsprozeß wird es freilich nicht damit getan sein, ökonomisch-strukturelle Veränderungen und gesellschaftliche Konflikte lediglich zusammenzufügen, sondern auch die – von Brenner unterschätzte – Rolle des frühmodernen Staates als Steuerforderer und als Konfliktregulator zu beachten.[53]

Diese Beziehung zwischen bäuerlichen Widerstandsbewegungen und politisch-wirtschaftlicher Stabilität bedeutet zugleich eine Absage an eine isolierte Betrachtung bäuerlichen Aufstandsverhaltens. Zur Untersuchung sollte also letztlich nicht das abgehobene Phänomen bäuerlicher Gewalt, die Kasuistik der Widerstandsformen stehen, sondern die Reaktionen bäuerlicher Schichten auf die entscheidenden Prozesse der Modernisierung der agrarischen Produktion, auf die intensivierten Forderungen der Grundherrschaften und auf die Steuerforderungen und die intensivierte Herrschaftspraxis des modernen Staates. In diesem Kontext kann eine Analyse bäuerlicher Widerstandsbewegungen einen Beitrag zu einer vertieften Untersuchung der frühmodernen politischen und sozialen Ordnungsversuche leisten. Damit wird auch dem wesentlichen Einwand des englischen Historikers David Pennington zu begegnen sein, der schon 1958 einmal sein Erstaunen darüber ausdrückte, daß man im ohnehin von Unruhe geprägten frühmodernen Europa immer nach den Gründen für Revolten suche, nicht aber nach den Gründen für das Fehlen von Aufstandsbewegungen.[54]

V.

Die hier von Pennington formulierte Kritik an der Revoltenforschung ist zugleich ein Hinweis, die unterschiedliche Intensität und die zeitliche Verteilung in den einzelnen europäischen Ländern zu untersuchen und aus den eventuellen Unterschieden in der Konzentration von Revolten Schlüsse zu ziehen, die einen Zusammenhang zwischen der politisch-gesellschaftlichen Entwicklung und den Revolten herzustellen versuchen.

Ein Überblick über die zeitliche Verteilung der westeuropäischen Bauernrevolten zeigt schnell, daß wir in Frankreich und England relativ deutlich abgrenzbare Revoltenzyklen ermitteln können, die zudem zeitlich voneinander verschieden sind.[55] Für Frankreich hat Emmanuel Le Roy Ladurie in Übereinstimmung mit anderen Historikern den Zyklus der klassischen Bauernrevolten im wesentlichen auf den Zeitraum von 1548 (Aufstand der Pétauds in Guyenne gegen die Gabelle) bis 1675 (papier timbré – Aufstand in der Bretagne) festgelegt[56], wobei 1548 als »historisches Modell« dieses Zyklus gilt (Yves-Marie Bercé), der durch antifiskalische Revolten definiert und durch die Parole der Aufständischen charakterisiert wird: »Vive le roi sans la gabelle.«[57] Selbst wenn 1675 keinesfalls das definitive Ende dieses Typs von Revolten bedeutet, so findet Le Roy Ladurie doch genügend Argumente für die These, daß um 1675-1685 das absolutistische System sich konsolidiert habe, die Besteuerung real zurückging, der konfessionelle Konflikt gewaltsam bereinigt wurde (Aufhebung des Edikts von Nantes) und die Intendanten die Bauern tendenziell wirksamer in Schutz nehmen konnten.[58]

In England können wir den vergleichbaren Zyklus durch die Revolten in Cornwall 1487/97 und durch die agrarischen Unruhen zwischen 1628 und 1632 abgrenzen.[59] Hier lassen sich drei Typen unterscheiden, nämlich antifiskalische Revolten (charakteristisch für das frühe 16. Jahrhundert), antireformatorische Revolten (parallel zur Durchsetzung der Reformation und zur Auflösung der Klöster bis um die Jahrhundertmitte herum) und antiseigneuriale Revolten bzw. »food riots«, wie sie 1549, 1586, 1596, 1607, 1626-32 auftreten. Damit reagieren diese Revolten offensichtlich auf die drei grundlegenden Modernisierungsprozesse der Ausdehnung der Steuerpolitik, der Reformation und der »agrarischen Revolution«, d. h. der Kommerzialisierung der agrarischen Produktion, sichtbar etwa an der Einrichtung der Enclosures und der Trockenlegung von Mooren.[60]

Vergleichen wir diesen Befund der abgrenzbaren Revoltenzyklen in Frankreich und England, die – wenn man einmal von der in Frankreich zu beobachtenden Verlagerung der Konflikte in den seigneurialen Bereich absieht[61] – in beiden Fällen durch den Typus der »food riots« (in England schon seit dem späten 16. Jahrhundert), der »révolte frumentaire« abgelöst zu werden scheinen, durch Unruhen also, die aus den divergierenden Bewegungen von Löhnen und Getreidepreisen heraus zu erklären sind[62], mit dem mittel- und osteuropäischen Befund, so läßt sich in diesem Bereich keine gleichermaßen eindeutige Begrenzung angeben. Wir können hier nach der großen Welle der Bauernkriege im späten 15. und frühen 16. Jahrhundert keinesfalls ein Ende dieses Zyklus feststellen, vielmehr kommt es gegen Ende des 16. und zu Beginn des 17. Jahrhunderts im oberdeutschen und habsburgischen Raum zu einer neuen Revoltenwelle. Auch damit enden diese Bewegungen keinesfalls, wir können vielmehr im gesamten Verlauf unserer Epoche eine nicht abreißende Kette von Widerstandsbewegungen beobachten, die sich höchstens territorial ordnen und in ihren Formen des Konfliktaustrags differenzieren lassen. Die gleiche Beobachtung gilt auch für den ostmittel- und südosteuropäischen Raum, wo sich ähnlich wie in Mitteleuropa ein Überwiegen der gegen die Grundherrschaft gerichteten Revolten beobachten läßt, ohne daß damit die Steuerrevolte jedoch verschwinden würde. Für Rußland, dessen Bauernaufstände erst im 17. und 18. Jahrhundert ihren Höhepunkt erreichen, spricht Viktor Buganov im europäischen Vergleich deshalb von einer »relativen Verspätung« Rußlands, erklärbar durch die »verspätete« kapitalistische Entwicklung und die erst jetzt beginnende Herausbildung des Absolutismus.[63] Das gleiche Argument läßt sich m. E. auch auf Polen und Böhmen anwenden, wo bekanntlich die 2. Hälfte des 18. Jahrhunderts den »Höhepunkt« der Bewegungen der untertänigen Bauern bringt, wie es Josef Petran formuliert hat.[64]

Diesen Befund einmal zumindest in seinen groben Umrissen als richtig vorausgesetzt, so ergibt sich die Beobachtung relativ scharf abgegrenzter Revoltenzyklen in England und Frankreich in Parallelität zu den großen staatlichen und wirtschaftlichen Modernisierungsprozessen dieser Länder (Reformation, Kommerzialisierung der Landwirtschaft, Erhöhung der Besteuerung, Durchsetzung des Absolutismus). Demgegenüber läßt sich in Mittel-, Ostmittel- und Südosteuropa kein so deutlich abgrenzbarer Zyklus erkennen; hier bilden vielmehr die mittel- und südosteuropäischen Bauernkriege zwischen 1514 und 1526 eine bedeutsame Schwelle, die jedoch unterschiedliche Folgewirkungen hat. Während in Ostmittel- und Südosteuropa eine fortschreitende Entrechtung der bäuerlichen Bevölkerung stattfindet, die erst wieder im späten 17. und 18. Jahrhundert Gegenstand von größeren Revolten wird, lassen sich für Mitteleuropa – vor allem westlich der Elbe – ambivalente Wirkungen feststellen. Der Bauernkrieg endet zwar mit der totalen militärischen Niederlage der Bauern und der Stärkung der Territorialstaaten, er gibt aber auch einen wesentlichen Impuls für eine fortschreitende Kanalisierung und Verrechtlichung der weiterhin aufbrechenden sozialen Konflikte. Der Prozeßweg wird zum Kern allen bäuerlichen Widerstands, andere Formen ergeben sich aus ihm und in Verbindung mit ihm. Diese Periodisierung der Revolten deckt sich partiell mit einer Einordnung der europäischen Revolten, wie sie Yves-Marie Bercé verwendet hat. Er unterschied dabei zwischen dem Widerstand »des paysanneries orientales au second servage au long des XVIe et XVIIe siècles«, dem Kampf gegen staatliche Zentralisierung in Westeuropa im 17. Jahrhundert und den Unruhen, die das Verschwinden des Seigneurialsystems im 18. Jahrhundert begleiteten.[65]

Diese unterschiedliche Phasierung der Revolten legt die Vermutung nahe, daß diese Bewegungen einmal in einen Zusammenhang gestellt werden müssen mit dem Entwicklungsprozeß der europäischen Staaten, die durch zentralisierte Verwaltung, ein durchgreifendes Besteuerungssystem, einheitliche Bekenntnisse und geklärte Machtverhältnisse zwischen Ständen und Fürsten charakterisiert waren. Die Durchsetzung dieses neuen Stadiums staatlicher Organisation war bekanntlich mit größten Widerständen, mit ständischem Widerstand und Bauernrevolten verbunden. Zum anderen muß natürlich der Zusammenhang zwischen der intensiven Belastung der ostmittel- und südosteuropäischen Bauern durch Schollenbindung und hohe Frondienste im Rahmen des gutsherrschaftlichen Systems gesehen werden. In dieser weiteren Perspektive können die hier untersuchten Revolten ein wichtiger Indikator für den Grad, die Dauer, die einzelnen Phasen, den Erfolg oder Fehlschlag der hier angesprochenen Modernisierungsprozesse sein.[66] Es wird dann auch die für einzelne Regionen beachtliche Stabilität der Verhältnisse in den Blick geraten, d. h. eine zumindest durch den negativen Konsens der Beherrschten charakterisierte Entwicklung, deren Möglichkeit nicht aus dem Auge verloren werden darf.

Eine zweite Beobachtung, die den Umfang der Bewegungen betrifft, hängt eng damit zusammen. Es zeigt sich, daß die Revolten gegen den hier genannten staatlichen Modernisierungsvorgang eher in der Lage waren, einen größeren Umfang zu erreichen, als die antiseigneurialen Revolten. Widerstand gegen Steuerpolitik, Reformation »von oben« erfaßte naturgemäß größere Kreise als die spezifischen Probleme einzelner Grundherrschaften. Im grundherrschaftlichen Konfliktbereich bedurfte es einer klar erkennbaren, gemeinsamen antibäuerlichen Politik der Grundherrschaften. Bedingungen also, die insgesamt nur schwer zu erfüllen waren, wie etwa in der englischen Enclosure-Politik, der böhmischen Robotpolitik. Insgesamt läßt sich jedoch feststellen, daß die antiseigneurialen Bewegungen tendenziell lokal oder manorial, bestenfalls regional organisiert waren, während die konfessionell bedingten, antistaatlichen bzw. antifiskalischen Revolten eher an Breite gewinnen konnten.

VI.

Spätestens an diesem Punkt muß ich einige Bemerkungen zur Geschichte des bäuerlichen Widerstands in Deutschland einfügen, wobei ich davon ausgehen muß, daß hierüber bis vor wenigen Jahren erst wenig geforscht worden ist und die neueren Arbeiten in Europa noch nicht bekannt geworden sind.[67] Die Lücke zwischen dem Ende des Großen Bauernkrieges 1526 und den deutschen Jakobinern zu füllen ist erst in den letzten Jahren begonnen worden und wird sicher noch intensive Arbeit erfordern. Die ältere Literatur vermittelte den Eindruck politischer Apathie der Bauern nach der Niederlage von 1525/26, zumal in der Konzentration auf den ostelbischen Teil Deutschlands, der in der westeuropäischen Optik so oft alleine beachtet wird.[68]

Die historische Realität dieser Epoche sieht erheblich anders aus. Zunächst muß davon ausgegangen werden, daß der Bauernkrieg – dieses tief eingebrannte Trauma der deutschen Adelswelt[69] – keineswegs das Ende des bäuerlichen Widerstands bedeutet. Schon 1532 planen die Bauern des Gerichts Hüttenstein bei Salzburg, es »besser zu machen« als 1525/26[70], wir finden Revolten in der Niederlausitz, und in ähnlicher Weise zieht sich eine Kette meist regional/lokal beschränkter Revolten durch dieses Jahrhundert[71], um in eine große Welle bedeutender Bauernkriege in den habsburgischen Ländern am Ende des 16. und am Beginn des 17. Jahrhunderts einzumünden, wo ein Historiker zu Recht vom »sozialen Dauerbeben« dieser Epoche gesprochen hat. Parallel dazu findet sich im Raum zwischen Oberrhein und Allgäu eine Kette kleinerer Revolten gegen die hohen Reichssteuern dieser Jahre und eine allenthalben verschärfte Territorialpolitik der kleinen Grafen und Herren dieses Raums, die wir zeitlich zwischen 1580 und 1620 fixieren können.[72]

Der Dreißigjährige Krieg, der ja selbst in vielfältiger Weise die bäuerliche Gegenwehr und den Selbstschutz hervorrief, war für den bäuerlichen Widerstand insofern von Bedeutung, als die im Krieg durchgesetzte verschärfte Steuer- und Abgabenpolitik schon bald nach dem Krieg zu neuen Bewegungen führte. In Kempten und anderen schwäbischen Herrschaften, aber auch in west- und mitteldeutschen Territorien läßt sich dies nachweisen. In der Grafschaft Schönburg spitzt sich der Kampf zu einer Jahre dauernden Auseinandersetzung zu.[73]

Das charakteristische Merkmal des 18. Jahrhunderts ist eine zahlenmäßig nur schwer zu erfassende Zahl von kleineren Revolten. Ganz sicher aber können wir in der gesamten hier angesprochenen Zeit von einer Gesamtzahl von etwa 50 einzelnen Bewegungen in 30 Territorien sprechen, wobei bislang keineswegs alle Bewegungen bekannt sind.[74] Sie brechen vor allem in den Kleinterritorien des Reichs aus, laufen meist auf langjährige Prozesse an den höchsten Reichsgerichten hinaus und haben ihren Grund in dem schon bislang zentralen Ursachenbündel von Steuerpolitik, Abgabenforderungen und Frondiensten. Charakteristisch für diese Fülle von Bewegungen ist der beinahe ununterbrochene Kampf der Untertanen von Hohenzollern-Hechingen gegen ihre

Landesfürsten, der schließlich 1798 zu einem sog. »Landesvergleich« führte, also einer verfassungsähnlichen Abmachung, die die politische Potenz dieser Bewegung deutlich machte.[75] Doch ist dies keineswegs ein Einzelfall. Eine ähnliche Tradition ergibt sich auch in der Grafschaft Hauenstein, im Stift Kempten oder im Stift Kornelimünster bei Aachen. Die bremischen Marschbauernschaften kämpfen seit 1598 um ihre Vertretung auf den Landtagen und verfechten dieses Ziel bis zur endgültigen Prozeßniederlage im Jahre 1741 vor dem Reichskammergericht.[76] Selbst aus obrigkeitlicher Perspektive geschriebene Dynastiegeschichten dieser Epoche kommen nicht um die ausführliche Berichterstattung dieser Revolten herum, wie wir sie in Sayn-Wittgenstein, Nassau-Weilburg, Kriechingen, Isenburg-Büdingen und bei vielen reichsritterschaftlichen Häusern feststellen können. Für das Herrschaftsgebiet der Herren von Riedesel gilt die 2. Hälfte des 18. Jahrhunderts als Zeit »zunehmender Aufsässigkeit der Untertanen«, durch die die Tätigkeit der Regierungsorgane stark gebunden war.[77]

Ein nur chronologischer Überblick über die Vielzahl lokaler und regionaler Revolten und Widerstandsaktionen, wie ich ihn hier zumindest angedeutet habe, läuft natürlich Gefahr, Bewegungen dieser Art letztlich unerklärt stehen zu lassen. Er überläßt sie einem bloß regional begrenzten Forschungsinteresse und trägt dazu bei, die Auswirkungen dieser Ereignisse auf die politische und soziale Ordnung der Zeit zu übersehen. Zu unterschiedlich scheinen auf den ersten Blick tatsächlich die jeweiligen Voraussetzungen wirtschaftlicher, sozialer und politischer Natur, zu differenziert die verschiedenen Formen des Widerstands und die territorialgeschichtlichen Bedingungen, um sie in einen einleuchtenden Zusammenhang zu bringen, wie er in Frankreich etwa durch das Paradigma der »antifiskalischen« Revolten gebildet wird.[78]

Über diesen begründeten Bedenken, die keineswegs ohne Einfluß auf die entsprechende Forschung geblieben sind, dürfen bestimmte, deutlich beobachtbare Grundtendenzen in der Geschichte der bäuerlichen Revolten zwischen Bauernkrieg und Französischer Revolution nicht übersehen werden. Ganz evident scheint zunächst eine relativ starke Kumulierung der Revolten im oberdeutschen Bereich. Das Oberrheingebiet, der Schwarzwald, Oberschwaben und die habsburgischen Erblande sind die Gebiete mit der zweifellos stärksten Revoltendichte, zugleich auch der größten Radikalität der Bewegungen. Demgegenüber fallen die west-, nord- und ostdeutschen Territorien unter dem Aspekt der Revoltendichte stark ab, während im mitteldeutschen Raum gerade im 17. und 18. Jahrhundert eine starke Häufung von Revolten auszumachen ist.

Weiterführender als diese Betrachtung der regionalen Verteilung, die gleichwohl wegen ihrer weitgehenden Parallelität mit der Ausdehnung des Bauernkrieges von 1524/26 bedeutsam ist, scheint es zunächst, eine Beziehung zwischen der Größe der Territorialstaaten und der Aufstandshäufigkeit herzustellen, denn schon auf den ersten Blick fällt die Tatsache ins Auge, daß die kleineren Territorien in stärkerem Maße von Revolten betroffen sind als die Mittel- und Großterritorien. Dies gilt sowohl für das Revoltenbündel zwischen 1580 und 1620 im oberdeutschen Raum, für die Revolten in Solms-Greifenstein und Solms-Braunfels zwischen 1610 und 1729, für die Grafschaft Schönburg 1650-1681, die Greizer Unruhen 1714-1730, für Anhalt-Bernburg 1752, für Schwarzburg-Rudolstadt 1627 und 1716-36, für Schaumburg-Lippe 1784-93, für die Grafschaften Sayn-Wittgenstein 1697-1725, Nassau-Weilburg und Isenburg-Meerholz 1718-1773, für das Stift Kempten 1666-67 und 1721-32, für die Ritterherrschaft Illereichen 1653-61, für die Herrschaft Triberg im Schwarzwald 1642-54[79] und für die Salpetererunruhen in der Grafschaft Hauenstein sowie schließlich auch für die hohenzollernschen Grafschaften im 18. Jahrhundert. Eine Vielzahl von Fällen ergibt sich vor allem, wenn wir die prozessualen Auseinandersetzungen des 18. Jahrhunderts miteinbeziehen. Die bislang nur unzureichend erforschte Rechtsprechung der höchsten Reichsgerichte, vor allem des Reichshofrats, bestätigt, wie erste Auswertungen der gedruckten Quellen ergeben haben[80], die These von der Revoltenanfälligkeit der Kleinterritorien in eindeutiger Weise.

Doch die Größe eines Territoriums scheint allein noch kein zureichendes Kriterium zu sein. Wir müssen vielmehr diese erste Beobachtung durch den Hinweis ergänzen, daß diese Territorien durch eine spezifische Doppelrolle von Landesfürst und größtem Grundbesitzer charakterisiert sind, damit im allgemeinen auch nicht über adelige Landstände verfügen, die eine intermediäre Stellung zwischen Fürst und Untertanen einnehmen könnten. Nehmen wir andererseits noch die scheinbar widersprüchliche Beobachtung hinzu, daß Territorien mit einer überstarken, nur wenig kontrollierten Machtstellung der Stände wie die Lausitzen[81] ebenfalls eine starke Revoltenanfälligkeit aufweisen, so könnte die These dahingehend formuliert werden, daß jene Territorien in besonderem Maße durch Revolten gefährdet waren, die – aus unterschiedlichen Gründen – den Entwicklungsschritt zum modernen »Militär-, Wirtschafts- und Verwaltungsstaat« nicht oder nur unvollkommen vollzogen hatten.[82] Damit fehlten starke, administrative Apparate mit mehrstufigen Gerichtssystemen zwischen bäuerlichen Untertanen und den Fürsten. Diese Territorien standen außerdem unter einem erhöhten finanziellen Druck, da die Relation zwischen der Bevölkerungszahl und dem Regierungsaufwand ungünstig war, weil die finanzielle Belastung durch Linienteilungen, Erb- oder Abfindungsverträge erheblich war und weil die auf diesen Territorien lastenden Reichs- und Kreissteuern höher waren als es der wirtschaftlichen Kraft dieser Kleinterritorien zuträglich gewesen wäre. Damit aber waren wiederum günstige Voraussetzungen für Eingriffe der zentralen Instanzen des Reichs gegeben, ein Zeichen innerer Schwäche solcher Herrschaftsgebilde, das von den betroffenen Untertanen außerordentlich schnell wahrgenommen und ausgenutzt wurde.[83]

Gerade dieser letztere Faktor kann für die Erklärung der deutschen Revolten nicht genügend hervorgehoben werden. Aus allen bislang untersuchten Revolten im 16., 17. und 18. Jahrhundert ergibt sich eindeutig, daß deren Vielzahl nicht möglich war ohne die spezifische Herrschaftsstruktur des Alten Reichs. Die Konkurrenz von kleinen, mittleren und großen Reichsfürsten, die Konkurrenz von geistlichen und weltlichen Ständen, die Konkurrenz von Städten und Adelsherrschaften, die politische Aufsichtsfunktion, die bedeutende Reichsstände wie das Haus Habsburg im oberdeutschen Raum oder die kreisausschreibenden Fürsten ausübten, bildeten Gegengewichte gegen die Bestrebungen einzelner Fürsten, ihre Untertanen über das tradierte Maß hinaus zu belasten. Schließlich bildeten der Kaiser und der Kaiserhof, die höchsten Reichsgerichte in Speyer bzw. Wetzlar, Prag bzw. Wien Anlaufpunkte für bäuerliche Beschwerden, deren Attraktivität wir im gesamten Zeitraum nachweisen können.[84] Die deutschen Revolten dieses Zeitraums zeichnen sich in gewisser Weise dadurch aus, daß sie das betroffene Territorium überschreiten und in ihrem Entstehungsprozeß auf die Hilfe von externen Mächten zurückgreifen. Für die Untertanen bedeutete diese spezifische

Herrschaftsstruktur des Reichs einen gewissen Spielraum, der verblüffend kenntnisreich ausgenutzt und ausgespielt wurde. Alle Kenntnisse aus dem Quellenmaterial bestärken den Historiker in der Einsicht, daß die politischen Möglichkeiten der sich überlagernden Herrschaftsstrukturen den Untertanenverbänden sehr wohl vertraut waren und in deren Kalkül einbezogen wurden. Damit ergeben sich für das Reich erheblich verschiedene Ausgangsbedingungen für Bauernrevolten gegenüber den westeuropäischen Monarchien, jedenfalls für den Zeitraum nach der erfolgreichen Bekämpfung der Reste von adeligem Regionalismus im späten 16. Jahrhundert (England) bzw. in der Mitte des 17. Jahrhunderts (Frankreich). Wie ließen sich anders die Wege von bäuerlichen Gesandtschaften erklären, die nach Innsbruck zum Sitz der vorderösterreichischen Regierung und von dort nach Prag zum Kaiserhof zogen[85], einer Prozeßführung, die abwog zwischen dem Prozeß am Kammergericht und der Einsetzung einer kaiserlichen Kommission, einer bäuerlichen Gemeinde, die es für günstig hielt, ihren Herrn vor Kaiser und Reichstag in Regensburg anzuschwärzen.[86] Rechnen wir etwa noch die Wirkung der in ihren Lehrmeinungen durchaus differierenden juristischen Fakultäten hinzu, die auch von bäuerlichen Gemeinden angerufen wurden[87], so können wir generell ein beachtliches Maß an Beeinflussung dieser Auseinandersetzungen feststellen, für die mir Eric Wolfs Begriff der »external power« zutreffend erscheint.[88]

Dieser erste Befund von der Affinität zwischen unterentwickeltem Territorialstaat und Revoltenhäufigkeit hat aber zunächst den Mangel, daß keineswegs alle uns bekannten Revolten damit erfaßt werden können. Selbst wenn man historischen Erklärungsversuchen eine nur relative Stringenz abverlangt, fällt hier auf, daß die bayerischen Aufstände von 1633/34 und 1705/06, die österreichischen Aufstände von 1596-97 und 1626 nicht in dieses Erklärungsmodell hineinpassen.

Erkennen wir jedoch im Falle Nieder- und Oberösterreichs die konfessionelle Problematik als Sonderbedingung, zu der für 1626 noch die bayerische »Fremdherrschaft« hinzutritt[89], und stellen wir in Bayern die besondere Belastung der Untertanen durch den Dreißigjährigen Krieg (1633/34) sowie durch die Besetzung des Landes durch kaiserliche Truppen (1705/06) in Rechnung[90], so scheinen in diesen Fällen tatsächlich spezifische Bedingungen vorhanden zu sein, die sich von dem oben entwickelten Hauptargument deutlich abheben.

Diese These scheint mir vorläufig geeignet zu sein, um die deutschen Bauernrevolten unseres Zeitraums in einen Begründungszusammenhang einzuordnen, der einerseits wichtige gemeinsame Merkmale aufnimmt, andererseits weit genug gespannt ist, um relevante regionale Unterschiede zuzulassen. Wesentlich scheint mir daran, daß bäuerlicher Widerstand nicht abstrakt mit der für die feudale Ordnung grundlegenden Produktionsweise verknüpft wird, also mit der Verpflichtung zu Rentenleistungen für die Nutzung des Landes. Es geht der hier entwickelten These vielmehr darum, die gegebene Wirtschafts- und damit auch Abgabenstruktur mit der Entwicklung der staatlichen Ordnung zu verbinden und somit den sich wandelnden Bedingungsrahmen für bäuerlichen Widerstand adäquat zu erfassen.

Neben dieser ersten Charakterisierung der deutschen Revolten durch die spezifischen Herrschaftsbedingungen von Kleinterritorien und Reichsordnung muß ein weiterer wesentlicher Entwicklungszug des bäuerlichen Widerstands angesprochen werden, den ich als Verrechtlichung der Beziehungen zwischen Untertanen, Grundherren und Landesherren bezeichnen möchte.[91] Der Ausgang des Bauernkrieges ist schon von den Reichsjuristen des 18. Jahrhunderts in seiner Bedeutung für die Entwicklung der Justizverfassung des Reichs und der Abschwächung der Leibeigenschaft erkannt worden, und ich glaube, daß die genauere Untersuchung seiner langfristigen politischen Folgen durchaus dieses Urteil stützt.[92] Im europäischen Vergleich fällt ganz besonders die Tatsache auf, daß der Bauernkrieg nicht nur Anlaß zu besserer Vorsorge der Fürsten gegen neue Revolten und für verschärfte Strafbedingungen ist, sondern zugleich Ansatzpunkt für verbesserte Beschwerdemöglichkeiten der Untertanen im Rahmen der sich entfaltenden territorialen Justizapparate. In Ungarn nach dem Dozsa-Aufstand 1514 und in Frankreich nach dem Gabelle-Aufstand finden sich keinerlei Hinweise auf ähnliche justizreformerische Ansätze, in Ungarn wird sogar die Schollenbindung der Bauern eingeführt und die Klagemöglichkeit der Bauern generell verhindert.[93] Auch in England findet sich keine programmatische Reaktion etwa auf die Krise von 1548/49, es sei denn, man berücksichtigt hier die Untersuchungskommissionen zum Enclosure-Problem oder die freilich langfristige Entwicklung der Verbesserung des Klagerechts der copyholder. Das Scheitern des bauernfreundlichen Protektors Somerset scheint jedenfalls typisch für eine Analyse der Wirkungen von 1548 zu sein.[94]

Die empirische Grundlage für diese These von der Verrechtlichung sozialer Konflikte im Reich ist vielfältig und kann hier nur für einzelne Bereiche skizziert werden. Zunächst einmal muß auf die formalen Möglichkeiten eines Klagerechts der Untertanen gegen ihre Landesherrschaften hingewiesen werden, wie es seit der Reichskammergerichtsordnung von 1555 verankert wurde. Zum anderen kann man im Einsatz sog. kaiserlicher Kommissionen einen Entwicklungstrend zur politischen Kanalisierung sich anbahnender Konflikte sehen.[95] Schließlich ist die Tatsache einer Vielzahl bäuerlicher Prozesse an den Territorialgerichten bzw. an den Reichsgerichten und der leicht zu führende Nachweis einer Reihe von über Generationen andauernder Prozesse der deutlichste Beleg. Schon unmittelbar nach dem Bauernkrieg klagen Gemeinden ihre verlorenen Privilegien am Reichskammergericht ein und wir finden das herausragende Beispiel einer Gemeinde, die zwischen 1532 und 1567 zehn Mandate am Kammergericht erwirkt.[96] Kaum eine Revolte dieser Epoche entwickelt sich ohne einen parallelen Prozeß, ja gerade die Möglichkeiten und Teilgewinne der Prozeßführung bestimmen vielfach die bäuerliche Taktik des Widerstands. So etwa schafft das »Syndikat« der prozessierenden Bauern einen Spielraum für die Bewegung, und es wird bewußt für die weitere Organisierung des Widerstands eingesetzt. Die Rechtsprechung erlaubt ausdrücklich die Versammlung von Gemeinden, die gegen ihre Herren klagen, und schützt damit die fundamentale Selbstorganisation der Gemeinde.

Schließlich darf man auch in der Existenz einer speziellen Art feudalrechtlicher Literatur einen literarischen Hinweis auf den Prozeß der Verrechtlichung sehen. Neben einer speziellen Seditionsliteratur, die einen deutlich praktischeren Zug aufweist als ihre französischen und englischen Pendants[97], sind es auch die vielen Abhandlungen über bäuerliche Leistungen, Rechtsstellung, Dienste etc., die die kritischen Berührungspunkte zwischen Gemeinden und Herrschaften widerspiegeln.[98] Diese Abhandlungen sind tief geprägt von dem konfliktgeladenen Miteinander, immer wieder wird hier Bezug genommen auf die vielen Prozesse, die um strittige Dienste und Abgaben geführt werden. Von besonderem Interesse ist dabei, daß sich in dieser Literatur auch der Grundsatz der »legitimen Resistenz« gegen obrigkeitliche Überbelastung durchsetzt. Die »saevitia dominorum« wird zum Sammelbegriff obrigkeitlicher Kompetenzüberschreitung und zum Gegenstand herrschaftskritischer Erörterungen, gegen sie wird dem Untertanen ein bestimmtes, scharf umrissenes Feld rechtlicher Möglichkeiten eingeräumt, die »remedia juris«.[99]

Damit ergibt sich auch eine Verbindung zum Problem der Legitimation und Motivation dieses Widerstands von seiten der Bauern. Gerade weil E. P. Thompson hier einen Begriff entwickelt hat, der in der europäischen Forschung breite Anerkennung gefunden hat[100], kommt es mir hier darauf an, den Unterschied in der Legitimation des Widerstands zwischen den marktabhängigen englischen Unterschichten, für die der »moral economy«-Begriff entwickelt wurde, und den deutschen bäuerlichen Untertanen herauszuarbeiten, die entweder überwiegend oder noch teilweise Produzentenstatus hatten. Wendet man Thompsons Verfahren auf die deutschen Quellen an, so ergibt sich vielmehr der eindeutige Hinweis, daß »der bauern aigen sach und nahrung« den Kernbereich der bäuerlichen Wertvorstellungen umschreibt. Verletzt Herrschaft diesen Bereich der tradierten »Nahrung« der Bauern, den durch das jeweilige soziale Umfeld bestimmten Stand der bäuerlichen Reproduktion, dann ist die »mutua obligatio« gestört, wird Widerstand legitim. Diese Existenz einer sehr lebendigen Vorstellung von sozial legitimiertem Widerstand nachzuweisen und zu betonen[101], scheint mir von besonderer Bedeutung angesichts einer Fülle anderslautender Interpretationen in der Geschichtsschreibung zum Problem deutscher Untertänigkeit.

VII.

Ich will zum Schluß dieser zusammenfassenden Bemerkungen kommen und einige Überlegungen zur Wirkung bäuerlichen Widerstands anschließen. Zunächst fällt es schwer, sich dem vielstimmigen und von kompetenter Seite vorgetragenem Urteil von der tragischen Sinnlosigkeit des bäuerlichen Kampfes zu entziehen.[102] Andererseits scheint mir die These Poršnevs vom ursächlichen Zusammenhang von Bauernbewegungen und der Herausbildung des europäischen Absolutismus dem komplizierten Ursachengeflecht dieses Phänomens nicht gerecht zu werden.

Natürlich lassen sich viele partielle Erfolge bäuerlichen Widerstands nachweisen: Zurücknahme von neuen Steuern oder Steuerformen, Steuernachlässe, Einsetzung von Untersuchungskommissionen, Absetzung betrügerischer Beamter etc. Sie weisen auf den allgemeinen Sachverhalt hin, daß wir die bäuerlichen Widerstandsbewegungen der frühen Neuzeit als Verfahren gesellschaftlicher Konsensusbildung ansehen müssen. Wegen fehlender oder nur schwach entwickelter Möglichkeiten der Teilnahme am politischen Prozeß waren es die Widerstandsbewegungen, die den Willen der bäuerlichen Bevölkerung zum Ausdruck brachten, die das Ausmaß von noch als gerecht empfundener Herrschaft definierten. Robert Mandrou hat diese Funktion der Volksbewegungen unterstrichen, wenn er schrieb, daß sie einen Anspruch des kleinen Mannes zum Ausdruck bringen, »in dieser alten Gesellschaft, in der er keine Stellung einnahm, gehört und zur Kenntnis genommen zu werden.«[103] Diese Bewegungen waren deshalb – trotz mancher unkontrollierbarer Faktoren und einer bestimmten Eigendynamik – keinesfalls irrationale Bewegungen. Sie beruhten auf der fest und gesellschaftlich breit verankerten Vorstellung, daß Herrschaft an Grenzen und an den zumindest passiven Konsensus der Beherrschten gebunden war. Die Belastungen durch Abgaben und Steuern durften bestimmte Grenzen nicht überschreiten, die durch die physische und soziale Existenz der bäuerlichen Familien und Gemeinden gegeben waren.[104]

Jerome Blum hat in seinem Buch über das Ende des europäischen Ancien Régime kürzlich die Wirkung der bäuerlichen Unruhen im 18. Jahrhundert darin gesehen, daß sie »in das Bewußtsein der herrschenden Stände« eindrangen, die sich der Gefahren für Leben und Besitz bewußt wurden und deshalb den Privilegienverzicht hinnahmen.[105] Darüber hinaus kann auf die wirtschaftlichen Folgen des Widerstands hingewiesen werden, der die agrarische Produktivität minderte und einen Übergang von Fronarbeit zur Lohnarbeit nahelegte. Schließlich wird man noch einmal auf die bereits angedeutete Wirkung hinweisen müssen, daß die frühneuzeitlichen Bauernbewegungen die politisch-wirtschaftliche Entwicklung der europäischen Länder dadurch mitbestimmten, daß sie Ausmaß und Schnelligkeit der großen Modernisierungsprozesse in Staat und Wirtschaft beeinflußten. Sie erzwangen staatliche Regulationsmechanismen, judikative Apparate und Instanzenzüge, Privilegienverluste und Versuche zur Disziplinierung des Adels, Reformmaßnahmen im Statusrecht der

Bauern und im Bereich der ländlichen Eigentumsverfassung. »Dan ein rebellierender Unterthan (ist) gefährlicher als zehn ausländische Feind«, hatte schon der Kameralist Becher festgestellt.[106]

Einen sehr direkten Eindruck von den hier angesprochenen Wirkungen der Bauernbewegungen gibt uns die Bemerkung des späteren Kaisers Leopold II., der 1778 als Großherzog von Toscana neue Maßnahmen zur Sicherung des Bauernstandes in Böhmen an seine Mutter schrieb: ». . . und so wird ein mäßiger Aufstand der Bauern dem Staate nützlich seyn, um die Grossen zu demüthigen, das zu thun anzutreiben, was Recht und billig ist gegen ihre Bauern, deren Klasse ebensogut ein Teil der Monarchie ist, als jene der Großen, die alle durch die Regirung müssen beschützt und unterstützt werden.«[107] Der vielleicht naheliegende Verdacht, hier eine zu sehr theoretisierende Bemerkung des Großherzogs herauszugreifen, läßt sich mit dem Nachweis ausräumen, daß dieser Grundgedanke der Bauernrevolte als erwünschter Anlaß zur Disziplinierung des Adels schon um 1720 im Umkreis der österreichischen Zentralbehörden festgestellt werden kann. Es war der Hofkammerrat Christian Schierl von Schierendorf, der in seinen umfangreichen Reformvorschlägen u. a. die Lage der ungarischen Bauern diskutierte und in diesem Zusammenhang die günstige Wirkung eines Bauernaufstandes auf die Bereitschaft des Adels betonte, die Lasten seiner Bauern zu vermindern. Hier taucht auch schon der Vorschlag vom Untertanenadvokaten und die Einrichtung einer Art von »Volkstribunat« auf.[108] So können wir feststellen, daß bäuerlicher Widerstand in dieser Zeit nicht mehr nur als Bedrohung der feudalen Ordnung, sondern auch als z. T. willkommener Anlaß reformerischer Politik gesehen wurde. Johann Heinrich Gottlob von Justi, der große Systematiker der »Polizeiwissenschaft« seiner Zeit, forderte etwa im Zusammenhang mit der Umverteilung der landwirtschaftlichen Nutzfläche, »ein ganzes Dorf nämlich muß sich untereinander vereinigen und gleichsam einen allgemeinen Aufstand wider unsere zeither übel eingerichtete Landwirtschaft machen«.[109] Der gleiche Theoretiker bestätigte zugleich die Wirksamkeit des eingeschlagenen Reformkurses aufgeklärter Fürsten, wenn er versicherte, daß die Unruhen der Untertanen seltener geworden seien, nachdem die Regenten die Nützlichkeit einer untertanenfreundlichen Politik eingesehen und sich durch beständige Kriegsheere mehr Gehorsam verschafft hätten.[110] Zumindest in der Sicht dieses Wissenschaftlers war damit der »Aufstand« in das Arsenal politischer Handlungsformen integriert worden und vor dem Hintergrund militärischer Macht und reformerischer Politik kontrollierbar geworden.

VIII.

Unbestreitbar haben die letzten beiden Jahrzehnte erhebliche Fortschritte in unseren Kenntnissen über die Volksbewegungen der europäischen frühen Neuzeit gebracht. Neben den inzwischen etablierten Beispielen solcher Bewegungen entdeckte die Forschung manche bislang »vergessene Erhebung« oder überprüfte bekannte Ereignisse im Licht neuer Quellen oder Fragestellungen. Gerade in Ländern wie England und der Bundesrepublik Deutschland, die bislang einen gewissen Forschungsrückstand aufwiesen, sind eine Fülle neuer Arbeiten vorgelegt worden, die neues Material erschlossen haben oder erste zusammenhängende Interpretationen versucht haben.[111] Auch in den Ländern der europäischen Peripherie finden wir Hinweise auf eine Fülle von Untertanenrevolten, die über die bislang bekannten Fälle hinausreichen. Daneben läßt sich leicht feststellen, daß die intensive Beschäftigung mit diesem Phänomen auf offene Fragen hingewiesen hat, und einige dieser Fragen sollen hier abschließend noch einmal vorgestellt werden.[112]

Die Erforschung der agrarischen Gesellschaften der frühen Neuzeit hat eine Fülle von Belegen für einen weitgehenden sozialen Differenzierungsprozeß im Dorf ergeben. Spätestens seit dem Ausgang des Mittelalters ist von einer einheitlichen Bauernschaft nicht mehr zu sprechen, die »unterbäuerlichen Schichten« vermehren sich und lassen oft sogar die Vollbauern zur Minderheit im Dorf werden. Dies ist ein europäisches Phänomen, wenn auch mit einem regional differenzierten erheblichen west-östlichen Gefälle.[113] Dieser nicht zu bezweifelnde Tatbestand kann sicher nicht ohne Einfluß auf die Fähigkeit der Dorfgemeinde zur Organisation solidarischen Handelns gegen Grundherrschaft oder Staat geblieben sein. So versichert uns Yves-Marie Bercé für Frankreich z. B., daß die Solidarität der Dorfgemeinde bis weit in das 19. Jahrhundert überdauert habe.[114] Für die deutschen Landschaften gilt bislang der überwiegende Eindruck, daß die Gesamtinteressenlage des Dorfes gegen Territorial- oder Grundherr die innere

Spaltung des Dorfes überspielt habe[115], wenn auch immer wieder Hinweise auf unterschiedliches Engagement einzelner Schichten zu finden sind. Bislang sind nur im fränkischen Raum (Hohenlohe) Fälle von Gemeinden bekannt geworden, in denen divergierende ökonomische Interessen innerhalb des Dorfes den gemeinsamen Widerstand gegen Grund- und Landesherrn verhindern.[116] Für England schließlich ist die Erklärung gegeben worden, daß es gerade die um 1600 sich vollziehende Spaltung in den Gemeinden war, die das Abbrechen des bäuerlichen Widerstands gegen die grundherrliche Nutzung des Landes erklärt. Die wirtschaftliche Entwicklung des Landes, die auf der einen Seite die Bauern vom Land vertrieb, bot auf der anderen Seite so viele Alternativen, daß damit der notwendigerweise auf die Gemeinde angewiesene Widerstand ausgehöhlt wurde.[117] Angesichts der mehrfach festgestellten Gemeindegebundenheit bäuerlichen Widerstands kommt daher der Frage der innerdörflichen Zersplitterung der wirtschaftlichen Interessen besondere Bedeutung zu, sie muß die Frage nach der Rechtsnatur der Dorfgemeinde und ihrer unterschiedlichen institutionellen Voraussetzungen ergänzen. Die bislang verfügbaren Informationen legen die Vermutung nahe, daß nicht die soziale Differenzierung im Dorf an sich schon die Fähigkeit zur Organisation des Widerstands schwächen muß. Solange der dörfliche Lebens- und Leidenszusammenhang gewahrt bleibt, erhält sich überraschend lange diese Fähigkeit und kann ggf. den reichen Bauern zur Koalition mit dem Seldner oder Tagelöhner zwingen. Erst wenn sich die Streitfrage »habitation vs. improvement« – so die englische Problemlage[118] – so eindeutig zugunsten wirtschaftlicher Modernisierung verschiebt und sich zugleich Alternativen sozialer und regionaler Mobilität ergeben, scheint die dörfliche Solidargemeinschaft jene Schwächung zu erleiden, die keine Basis mehr für Widerstand bietet. Doch bedarf diese Frage noch einer intensiveren Erforschung.

Es wurde bereits darauf hingewiesen, daß bäuerlicher Widerstand in seiner konkreten Ausprägung in hohem Maße von dem Entwicklungsstand moderner Staatlichkeit abhängig war. Eine Bauernschaft ohne Klagerecht gegen ihre Grundherrn, wie in Ungarn nach 1514, muß anders reagieren als eine Bauernschaft, die, wie in Österreich in der ersten Hälfte des 16. Jahrhunderts, das Appellationsrecht an die Regierung erreicht. Die Existenz eines »poor mens court« – so die Bezeichnung für den englischen

»court of request« im 16. Jahrhundert – legt die Vermutung nahe, daß innerhalb eines solchen Rechtssystems andere Artikulationsmöglichkeiten bestehen, als etwa im Königreich Polen, in dem selbst wieder unterschiedliche Klagemöglichkeiten für Adels- und Kronuntertanen bestanden, da für letztere die Klage am Kronreferendargericht möglich war. Die nach unseren bisherigen Kenntnissen erstaunliche »Rechtsnähe« deutscher Untertanen, ihre vielfach belegbare Neigung, sich durch juristische Fakultäten und Advokaten beraten zu lassen und schließlich ausdauernd zu prozessieren, bedarf eines qualifizierten Vergleichs etwa mit der französischen Bauernschaft. Die bislang vorliegenden Informationen über die Qualität der verschiedenen Gattungen seigneurialer Gerichtsbarkeit bzw. der darüber hinausgehenden Appellationsmöglichkeiten sind noch zu sporadisch, um hier fundierte Aussagen zu formulieren.[119]

Eng damit hängt das Problem der Gewalt als Mittel gesellschaftlicher Konflikte zusammen. Sowohl im Vergleich des deutschen Bauernkriegs mit deutschen Revolten des späteren 16., 17. und 18. Jahrhunderts als auch im Vergleich zwischen den französischen Revolten des 17. Jahrhunderts mit den gleichzeitigen deutschen Bewegungen fällt der unterschiedliche Grad von Gewaltanwendung auf. Ein ritueller Mord an einem Steuereinnehmer ist aus deutschen Revolten nicht bekannt, gleiches gilt wohl auch für die Art des Einsatzes von Exekutionstruppen gegen revoltierende Bauern. Auch die bemerkenswerte Sicherheit der englischen Gentry vor einer Bewaffnung der bäuerlichen Untertanen im Rahmen der Miliz bzw. zu Beginn der Revolution sind hier im Unterschied zu den kontinentalen Verhältnissen festzuhalten. Hier lassen sich unterschiedliche Verhaltensweisen ausmachen, deren Deutung im Augenblick noch erhebliche Schwierigkeiten bereitet, wenn hier nicht überhaupt unerklärbare Reste sozialen Verhaltens übrigbleiben. Le Roy Laduries Bemerkung, daß die Revolten auch immer »expression sauvage d'un ressentiment longtemps réprimé« waren, deutet in eine solche Richtung.[121]

Diese Erwägungen über die Bereitschaft der untertänigen Bevölkerung zu Gewalt oder zur Integration in das jurisdiktionelle System des Staates lenken noch einmal den Blick auf ein Problem der Mentalitätsforschung. Schon bei der Analyse der deutschen Revolten fiel auf[122], daß wir in einer Reihe von Fällen Gemeinden oder Ämter feststellen können, die vom 16. bis ins 18. Jahrhundert immer wieder Widerstand leisten und insofern eine gemeindespezifische Revoltentradition bilden. Bercé hat den gleichen Tatbestand für Frankreich festgestellt und daraus geschlossen, daß die jeweilige Widerstandstradition einer Gemeinde oder einer Region eine beachtliche im »mémoire collective« bewahrte »réserve insurrectionnelle« darstellt.[123]

Diese Hinweise auf offene Fragen zeigen, wie eine weitere Erforschung des bäuerlichen Widerstands verlaufen könnte. Es scheint in jedem Falle deutlich geworden zu sein, daß der direkte Schluß von sozialen Antagonismen auf soziale Bewegungen sich als wenig weiterführend erwiesen hat. In gleicher Weise sind die Erkenntnismöglichkeiten auch einer verfeinerten Analyse der Sozialstruktur zwar unverzichtbar, sie bedürfen aber der Ergänzung durch politisch-rechtliche Handlungsbedingungen und die in der bäuerlichen Gesellschaft wirksamen mentalen Strukturen und Normen.

Anmerkungen

1 Eine überarbeitete englische Fassung dieses Beitrags ist zur Publikation in den Veröffentlichungen des Deutschen Historischen Instituts London für 1982 vorgesehen. Für parallele Überlegungen und wegen partieller Überschneidungen verweise ich auf W. Schulze, *Bäuerlicher Widerstand und feudale Herrschaft in der frühen Neuzeit* (= Neuzeit im Aufbau Bd. 6), Stuttgart 1980.

2 H. Kamen, *The Iron Century. Social Change in Europe 1550-1660*, rev. ed. London 1976, S. 365 ff.

3 Vgl. Y.-M. Bercé, *Croquants et Nu-Pieds. Les soulèvements paysans en France du XVIe au XIXe siècle*, Paris 1974; Public Record Office London, State Papers 12, Bd. 261 und 262, und jetzt B. Sharp, *In Contempt of All Authority. Rural Artisans and Riot in the West of England, 1586-1660*, Berkely 1980, S. 17 ff. H. Feigl, *Der niederösterreichische Bauernaufstand 1596/97*, Wien 1972 und Eichmeyer-Feigl-Litschel, *Weilß gilt die Seel und auch das Guet. Oberösterreichische Bauernaufstände im 16. und 17. Jahrhundert*, Linz 1976.

4 Für die Einzelnachweise vgl. Schulze, *Bäuerlicher Widerstand* (wie Anm. 1), S. 49 ff., und zusätzlich für die Eidgenossenschaft F. Meyer (Bearb.), »Andreas Ryff (1550-1603), Der Rappenkrieg«, in: *Basler Zeitschrift für Geschichte und Altertumskunde* 66, 1966, S. 5-131.

5 Die Nachweise finden sich in den in Anmerkung 7 und 21 genannten Sammelbänden von Heitz-Laube-Steinmetz-Vogler und Heckenast

sowie St. Fischer-Galati, »The peasantry as a revolutionary force in the Balkans«, in: *Journal of Central European Affairs* 23, 1963, S. 12-22, und in Heikki Ylikangas, »Die langfristigen Entwicklungstrends der Verbrechen wider das Leben in Finnland«, in: *Rapports du XVe Congrès International des Sciences Historiques* Bd. II, Bukarest 1980, S. 690-704, hier S. 697, und ders., *Nuijasota*, Helsinki 1977. Für 1573 W. Schulze, »Der Windische Bauernaufstand von 1573. Bauernaufstände und feudale Herrschaft im späten 16. Jahrhundert«, in: *Südost-Forschungen* 33, 1974, S. 15-61. Zu Madrignano vgl. G. Rill, »Die Garzweiler-Mission 1603/04 und die Reichslehen in der Lunigiana«, in: *Mitteilungen des österreichischen Staatsarchivs* 31, 1978, S. 9-25, hier S. 15; zu Siebenbürgen Dan-Göllner-Patalu, »Der gemeinsame Kampf der Volksmassen Siebenbürgens gegen feudale Ausbeutung und fremde Unterdrückung (13.-19. Jahrhundert)«, in: *Forschungen zur Volks- und Landeskunde* 7, 1964, S. 39-73, hier S. 49.

6 Olivier de Serres, *Le Théâtre d'Agriculture et mesnage des champs*, Bd. 1, Paris 1804, S. 25.

7 Bislang sind unter vergleichenden oder teilweise vergleichenden Aspekten folgende Arbeiten vorgelegt worden: Pascu-Mavrodin-Poršnev-Antelava, »Mouvements paysans dans le centre et dans le sud-est de l'Europe du XVe au XXe siècle«, in: *Comité des Sciences Historiques. Rapports IV*, Wien 1965, S. 211-235; R. Mousnier, *Fureurs paysannes. Les Paysans dans les révoltes du XVIIe siècle*, Paris 1967, zur engl. Übersetzung (1971) dieses Buches ist die Kritik in *Past and Present* 51, 1971, S. 63-80 heranzuziehen; H. A. Landsberger, »The role of peasant movements and revolts in development«, in: ders. (Hg.) *Latin American peasant movements*, Ithaca-London 1969, S. 1-61; B. Moore, *Soziale Ursprünge von Demokratie und Diktatur. Die Rolle der Grundbesitzer und Bauern bei der Entstehung der modernen Welt*, Frankfurt/M. 1974, besonders S. 520 ff. L. Makkai, »Periodisation und Typologie der europäischen Bauernbewegungen«, in: *U povadu 400. godisnýce hrvatsko-slovenske seljacke bune*, Radovi 5, Zagreb 1973, S. 41-48; M. E. François, »Revolts in late medieval and early modern Europe: A spiral model«, in: *Journal of Interdisciplinary History* 5, 1974, S. 19-43; die Beiträge von Čistozvonov und Petran in: *Der Bauer im Klassenkampf*, Berlin (Ost) 1975, S. 1-26 und S. 449-467; D. Sabean, »Markets, uprisings and leadership in peasant societies (Western Europe 1381-1789)«, in: *Peasant Studies Newsletter* 2, 1973, S. 17-19; Ch. Tilly, »Hauptformen kollektiver Aktion in Westeuropa 1500-1975«, in: *Geschichte und Gesellschaft* 3, 1977, S. 153-163; V. Buganov, »Bauernaufstände und Bauernkriege in Ost-, Mittel- und Westeuropa in der Feudalzeit«, in: *Jahrbuch für die Geschichte der sozialistischen Länder Europas* 21/2, 1977, S. 115-130; V. Press, »Französische Volkserhebungen und

deutsche Agrarkonflikte zwischen dem 16. und dem 18. Jahrhundert«, in: *Beiträge zur historischen Sozialkunde* 7, 1977, S. 76-81, sowie die Untersuchungen in: G. Heckenast (Hg.), *Aus der Geschichte der ostmitteleuropäischen Bauernbewegungen im 16.-17. Jahrhundert*, Budapest 1977; R. Pillorget, »L'étude comparée des mouvements insurrectionnels«, in: *Revue d'Histoire Diplomatique* 92, 1978, S. 5-16 (als Einleitung zu einem Sonderheft über die »Krise des 17. Jahrhunderts«); aus italienischer Perspektive die Beiträge von R. Villari, *Ribelli e riformatori dal XVI al XVIII secolo*, Rom 1979. Vgl. auch E. Le Roy Ladurie, »Peasants«, in: P. Burke (ed.), *The New Cambridge Modern History* Bd. XIII, Companion volume, Cambridge 1979, S. 115-163, zu den Revolten S. 137 f., und Y.-M. Bercé, *Révoltes et révolutions dans l'Europe moderne (XVIe-XVIIIe siècles)*, Paris 1980. 1982 werden im Klett-Cotta-Verlag die Beiträge der Bochumer Konferenz über »Bäuerlicher Widerstand und feudale Herrschaft« im Oktober 1980 erscheinen (W. Schulze (Hg.), *Aufstände, Revolten und Prozesse. Beiträge zum bäuerlichen Widerstand im Europa der frühen Neuzeit*, Stuttgart 1982).

8 M. Bloch, *Caractères originaux de l'histoire rurale française* Bd. 1, Paris 1952, S. 175.

9 L. von Ranke, *Deutsche Geschichte im Zeitalter der Reformation* (hg. P. Joachimsen) Bd. 2, Meersburg-Leipzig 1933, S. 126.

10 Ch. Hill, »The many-headed monster in late Tudor and early Stuart political thinking«, in: C. H. Carter (ed.), *From the renaissance to the counter-reformation. Essays in honour of G. Mattingly*, New York 1965, S. 296-324, und Claude Malingre, *Troisieme tome de l'histoire de nostre temps ou suite de l'histoire des guerres contre les rebelles de France, lez années 1623 et 1624*, Paris 1624, S. 522.

11 J. Elliott, »Revolution and continuity in early modern Europe«, in: *Past and Present* 42, 1969, S. 35-56, hier S. 40.

12 Diese meist anonymen Titel als Beispiele für die Fülle der literarischen Reaktion auf die beeindruckende Häufung der Revolten um die Mitte des 17. Jahrhunderts, die den schwedischen Diplomaten Salvius an eine »entente générale des peuples contre les mauvais gouvernements« denken ließen (hier zitiert nach G. Livet, *La guerre de Trente ans*, Paris 1963, S. 121).

13 J. C. G. H., *Gedanken über die gegenwärtigen Unruhen in Deutschland*, 1785, S. 26 ff.

14 Vgl. meine Ausführungen in: *Bäuerlicher Widerstand* (wie Anm. 1), S. 21 ff. Wichtig für die Entwicklung der Historiographie über den Deutschen Bauernkrieg erscheint mir noch M. Arnscheidt, *Wandlungen in der Auffassung des deutschen Bauernkrieges zwischen 1780 und 1848. Ein Beitrag zum Verhältnis von Geschichtsschreibung und Gegenwartsinteresse*, Phil. Diss. Heidelberg 1976.

15 Y.-M. Bercé, *Croquants et Nu-Pieds* (wie Anm. 3), S. 49, betont die Dauer von mehr als einem Tag und die Beteiligung mehrerer Gemeinden. Vgl. auch G. Heitz-G. Vogler, »Bauernbewegungen in Europa vom 16. bis zum 18. Jahrhundert«, in: dies., *Agrarfrage und bürgerliche Revolutionen beim Übergang vom Feudalismus zum Kapitalismus*, Rostock 1980, S. 3-21, besonders S. 4. f., wo Kriterien für die Qualifizierung historischer Prozesse und Erscheinungen als »Bauernbewegung« genannt werden. Bauernbewegungen entstehen demnach spontan, sie »weisen aber immer ansatzweise oder ausgeprägt Elemente von Organisiertheit auf«. Die Definitionen von Revolte, Aufstand und Krieg ebd., S. 18.

16 Vgl. dazu den in Anm. 7 angekündigten Sammelband. Insbesondere der Bereich des prozessualen Widerstands ist erst in Ansätzen erforscht. Für Frankreich vgl. jetzt die Bemerkungen bei J. P. Gutton, *La sociabilité villageoise dans l'ancienne France. Solidarités et voisinages du XVIe au XVIIIe siècle*, Paris 1979, S. 123 ff. und 155 ff., und als Beispiel einer der wenigen Detailuntersuchungen Yves Castan, »Attitudes et motivations dans les conflits entre seigneurs et communantés devant le Parlement de Toulouse au XVIIIe siècle«, in: *Annales des lettres de Nice*, 1969, S. 233-239. Für England sei für die Erforschung von Formen des »discontent« verwiesen auf J. Brewer-J. Styles (Hg.), *An Ungovernable People. The English and their law in the seventeenth and eighteenth centuries*, London 1980.

17 G. R. Elton, *England under the Tudors*, London ²1974, S. 59. Beispiele dafür bieten jetzt etwa R. B. Manning, »Patterns of Violence in Early Tudor Enclosure Riots«, in: *Albion* 6, 1974, S. 120-133, und ders., »Violence and Social Conflict in Mid-Tudor Rebellions«, in: *Journal of British Studies* 16, 1977, S. 18-40; B. Sharp, *In Contempt of All Authority* (wie Anm. 3) und P. Clark, *English Provincial Society from the Reformation to the Revolution. Religion, Politics and Society in Kent, 1500-1640*, Hassocks 1977, S. 78 ff., und ders., »Popular protest and disturbance in Kent 1558-1640«, in: *Economic History Review* 29, 1976, S. 365-382. J. Goring, »The riot at Bayham Abbey, June 1525«, in: *Sussex Archaeological Collections* 116, 1978, S. 1-10.

18 In diesem Zusammenhang sei verwiesen auf ein Forschungsprojekt zur systematischen Erfassung der Reichskammergerichtsprozesse, das von Dr. F. Ranieri am Max-Planck-Institut für Rechtsgeschichte in Frankfurt/M. bearbeitet wird.

19 B. F. Poršnev, »Formen und Wege des bäuerlichen Kampfes gegen die feudale Ausbeutung«, in: *Sowjetwissenschaft* GA, 1952, S. 440-459, und in Anwendung auf deutsche Territorien G. Heitz, »Der Zusammenhang zwischen den Bauernbewegungen und der Entwicklung des Absolutismus in Mitteleuropa«, in: *Zeitschrift für Ge-*

schichtswissenschaft, Sonderheft 13, 1965, S. 71-83. Poršnev versuchte selbst, diesen Zusammenhang am Beispiel der französischen Revolten vor der Fronde nachzuweisen: *Die Volksaufstände in Frankreich vor der Fronde 1623-1648*, Leipzig 1954, S. 239 f. Das Zitat aus Poršnev, »Das Wesen des Feudalstaats«, in: *Sowjetwissenschaft* GA, 1952, S. 248-277, hier S. 260.

20 J. A. Kosminski, »Das Problem des Klassenkampfes in der Epoche des Feudalismus«, in: *Sowjetwissenschaft* GA, 1952, S. 460-482, hier S. 466. Vgl. auch L. Yaresh, »The peasant wars in Soviet historiography«, in: *American Slavic and East European Review* 16, 1957, S. 241-259.

21 Dies gilt vor allem für die einschlägigen Forschungen in der DDR. Vgl. die einschlägigen Artikel in: G. Heitz-A. Laube-M. Steinmetz-G. Vogler (Hg.), *Der Bauer im Klassenkampf*, Berlin (Ost) 1975. Das letzte Zitat bei B. Töpfer, »Volksbewegungen, Ideologie und gesellschaftlicher Fortschritt in der Epoche des entwickelten Feudalismus«, in: *Zeitschrift für Geschichtswissenschaft* 25, 1977, S. 1158-1167, und C. Bobinska, »Propriété féodale et luttes paysannes en Pologne méridionale«, in: *Annales historiques de la Révolution française* 36, 1974, S. 279-293, und A. Maczak, »Polnische Forschungen auf dem Gebiete der Agrargeschichte des 16. und 17. Jahrhunderts (1945-1957)«, in: *Acta Poloniae Historica* 1, 1958, S. 33-57, und ders., »La paysannerie et les luttes des classes«, in: *ebd.* 16, 1967, S. 139-147.

22 A. N. Čistozvonov, »Die Genesis des Kapitalismus und ihre Widerspiegelung in den regionalen Typen der Bauernbewegungen in Europa im XVI. bis XVIII. Jahrhundert (Problemstellung)«, in: *Der Bauer im Klassenkampf*, Berlin (Ost) 1975, S. 1-26. Vgl. ders., »Über die stadional-regionale Methode bei der Vergleichung historischer Erforschung der bürgerlichen Revolution des 16. bis 18. Jahrhunderts in Europa«, in: *Zeitschrift für Geschichtswissenschaft* 21, 1973, S. 31-48.

23 Jedenfalls gilt dies für die Rezeption seiner Arbeiten in der DDR. G. Vogler, »Probleme des bäuerlichen Klassenkampfes in der Mark Brandenburg im Spätfeudalismus«, in: *Acta Universitatis Carolinae. Philosophica et Historica* 1. Studia Historica XI, 1974, S. 75-94 bestätigte, daß Poršnevs Vorschlag für eine Typologie der Formen »bis heute eine wesentliche Grundlage für die Behandlung des bäuerlichen Klassenkampfes geblieben (ist) und weitgehende Anerkennung gefunden (hat)«.

24 G. Heckenast (Hg.), *Aus der Geschichte der ostmitteleuropäischen Bauernbewegungen im 16.-17. Jahrhundert*, Budapest 1977. Vgl. meine Rezension in Südost-Forschungen 37, 1978, S. 214-219, und J. M. Bak, »Quincentennial of the birth of Gyorgy Szekely Docza«,

in: *East Central Europe* 1, 1974, S. 153-167.

25 Ein Literaturüberblick bei W. Schulze, »Der Windische Bauernaufstand von 1573. Bauernaufstand und feudale Herrschaft im 16. Jahrhundert«, in: *Südost-Forschungen* 33, 1974, S. 15-61, hier S. 23 ff., und J. Karaman, »Die Bauernbewegungen und der bäuerliche Klassenkampf im Zeitalter des Spätkapitalismus«, in: *Der Bauer im Klassenkampf,* Berlin (Ost) 1975, S. 491-512. Eine Gesamtdarstellung bietet J. Adamček, *Seljačka buna 1573,* Zagreb 1968.

26 Die beste Literaturübersicht bei F. Kopitzsch-R. Wohlfeil, »Neue Forschungen zur Geschichte des Deutschen Bauernkrieges«, in: H. U. Wehler (Hg.), *Der Deutsche Bauernkrieg 1524-26,* Göttingen 1975 (= Geschichte und Gesellschaft. Sonderheft 1), hier S. 330-354.

27 J. Petran, »Nevolnické povstani 1775«, in: *Acta Universitatis Carolinae. Philosophica et Historica,* Monographie XLII, Prag 1972, sowie ders. in diesem Band und die Quellensammlung *Prameny k nevolnickému povstani v Cechach u na Morave v roce 1775,* hg. Toegel, Petran und Obrslik, Prag 1975. Wichtig auch die Ergebnisse des Prager Symposions vom Dezember 1971, in: *Prispcvky k dejinam tridnich boju, Acta Universitatis Carolinae. Philosophica et Historica.* Studia Historica XI, Prag 1974.

28 Als Übersicht P. Hoffmann, »Der Übergang vom Feudalismus zum Kapitalismus in Rußland und die Epoche der russischen Bauernkriege als Forschungsproblem«, in: *Der deutsche Bauernkrieg 1524/25,* Berlin (Ost) 1977, S. 225-235, sowie V. V. Mavrodin, »Der Bauernkrieg in Rußland 1773-1775 (Zum 200. Jahrestag)«, in: *Der Bauer im Klassenkampf,* Berlin (Ost) 1975, S. 527-548. Zur Pugačev-Revolte vgl. D. Peters, *Politische und gesellschaftliche Vorstellungen in der Aufstandsbewegung unter Pugačev (1773-1775),* Wiesbaden 1973, und Marc Raeff, »Pugachev's Rebellion«, in: Forster-Greene (Hg.) (wie Anm. 47), S. 161-202.

29 G. Heitz, »Probleme des bäuerlichen Klassenkampfes im Spätfeudalismus«, in: *Der Bauer im Klassenkampf,* Berlin (Ost) 1975, hier S. 513, und ders., »Die Differenzierung der Agrarstruktur am Vorabend der bürgerlichen Agrarreformen«, in: *Zeitschrift für Geschichtswissenschaft* 25, 1977, S. 910-927.

30 R. Hilton, *Bond men made free. Medieval peasant movements and the English rising of 1381,* London 1973, S. 11. Knapp, aber treffend sagt J. Elliott (wie Anm. 11), S. 42: »But it is one thing to establish the existence of social antagonisms, and another to assume that they are the principal cause of conflict.«

31 Vor allem R. Mousnier etwa in: *Peasant uprisings in seventeenth century France, Russia and China,* London 1971, S. 3 ff. als Beispiel für ähnliche Argumentationen an vielen Stellen seines Werks.

32 J. Kuczynski, *Geschichte des Alltags des Deutschen Volkes. Studien 1, 1600-1650*, Berlin 1980, S. 178 ff.

33 G. Heitz, »Der Alltag des deutschen Volkes im 17. Jahrhundert«, in: *Zeitschrift für Geschichtswissenschaft* 29, 1981, S. 495-506, besonders S. 504. Ich möchte besonders hinweisen auf Manfred Reißner, »Ideologie und Klassenkampf sächsischer Rittergutsbauern zwischen Dreißigjährigem Krieg und Französischer Revolution«, in: *Sächsische Heimatblätter* 21, 1975, S. 267-274, der die von Wernicke angenommene »Klassensolidarität« der Bauern relativiert.

34 Poršnev (wie Anm. 19). Die französische Übersetzung des 1948 in russischer Sprache publizierten Buches erschien erst 1963.

35 Darüber hinaus sind zu nennen: R. Mandrou, *Classes et luttes de classes en France au début du XVIIe siècle*, Messina-Florenz 1965; J. H. M. Salmon, »Venality of office and popular sedition in seventeenth century France. A review of a controversy«, in: *Past and Present 37*, 1967, S. 21-43; C. Vivanti, »Le rivolte populari in Francia prima della Fronda e la crisi del secolo XVII«, in: *Rivista Storica Italiana* 76, 1964, S. 957-981; R. Mandrou, »Vingt ans après, ou une direction de recherches fécondes: Les révoltes populaires en France au XVIIe siècle«, in: *Revue Historique* 242, 1969, S. 29-40. – Der Hinweis auf diese Diskussion ist heute zum festen Bestandteil aller einschlägigen Darstellungen geworden. Zuletzt dazu L. Lavallée, »Les soulèvements populaires en France dans la premiere moitié du 17e siècle. État de la question«, in: *Histoire sociale – Social History* 10, 1977, S. 427-432, und R. Pillorget, »Die Bauernaufstände im Frankreich des 17. Jahrhunderts«, in: K. Malettke (Hg.), *Politische und soziale Konflikte im Frankreich des Ancien Régime*, Berlin 1982, Weitere wichtige Aufsätze in den Sammelbänden von J. Woloch (Hg.), *The Peasantry in the Old Régime. Conditions and Protests*, New York 1970 und P. J. Coveney (Hg.), *France in Crisis, 1620-1675*, Totawa N. J. 1977 (mit einer vorzüglichen Einleitung S. 1-63).

36 Ich erwähne hier vor allem die Arbeiten von Y.-M. Bercé, *Histoire des Croquants. Etude des soulèvements populaires au 17e siècle dans le sud-ouest de la France*, 2 Bde., Genève 1974; M. Foisil, *La révolte des Nu-pieds et les révoltes normandes de 1639*, Paris 1970 und R. Pillorget, *Les mouvements insurrectionels de Provence entre 1596 et 1715*, Paris 1975. – Kritische Bemerkungen zur ausschließlichen »Antifiskalismus-Charakterisierung« jetzt bei J. H. M. Salmon, *Society in Crisis. France in the Sixteenth Century*, London 1975, S. 276 ff., und ders., »Peasant revolt in Vivarais, 1575-1580«, in: *French Historical Studies* 11, 1979, S. 1-28.

37 Siehe dazu etwa die Arbeiten von D. Sabean, »Markets, uprisings and leadership in peasant societies« (wie Anm. 7) sowie Ch. Tilly,

»Hauptformen kollektiver Aktion in Westeuropa 1500-1975« (wie Anm. 7).

38 Siehe dazu den Beitrag von C. S. L. Davies in diesem Band.

39 Y.-M. Bercé, *Croquants et Nu-Pieds* (wie Anm. 3); Ch. Tilly, »Hauptformen kollektiver Aktion in Westeuropa 1500-1975« (wie Anm. 7). Zum gleichen Problem allgemein J. Blum, »The European village as community. Origins and functions«, in: *Agricultural History* 45, 1971, S. 155-178, und für den ostelbischen Bereich H. Harnisch, »Landgemeinde, feudalherrlich-bäuerliche Klassenkämpfe und Agrarverfassung im Spätfeudalismus«, in: *Zeitschrift für Geschichtswissenschaft* 26, 1978, S. 887-897. Vgl. dazu auch demnächst die Beiträge von C. S. L. Davies über die englische Gemeinde zwischen 1400 und 1800 und von H. Kamen über die spanische Gemeinde in dem in Anm. 7 angekündigten Sammelband.

40 Vgl. Anm. 39! Ich will nicht verschweigen, daß ich Tillys Unterscheidung für wenig nützlich halte, da sich der »reaktive« Protest z. B. gegen eine Fronsteigerung natürlich auch als »proaktive« Maßnahme deuten läßt. Die formale Kategorie des »sozialen Protestes« scheint mir darüber hinaus zu unspezifisch, um für die verschiedenen Formen des bäuerlichen Widerstands nutzbar gemacht zu werden.

41 Vgl. J. Petran, »Der Höhepunkt der Bewegungen der untertänigen Bauern in Böhmen«, in: *Acta Universitatis Carolinae. Philosophica et Historica* III, 1969, S. 122, und R. Mandrou, »Vingt ans après, ou une direction de recherches fécondes« (wie Anm. 35), S. 40. Mandrou grenzt sich dabei jedoch von Poršnevs Gebrauch des Begriffs der »blinden Kraft« ab.

42 E. P. Thompson, »Die ›sittliche Ökonomie‹ der englischen Unterschichten im 18. Jahrhundert«, in: D. Puls (Hg.), *Wahrnehmungsformen und Protestverhalten. Studien zur Lage der Unterschichten im 18. und 19. Jahrhundert*, Frankfurt/M. 1979, S. 13-80, zuerst in: *Past and Present* 50, 1971, S. 76-131; G. Rudé, *Die Volksmassen in der Geschichte. England und Frankreich 1730-1848*, Frankfurt/New York 1977 (um nur einen Titel zu nennen).

43 So N. Z. Davis, *Society and culture in early modern France*, London 1975, S. 154.

44 So etwa J. Cornwall, *The revolt of the peasantry 1549*, London 1977, S. 238.

45 G. Duby, *Die drei Ordnungen. Das Weltbild des Feudalismus*, Frankfurt/M. 1981 (franz. Ausgabe 1978).

46 Überzeugend beschrieben bei K. Eder, *Glaubensspaltung und Landstände in Österreich ob der Enns*, 1525-1602, Linz 1936 und spezieller bei H. Sturmberger, *Georg Erasmus Tschernembl. Religion, Libertät und Widerstand*, Graz 1953. Für Frankreich vgl. etwa die Ergebnisse von M. Foisil, *La révolte des Nu-Pieds et les révoltes normandes de*

1639, Paris 1970, S. 339 f. – Die Verbindung von adeligem und bäuerlichem Widerstand wird auch thematisiert bei Perry Anderson, *Die Entstehung des absolutistischen Staates*, Frankfurt/M. 1979, S. 66 f.

47 Leider ist dieses Problem im Rahmen der internationalen Ständeforschung nicht zureichend behandelt worden, obwohl E. Lousse, »Gouvernés et Gouvernants en Europe occidentale durant le bas moyen âge et les temps modernes«, in: *Standen en Landen* 35, 1966, S. 7-48, hier S. 43, auf diese Problemlage aufmerksam machte. Vgl. auch R. Mousnier, »La participation des gouvernés à l'activité des gouvernants dans la France du XVIIe et du XVIIIe siècle«, in: *Gouvernés et Gouvernants* Bd. 3 (= Recueils de la Societé Jean Bodin Bd. 24), Brüssel 1966, S. 235-297, erneut in ders., *La plume, la faucille et le marteau*, Paris 1970, S. 231-262. Ein eigener erster Versuch W. Schulze, »Die politische Bedeutung des gemeinen Mannes in ständischen Versammlungen des 16. Jahrhunderts«, in: *Zeitschrift für Agrargeschichte und Agrarsoziologie* 21, 1973, S. 48-64. Zu beachten sind natürlich die Ansätze bei B. Manning, »The Nobles, the People and the Constitution«, in: *Past and Present* 9, 1979, S. 42-64, bei H. Trevor-Roper, »Die allgemeine Krise des 17. Jahrhunderts«, in: *Religion, Reformation und sozialer Umbruch*, Frankfurt/M. 1967, S. 53-93, und bei J. H. Elliott, »Revolution and Continuity« (wie Anm. 11). Gerade Elliotts Versuch, den Zusammenhang zwischen Revolten des Volkes und des Adels zu bestimmen, finde ich außerordentlich anregend, auch wenn ich seiner Marginalisierung der Untertanenrevolten (»ephemeral movements«) nicht folgen kann. Sein Versuch erscheint mir ergiebiger als die Zergliederung des Problems bei R. Forster-J. P. Greene (Hg.), *Preconditions of Revolution in Early Modern Europe*, Baltimore-London 1970, S. 1 ff.

48 Vgl. hierzu die Publikationen von *Standen en Landen* sowie die *Studies presented to the International Commission for the History of parliamentary assemblies/Etudes presentées à la commission internationale pour l'histoire des assemblées d'états*. Seit 1981 erscheint die neue Zeitschrift der Commission unter dem Titel *Parliaments, Estates and Representation.*

49 Vgl. dazu die Problemskizze von P. Kriedte, H. Medick, J. Schlumbohm, in: *Industrialisierung vor der Industrialisierung. Gewerbliche Warenproduktion auf dem Land in der Formationsperiode des Kapitalismus*, Göttingen 1977, S. 26 ff., und den Überblick über die verschiedenen Wege der europäischen Bauernschaft bei J. de Vries, *The Economy of Europe in an Age of Crisis*, 1600-1750, Cambridge 1976, S. 30 ff. Dazu ist jetzt auch die Diskussion zu beachten, die in den letzten Jahren in *Past and Presen*t um den »agrarischen Kapitalismus« geführt und durch R. Brenner ausgelöst wurde, vgl. Anm. 52!

50 E. Hobsbawm, »Agriculture et capitalisme en Écosse au XVIIIe

siècle, Les réformateurs écossais au 18e siècle«, in: *Annales ESC* 33, 1978, S. 580-601.

51 Perry Anderson (wie Anm. 46, S. 24) kommentiert hier Überlegungen von P. Vilar, »Problems in the Formation of Capitalism«, in: *Past and Present* 10, 1956, S. 15-38, hier S. 33 f.

52 Die sich an die Publikation von Dobb (*Studies in the development of Capitalism*, London 1946) anschließende Debatte der frühen fünfziger Jahre ist jetzt in einer von R. Hilton eingeleiteten deutschen Ausgabe greifbar: M. Dobb, P. Sweezy u. a., *Der Übergang vom Feudalismus zum Kapitalismus*, hg. und eingeleitet von R. Hilton, Frankfurt/M. 1978. Auslöser der neueren Diskussion, die gerade erste Beachtung in der Bundesrepublik Deutschland findet (vgl. die Beiträge von Wunder und Medick in: *Sozialwissenschaftliche Informationen* 8, 1979, S. 122 ff.) war R. Brenner, »Agrarian class structure and economic development in pre-industrial Europe«, in: *Past and Present* 70, 1976, S. 30-75. Die Anschlußdiskussion in den folgenden Heften der gleichen Zeitschrift Nr. 78, 79, 80.

53 Vgl. dazu die interessante Neubewertung staatlicher Ordnung für eine marxistische Interpretation der frühneuzeitlichen europäischen Geschichte bei Perry Anderson (wie Anm. 46).

54 D. Pennington in einem kurzen Diskussionsbeitrag zu einer Londoner Konferenz über die Revolutionen des 17. Jahrhunderts nach dem Diskussionsbericht in: *Past and Present* 13, 1958, S. 64.

55 Für die Einzelangaben sei auf die Beiträge von Jacquart und Davies verwiesen!

56 E. Le Roy Ladurie, »Über die Bauernaufstände in Frankreich 1548-1648«, in: *Wirtschaftliche und soziale Strukturen im säkularen Wandel, Festschrift für W. Abel zum 70. Geburtstag*, Bd. 1, Hannover 1974, S. 277-305, und ders., »Révoltes et contestations rurales en France de 1675 à 1788«, in: *Annales ESC* 29, 1974, S. 6-22; Y.-M. Bercé, *Croquants et Nu-Pieds* (wie Anm. 3), S. 47-58.

57 Vgl. dazu auch L. Accati, »›Vive le Roi sans taille et sans gabelle‹: Una discussione sulle rivolte contadine«, in: *Quaderni Storici* 7, 1972, S. 1071-1103.

58 Dazu auch Bercé, *Croquants et Nu-Pieds* (wie Anm. 3), S. 56 f., und ders., »Überlegungen zu den französischen Bauernrevolten des 16. bis 18. Jahrhunderts«, in dem in Anm. 7 angekündigten Sammelband. Roland Mousnier, *Peasant Uprisings in Seventeenth Century France, Russia and China*, London 1971, S. 115 betont ebenfalls, daß die Revolten um 1675 die letzten »großen sozialen und politischen Bewegungen« waren.

59 Als Übersicht sei auf den bereits in Anm. 26 zitierten Aufsatz von C. S. L. Davies verwiesen sowie ders., »Les révoltes populaires en Angleterre (1500-1700)«, in: *Annales ESC* 24, 1969, S. 24-60. A. Flet-

cher, *Tudor Rebellions*, 2. Aufl. London 1973. – An neuen Forschungsergebnissen seien neben den in Anm. 14 und 15 genannten Publikationen noch folgende Titel genannt: A. B. Appleby, »Common Land and peasant unrest in sixteenth century England: A comparative note«, in: *Peasant Studies Newsletter* 4, 1975, S. 20-23; J. Cornwall (wie Anm. 44); St. K. Land, *Kett's Rebellion. The Norfolk rising of 1549*, Ipswich 1977; R. B. Manning, »The rebellions of 1549 in England (Review Article)« in: *Sixteenth Century Journal* 10, 1979, S. 93-99, und D. MacCulloch, »Kett's rebellion in context«, in: *Past and Present* 84, 1979, S. 36-59. Zu den Unruhen 1626-32 jetzt die Analyse bei B. Sharp, *In Contempt of All Authority* (wie Anm. 3), S. 82 ff. Auf die am Konzept von Ordnung und Widerstand orientierte Darstellung von D. M. Loades, *Politics and the nation 1450-1660. Obedience, resistance and public order*, London 1974, sei ergänzend hingewiesen.

60 Vgl. dazu die kontroversen Positionen von R. H. Tawney, *The agrarian problem in the sixteenth century*, London 1912 und E. Kerridge, *Agrarian problems in the 16th century and after*, London-New York 1969 und als neuere Übersicht B. A. Holderness, *Pre-industrial England. Economy and Society from 1500 to 1750*, London 1976, bes. S. 45 ff.

61 Vgl. etwa J. Nicolas, »Sur les émotions populaires au XVIIIe siècle: Le cas de la Savoie«, in: *Annales Historiques de la Révolution Française 1973/1974*, S. 593-607, S. 111-153. Hours, H., »Émeutes et émotions populaires dans les campagnes du Lyonnais au XVIIIe siècle«, in: *Cahiers d'Histoire 1964*, S. 137-153.

62 L. A. Tilly, »The food riot as a form of political conflict in France«, in: *Journal of Interdisciplinary History* 2, 1971-2, S. 23-57; R. B. Rose, »Eighteenth Century price riots and public policy in England«, in: *International Review of Social History* 6, 1961, S. 277-292. Allgemein M. Beloff, *Public order and popular disturbances 1660-1714*, Oxford 1938 (new impression 1963); G. Rudé, *Die Volksmassen in der Geschichte. England und Frankreich 1730-1848*, Frankfurt/New York 1977, S. 34 ff.

63 V. Buganov, »Bauernaufstände und Bauernkriege in Ost-, Mittel- und Westeuropa in der Feudalzeit«, in: *Jahrbuch für die Geschichte der sozialistischen Länder Europas* 21/2, 1977, S. 115-130, hier S. 119. Für die frühere Epoche vgl. jetzt ders., »Sozialstruktur und Klassenkampf der Bauern im feudalen Rußland (9.-16. Jahrhundert)«, in: *Jahrbuch für Wirtschaftsgeschichte* 1980/I, S. 101-115.

64 Vgl. den in Anm. 41 zitierten Artikel von Petran!

65 Y.-M. Bercé, *Révoltes et révolutions* (wie Anm. 7), S. 172 f.

66 Diese Aussagemöglichkeit darf jedoch nicht so verstanden werden, als sei die Revolte ein quasi-automatischer Reflex auf einen bestimm-

ten Grad von Belastung der untertänigen Bevölkerung. Insofern scheint mir der Versuch, bäuerlichen Widerstand allein aus der Annahme etwa eines abstrakten Refeudalisierungsprozesses oder einer bestimmten wirtschaftlichen Belastung erklären zu wollen, nur beschränkt aussagefähig zu sein.

67 Der ältere Forschungsstand wurde zusammengefaßt bei O. Schiff, »Die deutschen Bauernaufstände von 1525 bis 1789«, in: *Historische Zeitschrift* 130, 1924, S. 189-209, und G. Franz, *Geschichte des deutschen Bauernstandes vom frühen Mittelalter bis zum 19. Jahrhundert*, 2. Aufl. Stuttgart 1976, S. 183-202. Im wesentlichen baut darauf auch noch auf K. Gerteis, »Regionale Bauernrevolten zwischen Bauernkrieg und Französischer Revolution. Eine Bestandsaufnahme«, in: *Zeitschrift für Historische Forschung* 6, 1979, S. 37-62. Der neueste Forschungsbericht bei P. Bierbrauer, »Bäuerliche Revolten im Alten Reich. Ein Forschungsbericht«, in: P. Blickle (Hg.), *Aufruhr und Empörung? Studien zum bäuerlichen Widerstand im Alten Reich*, München 1980, S. 1-68, der zwischen 1300 und 1789 125 Bewegungen auflistet. Vgl. dazu W. Schulze, »Aufruhr und Empörung. Neue Studien zum bäuerlichen Widerstand im Alten Reich«, in: *Zeitschrift für Historische Forschung* 9, 1982, S. 63-72. Für die DDR-Forschung ist an Überblicksarbeiten hinzuweisen auf die einschlägigen Kapitel bei M. Steinmetz, *Deutschland 1476-1648*, Berlin 1967, S. 254 ff. und 358 ff., und G. Schilfert, *Deutschland 1648-1789*, Berlin [3]1975, S. 25 ff., S. 85 ff. und S. 141 ff. Dazu H. Schultz, »Bäuerliche Klassenkämpfe zwischen frühbürgerlicher Revolution und Dreißigjährigem Krieg«, in: *Zeitschrift für Geschichtswissenschaft* 20, 1972, S. 157-173, und die bibliographische Übersicht bei I. Volz-H.-St. Brather, »Der deutsche Bauer im Klassenkampf (1470-1648). Auswahlbibliographie der Veröffentlichungen in den sozialistischen Staaten aus den Jahren 1945 bis 1972«, in: *Der Bauer im Klassenkampf* (wie Anm. 21), S. 573-600.

68 Vgl. H. Holborn, *Deutsche Geschichte in der Neuzeit*, Bd. 1: »Das Zeitalter der Reformation und des Absolutismus«, Stuttgart 1960, S. 56-58, 162-165, 370-372. Charakteristisch dafür sind etwa die Ausführungen Brenners in seinem in Anm. 39 zitierten Artikel, besonders S. 53 f., oder von R. Pillorget, »L'étude comparée des mouvements insurrectionels« (wie Anm. 7), S. 10, der ebd. zu Recht feststellt, daß »les recherches concernant les mouvements populaires ont, en Allemagne quelque retard«.

69 Der beste Beweis scheinen mir neben den vielen literarischen Nachwirkungen die direkten Vergleiche der Bauernbewegungen des späten 16. Jahrhunderts mit 1525 zu sein, die im entsprechenden Aktenmaterial auf seiten der betroffenen Landesfürsten immer wieder auftauchen. Ansonsten W. Krüger, »Bauernkrieg und Literatur. Fragestel-

lungen in der Erforschung der literarischen Rezeption des deutschen Bauernkriegs«, in: *Daphnis* 6, 1977, S. 273-290, und E. Schäfer, »Der deutsche Bauernkrieg in der neulateinischen Literatur«, in: *ebd.* 9, 1980, S. 1-31. Eine befriedigende Untersuchung des gesamten politisch-literarischen »Echos« des Bauernkriegs fehlt bislang.

70 Vgl. den Quellenbeleg bei W. Schulze, *Bäuerlicher Widerstand* (wie Anm. 1), S. 167 f.

71 Der folgende, ganz kurz angedeutete Überblick ausführlicher ebd. S. 49 ff. Einzelnachweise nur noch auf neuere Literatur und zum Beleg einzelner Zitate.

72 Das Zitat bei K. Eder, *Glaubensspaltung und Landstände in Österreich ob der Enns, 1525-1602,* Linz 1936, S. 231. Vgl. jetzt W. Schulze, »Oberdeutsche Untertanenrevolten zwischen 1580 und 1620. Reichssteuern und bäuerlicher Widerstand«, in: P. Blickle (Hg.), *Festschrift für Günther Franz zum 80. Geburtstag,* Stuttgart 1982, S. 120-147.

73 Dazu die neue Arbeit von G. Gentsch, *Der Klassenkampf der ländlichen Untertanen im Erzgebirge und Vogtland im 17. Jahrhundert,* Phil. Diss. PH Dresden 1977. Allgemein zur Reaktion der bäuerlichen Bevölkerung auf die Nöte des Krieges H. Langer, *Kulturgeschichte des Dreißigjährigen Krieges,* Stuttgart 1978, S. 103 ff.

74 Diese Berechnung beruht auf Auswertung sowohl des gedruckten Materials als auch der bislang von Kollegen und Mitarbeitern durchgeführten Archivstudien. Für das späte 17. und 18. Jahrhundert vgl. demnächst in dem in Anm. 7 angekündigten Sammelband der Bochumer Tagung den Beitrag von W. Troßbach, »Bauernbewegungen in deutschen Kleinterritorien 1648-1789«.

75 Dazu die neuen Untersuchungen von V. Press, »Der hohenzollernhechingische Landesvergleich von 1789. Reichsrecht und Untertanenvertretung im Zeichen der Französischen Revolution«, in: *Zeitschrift für Hohenzollernsche Geschichte* 14, 1978, S. 77-108, und ders., »Von den Untertanenrevolten des 16. zur konstitutionellen Verfassung des 19. Jahrhunderts. Die Untertanenkonflikte in Hohenzollern-Hechingen und ihre Lösungen«, in: H. Weber (Hg.), *Politische Ordnungen und soziale Kräfte im Alten Reich,* Wiesbaden 1980, S. 85-112. Über den Beginn dieser Kette jetzt E. Elbs, »Owingen 1584 – Der erste Aufstand in der Grafschaft Zollern«, in: *Zeitschrift für Hohenzollernsche Geschichte* 17, 1981, S. 9-127.

76 Für Kempten J. B. Haggenmüller, *Geschichte der Stadt und der gefürsteten Grafschaft Kempten von den älteren Zeiten bis zu ihrer Vereinigung mit dem bayerischen Staat,* Bd. 2, Kempten 1847. Die Fälle Kornelimünster und Marschbauernschaften werden demnächst in Dissertationen von Helmut Gabel und Beate Liß (Bochum) untersucht. Bislang W. Brandt, »Kampf der bremischen Marschbauern-

schaften um ihre landständischen Rechte«, in: *Stader Archiv* NF 27, 1937, S. 148-160.

77 K. S. von Galera, *Die Riedesel zu Eisenbach* Bd. V, Neustadt a. d. Aich 1961, S. 253 ff. – Zu den Auseinandersetzungen in diesem Gebiet im 17. Jahrhundert vgl. jetzt G. Schmidt, »Agrarkonflikte im Riedeselischen Gericht Moos im 17. Jahrhundert«, in: *Archiv für hessische Geschichte und Altertumskunde* NF 37, 1979, S. 215-238.

78 Vgl. dazu den Beitrag von Jacquart in diesem Band (S. 212 ff.). Bestätigt wird dies auch bei F. Hincker, *Les Français devant l'impôt*, Paris 1971, S. 64 ff.

79 Dazu jetzt C. Ulbrich, »Bäuerlicher Widerstand in Triberg«, in: P. Blickle (Hg.), *Aufruhr und Empörung?* (wie Anm. 67), S. 146-214.

80 Gemeint sind hier vor allem: *Merkwürdige Reichs-Hof-Raths-Conclusa, 4 Theile*, Frankfurt/M. 1726-28, und J. U. v. Cramer, *Wetzlarische Nebenstunden, worinnen auserlesene beym höchstpreislichen Cammergericht entschiedene Rechtshändel* . . ., 128 Teile, Ulm 1775-83, Hauptregister 1779.

81 R. Lehmann, *Quellen zur Lage der Privatbauern in der Niederlausitz im Zeitalter des Absolutismus*, Berlin 1957.

82 Der Begriff nach G. Oestreich, »Ständetum und Staatsbildung in Deutschland«, in: ders., *Geist und Gestalt des frühmodernen Staates*, Berlin 1969, S. 277-289, hier S. 279 und S. 285 ff.

83 Dafür bietet Press, Von den Untertanenrevolten (wie Anm. 75), bes. S. 88 und 98 f., und ders., »Die aufgeschobene Mediatisierung. Finanzkrise der Kleinstaaten und kaiserliche Stabilisierungspolitik«, in: *Bericht über die 32. Versammlung deutscher Historiker in Hamburg*, 4. bis 8. Oktober 1978, Stuttgart 1979, S. 139-141, gute Hinweise. – Ich finde die hier entwickelte These von der Unterscheidung zwischen »großen« und »kleinen« Territorien schon angelegt in einer Formulierung des Freiherrn vom Stein aus dem Jahre 1813: »Die alte Verfassung Deutschlands versicherte jedem seiner Einwohner Sicherheit der Person und des Eigentums, in den großen und geschlossenen Ländern (territoriis clausis) verbürgten beides Stände, Gerichtsverfassung, in den übrigen die Reichsgerichte, die Oberaufsicht des Kaisers.« Wenn v. Stein hier auch die »Rechtssicherheit« der Reichsverfassung idealisiert, so trifft er doch den unterschiedlichen Zustand beider Typen von Territorien (zitiert nach W. Mager, »Das Problem der landständischen Verfassungen auf dem Wiener Kongreß 1814/15«, in: *Historische Zeitschrift* 217, 1973, S. 296-346, hier S. 339).

84 Vgl. Schulze, *Bäuerlicher Widerstand* (wie Anm. 1), S. 128 ff., und Press, Von den Untertanenrevolten (wie Anm. 75), S. 103 ff. zur Autorität des Kaisers, deren Wirkung für die Untertanenkonflikte dieser Epoche kaum überschätzt werden kann.

85 So etwa die rechbergische Gemeinde Böhmenkirch 1580, belegt bei Schulze, *Bäuerlicher Widerstand* (wie Anm. 1), S. 173 ff.

86 *Bayerisches Staatsarchiv Neuburg*, Lehen und Adel 2913, I, II.

87 Beispiele dafür bei Schulze, *Bäuerlicher Widerstand* (wie Anm. 1), S. 135 und Dok. Nr. 24, S. 227 ff.

88 E. Wolf, *Peasant wars of the twentieth century*, London 1971, S. 230.

89 Neben der in Anmerkung 34 genannten Literatur zuletzt dazu H. Sturmberger, »Der oberösterreichische Bauernaufstand von 1626 im Rahmen der Landesgeschichte«, in: *Der oberösterreichische Bauernkrieg*, Linz 1976, S. 1 ff., und ders., *Adam Graf Herberstorff. Herrschaft und Freiheit im konfessionellen Zeitalter*, München 1976, S. 259-308.

90 S. Riezler, »Der Aufstand der bayerischen Bauern im Winter 1633 auf 1634«, in: *Sitzungsberichte der bayerischen Akademie der Wissenschaften*, Phil.-Hist. Klasse 1900, S. 33-95, und Chr. Probst, *Lieber bayerisch sterben. Der bayerische Volksaufstand der Jahre 1705 und 1706*, München 1978, bes. S. 122 ff.

91 Vgl. dazu meinen Beitrag in diesem Band (S. 276 ff.), dessen wesentliche Ergebnisse ich hier einzuordnen versuche.

92 J. H. Schmauss, *Academische Vorlesungen und Reden über das teutsche Staatsrecht*, hg. v. J. A. Heldmann, Lemgo 1766, S. 665, und Chr. E. Weise, *Über die Berichterstattung auf Klagen deutscher Untertanen gegen ihre Landesherren an den höchsten Reichsgerichten*, Wetzlar 1791, S. 9. 1818 stellt J. L. E. Graf v. Barth-Barthenheim (*Das politische Verhältnis der verschiedenen Gattungen von Obrigkeiten zum Bauernstand im Erzherzogtum Österreich nieder der Enns*, Bd. 1, Wien 1818, S. 42) fest, daß der Bauernkrieg dem Grundherren zur »nachdrücklichen Warnung« gereichte, »die Bauern nicht zum Entschluß der Verzweiflung zu bringen«. Diese Hinweise nur als Beispiele für ein seit dem späten 18. Jahrhundert offensichtlich gebräuchliches Interpretament der Folgen des Bauernkrieges.

93 Vgl. dazu G. Bonis, »Die Retorsionsgesetze von 1514«, in: G. Hekkenast (Hg.), *Aus der Geschichte der ostmitteleuropäischen Bauernbewegungen* (wie Anm. 7), S. 309-316.

94 Vgl. M. L. Bush, *The Government Policy of Protector Somerset*, London 1975, S. 89 ff., und W. R. D. Jones, *The Mid-Tudor Crisis 1539-1563*, London 1973, S. 116 ff., zum Problem der rechtlichen Möglichkeiten der bäuerlichen Bevölkerung.

95 Schulze, *Bäuerlicher Widerstand* (wie Anm. 1), S. 80, mit Hinweisen auf die parallelen territorialen Entwicklungen, ebd., S. 106 ff.

96 Vgl. dazu Saarbrückener Arbeitsgruppe, »Huldigungseid und Herrschaftsstruktur im Hattgau (Elsaß)«, in: *Jahrbuch für westdeutsche Landesgeschichte* 6, 1980, S. 117-155.

97 Hinweise auf einschlägige deutsche Titel in meinem Beitrag in diesem Band, S. 276 ff. Für England vgl. die Hinweise bei Chr. Hill, »The many-headed monster« (wie Anm. 10), und für die Mitte des 16. Jahrhunderts W. Zeeveld, *Foundations of Tudor policy*, London 1969, bes. S. 190 ff., und Jones, *Mid-Tudor Crisis* (wie Anm. 94), S. 139 ff. Für Frankreich fehlen m. W. bislang entsprechende Untersuchungen.

98 Diese feudalrechtliche Literatur hat bislang in Deutschland keine genauere Untersuchung erfahren. Hinweise auf die Reichhaltigkeit des Materials enthält K. S. Bader, »Dorf und Dorfgemeinde im Zeitalter von Naturrecht und Aufklärung«, in: *Festschrift für K. G. Hugelmann* Bd. 1, Aalen 1959, S. 1-36.

99 Dieser Begriff nach A. W. Ertel, *Praxis aurea de jurisdictione civili et bassa, vulgo von der Niedergerichtsbarkeit*, Nürnberg 1713, II. Buch S. 1 ff. Diese spezifische Möglichkeit der »legitimen Resistenz« gründete auf die Möglichkeiten des Lehnsrechts und seiner Interpretation seit dem 16. Jahrhundert, die schon J. Althusius zur Anerkennung der »rebellio licita« führt, wenn die Existenz der Untertanen bedroht ist. Vgl. dazu W. Schulze, »Der bäuerliche Widerstand und die ›Rechte der Menschheit‹«, in: G. Birtsch (Hg.), *Grund- und Freiheitsrechte im Wandel von Gesellschaft und Geschichte*, Göttingen 1981, S. 41 ff., und ders., »Herrschaft und Widerstand in der Sicht des ›gemeinen Mannes‹ im 16. und 17. Jahrhundert«, in: H. Mommsen-W. Schulze (Hg.), *Vom Elend der Handarbeit. Probleme historischer Unterschichtenforschung*, Stuttgart 1981, S. 182-198, wo ich diese Frage näher untersuche.

100 E. P. Thompson, »Sittliche Ökonomie« (wie Anm. 42).

101 Vgl. dazu besonders den in Anmerkung 99 zitierten Aufsatz über »Herrschaft und Widerstand«.

102 Dies scheint die Bewertung von John Elliott, »Revolution and continuity«, S. 45 (wie Anm. 11) zu sein, wenn er die »brutale Frage« zu stellen empfiehlt, ob die Revolten etwas geändert hätten oder überhaupt etwas ändern konnten. Seiner Schlußfolgerung ist natürlich zuzustimmen: »And if we conclude that they (the peasant rebellions – W. S.) could and did make a difference, we should then go on to determine the precise areas in which that difference was made.« Ein Versuch in dieser Richtung ist W. Schulze, »›Geben Aufruhr und Aufstand Anlaß zu neuen heilsamen Gesetzen‹. Beobachtungen über die Wirkungen bäuerlichen Widerstands in der Frühen Neuzeit«, in dem in Anm. 7 angekündigten Sammelband.

103 R. Mandrou, »Adelskultur und Volkskultur in Frankreich«, in: *Historische Zeitschrift* 217, 1973, S. 36-53, hier S. 49.

104 Dies scheint mir eines der wichtigsten Ergebnisse der neueren Forschungsbemühungen zu sein. Damit wird das Verhalten von sozialen

Unterschichten der vorrevolutionären Epoche einem historisch adäquaten Erklärungsverfahren unterworfen.

105 J. Blum, *The end of the old order in rural Europe*, Princeton, N. J. 1978, S. 353. V. Kiernan, »State and Nation in Western Europe, in: *Past and Present* 31, 1965, S. 20-38, hier S. 29, formulierte knapp, daß die Adeligen aus Angst vor Rebellion den Absolutismus akzeptierten.

106 J. J. Becher, *Politische Discurs*, Frankfurt 1688, S. 37.

107 D. Silagi, *Ungarn und der geheime Mitarbeiterkreis Kaiser Leopolds II.*, München 1961, S. 119.

108 Die Quelle ist gedruckt bei A. Fischel, »Christian Julius Schierl von Schierendorf. Vorläufer des liberalen Zentralismus im Zeitalter Josefs I. und Karls VI.«, in: ders., *Studien zur österreichischen Reichsgeschichte*, Wien 1906. Dazu auch die Bemerkungen bei H. J. Bidermann, *Geschichte der österreichischen Gesamtstaatsidee 1526-1804*, II. Abtheilung, Innsbruck 1889, S. 39 und Anm. 48 und 49, S. 186 ff.

109 J. G. H. Justi, *Oeconomische Schriften* 2, 2. Aufl. Berlin-Leipzig 1767, S. 218.

110 J. G. H. Justi, *Grundsätze der Policeywissenschaft*, 3. Ausg. Göttingen 1782, S. 312, der an dieser Stelle auch auf das ihn unterstützende Urteil Friedrichs des Großen verweist, der (Werke Friedrich des Großen Bd. VII, S. 145) in Preußen keine Empörungen befürchtete.

111 Vgl. meinen Forschungsbericht in der *Zeitschrift für Historische Forschung* (wie Anm. 67). Für England vgl. die in Anm. 16/17 und 59 angegebene neuere Literatur. Als gutes Beispiel mag dienen: Henry Kamen, »A Forgotten Insurrection of the Seventeenth Century: The Catalan Peasant Rising of 1688«, in: *Journal of Modern History* 49, 1977, S. 210-230.

112 Vgl. dazu auch die von Pillorget (»L'étude comparée«) formulierten offenen Fragen (wie Anm. 7), S. 12.

113 Für Deutschland ist der Überblick bei G. Franz, *Geschichte des deutschen Bauernstandes* (wie Anm. 67), S. 214 ff. ziehen. Für Frankreich etwa die Bemerkungen bei E. Le Roy Ladurie, »Les paysans français du XVIe siècle«, in: *Conjoncture économique, structures sociales. Hommage à E. Labrousse*, Paris-La Haye 1974, S. 333-352, hier S. 348 f., und Labrousse u. a., *Histoire économique et sociale de la France, Bd. 2 (1660-1789)*, Paris 1970, S. 481 ff. Für England vgl. K. Wrightson, »Aspects of social differentiation in rural England, c. 1580-1660», in: *Journal of Peasant Studies* 5, 1977, S. 33-47. In diesem Zusammenhang ist auch hinzuweisen auf die Verknüpfung von sozialer Differenzierung im agrarischen Bereich und Bauernrevolten bei E. Hinrichs, *Einführung in die Geschichte der Frühen Neuzeit*,

München 1980, S. 152 ff. und S. 162.

114 Bercé, *Croquants et Nu-Pieds* (wie Anm. 3), S. 223 ff. (»La fin des solidarités«). Demgegenüber betont J. P. Gutton (wie Anm. 16), S. 57 ff., die Hierarchisierung im Dorf, läßt freilich die Frage nach der »Spaltung« des Dorfes offen.

115 Die Frage der Gemeinde ist nach dem grundlegenden Werk von K. S. Bader, *Dorfgenossenschaft und Dorfgemeinde. Studien zur Rechtsgeschichte des mittelalterlichen Dorfs*, 3 Teile, Wien-Köln-Graz 1962/73, in letzter Zeit vor allem von H. Harnisch untersucht worden (wie Anm. 39) und jetzt ders., *Bauern-Feudaladel-Städtebürgertum*, Weimar 1980, hier S. 81 ff.

116 Vgl. Thomas Barnett-Robisheaux, *Rural Wealth and Poverty in Hohenlohe 1470-1680*, Diss. University of Virginia 1981. Mir ist diese Arbeit bislang nur aus einem Vortrag auf der Konferenz der Sixteenth Century Studies Conference in Iowa City (Oktober 1981) bekannt.

117 Ich folge hier der Interpretation von C. S. L. Davies in seinem Beitrag über die »bäuerliche Gemeinde in England (1400-1800)«, in dem in Anm. 7 angekündigten Sammelband. »Der signifikante Umschwung von gemeinschaftlich geprägten Verhaltensformen innerhalb des Dorfes zur klassenspezifischen Differenzierung scheint etwa um 1600 stattgefunden zu haben.«

118 Die Formulierung nach dem Titel des Aufsatzes von M. Beresford, »Habitation versus Improvement: The Debate on Enclosure by Agreement«, in: F. J. Fisher (Hg.), *Essays in the Economic and Social History of Tudor and Stuart England in Honour of R. H. Tawney*, Cambridge 1961, S. 40-69.

119 Hierzu die zusammenfassenden Bemerkungen bei J. P. Gutton (wie Anm. 16), S. 172 ff. (über die justices seigneuriales) und den Beitrag von Bercé zu dem in Anm. 7 erwähnten Sammelband mit Überlegungen zur Beziehung zwischen Gewalt und Recht und zur Rolle und Stärke der Gemeinde.

120 Vgl. den Beitrag von C. S. L. Davies in diesem Band, S. 244 und in dem in Anm. 7 erwähnten Sammelband.

121 E. Le Roy Ladurie, *Les paysans de Languedoc*, Paris 1969, S. 358 f., Anmerkung 1 (ich benutze hier die gekürzte Taschenbuchausgabe).

122 Schulze, *Bäuerlicher Widerstand* (wie Anm. 1), S. 120 f.

123 Bercé (wie Anm. 119). Vgl. auch ders., *Révoltes et Révolutions* (wie Anm. 7), S. 159 ff.

I Methodische Problemstellungen

Vorbemerkung

Angesichts des Aufschwungs der Forschung auf dem Feld der frühneuzeitlichen Bauernrevolten konnte es nicht ausbleiben, daß methodische und methodologische Probleme intensiv diskutiert wurden. Der Beitrag von Wolfgang Reinhard, Ordinarius für Geschichte der Frühen Neuzeit an der Universität Augsburg, nimmt die klassische Poršnev-Mousnier-Kontroverse zum Anlaß, die begrifflichen und methodischen Implikationen dieser Forschung vor dem Hintergrund einschlägiger sozialwissenschaftlicher Theoriebildung einerseits und der Aufstände in Neapel und Palermo 1647 andererseits zu überprüfen.

Der unter der Leitung Roland Mousniers in dessen »Centre de recherches sur la civilisation de l'Europe moderne« an der Sorbonne entstandene Fragenkatalog bezieht sich zwar direkt auf die französischen Revolten der frühen Neuzeit[1], ist aber ohne weiteres auch auf die historischen Bedingungen anderer europäischer Länder anzuwenden. Abgesehen von der Tatsache, daß sich dieses Raster in der Praxis einer ganzen Reihe einschlägiger Studien bewährt hat, liegt sein Vorteil in der Komplexität der Bedingungen, die hier Berücksichtigung findet, die zudem an der historischen Realität des Ancien Régime exemplifiziert werden.

Neben diesen beiden Beiträgen muß noch auf eine Reihe von wichtigen Arbeiten verwiesen werden, die im Kontext theoretisch-methodischer Erwägungen unseres Themas zu beachten sind. Der Beitrag von Barrington Moore jr. ist zu bekannt, als daß auf ihn noch aufmerksam gemacht werden müßte. Vor allem jedoch sein Kapitel über »die Bauern und die Revolution« ist für unsere Problemstellung so einschlägig und weiterführend, daß der Hinweis lohnend erscheint.[2] Seine Ausführungen zur Revoltenanfälligkeit politisch-sozialer Systeme und zum ökonomisch-politischen Modernisierungsprozeß enthalten wichtige Anregungen und Thesen, die in der heftigen Diskussion des Buches und gerade von der einschlägigen historischen Forschung zu wenig beachtet worden sind.[3]

Schließlich ist der Beitrag des amerikanischen Soziologen Henry A. Landsberger zu erwähnen, der unter Einbeziehung von Material des 20. Jahrhunderts, des Mittelalters und der frühen Neuzeit einen »analytischen Rahmen« für das vergleichende Studium von Bauernbewegungen entwickelte.[4] Neben den Definitionen zentraler Begriffe (peasant, movement), die auch die Anregungen der neueren »peasant society«-Forschungen einbringen[5], berücksichtigt sein Beitrag die langfristigen politisch-wirtschaftlichen Strukturen der betroffenen Gesellschaft, die Ereignisse selbst, die Ziele, die Massenbasis, Verbündete und Feinde der Bauernbewegung, die Ideologie und die Formen und den Organisationsgrad sowie die Einschätzung von Erfolg und Fehlschlag der Bewegungen und sichert damit einer so geleiteten Forschungsarbeit ein breit differenziertes Interpretationsschema.

Anmerkungen

1 Der zuerst als Broschüre veröffentlichte Fragenkatalog wurde in gekürzter Form von P. Deyon in der *Revue du Nord* 44, 1962, S. 281-290 publiziert.

2 B. Moore, *Soziale Ursprünge von Demokratie und Diktatur. Die Rolle der Grundbesitzer und Bauern bei der Entstehung der modernen Welt,* dt. Frankfurt/M. 1974, hier S. 520-553.

3 Vgl. J. M. Wiener, »Review of reviews«, in: *History and Theory* 15, 1976, S. 146-175, sowie H. Mey, »Der Beitrag von B. Moore jr. zur soziologisch orientierten Sozialgeschichte«, in: »Soziologie und Sozialgeschichte«, Sonderheft 16 der *Kölner Zs. für Soziologie und Sozialpsychologie* 1972, S. 473-490.

4 H. A. Landsberger, »The role of peasant movements and revolts in development. An analytical framework«, in: *International Institute for Labour Studies.* Bulletin 4, February 1968, S. 8-85, eine ausführlichere Version in ders. (Hg.), *Latin american peasant movements,* Ithaca-New York 1968, S. 22-61. Vgl. auch ders., »Peasant unrest: Themes and variations«, in: ders. (Hg.), *Rural protest: Peasant movements and social change,* London 1974, S. 1-64, für ähnlich konzipierte Untersuchungen.

5 Zum Forschungsfeld »peasant society« finden sich inzwischen eine Reihe instruktiver Reader und Einzelbeiträge. Allgemein sei auf das *Journal of Peasant Studies* (London) und die *Peasant Studies* (Pittsburgh) verwiesen, daneben auf T. Shanin (Hg.), *Peasants and Peasant societies,* Harmondsworth 1971, und H. Mendras: *Sociétés paysannes, Eléments pour une théorie de la paysannerie,* Paris 1976, und Potter-Diaz-Foster (Hg.), *Peasant Society: A Reader,* Boston 1967, verwiesen. Als Klassiker gelten inzwischen die Arbeiten von E. Wolf: *Peas-*

ants. Englewood Cliffs, New Jersey 1966, und ders., *Peasant wars of the twentieth century,* London 1971. Als Überblick sei verwiesen auf Greussing-Grevemeyer, »Peasant Society: Organisation-Krise-Widerstand«, in: Mardom Nameh. *Hefte zur Geschichte des Mittl. Orients* 3, Berlin 1977, S. 86-111. Wie anregend und problematisch zugleich die zumeist in der Beobachtung bäuerlicher Gesellschaften der dritten Welt gewonnenen Modelle für die Untersuchung des bäuerlichen Widerstands in der europäischen Frühen Neuzeit sein können, zeigen z. B. G. M. Foster: »Peasant Society and the image of the limited good«, in: *American Anthropologist* 67, 1965, S. 293-315, oder J. C. Scott: »Protest and profanation: Agrarian revolt and the little tradition«, in: *Theory and Society* 4, 1977, S. 1-38, 211-249. – In der Bundesrepublik vertritt vor allem Heide Wunder die Übertragung von Konzepten der »peasant society«-Forschung auf unseren Gegenstandsbereich, so etwa in: »Zur Mentalität aufständischer Bauern. Möglichkeiten der Zusammenarbeit von Geschichtswissenschaft und Anthropologie, dargestellt am Beispiel des Samländischen Bauernaufstandes von 1525«, in: H. U. Wehler (Hg.), »Der Deutsche Bauernkrieg 1524-1526«, *Geschichte und Gesellschaft,* Sonderheft 1, Göttingen 1975, S. 9-37. Demgegenüber zurückhaltender ist Rodney Hilton, *Bond men made free,* London 1973, S. 236, und ders., »Medieval peasants – Any lessons?« in: *Journal of Peasant Studies* 1, 1974, S. 207-219, hier besonders S. 207 f., und die folgende Diskussion zwischen Hilton und Daniel Thorner, ebd., S. 218.

Wolfgang Reinhard
Theorie und Empirie bei der Erforschung frühneuzeitlicher Volksaufstände*

I.

In den Jahren nach 1630 beginnen sich in Frankreich Unruhen und Aufstände zu häufen[1]. Der Aktennachlaß des 1635-1672 amtierenden Kanzlers Pierre Séguier ist voll von Zeugnissen dafür[2]. Weil aber ein beträchtlicher Teil dieses Séguier-Archivs während der Französischen Revolution nach Rußland gelangt ist[3], war es ein russisches Buch, das die neuere Diskussion über die Volksaufstände des 17. Jahrhunderts in Gang gesetzt hat: Boris Porschnew, Die Volksaufstände in Frankreich vor der Fronde 1623-1648[4]. Porschnew geht von der Überzeugung aus, die Bewegung der Volksmassen gegen ihre Ausbeuter sei nicht Symptom, sondern Ursache gesellschaftlicher Veränderungen. Dabei gerät er aber mit der marxistischen Geschichtstheorie ebenso in Konflikt wie mit dem empirischen Befund. Es lassen sich nämlich in den von ihm untersuchten Aufständen kaum klare Klassenfronten ermitteln. Ferner handelt es sich keineswegs um einen Kampf zwischen Kapitalismus und Feudalismus, wie es eigentlich sein müßte, denn Vorkämpfer sind die Bauern, nicht die städtischen Plebejer; und die Bourgeoisie schlägt sich als Kreditgeber auf die Seite des Staates, verwandelt Handelskapital zurück in Wucherkapital, was Marx nicht vorgesehen hatte. Wir haben es jedoch ebensowenig mit den typischen inneren Auseinandersetzungen der feudalistischen Gesellschaftsformation zu tun, denn die Bauern kämpfen gegen den Fiskus und nicht etwa gegen ihre Feudalherren.

Eine Lösung dieser Schwierigkeiten hat zuletzt Alexandra Lub-

* Überarbeitete Fassung eines Vortrags im Historischen Institut der Universität Innsbruck am 8. Oktober 1975. Manuskript abgeschlossen am 30. September 1976. – Mein Interesse am Gegenstand läßt sich zurückverfolgen bis zu einem Seminar über die Fronde bei Erich Hassinger im Wintersemester 1960/61. Zuerst erschienen in: *Historia Integra. Festschrift für Erich Hassinger zum 70. Geburtstag*, hg. von H. Fenske, W. Reinhard, E. Schulin, Berlin-München 1977, S. 173-200, vom Verfasser für den Wiederabdruck geringfügig überarbeitet.

linskaja versucht[5]: Nach ihr handelt es sich im Frankreich des 17. Jahrhunderts nicht um Klassenkämpfe, sondern um Kämpfe von Klassenkoalitionen, von Beherrschten gegen ihre Beherrscher. Die städtischen Plebejer sind keine Klasse, dazu ist die kapitalistische Produktion noch zu wenig entwickelt. Nur der Adel und die Bauern verdienen die Bezeichnung »Klassen«, nur sie besitzen Klassenbewußtsein; deshalb stehen die Bauernaufstände in der Tradition mittelalterlicher Klassenkämpfe. Aber wir befinden uns im 17. Jahrhundert in einer Epoche der Dekomposition der sozio-ökonomischen Formation »Feudalismus«. Daher die widersprüchlichen Klassenverhältnisse. Deswegen kämpfen die Bauern nicht gegen ihre Feudalherren, sondern gegen den Fiskus als Bezieher einer zentralisierten Feudalrente. Aber objektiv, d. h. im Hinblick auf den gesetzmäßigen Ablauf der Geschichte und ohne Rücksicht auf das Bewußtsein der bäuerlichen Akteure selbst, führen diese den historisch notwendigen Kampf gegen das Feudalsystem, zu dem der Kapitalismus noch nicht in der Lage war[6]. M. a. W. der offensichtliche Widerspruch zwischen empirischem Befund und Theorie wird durch zwei Denkoperationen überwunden: 1. wird durch den Begriff der »zentralisierten Feudalrente« der Fiskus als der reale Gegner der Volksaufstände unter den Oberbegriff »Feudalismus« subsummiert; 2. werden mittels der Kategorie der »objektiven historischen Aufgabe« bäuerliche Aufstände für den Klassenkampf zwischen Bourgeoisie und Feudalismus reklamiert. Nicht viel anders hatte schon Engels den Deutschen Bauernkrieg in den Kulminationspunkt einer Bürgerlichen Revolution verwandelt[7]. Zu der grundlegenden theoretischen Einsicht, daß historische Prozesse dazu neigen, ganz andere Ergebnisse hervorzubringen, als ihre Akteure ursprünglich intendierten[8], kommt also hier ein meta-historisches Wissen, das die notwendige Beschaffenheit dieser Ergebnisse vorherweiß.

Gegen diese marxistische Interpretation erhob die westliche Forschung ihre Stimme in Gestalt von Roland Mousnier und seiner Schule[9]. Doch handelt es sich dabei keineswegs um den Protest reiner Empirie gegen eine Vergewaltigung der historischen Wirklichkeit durch marxistische Theorie – so einfach liegen die Dinge nicht. So wenig nämlich die russischen Arbeiten einer äußerst soliden empirischen Grundlage entbehren, so wenig kann auf der Gegenseite von theoriefreier Empirie die Rede sein. Allerdings bezieht Mousnier seine theoretischen Prämissen aus der französischen Geschichte selbst und steht dank dieses historischen Ansatzes auf den ersten Blick den empirischen Befunden näher als die Marxisten[10]. Mousnier nimmt eine Tatsache ernst, die Porschnew und Lublinskaja mittels des Begriffs der »zentralisierten Feudalrente« überspielt haben, nämlich die Stoßrichtung der französischen Aufstände der ersten Hälfte des 17. Jahrhunderts gegen den Fiskus. Für ihn handelt es sich um eine Selbstverteidigung der Untertanen gegen den expandierenden Staat, wobei sich diese Expansion für den kleinen Mann vor allem als erhöhter Steuerdruck bemerkbar macht. Auch der Kampf um die traditionelle partikularistische Privilegienstruktur des Gemeinwesens hängt damit zusammen. Wenn z. B. steuerliche Besonderheiten der Provence abgebaut und statt dessen die üblichen königlichen »Elus« als Steuereinnehmer eingeführt werden, dann sind zentralistisches und fiskalistisches Interesse hier kaum reinlich zu scheiden. Demgemäß rekrutieren sich die Aufständischen aus allen Schichten der Bevölkerung, von Klassenfronten kann keine Rede sein. Auch der Amtsadel ist beteiligt, denn die Inhaber der Kaufämter werden vom Fiskus kaum weniger geschröpft als die steuerpflichtigen Untertanen. Die Noblesse de robe hat also alles Interesse daran, sich zum Hüter der bisherigen Verfassung gegen die expandierende und nivellierende Krongewalt aufzuwerfen. Selbst die sogenannten Feudalherren, die Noblesse d'épée, schlagen sich gelegentlich auf die Seite der Rebellen, denn der Zugriff des Fiskus gefährdet ihre eigenen Einnahmen, da den Bauern nach Entrichtung der Steuern nicht mehr viel für die Abgaben an den Seigneur übrig bleibt. Solche Solidarität entspricht Mousniers Gesellschaftsmodell für die frühe Neuzeit, das vertikale Treuebindungen neben der sozialen Schichtung sehr stark betont[11]. Und die auch von den Marxisten nicht übersehene Tatsache, daß die französischen Volksaufstände, wenn überhaupt ein Programm, dann in der Regel ein konservatives besitzen, bestärkt Mousnier in seiner Auffassung, daß im 17. Jahrhundert der expandierende Staat revolutionär gewesen ist und nicht etwa das aufständische Volk, das vielmehr den alten Zustand verteidigen wollte[12].

Die Ausweitung dieser Kontroverse auf die Geschichte anderer Länder liegt nahe. Bereits 1937 hat ja der amerikanische Historiker Merriman darauf hingewiesen, daß um die Mitte des 17. Jahrhunderts in Europa sechs politische Revolutionen stattgefunden haben, alle ausgelöst von Finanzproblemen, alle mit Stoßrichtung gegen monarchische Regierungspraxis[13]. Er behandelt neben der englischen Revolution 1640-1660[14] den katalonischen Aufstand 1640-1652[15], den Unabhängigkeitskampf Portugals 1640-1668[16], den Aufstand Neapels gegen Spanien 1647/48[17], die Fronde 1647-1653[18] und den mißglückten Staatsstreich in den Niederlanden 1650[19]. Es ist sehr bezeichnend für den damaligen Stand der Methode, daß Merriman sich nur kurz mit den strukturellen Gemeinsamkeiten dieser Revolutionen befaßt, dann aber ausführlich die Frage der ideologischen und diplomatischen Beziehungen zwischen ihnen untersucht, übrigens weitgehend mit negativem Ergebnis. Nicht minder bezeichnend ist seine Beschränkung auf »politische« Revolutionen, wo sich doch die Liste nach Kamen[20] unschwer um stärker sozial orientierte Volksbewegungen verlängern läßt: 1647 stand die englische Revolution vor der Gefahr der Radikalisierung durch den Einfluß der Leveller auf die Armee[21]; bereits vor Neapel war 1647 in Palermo ein Aufstand ausgebrochen[22]; es gab verschiedene weitere Erhebungen in Spanien, in Rußland, in Süddeutschland; 1651 folgte ein Aufstand in Polen; 1653 der Große Schweizer Bauernkrieg[23].

Gehören diese sich häufenden Revolutionen und Aufstände zu den Symptomen einer allgemeinen politischen und sozialen Krise? Tatsächlich wird in verschiedenen Varianten die Theorie einer Krise des 17. Jahrhunderts verfochten. Bereits 1954 hat der schon erwähnte Roland Mousnier angesichts der seit ca. 1630 stagnierenden, seit 1650 fallenden Preise und der überall zu beobachtenden Münzverschlechterung von einer Kontraktion der Produktion und des Handels gesprochen. Der Staat ist für ihn der Retter in der Not. Das brachliegende Kapital wird in Staatsanleihen investiert; der Staat gewinnt so die Mittel zu weiterer Expansion auf Kosten des Steuerzahlers. Mit der merkantilistischen Wirtschaftspolitik, die typisch für eine Periode knapper Zahlungsmittel ist, übernimmt der Staat auch die Aufgabe des »manufacturing of manufactures«. Wirtschaft, Kultur und Staatlichkeit des »Grand siècle« sind in heroischem Kampf der Krise abgerungen[24].

Weniger heroisch nimmt sich die Krise nach der ebenfalls 1954 aufgestellten These von Hobsbawm aus. Bevölkerungsrückgang, Schrumpfung von Produktion und Handel, Kolonialkrisen, Volksaufstände, kurz die allgemeine Krise, die um 1620 beginnt und nach 1640 ihren Höhepunkt erreicht, ist das Ergebnis einer

Stockung in der Entwicklung des Kapitalismus. Er hatte die Grenzen seines Wachstums erreicht, weil zu seiner weiteren Entfaltung, zu einem »take-off« im Sinne der industriellen Revolution, Massennachfrage notwendig gewesen wäre, die es in einer feudalistischen Gesellschaftsordnung nicht geben konnte. Zuerst mußte es zu einer Entfeudalisierung der Gesellschaft kommen, wie sie seit der englischen Revolution geglückt ist[25].

Für Trevor-Roper schließlich handelt es sich um eine Krise des Verhältnisses von Gesellschaft und Staat. Im wirtschaftlich expandierenden 16. Jahrhundert konnte der Staatsapparat wachsen und eine Fülle von Parasiten versorgen. In der Kontraktionskrise aber wurden die Kosten zu hoch, die Gesellschaft rebellierte gegen den luxurierenden Staatsapparat. Diese zuerst 1959 vorgebrachte These wurde inzwischen von der Kritik dahingehend modifiziert, daß der Kostendruck weniger durch den Staatsapparat als durch die hohen Kriegskosten verursacht wurde[26].

Gegen alle drei Thesen hat Kamen zu Recht eingewandt, daß es den Krisenbegriff entleeren heißt, wenn man eine ein rundes Jahrhundert dauernde wirtschaftliche Depressionsphase zur Krise deklariert. Mit etwas Geschick kann man auf diese Weise jedes beliebige Jahrhundert in eine Krisenzeit verwandeln, was aber m. E. mehr über den Bewußtseinszustand der Historiker als über das Jahrhundert aussagt. Was sich im 17. Jahrhundert empirisch nachweisen läßt, ist nämlich nur eine Wende in der langfristigen Tendenz der Preise und des Handelsvolumens, die im Süden Europas um 1620, im Norden nach 1640 einsetzt. Ein langfristiger Rückgang der Produktion ist nicht so leicht zu identifizieren; im Süden Frankreichs herrscht z. B. bis weit in die zweite Jahrhunderthälfte eine günstige Agrarkonjunktur[27]. Mit diesen Verhältnissen sind aber heftige, kurzfristige Auf- und Abschwünge durchaus vereinbar; sie verdienen eigentlich den Namen »Krise«. Und gerade hier zeichnet sich ein Zusammenhang mit den Volksaufständen ab. Die Jahre um 1648 brachten wetterbedingte Mißernten in ganz Europa, dazu Hunger und Seuchen[28], offensichtlich Auslöser für Unruhen. Das läßt sich an vielen Stellen beobachten[29].

II.

Auch ein knapper Überblick über die Diskussion um die Volksaufstände der Mitte des 17. Jahrhunderts zeigt bereits, wie sehr die Forschung in diesem Bereich unter dem Einfluß theoretischer Ansätze steht. Es erscheint daher angebracht, die historischen Probleme für einen Augenblick auf sich beruhen zu lassen, die nächsthöhere Abstraktionsebene zu erklimmen und nach den hier angewandten Theorien selbst zu fragen. Freilich nicht mit der Absicht, auf dieser meta-theoretischen Ebene zu verweilen, sondern mit dem Plan, von hier aus sofort wieder zurückzufragen nach der möglichen Anwendbarkeit der Theorien in der empirischen Forschung. M. a. W. der Einsatz von Theorien in der Geschichtswissenschaft hat nicht etwa »geistreiche verbale Taschenspielertricks in esoterischer Sprache« zum Ziel[30], sondern die Entdeckung von Verfahren zur Gewinnung neuer Fragestellungen, neuer Denkkategorien und neuer Einsichten in neuerschlossene Zusammenhänge. Insbesondere korrigiert ein theoretischer Ansatz die traditionelle hermeneutische Auffassung von Geschichte als wechselseitig von den Menschen Intendiertem und erlaubt uns eine Analyse von Geschichte als objektivem Ablauf. Und in jedem Fall müssen ihre Erklärungsversuche möglichst explizit gemacht werden. Wissenschaftliche Erkenntnis wird dadurch in höherem Maße transparent[31].

Doch müssen wir zunächst einmal fragen: was ist überhaupt Theorie? Schließlich wird der Begriff ebenso häufig gebraucht wie selten definiert. Es mag in etwa einer Communis Opinio entsprechen, wenn Theorie definiert wird als »ein methodisch gewonnenes System von Aussagen, die sich gegenseitig bedingen und stützen«. Und zwar sollen diese Aussagen ein Bild vom strukturellen Gefüge der Welt vermitteln. Diese Ausrichtung auf Strukturen bedingt nun eine gewisse Vereinfachung, eine Abstraktion von der Wirklichkeit. Eine Theorie, die alle eventuell möglichen Detailbeobachtungen erklären könnte, wäre vermutlich keine Hilfe beim geistigen Ordnen der Wirklichkeit, sondern ebenso chaotisch wie die Erscheinung dieser Wirklichkeit selbst.

Auf dieser Grundlage lassen sich zwei weitere Begriffe klären: als Hypothese wollen wir eine Theorie bezeichnen, die noch nicht verifiziert oder falsifiziert ist. Und im Gegensatz zu jeder Theorie wäre Empirie das Gewinnen von Aussagen über ein sinnlich faßbares Objekt, in unserem Fach insbesondere mit den Methoden der Quellenarbeit[32].

Diese allgemeine Umgrenzung von Theorie erhellt die geschilderte Diskussion über die Volksaufstände freilich in keiner Weise. Vielmehr müssen die dort angewandten Theorien erst in ihrem Licht genauer aufgegliedert und untersucht werden. Dabei erscheint es mir erfolgversprechend zu sein, die verschiedenen theoretischen Ansätze vorwiegend nach ihrer Reichweite zu ordnen. So lassen sich zunächst drei Gruppen unterscheiden:

1. Äußerst umfassende General- oder Globaltheorien, die überall anwendbar, also keineswegs auf Volksaufstände begrenzt sind, die aber wegen ihrer Allgemeinheit weder verifiziert noch falsifiziert werden können. Im strengen Wortsinn bleiben sie also stets Hypothesen. Dazu ist m. E. der Satz zu rechnen, daß alle Geschichte Geschichte von Klassenkämpfen ist. Oder die von Porschnew und Lublinskaja dem empirischen Befund übergestülpte gesetzmäßige Abfolge der sozioökonomischen Formationen.

Dazu gehört aber nicht minder eine anthropologische Theorie, die bereits von den Zeitgenossen des deutschen Bauernkriegs[33] und der französischen Volksaufstände herangezogen und von Mousnier erneut zu Ehren gebracht wurde[34], nämlich die Zurückführung der Aufstände auf die Erbsünde, auf das satanische »non serviam«, das den Menschen zur Auflehnung gegen die legitime gottgewollte Ordnung verleitet.

2. Historische Theorien mittlerer Reichweite werden notwendig, weil die genannten Globaltheorien nur Auskunft über die letzten Ursachen, das »warum« der Volksaufstände geben wollen, nicht das »wie«. Um dem abzuhelfen, kommt Mousnier zu seiner Theorie vom Widerstand der Untertanen gegen die expandierende Staatsgewalt. Die Thesen von der allgemeinen Krise des 17. Jahrhunderts gehören zur selben Gruppe. Auf Grund ihrer mittleren Reichweite sind solche Theorien verifizierbar und falsifizierbar. Sie lassen sich freilich kaum übertragen; eigentlich nur von den französischen Aufständen der ersten Hälfte des 17. Jahrhunderts, an denen sie gewonnen wurden, auf andere Bewegungen im selben zeitlichen und geographischen Horizont.

3. Sozialwissenschaftliche Theorien mittlerer Reichweite sind den historischen an Übertragbarkeit überlegen und sollten ihnen an Verifizierbarkeit wenigstens nicht unterlegen sein. Jedoch sind solche Theorien in der Regel aus den Verhältnissen der Gegen-

wart abstrahiert und können deswegen nicht unbesehen auf vorindustrielle Zustände angewandt werden.

Das gilt auch für die zahlreich aus dem Boden schießenden Revolutionstheorien, die sich für unsere Zwecke zunächst anzubieten scheinen[35]. Gewiß, manches an diesen Entwürfen mag höchst einleuchtend sein, etwa die Vorstellung einer Disharmonie zwischen sozialem und politischem System, die von den traditionellen Eliten nicht mehr mit traditionellen Mitteln bewältigt werden kann, wodurch dann nach Johnson und Eckstein eine revolutionäre Situation zustande kommt[36]. Oder jenes Modell, das die zunehmende Spanne zwischen den Erwartungen und der Wirklichkeit in den Mittelpunkt stellt, besonders aussagestark in Gurrs Diagrammen[37]. Insgesamt erstreben diese Theorien aber eine derartige Allgemeingültigkeit, daß sie trotz ihres Anspruchs auf empirische Verifizierbarkeit für uns doch bedenklich in die Nähe der oben charakterisierten Globaltheorien geraten. Außerdem führt ihre Übertragung auf die Verhältnisse der frühen Neuzeit zu Schwierigkeiten. Denn die von uns zu untersuchenden Volksbewegungen haben in der Regel keine Totalumwälzung von Regime und Gesellschaft, ja noch nicht einmal einen Austausch der Eliten angestrebt. Wir müßten also bei der Verwendung moderner Revolutionstheorien mit einem beträchtlichen »Theorieüberhang« operieren. Die negativen Folgen sind beispielhaft an dem Entwurf von François zu beobachten: es entsteht ein Torso, nämlich ein System von Konterrevolutionen ohne vorangegangene Revolutionen[38]!

Eine soziologische Theorie mit weniger generellem Anspruch, die sich besonders auf das Verhalten von Volksmassen in kritischen Situationen konzentriert, dürfte daher für historische Zwecke erfolgversprechender sein, als die allgemeinen Revolutionstheorien. Smelsers Theorie des »kollektiven Verhaltens«[39] soll die Unbestimmtheit in der Erklärung kollektiver Ausbrüche vermindern, wir dürfen kühn behaupten, uns die Frage beantworten: wie kommt es konkret zu Volksaufständen? In Analogie zur Analyse des ökonomischen Wertzuwachses im sogenannten »Wertschöpfungsprozeß« soll Schritt für Schritt gezeigt werden, wie sich verschiedene soziale Komponenten bis zum schließlichen Ausbruch kumulieren. Der zu dieser Analyse verwendete kategoriale Apparat mag zwar für sich allein betrachtet eher abstoßend wirken, er erweist aber in der konkreten Anwendung seine

Brauchbarkeit, wie wir noch sehen werden.

Smelser unterscheidet fünf »Formen kollektiven Verhaltens«: 1. die Panik, 2. die Manie, 3. den feindseligen Ausbruch, 4. die normorientierte Bewegung, 5. die wertorientierte Bewegung. Frühneuzeitliche Volksaufstände sind entweder als »feindselige Ausbrüche« einzuordnen, die einer kritischen Situation durch die gewaltsame Beseitigung des Verantwortlichen begegnen wollen[40], oder als »normorientierte Bewegungen«, die dieselbe Wirkung durch Einschärfung von Normen erzielen wollen[41].

Darin spiegelt sich bereits eine zweite Differenzierung, diejenige nach den vier »Komponenten kollektiven Verhaltens«, nämlich: 1. Werten, 2. Normen, 3. Motivationen und 4. verfügbaren Mitteln.

Analytisch besonders ertragreich verspricht aber die dritte Kategorienreihe Smelsers zu werden, jene der fünf »Determinanten kollektiven Verhaltens«: 1. strukturelle Anfälligkeit[42], 2. strukturelle Spannung[43], 3. Entstehung und Ausbreitung einer sogenannten »generalisierten Vorstellung«, die den potentiellen Handlungsträgern die Situation definiert[44], 4. Mobilisierung der Teilnehmer[45], 5. soziale Kontrolle, die dem Ausbruch entgegenwirkt – oder nicht[46].

Während gegen die Übertragbarkeit von Smelsers mikroanalytischem Instrumentarium an sich keine Bedenken zu bestehen brauchen, wird sein Begriff des »kollektiven Verhaltens« aus einem anderen Grund den frühneuzeitlichen Verhältnissen nicht voll gerecht, wiederum das Resultat seiner Herleitung aus der Gesellschaft unserer Gegenwart. Smelsers Definition kollektiven Verhaltens schließt nämlich institutionalisiertes Handeln aus. Damit ist nicht etwa das Vorhandensein von organisierten Handlungsträgern gemeint, etwa von revolutionären Kadern, sondern Verhalten, das kulturell definiert und vorgeschrieben ist. Bei kollektiven Ausbrüchen soll es sich vielmehr gerade um die Bewältigung von undefinierten, neuartigen Situationen handeln[47]. Volksaufstände der frühen Neuzeit hingegen konnten bis zu einem gewissen Grad ritualisiert sein. Deshalb besteht der Verdacht, daß sie sehr wohl kulturell definiert und vorgeschrieben waren[48]. Vielleicht ist das verhältnismäßig häufige Auftreten neuartiger, undefinierter Situationen ohnehin eine Eigentümlichkeit moderner Gesellschaften.

Mit Globaltheorien sowie historischen und sozialwissenschaftlichen Theorien mittlerer Reichweite ist aber die theoretische Dimension der Erforschung frühneuzeitlicher Volksaufstände noch keineswegs erschöpft. Wie häufig in der Geschichtswissenschaft spielen implizite, nicht ausdrücklich als solche gekennzeichnete Theoreme eine nicht minder wichtige Rolle als die explizit formulierten. Bekanntlich hat der Historiker ja keineswegs die Wahl zwischen theoretisch begründetem Forschen und theorieloser Empirie, sondern nur zwischen expliziter und damit kontrollierbarer Theorie und impliziter, die um so schwieriger zu prüfen ist, je weniger der Historiker über die Herkunft seiner Fragestellung und seines Begriffssystems Auskunft zu geben vermag[49].

Angesichts des konservativen Programms vieler Volksaufstände hat man z. B. großen Scharfsinn auf die angeblich rein empirische Abgrenzung von »Revolte« und »Revolution« verwendet. Demnach soll es sich im Mittelalter und in der frühen Neuzeit durchweg um bloße Revolten ohne innovatorischen Impuls gehandelt haben[50]. Tatsächlich wurde das maßgebende Denkmodell der Rückkehr zum guten Alten erst seit dem 17. Jahrhundert überwunden, erst nach diesem Zeitpunkt ist Revolution als Innovation überhaupt möglich[51]. Tatsächlich war vorher der sich modernisierende Staat und nicht das rebellierende Volk revolutionär – das hatte schon der Zeitgenosse Gabriel Naudé gesehen[52], und Mousnier hat diesen Sachverhalt wiederentdeckt[53]. Aus dieser Sicht erweist sich das marxistische Denkschema, das die Massen per definitionem als fortschrittlich, den Staat aber als reaktionär einstuft, im 17. Jahrhundert als anachronistisch, einer der wichtigsten Einwände Mousniers gegen Porschnew[54].

Aber spätestens durch den erwähnten theoretischen Entwurf von François gerät auch die Unterscheidung von »Revolte« und »Revolution« in Anachronismusverdacht. Waren die frühneuzeitlichen Volksbewegungen tatsächlich eine Serie von »Konterrevolutionen« ohne vorangegangene »Revolutionen«, also unvollständige Revolutionen, weil ihnen der innovatorische Impuls fehlt? Oder handelt es sich nicht viel eher um Revolutionen einer anderen Qualität, mit einem anderen Zeit- und Geschichtsverständnis? Ganz davon abgesehen, daß auch die konservative Alternative zu einer Umverteilung und Konzentration von Macht revolutionäres Potential in sich birgt, nicht so sehr auf Grund ihrer Zielvorstellungen als in ihrer Eigenschaft als Gegenposition zum Druck von Machthabern[55].

Doch welche Position wir auch beziehen mögen, der Verzicht auf die Kategorien der »Revolution« erweist sich bei genauerem Zusehen als eine theoretische Entscheidung, nicht anders als das Heranziehen von Revolutionstheorien.

Eine weitere implizite Theorie verbirgt sich hinter der ebenfalls scheinbar rein empirischen Unterscheidung von Ursache und Anlaß eines Aufstands, die wegen ihrer Handlichkeit für die meisten Autoren fast unentbehrlich ist. Es handelt sich dabei letztlich um eine Abwandlung der komplementären Verwendung der Kategorien »Struktur« und »Konjunktur«, eine der markantesten und umstrittensten Errungenschaften der Geschichtswissenschaft nach 1945. Denn nicht nur eine dem systemtheoretischen Harmoniepostulat und Homöostasiemodell verpflichtete Strukturanalyse gerät in Schwierigkeiten mit dem sozialen Wandel, von dem Revolution ja nur einen Sonderfall darstellt[56]. Auch ein Etatismus, der von einer grundsätzlich mit sich selbst identischen politisch-sozialen Ordnung des Ancien Régime ausgeht, erliegt leicht der Gefahr, die Veränderung in der Zeit als etwas Systemfremdes, von außen Hinzukommendes zu betrachten[57]. Unter diesen Umständen ist es gut, sich von den Marxisten daran erinnern zu lassen, daß Zustand und Verlauf, Struktur und Konjunktur keine gegeneinander abgegrenzten Bereiche der Geschichte bezeichnen sollen[58].

Und zu dem theoretisch noch unbewältigten Problem »Struktur und Wandel«[59] kommt für den Historiker eine altvertraute praktische Schwierigkeit. Seit eh und je ringt er mit der Aufgabe, in seinen Büchern Strukturanalyse und chronologische Erzählung, Querschnitt und Längsschnitt fruchtbar zu verbinden[60]. Eine vorläufige Überbrückung des Gegensatzes in praktischer Absicht ist m. E. dadurch möglich, daß bei der Strukturanalyse besonders auf Prozeßstrukturen abgehoben wird – hierzu eignen sich Aufstände und Revolutionen wie wenige andere historische Gegenstände. Ferner durch die Betonung des Funktionswandels bei der funktionalen Analyse, wobei Mertons Kategorienpaare »Funktion« – »Dysfunktion«, »latente Funktion« – »manifeste Funktion« ihre Nützlichkeit erweisen[61]. Schließlich durch den Aspekt der unbeabsichtigten und wegen der begrenzten Überblickbarkeit sozialer Systeme auch nicht vorhersagbaren Folgen.

III.

Die Notwendigkeit und Nützlichkeit explizit theoretischer Ansätze soll nun am Beispiel der Aufstände von Neapel und Palermo im Jahre 1647 genauer demonstriert werden. Notwendigerweise schon deswegen, weil es an expliziter wie impliziter Theorie bei der Darstellung dieser Aufstände schon früher nicht gefehlt hat; von reiner, interesseloser Empirie konnte eigentlich nie die Rede sein. Bereits 1653, wenige Jahre nach den Kämpfen, veröffentlichte ein italienischer Autor ein Buch, in dem er die Häufung der Aufstände um 1648 von der Konstellation der Himmelskörper ableitete[62], also durchaus eine explizite und nach den Begriffen der Zeit wissenschaftlich ernst zu nehmende Theorie[63].

Der neapolitanische Aufstand wurde in der Folgezeit als moralisch-politisches Lehrstück aufgefaßt, so im Masaniello-Drama des Christian Weise von 1683[64]. Im ausgehenden 18. und im 19. Jahrhundert verwandelte er sich dann in der Literatur zu einem patriotischen Freiheitskampf Italiens gegen die spanische Fremdherrschaft, zu einer Chiffre des Risorgimento[65]. Dieser Wandel war so erfolgreich, daß eine künstlerische Bearbeitung des Aufstands in der Oper »Die Stumme von Portici« 1830 in Brüssel eine nationale Revolution auslösen konnte[66]. Doch halten derartige Deutungen der empirischen Überprüfung nicht stand. Die Parolen der ersten Phase der Aufstände von Palermo und Neapel: »Viva il re senza gabella«, »Viva il re e mora il malgoverno« sind vielmehr durchaus ernst zu nehmen, an der Loyalität der Führer Genoino und Masaniello gegen Spanien kann kein Zweifel bestehen. Der gute König und die böse Steuer, der König und seine schlechten Ratgeber, der Rechtszustand eines goldenen Zeitalters, unter einem großen Herrscher mit Erlöserfunktion (in Neapel Kaiser Karl V., in Sizilien Peter von Aragon, in Frankreich Henri IV) – all diese Mythen, und nicht die nationalen, gehören zur ideologischen Normalausstattung europäischer Volksaufstände der Zeit. Höchstens werden partikulare Rechtsansprüche gegen die Zentrale angemeldet. Erst in der zweiten Phase der Kämpfe und vermutlich nicht ohne Einwirkung französischer Agenten findet in Neapel schließlich eine antispanische Wendung statt. Mit der für Volksaufstände typischen Ritualisierung werden anläßlich der Proklamation der Republik Bilder des Königs und seines Sohnes im Meer »ertränkt«. Aber diese Wendung war erst nach einem spanischen Angriff auf die Stadt möglich, und sie erfolgte auch keineswegs einmütig[67].

Wir haben also guten Grund, uns von den Marxisten auf die Suche nach sozio-ökonomischen Triebkräften schicken zu lassen. Hatte nicht die Bekämpfung der Aufstände zeitweise das Gesicht eines Krieges der Barone gegen das Volk? Tobten nicht gleichzeitig mit den wohlbekannten Vorgängen in den Hauptstädten Neapel und Palermo in den Provinzen antifeudale Kämpfe, die man den größten Bauernkrieg des 17. Jahrhunderts genannt hat? Welche Gründe veranlassen die Pächter und die Kommunen, mit ihren Herren, den Baronen, abzurechnen? Sind die Bauern als Pächter nicht persönlich frei? Werden die Kommunen nicht von ihren eigenen Oligarchien regiert? Gewiß, aber die noch vorhandenen Rechte der Barone bieten in der Krisensituation des 17. Jahrhunderts nichtsdestoweniger Gelegenheit zu schwerem Druck auf die Untertanen. Seit ca. 1620 herrscht eine Wirtschaftskrise, Bevölkerung und Textilproduktion gehen zurück, Geldanlage in Staatsanleihen lohnt nicht mehr in jedem Fall, d. h. aber, Investitionen in der Landwirtschaft werden wieder attraktiv, obwohl die Grundrente ebenfalls gefallen ist. In der Hochkonjunktur des 16. Jahrhunderts waren die Leistungen der Bauern erhöht worden. Obwohl sie nach dem Preisverfall nicht mehr dem wirtschaftlichen Stand entsprechen, werden sie von den Baronen mit juristischen Mitteln festgeschrieben. Darüber hinaus machen die Grundherren noch von vielen anderen Möglichkeiten Gebrauch, finanziellen Druck auf die Bauern auszuüben. Besaßen sie nicht den Mahlbann, den Backofenbann und ein Vorkaufsrecht auf die Ernte? Konnten sie nicht derartige Rechte ebenso wie die Pachtverträge eigenmächtig zu ihren Gunsten abändern? Rechtsmittel standen den Untertanen kaum zur Verfügung. Und die Regierung brauchte die Barone.

Der Druck der Barone auf die Untertanen ist nämlich keineswegs nur direkt aus der kritischen Wirtschaftslage abzuleiten; er kommt ebenso durch die Lage der Staatsfinanzen und die soziale Mobilität zustande, ist also indirekt von der Wirtschaft abhängig. Da Spanien trotz seiner kritischen Finanzlage Kriege führte, war es zur finanziellen Ausbeutung seiner italienischen Nebenländer gezwungen, denn diese besaßen keine ständischen Abwehrorganisationen wie z. B. die Länder der Krone Aragon[68]. Solche Lasten wurden aber von den Baronen auf die Untertanen überwälzt, zunächst auf direktem Weg in ihrer Eigenschaft als Lehensherrn bei der Verteilung der Belastung durch die direkte Steuer. Ferner indirekt dadurch, daß der zusätzliche Bedarf durch außerordentliche Bewilligungen, die sogenannten »Donativi«, aufgebracht wurde und das dazu nötige Geld überwiegend aus indirekten Abgaben stammte, die die Unterschichten stets am härtesten treffen: Zölle (»Dogane«) und Verbrauchssteuern (»Gabelle«)[69].

Diese indirekten Abgaben wurden verpachtet oder verkauft. Erwerber waren Geldleute, deren Typ etwa Bartolomeo d'Aquino verkörperte. Er war durch Getreidehandel reich geworden, bereits ein Beweis von guten Beziehungen zur Regierung, denn solche waren zum Erwerb von Exportlizenzen nötig. Dank dieser guten Beziehungen kam er ins Geschäft mit Staatsanleihen und Steuern. Sein Reichtum ermöglichte ihm den Erwerb von Lehen und die Nobilitierung. Der Aufstieg sollte durch die Heirat mit einer altadeligen Acquaviva d'Aragona gekrönt werden; zugleich wurde ein Stammbaum fabriziert, der bis zu Thomas von Aquin hinaufreichte. – Viele dieser Geldleute sind landfremd, vor allem Genuesen bevorzugen neapolitanische Lehen und Adelstitel. Überfremdung der Führungsschicht erregt nicht weniger Ärgernis als das rasche Wachsen des Neuadels. Die Zahl der Principi, Duchi und Marchesi stieg zwischen 1590 und 1675 von zusammen 92 auf 417. Und obwohl die spanische Krone die damals in Europa übliche antifeudale Politik betrieb – die Krone und nicht der gemeine Mann war in jenen Jahren der gefährlichste Feind des Adels –, ist sie in ihrer Finanznot dennoch gezwungen, Adelsinflation und Machtzuwachs der Barone noch weiter zu fördern. Kommunen aus Kronbesitz wurden zur Geldbeschaffung erneut als Lehen verkauft, bereits 1586 gab es unter den 1973 neapolitanischen Kommunen nur noch 69 königliche. Die Hand des Adels lastete schwer auf dem Süden Italiens[70].

Die Stadt Neapel bildete einen besonderen Krisenherd. Einmal war sie das Ziel der Massenlandflucht bedrängter Bauern, die hier aber auch keine besseren Lebensbedingungen fanden. Ferner versuchten die Bürger seit langem dem Adel ihre angeblichen alten politischen Rechte abzutrotzen. Dieser Kampf einer Stadt für ihre partikularen Privilegien und nicht etwa für große politische Ziele kann aber als weithin typisch für Volksaufstände gelten[71].

Von Einigkeit aller Volksschichten gegen den Absolutismus, wie sie laut Mousnier in Frankreich anzutreffen war, kann in Neapel nicht die Rede sein. Die Erhebungen richten sich mindestens ebenso gegen den Hochadel wie gegen die Regierung. Freilich stellt der Druck der Staatsfinanz für das Volk die Verbindung zwischen seinen beiden Gegnern her, das ergibt sich aus einer Art von Gegenprobe. Demnach kommt nämlich wie nicht anders zu erwarten eine Einheitsfront aller Schichten gegen den spanischen Absolutismus nur dann zustande, als dieser Versuche zur Ausweitung seiner Macht auf einem nicht-finanziellen Gebiet unternimmt, durch Einführung der Inquisition spanischen Typs, die ja nichts als ein staatliches Machtinstrument war. Dieser Versuch scheitert am einmütigen Widerstand des Landes[72].

Die marxistisch inspirierte Hypothese von der antifeudalen Stoßrichtung des neapolitanischen Aufstandes hat uns tatsächlich zu tieferen Einsichten in die Zusammenhänge verholfen. Darüber hinaus dürfte Smelsers mikroanalytisches Instrumentarium in der Lage sein, den feindseligen Ausbruch selbst noch weiter aufzuhellen. Wenden wir vorab die Kategorie der »strukturellen Anfälligkeit« auf Neapel an:

1. Es gibt hier eine Tradition halblegitimer Gegengewalt. Zum einen beanspruchen Kommunen ein Widerstandsrecht gegen den Fiskus – im Namen des Königs wohlgemerkt[73]. Zum anderen ist die Banditentradition des Sozialrebellentums stets lebendig. Hatte sich nicht Marco Sciarra während der Hochblüte des Banditenwesens 1578-1595 bezeichnet als »Flagellum Dei et commissarius missus a Deo contra usurarios et detinentes pecunias otiosas«[74]?

2. Wie wir sahen, ist die Aggression von vornherein auf einen Gegner, den Adel, kanalisiert; schon 1620 hatte das »Manifesto del fidelissimo popolo« Neapels in einer Brotkrise ganz selbstverständlich dem Adel die Schuld gegeben[75]. Bei dieser Feindgruppe decken sich wirtschaftliche, soziale und politische Zugehörigkeitskriterien, was die Identifikation erleichtert und Aggressionen kumulieren hilft. Doch fehlen immerhin besondere religiöse oder nationale Merkmale dieser Gruppe.

3. Die politische Verantwortung liegt in Neapel ebenso umfassend wie unscharf definiert beim Vizekönig[76]. Infolgedessen ist er in den Augen der öffentlichen Meinung in jedem Fall der Schuldige.

4. Das Ventil des Beschwerdewegs funktioniert nicht gut, denn Direktgesandtschaften der Untertanen nach Madrid sind zwar be-

grenzt zulässig, angesichts der Finanzlage aber wenig erfolgversprechend[77].

5. Auf der anderen Seite blieben dem Vizekönig kaum Repressionsmöglichkeiten. Das ihm zur Verfügung stehende Militär befand sich auf auswärtigen Kriegsschauplätzen[78]. Obendrein hemmte ihn die Tradition der volksfreundlichen Politik der Krone.

6. Die Gegenpartei verfügt in den Hauptstädten über eine günstige Kommunikationsstruktur. Die ausschlaggebenden Bevölkerungsgruppen siedeln in Neapel wie übrigens auch in Palermo geschlossen in der Nähe des Hafens[79]. Nicht umsonst bricht der Aufstand in Neapel an einem Markttag los; nicht umsonst ist der große Markt das erste Hauptquartier der Rebellen.

7. Freilich besitzen auch die Aufstände von vornherein strukturelle Schwächen; mindestens in einer Hinsicht ist das Herrschaftssystem geradezu immun gegen sie. Es gibt nämlich kaum überlokale Solidarität unter den Aufständischen, faktisch handelt es sich überwiegend um lauter unkoordinierte Einzelaktionen im Land. Nur die Führungsschicht besitzt überlokalen Zusammenhalt, und sie befindet sich auf Grund der geschilderten Interessenlage auf der Seite der Regierung. Bei den übrigen Gruppen bedarf es hingegen oft gar keines »divide et impera«. So besteht zwischen den Städten Palermo und Messina eine traditionelle Rivalität vom Range einer Erbfeindschaft. Wenn sich 1647 die eine gegen die Krone erhebt, bleibt die andere treu; 1672 ist es dann umgekehrt. Die Drohung, den vizeköniglichen Hof nach Messina zu verlegen, bildet eine höchst wirkungsvolle Waffe im Kampf gegen den Aufstand von Palermo[80].

»Erhöhte Spannung«, die zweite von Smelsers Determinanten, ist seit 1646 in Neapel wie in Sizilien zu beobachten. Im Herbst 1646 kam es zu einer allgemeinen Mißernte. Zugleich forderte Madrid von Neapel zusätzlich eine Million Dukaten – der spanische Staatsbankrott steht wieder einmal vor der Tür (1647). Daraufhin werden vier neue »Gabelle« beschlossen, darunter die »gabella sulla frutta«, die gerade die Armen der Hauptstadt besonders schwer trifft. Demonstrationen dagegen bleiben zunächst ergebnislos[81].

In Palermo herrscht im Frühjahr 1647 eine solche Trockenheit, daß man eine zweite Mißernte befürchtet. Dazu wüten Seuchen und Hunger. Da findet sich Palermo plötzlich von Spannung entlastet: am 8. Mai fällt Regen und am 18. treffen Getreideschiffe aus Sardinien ein. Gerade die Situation plötzlicher Entlastung ist aber besonders explosiv. Als nämlich der Stadtrat dem Befehl aus Madrid, die defizitäre Brotsubventionierung zu beenden, durch Verkleinerung der Brote besonders geschickt und unauffällig nachzukommen versucht, fühlen sich die Frauen auf dem Markt am 19. Mai von einer Verschwörung der Herrschenden betrogen, begreiflicherweise angesichts der Getreideschiffe. Die Verkleinerung der Brote muß als auslösende Motivation für den spontanen Ausbruch an diesem Tag betrachtet werden, denn nun hat es eine »generalisierende Vorstellung« nicht schwer, sich durchzusetzen: daß es genüge, diese Clique zu beseitigen[82].

In Neapel ist die »generalisierende Vorstellung«, daß der Steuerdruck mit der Errichtung eines Volksregimentes verschwinden werde, längst nicht mehr neu und daher wenig wirkungsvoll. Ihr Protagonist Genoino hat daher den eigentlichen Ausbruch von langer Hand vorbereitet, unter anderem durch Auswahl eines geeigneten volkstümlichen Führers. Der Fischer Tomaso Aniello befand sich im Konflikt mit den Herrschenden und zählte zur Klientel des sozial wie topographisch zentral gelegenen Karmeliterklosters. Einige hundert Burschen »rüsten« unter seiner Führung für ein traditionelles Scheingefecht am 17. Juli; sie bilden die Kadertruppe für den Aufstand. Ein vielleicht zufällig entstandener Tumult auf dem Obstmarkt ist unter diesen Umständen rasch in den geplanten Aufruhr zu verwandeln.

Im weiteren Verlauf der Aufstände von Palermo und Neapel fehlt es zwar keineswegs an interessanten Zügen: die Beschaffung der notwendigen Mittel aus Gefängnissen und Zeughäusern; der Ritualismus der Rache an den Ausbeutern, die ja keineswegs als regelloses Plündern und Morden erfolgte; die Versuche der Führer und des Klerus, die Bewegung unter Kontrolle zu halten. Aber die Erhebungen verlieren durch das Eingreifen verschiedener politischer Kräfte ihren Charakter als Volksaufstände bald so weitgehend, daß man in Neapel schließlich von einer bloßen französischen Diversionsbewegung im Kampf gegen Spanien sprechen konnte[83]. So weit reichen unsere erfolgreich erprobten theoretischen Ansätze freilich nicht, so daß wir unser italienisches Exempel hier verlassen wollen, um uns Problemen des Vergleichs zuzuwenden.

IV.

Der vielleicht wichtigste Ertrag theoretischer Fragestellungen für die Geschichtswissenschaft besteht in der Möglichkeit zu Vergleichen, die dadurch in breitem Umfang eröffnet wird. Aus dem, was oben über Theorie ganz allgemein gesagt wurde, ergibt sich, daß hier die Individualität des Phänomens, also eines einzelnen Aufstandes, in den Hintergrund tritt gegenüber dem Versuch, überindividuelle, gemeinsame Strukturen zu ermitteln, etwa durch einen Querschnittvergleich der Volksaufstände um die Mitte des 17. Jahrhunderts[84].

Es zeigt sich bei einem solchen Vergleich, daß die Aufstände in Italien, Österreich[85] und der Schweiz viele strukturelle Gemeinsamkeiten mit dem von Mousnier für Frankreich entworfenen Modell besitzen. In allen Fällen handelt es sich um Reaktionen der Untertanen gegen die expandierende Staatsmacht, ausgelöst durch Krisen. Der Druck des Staates äußert sich in erster Linie als fiskalischer. Die Auflösung der traditionellen politischen Struktur mit ihren partikularen Privilegien zugunsten einer einheitlichen Untertanenschaft hängt ebenfalls damit zusammen, insofern solche Privilegien steuerlicher Natur sind. Die Bedürfnisse des Fiskus sind wiederum durch den riesigen Geldbedarf der Kriege bestimmt. Gerade die Kriegszeiten bringen Wachstumsschübe der Staatsgewalt mit sich[86]. Fast überall ist das aufständische Volk mit den Bauern identisch; die Stadtbewohner erweisen sich sogar in Neapel und Palermo als sozial uneinheitliches Konglomerat verschieden reagierender Gruppen[87].

Soweit kann Mousniers Theorie in begrenztem Umfang als verifiziert gelten, keineswegs aber hinsichtlich der Rolle des Adels. Nur in Frankreich scheidet der Adel als Gegner der Volkserhebung deswegen aus, weil er auch aus dem Fiskalsystem bereits weitgehend ausgeschieden ist. In der Schweiz hingegen ist das Patriziat mit dem Inhaber der »Staatsgewalt« und des Fiskus identisch. Und in Österreich und Italien leitet der Adel den Druck des Fiskus und der wirtschaftlichen Kontraktion verstärkt an die Untertanen weiter und wird auf diese Weise zum Gegner des aufständischen Volkes. Auch in Frankreich wendet sich das Volk gegen die Seigneurs, wenn diese erhöhte staatliche Lasten nach unten weitergeben, so z. B. 1675 in der Bretagne[88]. Darum hat das marxistische Konzept einer anti-feudalen Stoßrichtung der Aufstände zwar in der Mehrzahl der französischen Fälle versagt, sich aber in Italien als äußerst fruchtbare Korrektur des Mousnier-Modells erwiesen. Gleichsam die Gegenprobe zu diesem Modell erlaubt uns das englische Beispiel. In diesem Land gelten ganz andere Verhältnisse; hier sind die Unterschichten weitgehend steuerfrei. Von einer antifiskalischen Stoßrichtung von Unruhen kann hier sowenig die Rede sein wie von einer antifeudalen[89].

Mit dieser Ausnahme und den erwähnten Modifikationen darf das Mousnier-Modell der Volksaufstände für den größeren Teil des Abendlandes als verifiziert gelten. Diese Modifikationen freilich sind bereits Ergebnis der notwendigen Kritik an Mousniers Einseitigkeiten. Gegen das Klassenmodell betont er überscharf die über die gesellschaftlichen Schichten hinweggreifenden vertikalen Bindungen. Im Rahmen des Denkschemas »Struktur-Konjunktur« verleiht er den Institutionen übergroßes Gewicht. Und das konservative Programm der Aufstände veranlaßt ihn, die Erhebungen schon vom Ansatz her als unfruchtbar zu verwerfen. Dies alles liegt letztlich an seinem Etatismus, denn nach seiner Ansicht war es die historische Aufgabe des werdenden absoluten Staates, in einer kritischen Gesamtsituation jedermann im Hinblick auf das Gemeinwohl zum Gehorsam zu zwingen[90]. Der Staat aber wird dadurch zu einer wirkenden Kraft letzter Instanz. Es scheint mir allerdings theoretisch wie empirisch durchaus angebracht zu sein, solches Hegelianertum durch ein Alternativmodell in Frage zu stellen, das den »Staat« seiner isolierten Macht und Herrlichkeit entkleidet und ihn in ein Interdependenzgeflecht historischer Faktoren einordnet.

Die Forschung neigt heute eher dazu, von der Bevölkerungsentwicklung auszugehen. Nehmen wir also an, daß eine Bevölkerungszunahme zunächst zu einer Verknappung, dann vielleicht sogar zu einer langsamen Ausweitung der Ressourcen führt[91]. Beides hat über Nachfragesteigerung, Vermehrung der Zahlungsmittel und Steigerung ihrer Umlaufgeschwindigkeit eine Preisinflation im Gefolge. Diese führt zusammen mit der Bevölkerungsvermehrung zu einer gesteigerten vertikalen und horizontalen Mobilität. Beides schafft kriegerisches Potential. Inflation und Krieg rufen eine Steigerung der »Kosten der Souveränität« hervor. Fiskalischer Druck ist die Folge. Inflation, Mobilität und Steuerdruck erhöhen die Anforderungen des Adels an seine Untertanen. Aufstände sind die Folge dieser Ansprüche, der Steuererhöhungen und der Kriege. Aufstände, Kriege und Knappheit der Ressourcen aber vermindern wiederum die Bevölkerung.

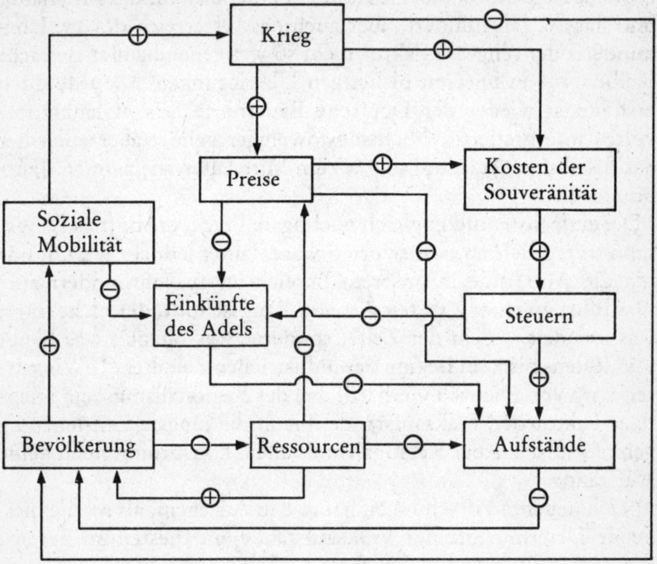

Ein solches Modell ist allerdings weder vollständig noch geschlossen. Zusätzlicher Input ist an vielen Stellen möglich, und die funktionale Abhängigkeit kann in manchen Fällen umgekehrt werden. Und erhöhte Mobilität führt nicht nur zu einem größeren Geldbedarf beim Adel – man will mitaufsteigen –, sondern der erhöhte Geldbedarf steigert auch die Mobilität, genauer gesagt, er beschleunigt den Abstieg von jenen, die nicht mithalten können[92].

Bei verschiedenen Faktoren ist freilich anzunehmen, daß sich ihre Bedeutung im Lauf der Zeit nicht nur quantitativ verändert hat. Ferner müssen vermutlich in anderen Epochen ganz neue Faktoren eingeführt werden. M. a. W. neben den Vergleich als Querschnitt hat der Vergleich als Längsschnitt zu treten, und zwar zunächst unter dem Aspekt des Wandels. Welche strukturellen Differenzen unterscheiden die Aufstände des 17. Jahrhunderts von früheren oder späteren, etwa auch von denjenigen des

Mittelalters[93]? Die Frage läßt sich in unserem Zusammenhang nicht erschöpfend beantworten; einige Andeutungen müssen genügen. Sicherlich spielt die in verschiedenen Epochen verschieden große soziale Mobilität eine Rolle[94]. Ferner darf für das Mittelalter und das 16. Jahrhundert, aber auch das Österreich des 17. Jahrhunderts der religiöse Faktor nicht so weitgehend außer Betracht bleiben wie in unseren bisherigen Überlegungen[95]. Wurde doch erst jüngst wieder der Deutsche Bauernkrieg als »Glaubensrevolte« interpretiert[96]. Nichtsdestoweniger gehört aber auch der antifiskalische Aufstand so gut zum Mittelalter wie zum 16. Jahrhundert[97].

Die einfachste und zugleich wichtigste Frage, die mittels Längsschnittvergleich zu beantworten wäre, lautet jedoch: warum hören die Aufstände in unserem Bereich im 19. Jahrhundert auf? Das führt zu einer zweiten Art von Längsschnitt, der nicht fragt: was wandelt sich in der Zeit?, sondern: was bleibt?, was bleibt mindestens bis zum Beginn des industriellen Zeitalters[98]? Wir wissen etwa von Dietrich Gerhard, daß der Regionalismus, ein wichtiger Faktor der Volksaufstände, bis in die jüngste Zeit lebendig geblieben ist[99]. Aber Regionalismus allein konstituiert noch keine Aufstände.

Nach neueren Forschungen hat es den Anschein, als sei die bleibende Determinante der Volksaufstände am ehesten im Bereich der soziokulturellen Normen zu suchen, die bis an die Schwelle des Industriezeitalters gewaltsame Selbsthilfe des Volkes wenigstens teilweise legitimiert haben, nicht ohne Zusammenhang mit dem, was Otto Brunner für die mittelalterliche Fehde nachgewiesen hat[100]. Es fehlt jedenfalls nicht an Hinweisen in dieser Richtung. So hat sich z. B. die Verbreitung der Volksaufstände in Frankreich als ausgesprochen kulturgeographisch determiniert erwiesen[101]. Der bereits angesprochene Ritualismus der Vergeltung in vielen Erhebungen deutet darauf hin, daß ein Volksaufstand keineswegs eine neuartige und kulturell unstrukturierte, sondern im Gegenteil eine kulturell wohldefinierte Situation gewesen ist. Besagt nicht eine berühmte These des Anthropologen Max Gluckmann, daß in manchen Kulturen Afrikas und Alt-Europas der Bürgerkrieg nicht Ausnahmesituation, sondern integrierender Bestandteil des politischen Systems gewesen ist[102]? Aus solcher Sicht läßt sich vermuten, daß die Frage nach dem Einfluß von Widerstandstheorien des 16. Jahrhunderts auf die Volksaufstände falsch gestellt ist; man sollte umgekehrt nach dem Einfluß der Widerstandstradition auf die Theorien fragen[103]. Man könnte von einer spezifischen »political culture« des frühneuzeitlichen Europa sprechen, charakterisiert durch typische Wesensmerkmale der »political fragmentation«: Vorherrschaft lokaler Loyalitäten, unzureichende Regeln für gewaltlose Konfliktbewältigung, Mißtrauen zwischen sozialen Gruppen, Instabilität des Regimes, kulturelle Spaltung zwischen Oberschicht und Unterschicht bis hin zur Ausbildung einer politischen Subkultur[104]. Hobsbawms Forschungen zum Banditentum legen die Schlußfolgerung nahe[105], daß derartige gewaltsame Reaktionen der Unterschichten als archaische Muster der Konfliktbewältigung in traditionalen Agrargesellschaften betrachtet werden müssen, Gesellschaften, denen kein Staat mit durchgebildetem und wirkungsvollem Gewaltmonopol gegenübersteht[106]. So kommt es aber auch, daß das aktuelle Interesse an den Volksaufständen zunimmt, während das staatliche Gewaltmonopol in Frage gestellt wird[107].

Anmerkungen

1 Y.-M. Bercé, *Histoire des croquants. Etude des soulèvements populaires au XVIIe siècle dans le sud-ouest de la France,* 2 Bde., Genf 1974, S. 680 f. stellt fest, daß von den 450-500 Einzelrevolten, die er für den Zeitraum 1590-1715 in Südwestfrankreich ermittelt hat, 60% in die Jahre 1635-1660 fallen.

2 Vgl. *Lettres et mémoires adressés au chancelier Séguier, 1633-1649.* Hg. R. Mousnier, 2 Bde., Paris 1964.

3 Vgl. *Documents pour servir à l'histoire de France au XVIIe siècle. Lettres et mémoires adressés au chancelier P. Séguier, 1633-1649.* Hg. A. D. Lublinskaya, Leningrad 1966.

4 Leipzig 1954, russisch 1948. – 1963 erschien eine französische Übersetzung *Les soulèvements populaires en France de 1623 à 1648* bei der VIe Section der École Pratique des Hautes Études, erweitert um höchst nützliche Karten der Aufstände. 1972 wurden der erste und dritte der drei Teile nebst Karten als Taschenbuch veröffentlicht. Die Stalin-Zitate der deutschen Fassung sind in der französischen nicht mehr als Zitate ausgewiesen, vgl. deutsche Ausgabe S. 27, 453, 483 mit der französischen Taschenbuchausgabe S. 42, 373, 417.

5 A. D. Lublinskaya, »Popular masses and the social relations of the epoch of absolutism: methodology of research«, in: *Economy and Society* 2 (1973), S. 343-375. Russisch zuerst 1967.

6 Schon bei Porschnew (Teil 2, I, 5) kämpfen die Massen deswegen *für* den Kapitalismus, weil sie *gegen* den Fiskus kämpfen, der Herrschaft des Feudalismus über den Kapitalismus bedeutet.

7 Mehr oder weniger explizit in seiner Charakteristik der Möglichkeiten Müntzers im Jahre 1525, in: Friedrich Engels, *Der deutsche Bauernkrieg,* Studienausgabe, Bd. 3, Reinbek 1973, S. 220-221. – Zum Wandel seiner Auffassung, die ihn veranlaßte, doch mit einem höher entwickelten Bürgertum im Deutschland des Bauernkriegs zu rechnen, vgl. R. Wohlfeil, *Reformation oder frühbürgerliche Revolution?* München 1972, S. 13, 32. – Ders., »Neue Forschungen zur Geschichte des Deutschen Bauernkriegs«, in: Der Deutsche Bauernkrieg 1524-1526, *Geschichte und Gesellschaft* Sonderheft 1 (1975), S. 332 weist darauf hin, daß der umstrittene Begriff »Frühbürgerliche Revolution« nicht von Engels, sondern von G. Mühlpfordt (1952) stammt. – Ders., Positionen der Forschung. »Bauernkrieg« oder »Frühbürgerliche Revolution«, in: *Revolte und Revolution in Europa,* Hg. P. Blickle (HZ Beiheft 4), München 1975, S. 107 ein Hinweis auf Lenin, *Werke,* Bd. 15, Berlin 1960, S. 48, wonach jede Revolution einer Massenbasis bedarf, auch eine bürgerliche. Diese aus der russischen Erfahrung stammende These hat implizit große Bedeutung für die Interpretationen Porschnews und Lublinskajas.

8 *Das Prinzip der Heterogonie der Zwecke nach Wilhelm Wundt. System der Philosophie,* 3. Aufl., 2 Bde., Leipzig 1907, Bd. 1. S. 326, 329; Bd. 2, S. 221.

9 R. Mousnier, »Les soulèvements populaires avant la Fronde«, in: *Revue d'histoire moderne et contemporaine* 5, (1958) S. 81-113, wo Porschnew auf Grund der Séguier-Korrespondenz in der Bibliothèque nationale kritisiert wird. – Ders., »Recherches sur les soulèvements populaires en France de 1483 à 1787«, in: *Revue du Nord* 174, (1962), S. 281-290, ein 1960 in Mousniers »Centre de recherches sur la civilisation de l'Europe moderne« erstellter »Fragebogen« als Ausgangspunkt für Untersuchungen zu dem geplanten zusammenfassenden Werk über die französischen Volksaufstände 1483-1787. – Ders., »Les mouvements populaires en France au XVIIe siècle«, in: *Revue des travaux de l'Académie des sciences morales et politiques* 115/2, (1962) S. 28-43, S. 168, zusammenfassende Charakteristik der Aufstände aus seiner Sicht. – Ders., *Fureurs paysannes,* Paris 1967. Vergleich der französischen Aufstände mit russischen und chinesischen. Dazu scharfe Kritik von M. O. Gately / A. L. Moote / J. E. Wills Jr, »Seventeenth century peasant furies: some problems of comparative history«, in: *Past and Present* 51, (1971) S. 63-80. – Mousnier-Schule: Y.-M. Bercé, *Les soulèvements populaires dans le Sud-Ouest, de 1630 à 1643 (Thèse de l'Ecole des Chartes),* 1959. – Ders., Rezension von Porschnew, in: *Bibliothèque de l'Ecole des Chartes,* 122, (1964)

S. 354-358. – Ders., *Histoire des croquants* (Anm. 1). – Ders., *Croquants et Nu-pieds,* Paris 1974. – M. Caillard, »Recherches sur les soulèvements populaires en Basse Normandie, 1620-40«, in: *Cahiers des Annales de Normandie* 1963. – M. Foisil, *La révolte des Nu-pieds et les révoltes normandes de 1639,* Paris 1970. – R. Pillorget, Les »cascaveoux«, l'insurrection aixoise de l'automne 1630, in: *XVIIe siècle* 64, (1964) 3-30. – R. Pillorget, *Les mouvements insurrectionels de Provence entre 1596 et 1715,* Paris 1975. – Andere neuere Arbeiten: W. H. Beik, »Magistrates and popular uprisings in France before the Fronde: The case of Toulouse«, in: *JMH* 46, (1974) S. 585-608. – N. Z. Davis, »The Rites of violence: Religious riots in 16th century France«, in: *Past and Present* 59, (1973) S. 51-91. – A. Leguai, »Les émotions et séditions populaires dans la généralité de Moulins aux XVIIe et XVIIIe siècles«, in: *Revue d'histoire économique et sociale 43,* (1965) 45-65. – E. Le Roy Ládurie, *Les paysans du Languedoc,* 2 Bde., Paris 1966. – Ders., »Révoltes et contestations rurales en France de 1675 à 1788«, in: *Annales* 29, (1974) S. 6-22. – Ders., »Über die Bauernaufstände in Frankreich 1548-1648«, in: *Wirtschaftliche und soziale Strukturen im säkularen Wandel. Festschrift für W. Abel,* Bd. 1, Hannover 1974. S. 277-305. – G. Livet, »Héroisme et société rurale: Jean Nu-Pieds, le héros paysan, général de l'armée de souffrance (1639)«, in: *Héroisme et création littéraire,* Paris 1974, S. 111-136. – R. Mandrou, »Les soulèvements populaires et la société française du XVIIe siècle«, in: Annales 14, (1959) S. 765-765. – Ders., *Classes et luttes de classes en France au début du XVIIe siècle,* Florenz 1965. – Ders., »Vingt ans après, ou une direction de recherches fécondes: Les révoltes populaires en France au XVIIe siècle«, in: *RH* 242, (1969) S. 29-40. – L. A. Tilly, »La révolte frumentaire, forme de conflit politique en France«, in: *Annales* 27, (1972) S. 731-757. – L. S. van Doren, »Revolt and reaction in the city of Romans Dauphiné 1579-1580«, in: *16th century Journal* 5, (1974) S. 71-100. – S. A. Westrich, *The Ormée of Bordeaux. A revolution during the Fronde,* Baltimore 1972. – Vgl. auch: Lublinskaja (Anm. 5) und C. Vivanti, »Le rivolte popolari in Francia prima della Fronda e la crisi del secolo XVII«, in: *RSI* 76, (1964) S. 957-981.

10 Scharfe Kritik der in der französischen Geschichtsschreibung üblichen Deutung des 17. Jahrhunderts bei Porschnew (TB) S. 25-39, S. 323-361. – R. Mousnier, *La vénalité des offices sous Henry IV et Louis XIII,* Rouen 1945, kommt dabei sehr gut weg, nicht zuletzt deshalb, weil Mousnier in diesem Buch mit dem Klassenbegriff arbeitet (Porschnew S. 37). – In unserem Zusammenhang ist es aber nicht ohne Interesse, daß Mousnier sich inzwischen von seinen früheren Auffassungen entfernt und traditionellen Vorstellungen genähert hat. Aus der 1971 erschienenen zweiten Auflage seiner Thèse ist der Be-

griff »Klasse« systematisch getilgt worden.

11 Vgl. R. Mousnier, *Les institutions de la France sous la monarchie absolue,* Bd. 1, Paris 1974, S. 85-93.

12 Zusammenfassend in *Fureurs paysannes* (Anm. 9).

13 R. B. Merriman, *Six contemporaneous revolutions,* Glasgow 1937, Ndr. New York 1963.

14 Knapp zur englischen Revolution: E. Schulin, »England und Schottland vom Ende des Hundertjährigen Krieges bis zum Protektorat Cromwells (1455-1660)«, in: *Handbuch der europäischen Geschichte,* Bd. 3, Stuttgart 1971. S. 948-960. – Ders., »Vom Tudorstaat zur Revolution. Einige Neuerscheinungen zur englischen Geschichte des 16. und 17. Jahrhunderts«, in: *HZ* 220, (1975) S. 619-641.

15 Vgl. bes. zur Vorgeschichte und den Zusammenhängen mit anderen Bewegungen auf der iberischen Halbinsel: J. H. Elliott, *The Revolt of the Catalans. A Study in the Decline of Spain (1598-1640),* Cambridge 1963.

16 Nach H. Rabe in: *Handbuch,* Bd. 3, (Anm. 14) S. 662 bedarf die portugiesische Bewegung noch genauerer Erforschung. Ein Versuch, sie mit den übrigen Erhebungen in der spanischen Gesamtmonarchie zusammen zu sehen: J. H. Elliott, »Revolts in the Spanish Monarchy«, in: R. Forster / J. P. Greene, *Preconditions of revolution in early modern Europe,* Baltimore 1970, S. 109 bis 130.

17 Grundlegend: M. Schipa, *Masaniello,* Bari 1925. – Nach wie vor brauchbar, da quellengesättigt: A. von Reumont, *Die Carafa von Maddaloni,* 2 Bde., Berlin 1851. – Zum Hintergrund: R. Villari, *La rivolta antispagnola a Napoli. Le origini (1585-1647),* Bari 2. Aufl. 1973. – G. Bock, *Thomas Campanella. Politisches Interesse und philosophische Spekulation* (Bibliothek des Deutschen Historischen Instituts in Rom 46), Tübingen 1974, mit instruktivem Forschungsbericht und Angaben zu den früheren, wesentlich radikaleren und spanienfeindlicheren Bewegungen.

18 P. A. Knachel, *England and the Fronde. The impact of the English Civil War and Revolution on France,* Ithaca 1967. – E. H. Kossmann, *La Fronde,* Leiden 1954. – A. L. Moote, *The Revolt of the Judges. The Parlement of Paris and the Fronde, 1643-1652,* Princeton 1971. – R. Mousnier, »The Fronde«, in: Forster/Greene (Anm. 16). S. 131-159. – Vgl. auch Westrich (Anm. 9).

19 H. H. Rowen, »The Revolution that wasn't: the Coup d'état of 1650 in Holland«, in: *European Studies Review* 4, (1974) S. 99-118.

20 H. Kamen, *The Iron century. Social change in Europe 1550-1660,* London 1971, S. 307-385, eine sehr brauchbare zusammenfassende Darstellung der Aufstände dieser Epoche.

21 Grundlegend: H. N. Brailsford, *The Levellers and the English Revolution,* London 1961. – Vgl. dazu: B. S. Capp, *The Fifth Monarchy*

Men. A Study in 17th-century English Millenarianism, London 1972. – C. Hill, *The World Turned Upside Down. Radical Ideas during the English Revolution,* London 1972. – C. S. L. Davies, »Les révoltes populaires en Angleterre (1500 bis 1700)«, in: *Annales* 24, (1969) S. 24-60. – Ders., »Peasant revolt in France and England: a comparison«, in: *Agricultural History Review* 21, (1973) S. 122-134. – J. S. Morrill, »Mutiny and discontent in English provincial armies 1645 to 1647«, in: *Past and Present* 56, (1972) S. 49-74.

22 H. G. Koenigsberger, »The revolt of Palermo in 1647«, in: *Cambridge Historical Journal* 8, (1946) S. 129-144.

23 G. Guggenbühl, *Der schweizerische Bauernkrieg von 1653,* Zürich 2. Aufl. 1953. – H. Mühlestein, *Der große schweizerische Bauernkrieg 1653,* Celerina 1942. – H. Wahlen / E. Jäggi, *Der schweizerische Bauernkrieg 1653,* Bern 1952. – Zu den übrigen Aufständen vgl. Kamen (Anm. 20).

24 R. Mousnier, *Les XVIe et XVIIe siècles. Les progrès de la civilisation européenne et le déclin de l'Orient (1492-1715).* (Histoire générale des civilisations 4), Paris 1954, S. 145-350.

25 E. J. Hobsbawm, »The General Crisis of the European Economy in the 17th Century«, in: *Past and Present* 5, (1954) S. 33-53, 6, (1954) S. 44-65. Ndr. in: T. Aston, *Crisis in Europe, 1560-1660. Essays from Past and Present,* London 2. Aufl. 1970.

26 H. R. Trevor-Roper, »Die allgemeine Krise des 17. Jahrhunderts (1959)«, in: Ders., *Religion, Reformation und sozialer Umbruch. Die Krisis des 17. Jahrhunderts,* Berlin-Frankfurt 1970, S. 53-93. – Kritik bei Aston (Anm. 25).

27 Vgl. Le Roy Ladurie, *Les paysans* (Anm. 9). – R. Baehrel, *Une croissance: la basse Provence rurale (fin du XVIe siècle – 1789). Essai d'économie historique statistique,* Paris 1961, bes. S. 229.

28 Vgl. Kamen (Anm. 20), S. 44-46, S. 79-83, S. 307-309. – Dazu W. Abel, *Massenarmut und Hungerkrisen im vorindustriellen Europa,* Hamburg 1974. – E. Le Roy Ladurie, *Histoire du climat depuis l'an mil,* Paris 1967. – A.-M. Piuz, »Climat, récoltes et vie des hommes à Genève, XVIe-XVIIIe siècles«, in: *Annales* 29, (1974) S. 599-618. – P. Jeannin, »Les comptes du Sund comme source pour la construction d'indices généraux de l'activité économique en Europe (XVIe-XVIIIe siècle)«, in: *RH* 231, (1964) S. 55-102, S. 307-340. – Und ein Forschungsbericht aus orthodox-marxistischer Sicht: H. Langer, »Eine neue ›Krise des Feudalismus‹? Zur Diskussion um die sog. Krise des 17. Jahrhunderts«, in: *ZGW* 19, (1971) S. 1395-1420.

29 Vgl. Anm. 9.

30 Vgl. H. G. Koenigsberger, »Early modern revolutions: an exchange with L. Stone«, in: *JMH* 46, (1974) S. 99-110.

31 Vgl. J. Kocka, »Theorien in der Sozial- und Gesellschaftsgeschichte.

Vorschläge zu einer historischen Schichtungsanalyse«, in: *Geschichte und Gesellschaft* 1, (1975) S. 9-42.

32 W. Siebel, *Einführung in die systematische Soziologie*, München 1974, S. 282. – Vgl. R. M. Solow, *Wachstumstheorie. Darstellung und Anwendung*, Göttingen 1971, S. 11.

33 Vgl. etwa: H. Kirchner, »Der deutsche Bauernkrieg im Urteil der frühen reformatorischen Geschichtsschreibung«, in: *Zeitschrift für Kirchengeschichte*, 85, (1974) S. 95-125, hier S. 124.

34 *Fureurs paysannes* (Anm. 9) S. 308 nach Robert Mentet de Salmonet (1661).

35 Bemerkenswerte neuere Ansätze: J. C. Davies, The J-Curve of rising and declining satisfactions as a cause of some great revolutions and a contained rebellion, in: H. D. Graham / T. R. Gurr (Hg.), *Violence in America*, 2 Bde, New York 1969, S. 547-576. – I. K. Feierabend / R. L. Feierabend / B. A. Nesvold, »Social changes and political violence: cross national patterns«, in: ebd. S. 497-545. – T. R. Gurr, »A comparative study of civil strife«, in: ebd. S. 443-495. – Ders., *Rebellion. Eine Motivationsanalyse von Aufruhr, Konspiration und innerem Krieg*, Düsseldorf 1972. – C. Johnson, *Revolutionstheorie*, Köln–Berlin 1971. – Vgl. als Übersicht: I. Kramnick, »Reflections on Revolution: Definition and Explanation in Recent Scholarship«, in: History and Theory 11, (1972) S. 26-63. – Sammelbände: K. von Beyme (Hg.), *Empirische Revolutionsforschung*, Opladen 1973. – U. Jaeggi / S. Papcke (Hg.), *Revolution und Theorie* 1, Frankfurt 1974. – Ferner von historischer Seite: L. Stone, *The causes of the English Revolution*, New York 1972. Der erste Abschnitt daraus: »Theories of Revolution« auch bei Jaeggi/Papcke, S. 259-278. – I. Geiss / R. Tamchina, *Ansichten einer künftigen Geschichtswissenschaft 2. Revolution. Ein historischer Längsschnitt*, München 1974. – Zur marxistischen Revolutionstheorie vgl.: G. Grosser (Hg.), *Studien zur marxistisch-leninistischen Revolutionstheorie*, Leipzig 1967. – M. Kossok (Hg.), *Studien über Revolution*, 1969. – Ders., *Studien zur vergleichenden Revolutionsgeschichte 1500-1817*, 1974. – K. Lenk, *Theorien der Revolution*, München 1973.

36 Vgl. Stone (Anm. 35), S. 266.

37 Gurr berücksichtigt nicht nur die Situation gleichbleibender oder steigender Erwartungen bei gleichbleibenden Möglichkeiten, sondern auch gleichbleibende Erwartungen bei sinkenden Möglichkeiten und steigende Möglichkeiten bei noch rascher steigenden Erwartungen – in allen Fällen entsteht eine kritische Spanne zwischen Erwartungen und Möglichkeiten. Davies geht demgegenüber ausschließlich von einem Wachstumsmodell mit einem Knick aus, was bereits von Feierabend/Nesvold korrigiert wird. Vgl. Graham/Gurr (Anm. 35).

38 M. E. François, »Revolt in late medieval and early modern Europe: a

spiral model«, in: *Journal of interdisciplinary history* 5, (1974) S. 19-44. – Der Urheber der von François auf die Frühneuzeit übertragenen Theorie: A. J. Mayer, *Dynamics of Counterrevolution in Europe, 1870-1956. An analytic framework*, New York 1971, stellt demgegenüber auf S. 9. ausdrücklich fest: »Counterrevolution is closely interlocked with revolution. In fact the two are symbiotically related. To concede the historical reality of the one is to concede the historical reality of the other.«

39 N. Smelser, *Theorie des kollektiven Verhaltens*, Köln 1972 (amerikan. 1963). – Es spricht m. E. für Smelsers Theorie, daß die Herausgeber der deutschen Übersetzung sich einleitend gewissermaßen dafür entschuldigen, daß sie die Theorie eines Sozialwissenschaftlers der »falschen« Observanz, nämlich der Systemtheorie, dennoch für brauchbar halten!

40 Smelser (Anm. 39), S. 209.

41 Ebd., S. 242.

42 Ebd., S. 34-42.

43 Ebd., S. 65-81.

44 In unserem Fall z. B. dadurch, daß die Vorstellung verbreitet wird, der jeweilige Herrscher sei in der Hand schlechter Räte, die es zu beseitigen gelte. Vgl. Smelser (Anm. 39), S. 93-136; Bercé (Anm. 1), S. 608-611.

45 Smelser (Anm. 39), S. 38, S. 229-234, S. 260-268.

46 Ebd., S. 38-39, S. 235-240, S. 268-271. – Man sollte die Effizienz brutaler Unterdrückung nicht unterschätzen, vgl. Stone (Anm. 35), S. 268.

47 Smelser (Anm. 39), S. 30.

48 Vgl. Bercé (Anm. 1), S. 538: »On admet ici le postulat sociologique d'une violence instituée, c'est-à-dire qu'on suppose que les émeutes ne sont pas seulement les pièces irremplaçables et uniques d'une histoire, mais que dans une certaine mesure, elles se ressemblent, elles sont conformes à des modèles, elles présentent des aspects répétitifs et conventionnels.« Und 680 f. werden die Aufstände als Institution im Sinne der Soziologie definiert, »un modèle de conduite ayant sa fonction dans sa collectivité«, d. h. als außerordentliche Verteidigungsmaßnahme des Volkes gegen Aggression von oben. – Vgl. dazu auch N. Z. Davies, »Rites« (Anm. 9) und vor allem Kamen (Anm. 20), S. 380-382.

49 Vgl. z. B. D. Potter, in: E. N. Saveth, *American History and the Social Sciences*, New York 1964, S. 22.

50 H. Arendt, *Über die Revolution*, München 1965, S. 10, stellt fest, daß »es Revolutionen im eigentlichen Sinn vor der Neuzeit nicht gibt, die Revolution als politisches Phänomen also zu den modernsten Gegebenheiten gehört«. Es hat bis dahin (angeblich) nur Konflikte inner-

halb des sozialen Systems gegeben. Nach C. Johnson, *Revolutionstheorie*, Köln–Berlin 1971, S. 28. – Von historischer Seite wäre wieder Mousnier, *Fureurs* (Anm. 9) zu nennen, dann: G. Fourquin, *Les soulèvements populaires au moyen âge*, Paris 1972, oder François (Anm. 38). – Interessant ist die von J. Ellul, *Von der Revolution zur Revolte*, Hamburg 1974, postulierte Umkehrung der Entwicklung, das Verschwinden der Revolution mangels Zielen und Mitteln, die Rückkehr zur Revolte ohne Doktrin und ohne Hoffnung. Vgl. dazu unten den Schluß unserer Ausführungen.

51 Nach C. Hill, »The Norman Yoke«, in: *Puritanism and Revolution*, London 1958, Ndr. 1962, S. 78. – Ders., *Reformation to Industrial Revolution*, London 1967, Ndr. 1969, S. 159, beginnt sich rationale Argumentation während der englischen Revolution von historischen Autoritäten und Präzedenzfällen zu lösen, während zugleich das Bewußtsein von der Andersartigkeit des Historischen entsteht.

52 G. Naudé, *Considérations politiques sur les Coups d'estat*, Rom 1639, meint mit »coups d'estat« trotz seiner Bekanntschaft mit Campanella nicht etwa Revolutionen von unten, sondern »actions hardies et extraordinaires« von oben, allerdings eher Gewalttaten vom Schlage der Bartholomäusnacht als Eingriffe in das institutionelle Gefüge. Er öffnet aber den Weg in diese Richtung durch die Feststellung, der französische Staat sei nur dank einer Kette solcher »coups« seit dem Mittelalter überhaupt noch am Leben. Vgl. F. Meinecke, *Die Idee der Staatsraison in der neueren Geschichte*, München 3. Aufl. 1963, S. 232-241.

53 *Fureurs paysannes* (Anm. 9).

54 Auch E. Engelberg, »Über die Revolution von oben. Wirklichkeit und Begriff«, in: *ZGW* 12, (1974) S. 1183-1212, der sich zwar mit dem Ursprung des Begriffs im 19. Jahrhundert befaßt, aber dennoch Licht auf unser Problem werfen könnte, setzt S. 1190 ausdrücklich voraus, daß auch Revolution von oben nur bei latentem Druck der Massen von unten möglich ist.

55 Vgl. Le Roy Ladurie, »Über die Bauernaufstände«, (Anm. 9), S. 301, und: V. Press, »Der Bauernkrieg als Problem der deutschen Geschichte«, in: *Nassauische Annalen* 86, (1975) S. 158-177. Vor allem aber P. Zagorin, »Prolegomena to the comparative history of revolution in early modern Europe«, in: *Comparative Studies in Society and History* 18, (1976) S. 151-174.

56 Vgl. Rittberger bei Beyme (Anm. 35), S. 61-63 zu C. Johnson.

57 Vgl. Beyme, (ebd.), S. 35.

58 Zu diesem theoretischen Ansatz allgemein vgl. Koenigsberger/Stone (Anm. 30), und: M. O. Gately (Anm. 9), S. 71 und 79. – Zur marxistischen Kritik daran: D. Groh, *Kritische Geschichtswissenschaft in emanzipatorischer Absicht*, Stuttgart 1973, S. 86-91. – A. Schmidt,

Geschichte und Struktur. Fragen einer marxistischen Historik, München 1971.

59 Vgl. Siebel, (Anm. 32), S. 262-281. – W. L. Bühl (Hg.), *Funktion und Struktur. Soziologie vor der Geschichte*, München 1975. – W. Zapf (Hg.), *Theorien sozialen Wandels*, Köln–Berlin, 2. Aufl. 1970.

60 Vgl. Koenigsberger/Stone, (Anm. 30).

61 Vgl. R. K. Merton, *Social Theory and Social Structure*, New York 1957, S. 50-54. – M. M. Postan, »Function and Dialectic in Economic History«, in: Ders., *Fact and Relevance. Essays on Historical Method*, Cambridge 1971. S. 42-44.

62 M. Bisaccioni, *Historia delle guerre civili di questi ultimi tempi, cioè d'Inghilterra, Catalogna, Portogallo, Palermo, Napoli, Fermo, Polonia, Francia, Turco*, Venedig 1653. Nach: Y.-M. Bercé, »Troubles frumentaires et pouvoir centralisateur: l'émeute de Fermo dans les Marches (1648)«, in: *Mélanges d'archéologie et d'histoire* 73, (1961) S. 471-505, 74, (1962) S. 759-803.

63 Zur Astrologie als frühneuzeitlicher Wissenschaft vgl. K. Thomas, *Religion and the Decline of Magic*, Harmondsworth 1973, S. 335-458. – Wir sollten nicht übersehen, daß eine moderne astronomische Zyklentheorie zwar unbeliebt, aber keineswegs völlig widerlegt ist, die Sonnenflecken-Wetter-Ernten-Theorie, nach der Wetterzyklen von Sonnenfleckenzyklen abhängen, während Wetterzyklen wiederum im Sinne der »crise du typ ancien« nach Labrousse Konjunkturzyklen einer vorwiegend agrarisch orientierten Wirtschaft auslösen, vgl. Abel, (Anm. 28), S. 280. – P. A. Samuelson, *Volkswirtschaftslehre*, Bd. 1, Köln 1970, S. 326. – W. Zorn, *Einführung in die Wirtschafts- und Sozialgeschichte*, München 1972, S. 66.

64 Christian Weise, *Masaniello*, Hg. F. Martini, Stuttgart 1972.

65 Vgl. M. Heidler, *L'interpretazione della storia nella letteratura del Risorgimento*, Diss. phil. Freiburg 1975 (Ms.).

66 Die Heldin der Oper von D. F. E. Auber mit Libretto von E. Scribe u. G. Delavigne ist eine fiktive Schwester Masaniellos, die vom Sohn des spanischen Vizekönigs verführt wird. Das Werk wurde in Brüssel bewußt für den 25. August 1830 auf den Spielplan gesetzt, um die Stimmung für den geplanten Putsch anzuheizen, nach: L. Delfos, *Kulturgeschichte von Niederland und Belgien*, Bremen 1962, S. 412.

67 Nach Schipa (Anm. 17), passim. – G. Coniglio, *Il viceregno di Napoli nel secolo XVII. Notizie sulla vita commerciale e finanziaria secondo nuove ricerche negli archivi italiani e spagnoli*, Rom 1955, S. 278-293.

68 Darauf weist Elliott, (Anm. 16) ausdrücklich hin.

69 Neben der in Anm. 17 und 67 genannten Literatur: G. Galasso, *Economia e società nella Calabria del cinquecento*, Neapel 2. Aufl. 1967. –

F. Caracciolo, *Il regno di Napoli nei secoli XVI e XVII*, Bd. 1: *Economia e società*, Rom 1966. – M. Mendella, *Il moto napoletano del 1585 e il delitto Storace*, Neapel 1967. – L. de Rosa, »Crise financière, crise économique et crise sociale: le royaume de Naples et la dernière phase de la Guerre de trente ans (1630-1644)«, in: *Bulletin de l'institut historique belge de Rome* 44, (1974) S. 175-199. – Nicht zugänglich war mir: A. Lepre, *Feudi e masserie. Problemi della società meridionale nel Sei e Settecento*, Neapel 1973.

70 Villari (Anm. 17), S. 161-194. – Reumont (Anm. 17), Bd. 1, S. 131-181, S. 247-319, S. 399-404. – Nicht zugänglich war mir A. Musi, *Finanze e politica nella Napoli del '600: Bartolomeo d'Aquino*, Neapel 1966.

71 Vgl. L. de Lutio di Castelguidone, *I sedili di Napoli. Origini, azione politica e decentramento amministrativo*, Neapel 1973.

72 Schipa, (Anm. 17).

73 Reumont, (Anm. 17), Bd. 1, S. 147.

74 Villari, (Anm. 17), S. 67-91.

75 Schipa, (Anm. 17).

76 Villari, (Anm. 17), S. 8-9.

77 Ebd., S. 16-17.

78 Vgl. Coniglio, (Anm. 67), S. 277.

79 Vgl. Koenigsberger, (Anm. 22), S. 136.

80 Ebd., S. 140, 144. – Vgl. Elliott, (Anm. 16).

81 Reumont u. Schipa, (Anm. 17) passim.

82 Koenigsberger, (Anm. 22) passim.

83 Coniglio, (Anm. 67), S. 278-291.

84 Vgl. den Einwand von François, (Anm. 38), S. 23 gegen Forster-Greene (Anm. 16).

85 Vgl. A. Czerny, *Der zweite Bauernaufstand in Oberösterreich 1595-1597*, Linz 1890. – H. Feigl, *Der niederösterreichische Bauernaufstand 1596/97*, Wien 1972. – G. Grüll, *Die Robot in Oberösterreich*, Linz 1952. – Ders., *Bauer, Herr und Landesfürst. Sozialrevolutionäre Bestrebungen der oberösterreichischen Bauern von 1650 bis 1848*, Graz 1963. – Ders., *Der Bauer im Land ob der Enns am Ausgang des 16. Jahrhunderts. Abgaben und Leistungen im Lichte der Beschwerden und Verträge von 1597-1598*, Wien 1969. – F. Klein-Bruckschwaiger, »Der Bauernaufstand in St. Peter in der Au. Vorgeschichte und Folgen«, in: *Jahrbuch für Landeskunde von Niederösterreich* NF 39, (1971-1973) S. 113-154. – G. Pferschy, »Der Streik der Untertanen der Herrschaft Pogled im Jahre 1633 und seine Beilegung. Zu den Ursachen des untersteirischen Bauernaufstandes von 1635«, in: *Mitteilungen des Steierm. Landesarchivs* 21, (1971) S. 117-128. – H. Rebel, »Probleme der oberösterreichischen Sozialgeschichte zur Zeit der bayerischen Pfandherrschaft, 1620-1628«, in: *Jahrbuch des ober-*

österreichischen Musealvereins 115, (1970) S. 155-165. – W. Schulze, »Der Windische Bauernaufstand von 1573. Bauernaufstand und feudale Herrschaft im späten 16. Jahrhundert«, in *Südostforschungen* 33, (1974) S. 15-61. – H. Sturmberger, *Adam Graf Herberstorff. Herrschaft und Freiheit im konfessionellen Zeitalter*, München 1976. – F. Stieve, *Der oberösterreichische Bauernaufstand des Jahres 1626*, 2 Bde, 2. Aufl. Linz 1904/5.

86 Bercé, (Anm. 1), S. 678: »C'est au rythme des guerres européennes, par le biais de la fiscalité, que se construisait l'Etat moderne.« – Nach Mousnier, *Fureurs* (Anm. 9), S. 309 hat sich die Taille (und das ist nicht die gesamte Steuerlast!) in der généralité Bordeaux 1634/35 (!) verdoppelt, bis 1644 verdreifacht, bis 1648 vervierfacht. – Vgl. die Tabellen und Diagramme bei Le Roy Ladurie, *Paysans* (Anm. 9), bes. Bd. 2, S. 1026.

87 Es handelt sich um Mittel-, West- und Südeuropa, das sog. »Abendland«. England (vgl. u.) und Rußland fallen wegen ihrer andersartigen Sozialstruktur aus dem Rahmen des Vergleichs, das von Mousnier ebenfalls mit zum Vergleich herangezogene China entzieht sich meiner Kompetenz. Vgl. M. O. Gately u. a. (Anm. 9).

88 Mousnier, *Fureurs* (Anm. 9).

89 Davies, »Révoltes«, (Anm. 21), S. 53.

90 Mousnier, *Fureurs* (Anm. 9), S. 322.

91 Vgl. D. Sabean, »Probleme der deutschen Agrarverfassung zu Beginn des 16. Jahrhunderts. Oberschwaben als Beispiel«, in: Blickle, *Revolte* (Anm. 7), S. 132-150, bes. 134. – Vgl. Press, (Anm. 55). – Zum allgemeinen Zusammenhang die Beiträge von: J. J. Spengler, »Demographic factors and early modern economic development«, in: D. V. Glass / R. Revelle (Hg.), *Population and social change*, London 1972, S. 87-98, und: D. M. Heer, »Economic development and the fertility transition«, in: *ebd.*, S. 99-113.

92 Vgl. die Vorgänge im römischen Adel nach: W. Reinhard, *Papstfinanz und Nepotismus unter Paul V. (1605-1621)*, Stuttgart 1974, Bd. 1, S. 102-106.

93 Vgl. G. Fourquin, *Les soulèvements populaires au moyen âge*, Paris 1972. – H. Gerlach, *Der englische Bauernaufstand von 1381 und der deutsche Bauernkrieg. Ein Vergleich*, Meisenheim 1969. – F. Graus, »Ketzerbewegungen und soziale Unruhen im 14. Jahrhundert«, in: *Zeitschrift für historische Forschung* 1, (1975) S. 3-21. – Ders. »Vom ›Schwarzen Tod‹ zur Reformation. Der krisenhafte Charakter des europäischen Spätmittelalters«, in: Blickle, *Revolte* (Anm. 7), S. 11-30. – P. Gunst, »Der ungarische Bauernaufstand von 1514«, in: *ebd.*, S. 62-83. – R. Hilton, »Soziale Programme im englischen Aufstand von 1381«, in: ebd., S. 31-46. – Ders., *Bond men made free. Medieval peasant movements and the English rising of 1381*, London 1973. – A.

Leguai, »Émeutes et troubles d'origine fiscale pendant le règne de Louis XI«, in: *Moyen âge* 73, (1967) S. 447-487. – Ders., »Troubles et révoltes sous le règne de Louis XI. Les résistances des particularismes«, in: *RH* 249, (1973) S. 285-324. – M. Mollat / P. Wolff, *Ongles bleus, Jacques et Ciompi. Les révolutions populaires en Europe aux XIVe et XVe siècles,* Paris 1970. – F. Seibt, »Die hussitische Revolution und der deutsche Bauernkrieg«, in: Blickle, *Revolte* (Anm. 7), S. 47-61.

94 Vgl. dazu Fourquin, (Anm. 93).

95 Nach Czerny (Anm. 85) beginnt der zweite oberösterreichische Bauernkrieg 1595 als religiöse Bewegung, wendet sich aber bald ins Soziale und auch gegen evangelische Grundherren. Die religiösen Beschwerden bleiben, aber sie treten an die letzte Stelle.

96 H. A. Obermann, »Tumultus rusticorum: Vom ›Klosterkrieg‹ zum Fürstenkrieg. Beobachtungen zum Bauernkrieg unter besonderer Berücksichtigung zeitgenössischer Beurteilungen«, in: *Zeitschrift für Kirchengeschichte* 85, (1974) S. 172.

97 Vgl. Gerlach, (Anm. 93) und Graus, »Ketzerbewegungen« (Anm. 93).

98 Forschungsstrategisch dürften in diesem Zusammenhang die englischen Volksbewegungen des Industrialisierungszeitalters besonders wichtig sein, vgl. u. a. F. O. Darvall, *Popular disturbances and public order in Regency England,* 2. Aufl. London 1969. – J. Hobsbawm / G. Rudé, *Captain Swing,* New York 1968. – E. J. Hobsbawm, »Le agitazioni rurali in Inghilterra nel primo Ottocento«, in: *Studi storici* 8, (1967) S. 257-281. – D. J. V. Jones, *Before Rebecca. Popular protests in Wales, 1793-1835,* London 1973. – G. Rudé, *The crowd in history. A Study of popular disturbances in France and England, 1730 to 1848,* New York 1964. – D. Williams, *The Rebecca riots,* London 1955.

99 D. Gerhard, »Regionalismus und ständisches Wesen als ein Grundthema europäischer Geschichte«, in: *HZ* 174, (1952) S. 307-337, leicht verändert in: H. Kämpf (Hg.), *Herrschaft und Staat im Mittelalter,* Darmstadt 1964, S. 332-364. – Vgl. auch François, (Anm. 34) zum »patrieism« (welch' schöner anglo-französischer Wortbastard!).

100 O. Brunner, *Land und Herrschaft,* 5. Aufl. Wien 1965, S. 41-110.

101 Vgl. Le Roy Ladurie, »Über die Bauernaufstände«, (Anm. 9) mit dem Hinweis auf: P. Bois, *Paysans de l'Ouest. Des structures économiques et sociales aux options politiques depuis l'époque révolutionnaire,* Paris 1960. – Bercé (Anm. 1), bes. S. 690-693. – Und die Arbeiten von Mandrou (Anm. 9).

102 M. Gluckman, *Order and rebellion in tribal Africa,* London 1963.

103 Wieweit werden archaische Denkmodelle von »Tyrannen« und vom

»Mandat des Himmels« von den Widerstandstheologen reproduziert? – Zum Widerstand allgemein vgl. die Bibliographie bei: A. Kaufmann / L. E. Backmann, *Widerstandsrecht*, Darmstadt 1972, S. 562-578.

104 Vgl. die Einführung von: W. A. Rosenbaum, *Political culture*, London 1975, S. 43-46, S. 143-159. – R. Mandrou, »Adelskultur und Volkskultur in Frankreich«, in: *HZ* 217, (1973) S. 36-53.

105 E. J. Hobsbawm, *Sozialrebellen*, Neuwied–Berlin 1962. – Ders., *Die Banditen*, Frankfurt 1972.

106 Aus dieser Sicht wird begreiflich, warum die politische Literatur des 17. und 18. Jahrhunderts sich auffallend häufig mit dem Problem der friedlichen Bewältigung innerer Konflikte befaßt, vgl. W. Schulze, »Die veränderte Bedeutung sozialer Konflikte im 16. und 17. Jahrhundert«, in: *Der Deutsche Bauernkrieg* (Anm. 7), S. 277-302. – Vgl. aber auch die zeitgenössischen Volksaufstände in sozial rückständigen Bereichen: P. G. Eidelberg, *The great Rumanian peasant revolt of 1907: origins of a modern Jacquerie*, Leiden 1974. – E. R. Wolf, *Peasant wars of the twentieth century*, London 1971.

107 Vgl. zu dieser jüngsten Problematik: U. Matz, *Politik und Gewalt. Zur Theorie des demokratischen Verfassungsstaates und der Revolution*, Freiburg 1975.

Roland Mousnier (u. a.)
Untersuchungen zu den Volksaufständen in Frankreich von 1483 bis 1787
Ein Fragenkatalog*

Einführung
Die Revolten

Die Revolten und Revolutionen in Europa in der sogenannten Neuzeit sind ein Gegenstand von Kontroversen unter den Historikern (siehe Roland Mousnier, »Recherches sur les soulèvements populaires en France avant la Fronde«, in: *Revue d'histoire moderne et contemporaine* 5, 1958, S. 81-113; H. R. Trevor Roper, »The general crisis of the seventeenth century«, in: *Past and Present*, 16, 1959, S. 31-64, und die Diskussion dieser Thesen von E. H. Kossmann, E. J. Hobsbawm, J. H. Hexter, Roland Mousnier, J. H. Elliott, Lawrence Stone, in: *Past and Present*, 18, 1960, S. 8-42). Das Studium dieser Bewegungen und besonders das der Beteiligung des Volkes an diesen Bewegungen muß also wieder aufgenommen werden. Es ist wünschenswert, daß die Forschungen für jedes Land mit breiten regelmäßigen Gegenüberstellungen der Probleme und Resultate im europäischen Maßstab geführt werden. Unser Forschungszentrum hat nun für Frankreich – zugunsten der Regionalforscher und mit der Absicht, diesen zu helfen – den folgenden Fragenkatalog entworfen. Er wurde nach der Studie der grundlegenden Arbeiten, die über die Revolten in Frankreich existieren und nach Forschungen, die auf mehrere von ihnen angesetzt wurden, zusammengestellt. Somit ist dieser Fragenkatalog gültig für Frankreich und den Typus von Gesellschaft, der hier geherrscht hat. Er wäre wahrscheinlich für andere Staaten zu modifizieren. Er berührt zahlreiche Punkte der Sozial- und Wirtschaftsgeschichte, der Institutionen- und der Psycho-Histo-

* Zuerst erschienen 1960 als Separatdruck des Centre de Recherches sur la Civilisation de l'Europe Moderne en Sorbonne, erstellt im Forschungsseminar Roland Mousniers unter Mitarbeit von M. Foisil, P. Deyon, P. Labatut, Perrichet, D. Richet und Tirat. Für die Übersetzung wurden von R. Mousnier einige Literaturhinweise hinzugefügt. Übersetzt von Sabine Schenkel.

rie, die wichtig sind für die französischen Revolten, ohne daß er den Anspruch erhebt, ein vollständiger Fragenkatalog der Sozialgeschichte zu sein. Wir haben versucht, allen Aspekten der Diskussion Rechnung zu tragen, die während der Revolten auftauchten, ohne anzunehmen, daß jeder Forscher in seinen Quellen Antwort auf jede einzelne Frage finden würde. Zweifellos haben wir triftige Probleme vernachlässigt. Vielleicht haben wir manche Fragen ungeschickt gestellt. Wir wären dankbar, wenn man uns auf Lücken und Fehler dieses Fragenkatalogs aufmerksam machen würde.

Das ›Centre de Recherches sur la civilisation de l'Europe moderne‹ steht den Forschern für Auskünfte zur Verfügung, auch um in den Pariser Archiven die gewünschten Ermittlungen durchführen zu können und dort gegebenenfalls Kopien und Mikrofilme anfertigen zu lassen; es soll als Vermittler von Forschern dienen, ihnen – in einem Wort – in allen Sachen mit besten Kräften helfen.

Studien und Quellen

1. Studien

(1) Welche Studien über die Volksbewegungen oder die Beteiligung des Volkes an Revolten anderer sozialer Gruppen in Ihrer Gegend sind schon vorhanden? Wie haben die Autoren dieser Studien in den verschiedenen Epochen diese Bewegungen gesehen? Welche Quellen haben sie benutzt? Welche vernachlässigt? Aus welchem Grund? Welche Aspekte haben sie bevorzugt untersucht? Auf welche Gruppen und Individuen haben sie vor allem Wert gelegt? Warum? Was wollten sie beweisen? Wie haben sie diese Aufstände und ihre Stellung in der Gesamtgeschichte und ihren Platz in der Gesellschaft ihrer Zeit gesehen? Welche philosophischen, religiösen, politischen und sozialen Meinungen haben sie geleitet? Welche Mängel, welche Lücken haben sie gelassen?

(2) Bestandsaufnahme vor allem der lokalen, regionalen, gedruckten, handgeschriebenen, bildlichen Quellen (Zeichnungen, Kupfer- und Holzstiche, Malerei, Skulpturen, Gedenkmünzen), zeitgenössische Erzählungen, Tagebücher, Briefwechsel, Lieder, Flugschriften, Manifeste, zeitgenössische Programme der Ereignisse; Berichte und Briefwechsel der Kommissare und Beamten des Königs (Intendanten, ihre Unterbeamten, Gouverneure, Erste Präsidenten der königlichen Obergerichte, die zivilen Vorsteher der kleineren königlichen Gerichte (›bailliages‹), königliche Anwälte der Gerichte, Bürgermeister, Ratsmitglieder, die ›juges-mages‹ der Stadtverwaltungen), Gerichtsverfahren, Ermittlungen und Zeugenanhörungen, Verfügungen der Gerichte (Parlamente, Steuerhöfe, Appellationsgerichte, Sitze der kleineren königlichen Gerichte, Generalschatzmeister von Frankreich, staatliche Steuerbeamte (›Élus‹), Stadtverwaltungen) siehe die wichtige Serie B der Departementarchive; die Liste derjenigen Quellen erstellen, die von den Historikern veröffentlicht sind, sowie die Liste der privaten Quellen (siehe Ch. V. Langlois und H. Stein, »Les archives de l'histoire de France«, Paris, Picard, 1891, in: *Manuels de Bibliographie historique* I, XVII-1000 Seiten in-8°. Direction des Archives de France, *État des inventaires des archives nationales, départementales, communales et hospitalières, au 1er janvier 1937*, Paris, Didier 1938, in-4°, XV-703 Seiten; Direction des Archives de France, *État des inventaires des archives nationales, départementales, communales et hospitalières,* Ergänzungsband (1937-1954), Paris, Imprimerie nationale, 1955, in-4°, XII-344 Seiten). Siehe die Chronik der Archive; an Ort und Stelle in die Archive und Bibliotheken und zu Einzelpersonen gehen.

(3) Wie haben die Autoren all dieser Dokumente diese Aufstände gesehen? Welche Vorstellungen machten sie sich, ihre Kreise und das Publikum, an das sie sich wandten, über die Unterschiedlichkeit der Meinungen über die Macht, den Widerspruch, den Widerstand und die Revolte? Wie waren ihre Meinungen und Auffassungen von Macht, Autorität, dem Staat, der Monarchie, dem König, seinen Mitarbeitern, dem königlichen Amt, den Beziehungen von Regierung und Gesellschaft, den Pflichten des Königs und seiner Mitarbeiter, der Vertretung der Untertanen beim König, den Generalständen, den Provinzialstän-

den, den Landständen, den Stadtverwaltungen, den Einwohnerräten der Städte, den Beamtenkorpora, den Parlamenten, den Zünften? Wie war ihre Auffassung von Entschlossenheit, Rohheit, Unnachsichtigkeit, Brutalität, Gewalt, Grausamkeit, Unterdrückung und Barbarei? Welche waren die akzeptierten Vorstellungen, die sie respektieren, und die Formen, die sie wahren mußten? Beispiele: der Aufstand ist nicht gegen den König gerichtet, sondern gegen seine schlechten Berater; die Revolte wendet sich nicht gegen die soziale Ordnung, sondern gegen die »Salzsteuereinnehmer« und »Steuerpächter«. Die Revolte ist eine Tat des Pöbels, der Habenichtse, Landstreicher, Bettler (um den Adel, die »guten Bürger« und Magistrate von Verantwortung freizusprechen und königliche Repressalien auf städtische und provinzielle Privilegien zu vermeiden); die Revolte ist eine ganz kleine unbedeutende Angelegenheit (wenn man sich an den ersten Minister wendet) usw. Welche Bedeutungsnuancen legen die Texte auf die verschiedenen, die Revolten bezeichnenden Begriffe: »sédition« (meistens Aufstand mit Waffengewalt gegen den König); »émotion populaire« (meistens Aufruhr von dahergelaufenen Menschen oder kleinen Leuten aus niedrigen oder geringfügigen Motiven); »ports d'armes« (meistens organisierte Versammlungen mit Waffen); »rébellion« (meistens jegliche Gehorsamsverweigerung auch ohne Gewalt), »Bewegungen«, »Meutereien«, »Aufruhr«, »Schlägereien«, »Raufereien« usw.

Soziale, wirtschaftliche und geistige Bedingungen der Revolten in ihrem Gebiet

(4) 1. – Wie können sich die Einwohner das nötige Geld beschaffen, um ihre Steuern zu bezahlen? Welche Produkte sind Handelsobjekte? Wie sind der Stand und die Entwicklung dieser Erzeugnisse? Welches sind die Indizes und die numerischen Zeugnisse der Bewegungskurve dieser Produktionen? Kann man Graphiken von der Bewegung dieser Produktionen anfertigen (mit Hilfe der Zehntsteuern, der Naturalabgaben, der lokalen und anderen Gebrauchssteuern, der grundherrlichen Berechnungen usw.)? Gibt es eine Knappheit, die den Erwerb von Geld schwer macht, oder einen Überfluß, der die Preise übertrieben sinken

läßt? Wie sind der Stand und die Schwankungskurve der Lebensmittel? Gibt es eine Entwicklung von Anbau oder Gewerbe, die die Produktion von Lebensmitteln vermindert? Gibt es Hungersnot, teures Brot? Hat es Änderungen in der wirtschaftlichen Aktivität gegeben? Rückwechsel bei Arbeitern von einer Beschäftigung zur anderen? Wie ist die allgemeine Lage des Handels? Ist er aktiv? Weitreichend? Mit schwacher Ausdehnung? Leicht? Ist er gewöhnlich oder zeitweise gestört durch königliche Verbote (Getreide), Embargos, Seeräuber, Grenzschließungen, Zölle, Brükkenzölle, Trockenheiten, die den Schiffsverkehr unterbinden, schlechten Zustand der Wege aufgrund von übermäßig starken Regen- oder Schneefällen, neue oder verstärkte ausländische Konkurrenz usw.? Gibt es neue Handels- oder Fabrikunternehmen, Überfluß an Kapital, Vermehrung der Profite? Wie sind die Preis-, die Profit- und die Lohnkurven? Wie sind die Beziehungen von Flachland und Gebirge, von Stadt und Land? Die wirtschaftlichen Unterschiede, die Dichte der Bevölkerung? Siehe auch die Originalurkunden der Notare, die Archive der Asyle und Kirchen, die fiskalischen Dokumente und die Veränderungen in der Anzahl der Haushalte.

(5) Wie ist es mit der Währung bestellt? Gibt es Münzprägung in dem Gebiet und in den Grenzgebieten? Welches französische und ausländische Bargeld ist in der Provinz gebräuchlich? Gibt es Schwierigkeiten, sich Bargeld zu beschaffen? Wie sind die Schwankungen der Scheidemünze, die vom Volk täglich benutzt wurde? Gibt es ein Eindringen von schlechtem Geld, Abgang von gutem Geld, Aktivitäten der ›Kipper‹, ›Wipper‹, Falschmünzer? Hat der König die laufenden Währungen abgewertet oder in Verruf gebracht? Welchen wirklichen Effekt haben diese Entscheidungen gehabt? Hat das Volk sich der Geldarten beraubt gesehen, die es im täglichen Leben für seine täglichen Einkäufe, für das Zahlen der Steuern und Abgaben gebrauchte?

(6) Haben schlechte Ernten Folgen von schweren Hungersnöten hervorgerufen, die von hohen »Sterberaten« begleitet wurden? Hat es »Pestepidemien« gegeben? Schwere? Zahlreiche? Wie sind die augenblicklichen und die längerdauernden Auswirkungen auf die Zahl der Arbeiter und Steuerpflichtigen gewesen? Welche Gruppen von Arbeitern waren am meisten betroffen? Haben die Auswirkungen auf die Produktion und die Zahlung der Steuern länger angehalten? Hat es kumulative Auswirkungen gegeben,

eine hohe Sterbeanfälligkeit, bevor die Schäden der vorangegangenen behoben waren? Wie war die langfristige Schwankung der Bevölkerung? Die Schwankung der sozialen Gruppen? Siehe Kirchenbücher, Schwankungen des Zehnten, die Listen der Salzsteuer, die Grundbücher und die alten Kataster, die Notariatsurkunden.

(7) In welchem Maße sind soziale Gruppen der Steuer, den Abgaben, der Armut und dem Elend geopfert und von ihnen erdrückt worden, oder konnten sie diesen Eindruck haben? Kann man die Klagen über Steuer und grundherrliche Abgaben mit der Wirklichkeit vergleichen, z. B. die Beschwerden mit den Kopfsteuerregistern, die Register der Taille mit Einnahmen, die durch Inventare oder Erbteilung oder die Prozesse um zu hohe Quoten vor den staatlichen Steuererhebern herausgekommen sind? Andererseits: In welchem Maße kann es Bewußtseins- und Interessenkonvergenzen zwischen den sozialen Gruppen gegeben haben? Kann man erkennen, von wem die Idee der Übereinstimmung kommt? Wem sie nutzt? Entspricht sie der realen Situation, dort wo sie besteht?

(8) Wie war in Ihrem Gebiet die genaue Situation der Grundherrschaften? Wohnen die Grundherren am Ort? Wie faßten die Grundherren ihren Stand, ihre Aufgaben, ihre Pflichten auf? Welches waren die Einkünfte der Grundherren und insbesondere die der Adligen? Gaben sie sich gewinnbringenden Aktivitäten hin? Sieht man sie bei der Nutzung ihres Bodens, im Getreide- und Viehhandel, in Glashütten, Bergwerken? Betreiben sie Schmuggel, besonders mit Salz? Wie sind ihre Beziehungen zu den Bauern? Beschützen sie ihre Pächter, Halbpächter und alle Bauern gegen den Fiskus, gegen die Soldaten, gegen königliche Beamte? Wie sind die Aktivitäten und die Rolle der grundherrlichen Gerichtsbarkeiten, der grundherrlichen »Polizei«? Wie sind die Einstellungen der Bauern gegenüber ihren Grundherren? Gibt es Gewalttätigkeiten der Grundherren gegenüber den Bauern? Wie sind die lokalen Gesetze in bezug auf die Nutzung und den Landbesitz der Bauern (›tenure‹ bzw. ›propriété‹)? Hat es eine Erschwerung dieser Umstände gegeben oder mehr Schwierigkeiten, sie zu ertragen? Haben die Grundherren sich darum bemüht, die grundherrlichen Rechte zu erhöhen, neue Rechte zu schaffen, illegale grundherrliche Steuern zu erheben? Gab es ein Ansteigen der grundherrlichen Einkommen gegeben, während die bäuerlichen

Einkommen stagnierten oder sanken? Gibt es Unterschiede im Auftreten zwischen adligen und bürgerlichen Grundherren (bzw. Grundherren bürgerlicher Herkunft)? Gibt es Anzeichen eines Gegensatzes zwischen Adligen und Bauern einerseits und den Bürgern der Städte, vor allem Kaufleuten und »Beamten« andererseits? Einen Gegensatz Stadt-Land? Gibt es eine Verbindung der Grundherren mit den königlichen Angestellten, einschließlich aller Arten von Steuerpächtern, besonders der ›partisans‹ und ›traitants‹ (Familie, Heiraten, Grundbesitze, Ämter, Landnutzungen, Handel)?

(9) Machen die Grundherren und Grundbesitzer Land urbar? Schaffen sie neue Nutzflächen? Machen sie Flurbereinigungen, um neue Arten von Bodennutzung zu schaffen? Profitieren sie von Hungersnöten, Pest und hoher Sterberate, um den Bauern ihren Besitz abzukaufen, das Nutzrecht ihres Landes? Gibt es eine bäuerliche Verschuldung? Daraus folgend ein Übergehen von bäuerlichem Eigentum in dasjenige der Adligen und Bürger? Hat infolgedessen die Anzahl der Landstreicher und Vagabunden zugenommen (siehe die besteuerbaren Haushalte)? Was ist aus diesen Landstreichern und Vagabunden geworden? Hat man neue Bewirtschaftungsformen entstehen sehen mit größerer Produktivität als die alten, schon bestehenden? Hat sich eine Gruppe von Pächtern gebildet, die Gespannzüge besaßen und auch zu Vorschüssen in der Lage waren? Gibt es eine Differenz innerhalb der Gruppe der Bauern zwischen ungleich bevorzugten Gruppen? Wie sind die Beziehungen zwischen den verschiedenen Bauerngruppen »reicherer Bauer« (laboureur), »mittelgroßer Bauer« (haricotier) und »kleiner Bauer« (brassier) usw.?

(10) Welchen Wert maß man dem Festhalten an persönlichen Bindungen von Mensch zu Mensch bei, den Banden von Schutz und Dienst, der Wichtigkeit der Treuegelöbnisse, der Klientel der Sippen und der Feindschaft gegen den Staat, soweit er die alten menschlichen Kontakte, die Ergebenheit gegenüber dem Herrn, dem Grafen, dem Prinzen und den vollen Schutz ihrerseits durch anonyme, abstrakte, zahlenbestimmte kalte Beziehungen ersetzte? Haben Sie in Ihrem Gebiet einen hohen Grundherrn mit vielfältigen Klientelen und Treuegelöbnissen, der gleichzeitig Gouverneur der Provinz, Stadt oder einer Burg ist, der am Hofe verkehrt und über die Vergabe von Ämtern und Posten in der Provinz verfügt (siehe Gramont in Bidache)?

(11) Hinsichtlich der Städte sind analoge Fragen zu stellen.

Gibt es in den Städten Beamtenkorps? Wie kommen diese städtischen Beamten gewöhnlich zu ihrer Ernennung: durch Ergänzungswahl oder Käuflichkeit? Schirmherrschaft eines hohen Herrn oder des Bischofs (s. Beauvais)? Wie ist ihre Vorstellung von ihren Aufgaben? Betrachten sie sich als Angestellte oder als Getreue des Königs? Glauben sie, daß ihre Treue gegenüber dem König nicht ausschließt, daß sie eine Pflicht zur Repräsentation der Stadt, des »Landes«, der Provinz haben, zur Verteidigung der Gerechtigkeit, zum Schutz der Interessen der Untertanen des Königs? Glauben sie, daß sie eine Pflicht zum Aufschub der Befehlsausführung haben, von Einwänden und Opposition? Wie ist, kurz gesagt, ihre Vorstellung von dem Amt und der öffentlichen Funktion? Hat der König dagegen Schritte unternommen? Wie ist die Entwicklung der Aufgaben dieser Beamten? Sind sie bedroht oder zurückgestuft worden durch die Aktivität anderer Beamter, die vom König eingesetzt wurden und in der Hierarchie höher stehen? Durch die Übertragung von Kompetenzen an andere Beamte? Durch die königlichen Kommissare? Durch die Vermehrung von Beamten in ihrer Kategorie? Sind ihre und gleichzeitig die Interessen der Stadt betroffen durch die Schaffung oder Pläne von Neueinrichtung anderer Amtssitze?

(12) Wie hoch ist der Preis der Ämter? Die Schwankungskurve der Ämter? Der soziale Kreis, aus dem sich die Beamten rekrutieren? Die Einkünfte der Ämter? Der Beitrag der Beamten zu den Einnahmen des Staates durch Zwangsanleihen, Kauf der Anhebung der Gehälter, von Besteuerungen und Rechten, Ämtern von Neugründungen oder durch Einlage von Geldern, um Neuschaffungen von Ämtern zu verhindern? Gibt es soziale Gruppen, die den Ehrgeiz haben, in diese oder jene Kategorie von Ämtern zu gelangen, aber dies nicht erreichen? Warum? Ist der Preis der Ämter zu hoch? Gibt es Familien, die sich die Ämter reservieren? Stellt eine beschränkte Oligarchie die Zahl der Neuen?

(13) Welches sind die städtischen Ämter? Haben sie Privilegien, die normalerweise den Beamten des Königs vorbehalten sind? Gibt es Bemühungen, sie zu reduzieren? Sind die Posten in der Stadtverwaltung für eine bestimmte Gruppe reserviert? Gibt es einen Kampf der sozialen Gruppen um diese Posten?

(14) Wie ist die Lage der Handwerker, die rechtlich gesehen Meister ihres Faches sind? Gibt es unter ihnen Meister ohne ei-

gene Produktionsmittel, die für andere mit dem Handwerkszeug dieser anderen arbeiten, welche also in Wirklichkeit proletarische Arbeiter sind? Gibt es Handwerker, die Eigentümer ihres Handwerkszeuges und ihres Rohmaterials sind und die ihre Erzeugnisse direkt an die Verbraucher oder an kleine Wiederverkäufer verkaufen? Gibt es Handwerker, die Eigentümer von Geräten und Rohstoffen sind, die sie anderen übergeben, damit sie einen bestimmten Arbeitsvorgang ausführen? Findet man Geschäftsleute, die Handwerkern den Rohstoff und die Vorlage geben, das fertige Produkt zurückerhalten und es weiter fort verkaufen? Geben die Geschäftsleute auch Geräte an die Handwerker? Wie ist die Lage der Gesellen und Lehrlinge? Wie sind für jede dieser Kategorien und für andere, die Sie finden, die Kapitalien, die Vorschüsse, die Produktion, der Verkauf, die Selbstkostenpreise, die Verkaufspreise, die Profite und die Löhne? Was für eine Rolle spielt der Kredit? Wie wird Kredit gegeben (Wechsel, Orderwechsel, Schuldscheine, Schuldverschreibungen usw.)? Wie steht es um die Verschuldung von Handwerkern und Arbeitern? Welche Garantien hat der Darlehensgeber verlangt? Beziehen sie sich auf die Arbeitsgeräte? Bereiten sie eine künftige Enteignung der Arbeitsgeräte vor? Welchen Einfluß hat das Anwachsen der königlichen Gebrauchssteuern auf ihre Aktivität? Welches sind ihre Hoffnungen und ihre Aufstiegschancen innerhalb der sozialen Hierarchie? Gibt es Zunftkonflikte unter ihnen, Konflikte unter Bruderschaften? Sehen Sie viele Handwerksmeister, die früher im Dienst bei Adligen oder Beamten waren und diesen noch die Kosten ihrer Lehre schulden? Welche Bruderschaften und Gesellenvereine gibt es? Sind sie eine Hilfe oder ein Hindernis für den sozialen Aufstieg?

(15) Welches sind die Grundherrschaften und Besitztümer der Beamten, Adligen, Kaufleute und der Rentiers der Stadt auf dem Land? Wie ist ihre Rolle als Grundbesitzer, Bewirtschafter, Gläubiger? Wie sind ihre Beziehungen zu den Bauern und Adligen?

(16) Welche Art von Handel gibt es zwischen der Stadt und dem umliegenden Land? Gibt es lokale Zölle, und welche Rolle spielen sie?

(17) In welchem Maße gibt es eine Verschuldung der Gemeinde? Ursprung dieser Verschuldung? Gibt sie einer Verschärfung der Abgaben Raum? Einem Verkauf des Gemeindeeigentums?

(18) Welches sind die sozialen Gruppen und die soziale Mobili-

tät in Ihrer Gegend? Welches sind die sozialen Berufsgruppen nach der Steuer, den Urkunden der Notare, den Heiratsverträgen, nach dem Beruf? Gibt es Antagonismen, die mit der Konjunktur verknüpft sind und die danach verschwinden, ohne den Fundamentalzusammenhang der Gruppe zu brechen? Gibt es Antagonismen, die eine Konjunkturänderung überstehen? Können Sie soziale Klassen unterscheiden, ein Klassenbewußtsein, Klassenkämpfe? Wenn diese Phänomene existieren: sind sie wichtiger als die Bindungen innerhalb der »vertikalen« sozialen Gruppen, die geographisch festliegen oder nicht, nämlich Klientelen, Grundherrschaften, Sippen, Familien oder innerhalb des Dorfes, der Stadt, der Provinz? Wie stark ist die Liebe zur näheren Heimat, zur Stadt, zur Provinz? Feindselige Haltung dem »Fremdem« gegenüber, insbesondere dem »Pariser«? Die innere Bindung an die Privilegien und an die lokalen Justizorgane? An existierende, vergangene oder gewünschte Ständeversammlungen? An die Administration durch Leute vom Land selbst, Adlige oder Notabeln, an die jeder einzelne individuell gebunden ist durch Treueversprechen, Schutz- und Dienstverhältnisse. Sehen Sie Fälle, wo es einen Block von allen Einwohnern gegen eine benachbarte Provinz oder gegen den König gibt?

(19) Welche Auffassung hat man von der königlichen Macht? Ist es die Vorstellung eines persönlichen und patriarchalischen Königtums, das mit seinem Volk durch ein mystisches Band verknüpft ist und das die Ausübung der königlichen Macht durch Mittelspersonen ausschließt? Wie ist die Auffassung von der Steuer? Welches sind die politischen Begriffe mit emotionaler Färbung, diejenigen, die Gewalttaten auslösen? »Salzsteuer, Salzsteuereinnehmer, Steuerpächter, Pariser, Minister, Favorit« usw. Wie ist der Bildungsgrad (Unterschrift unter den beglaubigten Dokumenten, Bücher, die in Erbschaftsinventaren gefunden wurden)? Anzahl, Schüler, Unterricht von Collèges und Volksschulen?

(20) Wie sind die Schwankungen der Steuern in der Provinz? Gibt es eine Verschärfung der alten Steuern, Einführung von neuen Steuern? Einführung eines neuen Steuerveranschlagungssystems (›Elus‹ z. B.)? Wie ist die Verteilung der Steuer, die Erhebung der Steuer? In welchem Maße vermehren die Gehälter der Steuerbeamten, der Eintreiber, der Sergeanten, der Gerichtsvollzieher, der Füsiliere und der Soldaten die Härte der Steuern? Die Pfändungen, die gemeinschaftliche Haftung. Wie sind die Verzö-

gerungen von Steuern (siehe in einigen Regionen die Verlassenschaftsinventare)? Wie sind die verschiedenen neuen Gebrauchssteuern, ihre Folge für das Wirtschaftsleben? Zwingen sie die Handwerker zu Vorschüssen, die sie sich nicht leisten können? Verringern sie die Absatzchancen? Sind sie Gelegenheit zu wahren Handelsmonopolen?

(21) Gibt es zahlreiche Truppendurchmärsche? Häufige Winterquartiere? Viele Garnisonen? Wie ist es wirklich mit der Handhabung des Geräts, der Quartiere, der Lebensmittel? Wie verhalten sich die Truppen? Wer ist mit der Autorität betraut, mit vorbeiziehenden Truppen zu verhandeln? Gibt es eine städtische Miliz? Wen schließt sie ein und wen schließt sie aus? Beklagt man sich über die Belastungen, die sie auferlegt?

(22) Gibt es eine verstärkte Verschuldung der Städte und Gemeinden aufgrund von Vorschüssen auf die Lebensmittel und Hilfsgelder bei Pestepidemien und hoher Sterberate? Wie sind die Posten dieser Hilfsleistungen verteilt? Rolle der Städte, der Almosenhäuser, der Pfarrkirchen, der Asyle, der Kirchenverwaltung? In welcher sozialen Gruppe werden die Kirchenvorsteher ausgesucht? Finanzieren sie die Hilfsdienste? Drückt man sich vor diesen Ämtern? Drücken sich die Beitragspflichtigen? Gehen die Handwerker fort? Verlassen von Dörfern? Massive – definitive oder zeitweise – Verschiebungen vom Land zu den Städten, von einer Region in andere?

(23) Wie ist es um die Religion bestellt? Stärke des Einflusses von Pfarrer oder Pastor? Dichte der Kirchen und Gotteshäuser? Die Ausbreitung des religiösen Unterrichts? Die religiöse Praxis? Die politischen und sozialen Gedanken der Diener der Kirche, Bischöfe, Pfarrer, Pastoren? Ihre soziale Zugehörigkeit? Gibt es Irrlehren in Ihrem Gebiet? Anzahl und soziale Zugehörigkeit der Ketzer? Politische und soziale Ideen der Ketzer? Welche Anstrengungen hat man gegen die Ketzer unternommen? Z. B. nach 1629 und dem Frieden von Alais die ständige Anstrengung des Kanzlers Séguier und der gesamten königlichen Regierung, die Protestanten aus allen Beamtenkorps auszuschließen, um die Einwanderung katholischer Kaufleute und Arbeiter in protestantische Gebiete zu begünstigen? Gibt es Druck von seiten der Autorität bei der religiösen Praxis und der Befolgung der Vorschriften? Sehen Sie Reaktionen gegen diese Anstrengungen? Gibt es Anzeichen von Hexerei? Welchen Einfluß haben die Hexenmeister?

Die Volksaufstände

1.) Wie ist die chronologische Dichte der Aufstände?

(24) Anfertigen einer Liste. Gibt es eine Konjunktur der Aufstände? Kann man diese mit der wirtschaftlichen Konjunktur vergleichen? Würden sich viele Aufstände einfach mit der Konjunktur erklären lassen (z. B. erhöhte Steuern aufgrund des Krieges, der mit einer Preissenkung zusammenfällt, einer »Pest« oder einer »erhöhten Sterberate«), ohne daß es nötig wäre, Ursachen in der Sozialstruktur zu suchen? Man soll großen Wert auf die Chronologie legen. Es ist z. B. möglich, daß im 17. Jahrhundert Aufstände nach der Fronde ihren Charakter verändert haben und daß nach dieser Niederlage des Adels die Adligen dem König besser gedient haben als zuvor, besonders gegen die Aufständischen.

2.) Wie ist die geographische Dichte der Aufstände?

(25) Anfertigen von Karten nach Perioden. Gibt es Aufstandsgebiete? Gebiete, die immer relativ »unterentwickelt« sind (Quercy, Périgord, Limousin usw.)? Gebiete, in denen besonders harte lokale Feudalgesetze für den Bauern bestehen (Bistum von Quimper, das »usement von Broérec«)? Gebiete, die traditionellerweise zu stark mit Steuern belastet sind (Normandie)? Man muß in jedem Fall unterscheiden: Gebiete, die kürzlich erworben worden sind, Grenzgebiete, Gebiete mit und ohne Ständeversammlungen (»pays d'états, pays d'élection«). Legen Sie viel Wert auf die Unterschiede der Intensität von Revolten nach Zeit und Ort innerhalb desselben geographischen oder administrativen Rahmens. Die Gründe sind zu suchen.

3.) Wie ist die Teilnahme der verschiedenen sozialen Gruppen an den Aufständen?

(26) Vielleicht die wichtigste, aber auch die schwierigste Frage. Denn die Texte sind immer ungenau. Man muß sie eingehend prüfen, um durch den Kontext zu erkennen, welche Leute mit

diesen vagen Begriffen wie »peuples, populace, canailles, bons bourgeois, honnêtes gens« usw. bezeichnet werden. Um den Sinn dieser Begriffe zu präzisieren, bedarf es oft einer detaillierten Sozialstudie des betreffenden Gebietes (z. B. Jean-Louis Bourgeon, L'Ile de la Cité pendant la Fronde. Structure sociale. Mémoire pour l'obtention du diplôme d'Etudes supérieures d'Histoire, Faculté des Lettres et Sciences humaines de Paris, 1961, 3. Teil; I. Die Ehrenbezeichnungen »Honorable homme«, »Bourgeois de Paris«). Nun kennen wir die Sozialstruktur Frankreichs zwischen 1483 und 1787 schlecht. Studien über diese Frage sind in Arbeit. Das beste wäre es, wenn jeder die sozialen Strukturen des Gebietes, dessen Aufstände er untersucht, aufdeckte. Man könnte sich provisorisch mit einer Einstufung der Aktivitäten helfen, einer Art von gesellschaftlich-beruflicher Klassifikation, die man nicht mit der sozialen Klassifikation verwechseln darf. Zum Beispiel hat Loyseau, der zu Beginn des 17. Jahrhunderts versucht hat, eine Art von gesellschaftlich-beruflicher Klassifikation der französischen Bevölkerung aufzustellen, an ihre Spitze den König gestellt, den Stellvertreter Gottes auf Erden und absoluten Herrn; danach ordnete er dessen Beamte ein, die Gewalt über sich selber und durch ihr Amt haben; danach die Grundherren, die Gewalt durch jemanden anders und als einfaches Eigentum besitzen; schließlich »das Volk«, d. h. den Klerus, den Adel und den Dritten Stand, und in jedem dieser drei Stände unterschied er zwischen mehreren Sparten jeweils nach Beruf und dessen Stufe. Offensichtlich ist diese Klassifikation keine wirklich soziale Klassifikation, denn zu Loyseaus Zeiten konnte ein Landadliger, ein einfacher Junker, sehr viel mehr soziale Anerkennung finden als ein »maître des comptes«, da er ein Adliger geblieben war, während er ihm an Reichtum und Einfluß um vieles nachstand. Roland Mousnier hat es in seiner Thèse über die Ämterkäuflichkeit unter Henri IV. und Louis XIII. (1945) wie Pierre Goubert in der seinigen über Beauvais und das Beauvaisis von 1600 bis 1730 (1960) versucht, einen Teil der Sozialstruktur des Beauvaisis und der Normandie im 17. Jahrhundert wiederzufinden. Man kann sich ihrer Arbeiten bedienen (siehe auch Roland Mousnier, Les Institutions de la France sous la monarchie absolue, I. État et Société, 1974. Ders., Les hiérarchies sociales de 1450 à nos jours, 1969). Man kann auch die folgende summarische gesellschaftlich-berufliche Klassifizierung benutzen, die sich auf die Leute beschränkt, von denen man am häufigsten Spuren in den Dokumenten findet, die die Revolten betreffen:

Repräsentanten des Königs

(27) 1. – Der Provinzgouverneur und seine Stellvertreter, die Stadt- und Festungsgouverneure; die Generäle und Colonels der Truppen sind Adlige, und oft sind es Mitglieder des Hochadels und hohe Herren, die den Provinzgouverneur und die Generäle stellen: Prinzen, Herzöge, Marquis. Aber viele Adlige und hohe Persönlichkeiten vertreten nicht den König, sind selbst aufständisch oder machen mit den Aufständischen gemeinsame Sache.

2. – Die verschiedenen königlichen Beauftragten: in die Provinzen ausgesandte Berichterstatter für den Staatsrat, Intendanten und ihre Unterbeauftragten usw.

3. – Bestimmte Beamte, meistens, aber nicht immer: Erste Präsidenten der königlichen Obergerichte »Leute des Königs« in den einzelnen Gerichtsbezirken: Staatsanwalt, Advokat im Dienst des Königs, Polizeibeamte der Gerichtsbezirke.

4. – ›Partisans, traitants‹: die Steuerpächter, ihre lokalen Unterpächter, ihre Angestellten, Mitarbeiter und Wachen.

Beamte

(28) 1. – Justiz: Königliche Obergerichte (Parlamente, Rechnungskammern, Cour des Aides), ihre Präsidenten, Räte und Assessoren.

Appellationsgerichte und kleinere königliche Gerichte, ihre Vorsteher und einzelnen Beamten für die zivilen und kriminellen Angelegenheiten, Prévôtés, Vicomtés, Vigueries, Baillis, Châtellenie usw.

2. – Finanzen (unterscheiden zwischen Richtern und Rechnungsbeamten).

3. – »Außergewöhnliche« Gerichtszuständigkeiten: Admiralitäten, Wasser und Wälder, die Vorsteher der Polizei und ihre Untergebenen, souveräner Münzgerichtshof.

4. – Ministeriale Beamte, meistens für domanial gehalten: No-

tare und Rechtsanwälte, nichtplädierende Staatsanwälte,

Gerichtsschreiber und Besiegler, Gerichtsdiener und Sergeanten (von unterschiedlicher Wichtigkeit je nach dem Gerichtshof, bei dem sie angestellt sind),

Vermittler von Waren, Inspektoren und Stempler von verschiedenen Waren, Klein- oder Wiederverkäufer von Salz in kleinen Mengen, vereidigte Dienstleute, die Maße überprüfen, verschiedene Lastträger.

5. – Städtische Beamte: Bürgermeister, ›juges-mages‹, Ratsmitglieder.

Die Herren

(29) 1. – Hochadel: Prinzen, Herzöge, Marquis, Grafen.

2. – Mittlere Herren: Vicomtes, Barone, Vidames, Burgherren.

3. – Einfache Herren: mit hoher, mittlerer oder niedriger Gerichtsbarkeit. Jede Grundherrschaft bedeutet: Land, das Eigenland, in dem der Herr das Nutzungsrecht besitzt; das alte Lehen, von dem der Herr den Besitztitel zurückbehalten hat; Rechtsprechung. Eine einfache Grundherrschaft kann im Besitz eines Nichtadligen sein, der dafür den Betrag des ›franc-fief‹ zahlt.

Die Stände und die verschiedenen Berufe

(30) 1. – Die Adligen (Geblüt und Schwert). Prinzen. Mitglieder des Hochadels, Chevaliers. Einfache Adlige, Junker.

2. – Adlige von Würden, durch königliches oder städtisches Amt. – Durch ihr Amt werden sie und ihre Kinder zu Chevaliers: die Beamten der Krone; Vorsteher der Bediensteten im Haus des Königs; Mitglieder des Staatsrates; Erste Präsidenten der königlichen Obergerichte; Gouverneure und ›lieutenants‹ des Königs in den Provinzen. Den Junkern gleichgestellt werden: die Sekretäre des Königs, des Hauses und der Krone Frankreichs und Mitglieder des erblichen Adels, wenn diese zugunsten des Sohns oder Schwiegersohns zurücktreten.

Es werden nur persönlich geadelt: Die Räte der königlichen Obergerichte; bestimmte städtische Beamte. Die Ausübung eines mit dem persönlichen Adelstitel verbundenen Amtes während dreier Generationen bewirkt den Adel des Geschlechts, bringt rechtskräftig den »echten« Adel; gleichermaßen für den Waffenberuf.

3. – Die Geistlichen: Erzbischöfe, Bischöfe, Stiftsherren, Pfarrer usw.

4. – Der Dritte Stand

a) Rentiers und Grundbesitzer, die »adlig« leben, ohne einen Beruf auszuüben oder Geschäfte abzuwickeln
b) freie Berufe, Advokaten, Ärzte; Schriftsteller; Universitätsprofessoren, Architekten, Künstler
c) »Kaufleute« der Städte: Händler, Bankiers, Fabrikanten, Manufakturbesitzer
d) kleine und größere Angestellte im Handel und im Büro
e) Meister mit Laden (Handwerker und Zwischenhändler), Chirurgen, Apotheker, Barbiere
f) Haushandwerker, kleine Berufe der Straße
g) reichere Bauern, Pächter, Halbpächter, »Geschäftsleute« vom Dorf, Steuereinnehmer von Grundherrschaften
h) »Weinbauern«, ›haricotiers‹ (Ausdruck aus dem Beauvaisis: kleiner Bauer mit Eigenbesitz, der kaum auskommt mit dem, was er hat, sich aber nicht als ›journalier‹ bezeichnet), ländliche Handwerker, Gemüsegärtner, Gärtner
i) Dienstboten
j) Kneipen- und Herbergswirte
k) ›brassiers‹ (kleine Bauern), ›manouvriers‹ (Tagelöhner), Arbeiter, Lastträger, Fährleute usw.
l) »Bettler«, »Vagabunden«.

Die Vorbereitung der Aufstände

(31) A) Gärung in der Gesellschaft. Gibt es vor den eigentlichen Unruhen eine Bewegung der Kritik gegen die Regierung, die reputierten Persönlichkeiten, die Agenten der Steuerbehörde, die ›partisans‹ und ›traitants‹ (Steuerpächter)? Woher kamen diese kritischen Stimmen und welche Formen haben sie angenommen? Verfügungen und Demonstrationen des Beamtenstabes? Flugschriften und Wandzeitungen? Predigten oder Reden von impro-

visierenden Rednern? Unterhaltungen, falsche Gerüchte? Hat es absichtlich falsch ausgestreute Meldungen gegeben? Vorhergesagte Unglücke? Glaubt man an die Möglichkeit oder Realität von außergewöhnlichen Steuern und mit ihnen verbundener Gefahren (Schaffung von Institutionen, Besetzung durch Truppen, Erbauung einer Festung, Abschaffung von Privilegien, königliche Gunstbezeigungen gegen die Hugenotten oder das Gegenteil, Plünderungen durch Vagabunden usw.)? Hat man an die Umtriebe von Spekulanten, Wucherern, Giftmischern, Magiern und Hexenmeistern geglaubt? Zirkulierten Mythen aus der Apokalypse? Können Sie die Umtriebe von Hexenmeistern und Leuten, die sich den geheimen Wissenschaften verschrieben haben, ausmachen? Spielen die Beauftragten ausländischer Regierungen eine Rolle? Spontane Aktion oder hervorgerufen von an die Verhältnisse gewöhnten Fremden oder Boten fremder Kaufleute? Gibt es Anzeichen von »Großer Furcht«?

(32) B) Die fortwährenden Unruhen. Gibt es vielleicht Unruhen und ständige Bewegungen ohne große Bedeutung? Z. B. durch die Grundherren, die Gerichtsdiener, die Zwangsmaßnahmen durchführen, mit Waffengewalt verscheuchen? Ermutigen Grundherren ihre oder benachbarte Bauern, es auch so zu machen? Notwendigkeit, die Steuern mit Hilfe von regulären Truppen zu erheben oder mit Spezialtruppen von Füsilieren, und sporadischer bewaffneter Widerstand gegen die Füsiliere und Soldaten? Finden Sie ein Einschreiten von Grundherren, Stadtverwaltungen, Parlamenten und anderen Gerichtshöfen gegen die Steuerpächter und ihre Angestellten während der Erhebung der Steuer, die königlichen Kommissare, ihre Gerichtsdiener? Gibt es Interventionen dieser selben Personen oder Korpora bei Gouverneuren oder Intendanten gegen die Steuern, indirekte Steuern oder andere königliche Maßnahmen, Verfügungen des ›Conseil‹, Edikte und Verordnungen, Entsendung von Kommissaren, Einsatz von Intendanten? Sieht man ständige Gewalttätigkeiten gegen die Angestellten und Wachen der Steuereintreiber, ganz allgemein die königlichen Angestellten? Werden sie von Adligen und ihren Dienstboten begangen? Von Bauern aufgrund von Aufstachelung und unter Anführung der Dienstboten von Adligen und Grundherren? Durch königliche Beamte oder städtische Adlige? Durch Handwerker, die einst ihre Dienstboten waren und ihnen noch ergeben sind?

Rolle des Jagdrechts bei der ständigen Erregung.

Gab es Zusammenkünfte des Adels, der verschiedenen Stände, des Dritten Standes, der Bauern? Beschlußfassungen? Ein festes Programm? Können Sie ein Korrespondenznetz auf Grund voraufgegangener Abmachungen ausmachen, einen verabredeten und vorbereiteten Aktionsplan, eine vorgesehene Auslösung mit Signal, einen Plan der Mobilmachung, der Zusammenfassung, des Angriffs? Welches sind die Leute, die handeln oder die man dessen verdächtigt?

Die Auslösung der Aufstände

(33) Was ist das auslösende Moment des Aufstandes? Die Ankunft eines Fremden, den man für einen Steuerpächter oder Salzsteuereinnehmer hält? Die Ankunft eines Steuerpächters oder von königlichen Beauftragten? Die Verfügungen, die sie mitbringen, oder Gerüchte, die von Geschäftsleuten ausgestreut wurden, die sich mit einer Volkserhebung dafür entschuldigen wollen, daß sie keine Steuern zahlen? Der Anfang der Erhebung einer Steuer? Das Zeichen, das auf einigen Produkten angebracht wurde zur Erhebung der Steuern? Die bevorstehende Abfahrt eines Transports oder eines Schiffs mit Getreide oder Gemüse? Der Anmarsch oder das Vorbeiziehen von Truppen? Der Versuch, einen aufständischen Beamten oder einen der Rebellion angeklagten Handwerker zu verhaften? Wie äußert sich die Revolte? Bewaffneter Angriff gegen die Angestellten oder die Erhebung der Steuern, die Gerichtsdiener, die Steuereintreiber? Zerstörung der Häuser von Steuerpächtern, von Angestellten des Intendanten, der Finanzbeamten usw.? Wer ist in die Revolte einbezogen? Wer sind die Teilnehmer an den ersten Bewegungen? Kann man Anführer unterscheiden? Aus welchen sozialen Gruppen? Mit wem stehen sie in Verbindung? Welche Rolle spielen die Staatsanwälte, die Gerichtsdiener, Notare, Wirte?

Die Aufstände

(34) Die Träger der Aufstände. Welche Leute sieht man handeln, sich schlagen, organisieren, leiten, verhandeln? Die Tage der Aufstände analysieren. Welches sind die Teilnehmer, ihre Waffen,

ihre Abzeichen und Symbole, ihre Kriegsrufe, ihre Lieder, ihre Einstellung zum König, zum Gouverneur, zum Intendanten, zu den Beamten, den Bürgern usw.? Sammelt sich Haß an oder Vertrauen zu dem oder jenem? Phänomene von Fetischen oder Sündenböcken? Wieviel Aufständische gibt es? Wie sind die Proportionen?

(35) Welches Programm haben sie am Anfang des Aufstandes? Wenn dieser seinen Höhepunkt erreicht hat? Wenn es Verhandlungen gegeben hat, zu Beginn des Arrangements mit den Repräsentanten des Königs und mit der Zentralregierung? Von wem sind diese Programme beeinflußt und ausgearbeitet worden? Drücken sie direkt die Wünsche der Bauern, der Arbeiter, der kleinen Ladenbesitzer aus? Gibt es Spuren des Eingreifens von Notar, Pfarrer, Grundherr, von besitzenden Bürgerlichen, lokalen Beamten usw.? Das Aufstandslied als Ausdrucksmittel von Wünschen des Volkes? Beziehen sich diese Programme auf die Vergangenheit (Rückkehr zu den alten Lokalgesetzen)? Gibt es in diesem Fall einen Unterschied zwischen den formulierten Forderungen und der wirklich realen Vergangenheit? Arbeiten Sie den Unterschied von Tradition und (angeblichen) Neuerungen aus. Sind diese Programme gegen den Zehnt, gegen den Naturalzins, die Besitzwechselabgaben oder den Zins gerichtet? Sehen sie ganz einfach die Abschaffung des grundherrlichen Systems vor, oder wollen sie nur Beschränkungen und bessere Verteilung? Sehen diese Programme die Abschaffung, die Verringerung oder die bessere Aufteilung der Erhebung der königlichen Steuern vor? Gibt es eine Spur von Wunsch nach Zustimmung zur Steuer, nach Kontrolle der Zweckmäßigkeit, der Quote, der Veranlagung und der Erhebung der Steuer durch diese oder jene soziale Gruppe? Will diese oder jene soziale Gruppe eine Repräsentation durch Provinzial- oder Landstände? Wofür will sie sie? Zur einfachen Zustimmung der Steuer und Verzeichnung von Forderungen oder zur Führung der lokalen Angelegenheiten? Sehen Sie eine Idee von bäuerlicher oder proletarischer Diktatur, die anderen sozialen Gruppen ihre Richtung aufdrängt?

(36) Gibt es Angriffe auf die Schlösser, auf Häuser von Reichen? Wem gehören diese? Steuerpächter, Finanzbeamten, bürgerlichen Gläubigern, Helfern der Kommissare oder unterschiedslos allen Arten von Adligen oder Vermögenden? Haben Angriffe der Bauern auf Schlösser und Städte vor allem strategische und taktische

Gründe, um Stützpunkte gegen die besser ausgerüsteten Truppen auf dem platten Land zu haben oder um Kanonen zu finden?

(37) Gibt es Adlige, Soldaten, königliche Beamte, städtische Beamte oder Priester an der Spitze der Aufstände? Sind sie die Drahtzieher des Aufstandes? Sind sie freiwillige Teilnehmer oder marschieren sie widerwillig und gezwungen mit dem bewaffneten Volk aus Angst vor Angriffen auf ihre Person, ihre Familie, ihr Haus, ihre Bauernhöfe? Welches ist die Rolle der Notare, der Gerichtsdiener, Sergeanten, Herbergs- und Kneipenwirte? Kann man der sozialen Zugehörigkeit der Revoltenanführer sicher sein? Die offiziellen Angaben mit den sicheren Ergebnissen konfrontieren. Vorsicht vor gefälligen Genealogien (Jacques Roux).

(38) Wie ist das Verhalten von Adligen, der königlichen Obergerichte, der Beamtenkorpora, der städtischen Beamten, der Händler, der Rentiers, also ganz allgemein der »guten Bürger« bei den verschiedenen Etappen des Aufstandes? Gehen sie von Sympathie zu Feindseligkeit gegenüber den Aufständischen über? Sind sie von der Furcht vor den Programmen der Aufständischen getrieben oder von der Furcht vor bewaffneten Banden, vor bestimmten Gruppen der Aufständischen? Gibt es einen Druck vom Land auf die Stadt (Drohung, die ländlichen Besitzungen der Stadtbewohner zu plündern, Abschneiden der Lebensmittelzufuhr usw.)? Kann man verschiedene Gruppen von Bürgerlichen unterscheiden?

(39) Im Falle eines städtischen Aufstandes: Wie ist das Verhalten der adligen Einwohner, Beamten oder Bürger, die ländliche Grundherren sind, im Verhältnis zu ihren Bauern? Versuchen sie, sie aufzuwiegeln, sie zur Erhebung anzustacheln, ihren bewaffneten Banden in der Stadt Eintritt zu verschaffen? Gibt es spontane Anstrengungen von Bauern, bei der Revolte mitzumachen? Um welche Bauern handelt es sich? Um Gemüsebauern und Gärtner aus dem nahen Umkreis oder um weiter entfernte Bauern? Aus welchen Gründen greift man ein? Hoffnung auf Raub, Verwandtschaft mit revoltierenden Handwerkern, Aufruf des Grundherrn, Gefühle einer Gemeinsamkeit der Interessen?

(40) Gibt es bäuerliche Aufstände, die allem Anschein nach gegen die Beamten und Kaufleute der Stadt gerichtet sind? Gibt es in diesem Fall eine Verständigung zwischen Adligen und Bauern gegen bestimmte Kategorien von Beamten (besonders die des Finanzsektors) und Geschäftsleute der benachbarten Städte, von de-

nen man glaubt, daß sie die traditionellen Beziehungen zwischen den Menschen zerbrechen?

(41) Sehen Sie Bewegungen, die von bestimmten sozialen bäuerlichen Gruppen gegen andere soziale bäuerliche Gruppen gerichtet sind? Nehmen alle bäuerlichen Schichten am Aufstand teil? Dieselbe Frage für die Städte. Kann man feststellen, daß die Mitglieder irgendeiner Zunft am meisten unter den Aufständischen zitiert werden (z. B. Fleischer und Goldschmiede während der Liga)? Sind die Revolten ein Hinweis auf Auseinandersetzungen von Zünften, von Gesellenverbänden oder von Bruderschaften untereinander? Aufstand von Hilfsarbeitern und Arbeitern ohne gesetzlichen Status gegen die, die einen haben, also gegen Privilegien? Kampf derjenigen, die kein Statut haben, gegen die Gruppen mit Statut? Das Problem der Neutralen. Bemerkt man soziale Kategorien oder Berufe, die außerhalb der Revolte und der Bestrafung bleiben?

(42) Wie ist die Organisation der Aufständischen? Haben sie Versammlungen, einen Generalrat, Abgeordnete beim Gouverneur oder am Hof, eine organisierte Miliz, Gesetzgebung, Verordnungen, Passierscheine, Polizei, Exekutionen usw.? Ihre Bewaffnung? Ihre Strategie und ihre Taktik?

(43) Werden die Aufstände bekannt? In der Provinz? Außerhalb der Provinz? Durch mündliches Weitertragen (Jahrmärkte, Märkte, Korrespondenz von Kaufleuten, Pilger, Küstenschiffahrt, geheime Boten usw.) oder durch das einfache Beispiel? Durch das Entsenden von Aufrührern, die damit beauftragt sind, ähnliche Bewegungen zu provozieren? Durch das Entsenden von Abgeordneten und dem Suchen von freiwilligen systematischen Bündnissen? Gibt es Aktionen aus dem Ausland?

(44) Gibt es Fälle von Wiederaufnahme des Aufstandes nach einer Zeit der Beruhigung? Was ist die Ursache? Beispiel eines benachbarten Aufstandes? Erregung durch die Adligen? Das Parlament? Die ›Cour des Aides‹, die Geschäftsleute? Gibt es einen Einfluß der Kneipenwirte, der Staatsanwälte und Gerichtsdiener der königlichen Obergerichte und des Beamtenkorps? Der Notare? Ist die Wiederaufnahme hervorgerufen worden durch Angst vor der Ankunft von Truppen? Durch königliche Angestellte, die provozierten?

(45) Erfolgt sie unverzüglich, verspätet, schrittweise? Wartet man das Ende eines Feldzuges ab, die Winterquartiere? Gibt es einen zeitlichen Aufschub, Zugeständnisse an die Aufständischen, an andere Gruppen (Zurücknahme von Edikten, Aufschub der Steuereinziehung, Bestätigung von Privilegien)? Versuche, die Aufständischen zu spalten? Amnestie?

(46) Wer führt die Bestrafung aus? Der Gouverneur mit seinen Getreuen, seinen Adligen, »Freunden«, »Ergebenen«, Soldaten, die auf seinem Land aus den Reihen der Bauern ausgehoben worden sind? Der königliche Kommissar (Intendant mit den Appellationsgerichten)? Die Generäle, die die in der Provinz stationierten Truppen kommandieren? Die »guten Bürger«, eingereiht unter die »Professionellen«, Offiziere und Wachen der Elitekorpora? Welches sind die Druckmittel? Der Zustand der Gefängnisse? Das Bewußtsein der Kerkermeister? Die Untersuchungsbeamten? Ihr Gehalt? Die Verfahren? Die Kosten?

(47) Wie geht diese Bestrafung vor sich? Benutzt man das Wiederaufleben einer vereinzelten Erhebung, um ein Massaker zu veranstalten und ein Exempel zu statuieren? Gibt es eine ordentliche Untersuchung, Verhöre, Zeugenvernahme, Prozesse? Versucht man, alle Kompromisse zu erreichen? Gibt es eine stillschweigende Übereinkunft, alle Verantwortung auf einige arme Teufel zu schieben, mit denen man »ein Exempel statuiert«? Notwendigkeit, mit größter Sorgfalt Namen und Berufe der Angeklagten zu studieren. Siehe die Untersuchungen, Verhöre der Angeklagten, Zeugenvernehmungen. Sucht man ein angemessenes Urteil? Zwingt man die Beweise in eine bestimmte Richtung, um Todesurteile oder Galeerenstrafen zu erhalten, die als »Exempel« dienen?

(48) Beschuldigt man ein königliches Obergericht im ganzen, eine Stadtverwaltung, die »guten Bürger« einer Stadt, sei es weil sie wirklich aufständisch waren, sei es weil sie indifferent waren oder Angst vor den Aufständischen hatten und weil der König sie für die Zukunft antreiben will und ihre schnelle und energische Reaktion gegen einen Aufstand erreichen will? Wie ist in diesem Fall die Form der Bestrafung? Schaffung von Ämtern? »Freisemester« für ein Beamtenkorps? Einquartierungen? Sondersteuern? Verlagerung von Gerichtssitzen? Abschaffung von Privilegien?

Bestätigt man im Prinzip die Privilegien, aber der König verletzt trotzdem die Privilegien, was die Bewegungen hervorgerufen hatte (z. B. neue Steuern)? Baut der König eine Festung und legt eine ständige Garnison hinein?

Die Klassifikation der Volksaufstände

(49) Sehen Sie Typen von Volksaufständen, die sich immer in ähnlichen Formen und mit der Aufeinanderfolge von gleichen Schritten wiederholen? Können Sie davon ein Schema anfertigen?

Die wirtschaftlichen, geistigen, institutionellen und sozialen Folgen der Aufstände

(50) 1. – Hat der Aufstand dem Handel geschadet? Für längere Zeit? Hat er Handelsbeziehungen umgeleitet? Zum Verlassen der Felder geführt? Volkswanderungen? Abwandern von Handwerkern oder Bauern von Spezialprodukten? Verlagerung von Manufakturen? Änderungen in den Kapitalinvestitionen?

(51) 2. – Gab es Haßausbrüche gegen den König, das Königreich, Frankreich, die benachbarten Provinzen? Belebung der Forderungen nach Autonomie, Unabhängigkeit, nach einem Bündnis mit einem benachbarten Staat? Verstärkter Widerstand gegenüber dem sozialen und politischen Regime? Geburt von Reformplänen, Utopien, politische und soziale Mythen? Resignation, Annäherung an den König, Rückkehr zur Loyalität, zum französischen Patriotismus? Verengung oder Schwächung von Treuebündnissen und Sippen? Geburt oder Aufstachelungen von Haß und Rivalitäten zwischen Familien, Korpora, sozialen Gruppen? Rückschlag, Absinken der Energien, Minderwertigkeitskomplexe? Dauerhaft? Haben sie Einfluß auf die schöpferischen Kräfte der Region? Verminderung der regionalen Individualität? Wenn es diese Tatsachen gibt, sind sie wirklich eine Konsequenz des Scheiterns und der Aufstände?

(52) 3. – Erkennen Sie Änderungen im Gleichgewicht der sozialen Gruppen? Haben Individuen, Familien, Körperschaften, Ge-

meinwesen ein Ansteigen oder eine Abnahme ihres Reichtums, ihrer Würde, ihrer Bündnisse, ihres Ansehens, ihres Einflusses erfahren? Öffnet sich ein Milieu, das bis dahin geschlossen war?

(53) 4. – Sehen Sie die Einstellung von neuen Beamten, von neuen Kommissaren (z. B. Intendanten), ein Anwachsen der Funktionen und der Machtbefugnisse dieser Beauftragten des Königs? Eine Verringerung der Macht der Stände, der Stadtverwaltungen, der königlichen Obergerichte, der Korpora und Gemeinden? Das tatsächliche oder legale Verschwinden von Ständen, Korpora und Gemeinden? Änderungen an den Lokalgesetzen? Tendenz, sich dem Lokalgesetz von Paris anzunähern? Tendenz, die Art der Steuereintreibung, der domanialen Rechte, der Miliz, des Geldes, der Berufe, des Besitzes und allgemein der Verwaltung derjenigen der Generalité von Paris anzunähern? Wenn diese Veränderungen stattgefunden haben: In welcher Weise sind sie eine Folge der Revolten und ihres Rückschlages usw.?

II Zur Typologie und Funktion frühneuzeitlicher Bauernrevolten

Vorbemerkung

Der an der University of Warwick lehrende englische Historiker Henry Kamen hat 1968 den Versuch einer europäischen Sozialgeschichte des »saeculum ferreum« von 1550-1660 unternommen, die auf die seit 1956 geführte Debatte um die europäische »Krise des 17. Jahrhunderts« reagierte.[1] Aus dem Kapitel des Buches über die Volksaufstände dieser Epoche wurden die Teile ausgewählt, die sich mit dem Phänomen der Revolten im agrarischen Umfeld beschäftigen. Dabei wurden Teilkapitel über städtische Revolten, das Banditentum, das Jahr 1648 ausgelassen und aus Raumgründen einige Zitate gestrichen. So bietet sich ein beeindruckendes Bild bäuerlichen Widerstands in der am stärksten von Bauernrevolten geprägten Epoche der europäischen Geschichte.

Der 1965 veröffentlichte Beitrag des führenden DDR-Agrarhistorikers Gerhard Heitz (Rostock) ist die programmatische Umsetzung der Thesen des sowjetischen Historikers Boris F. Poršnev[2] über den Zusammenhang von bäuerlichem »Klassenkampf« und der Ausbildung des europäischen Absolutismus auf die Territorialstaaten Brandenburg, Kursachsen und Mecklenburg. Er steht gewissermaßen am Beginn einer Phase verstärkter Forschungsarbeit auf diesem Gebiet, die Heitz wesentlich mitgetragen und mit eigenen Beiträgen begleitet hat, die auch zuletzt den hier gezogenen territorialen Rahmen überschritten haben.[3]

Der amerikanische, z. Zt. in Deutschland arbeitende Historiker David W. Sabean ist vor allem durch seinen methodisch anregenden Beitrag zur Vorgeschichte des Bauernkriegs in Oberschwaben bekannt geworden,[4] weniger vielleicht durch seine Tätigkeit als Herausgeber und Autor des »Peasant Studies Newsletter«, jetzt »Peasant Studies«. In seinem Beitrag analysiert Sabean das Dorf als Basiseinheit der bäuerlichen Gesellschaft und betont damit einen von vielen neueren Historikern bäuerlicher Bewegungen erkannten Faktor. Er beschreibt die an das Marktsystem gebundene Kommunikationsstruktur des Landes sowie die zur Vermittlung zwischen Dorf und Außenwelt qualifizierten Personen und bietet damit eine Alternative zur älteren These der »Lokalborniertheit«.

1 Vgl. dazu die Sammelbände von Trevor Aston (Hg.), *Crisis in Europe 1560-1660. Essays from Past and Present*, London 1965, und G. Parker – L. M. Smith (Hg.), *The general crisis of the seventeenth century*, London 1978.

2 B. F. Poršnev, »Formen und Wege des bäuerlichen Kampfes gegen die feudale Ausbeutung«, in: *Sowjetwissenschaft GA* 1952, S. 440-459.

3 Zum engeren Thema sind folgende Beiträge heranzuziehen: G. Heitz, »Überlegungen und Aspekte zum bäuerlichen Klassenkampf im Spätfeudalismus«, in: *Acta universitatis Carolinae – Philosophica et Historica (Studia Historica XI)*, Prag 1975, S. 65-73; ders., »Probleme des bäuerlichen Klassenkampfes im Spätfeudalismus«, in: A. Laube – M. Steinmetz, G. Vogler (Hg.), *Der Bauer im Klassenkampf. Studien zur Geschichte des deutschen Bauernkriegs und der bäuerlichen Klassenkämpfe im Spätfeudalismus*, Berlin 1975, S. 513-525; ders., »Bäuerliche Klassenkämpfe im Feudalismus«, in: G. Brendler – A. Laube (Hg.), *Der deutsche Bauernkrieg 1524/26*, Berlin 1977, S. 199-224, und zuletzt ders., »Volksmassen und Fortschritt in der Epoche des Übergangs vom Feudalismus zum Kapitalismus«, in: *Zs. für Geschichtswissenschaft* 25, 1977, S. 1168-1177.

4 D. W. Sabean, *Landbesitz und Gesellschaft am Vorabend des Bauernkriegs. Eine Studie der sozialen Verhältnisse im südlichen Oberschwaben in den Jahren vor 1525* (= Quellen und Forschungen zur Agrargeschichte Bd. 26), Stuttgart 1972.

Henry Kamen
Die europäischen Volksaufstände 1550-1660 und die Struktur der Revolten.*

Um eine Diskussion über Volksaufstände dieses Jahrhunderts zu vereinfachen, wollen wir davon ausgehen, daß die Aufstände in drei Gruppen eingeteilt werden können – städtische Revolten, Bauernrevolten und soziales Banditentum. Weiterhin wollen wir davon ausgehen, daß es möglich ist, diese Rebellionen zusammenhängend zu diskutieren, selbst wenn die geographischen und sozialen Bedingungen Osteuropas dazu geführt haben mögen, daß sich Rebellionen in diesem Gebiet in ihrem Charakter erheblich von denen im Westen unterschieden. Schließlich wollen wir behaupten, daß die Grenzen der von uns gewählten hundert Jahre nicht völlig willkürlich sind, obwohl es keine offensichtliche Einhelligkeit gibt. Daher ist es sinnvoll, das Jahrhundert thematisch etwa um das Jahr 1600 zu halbieren.

Es ist natürlich nicht völlig befriedigend, so zu generalisieren. Die Aufteilung in städtische und bäuerliche Revolten ist nicht sehr überzeugend. Sie hat in der Vergangenheit zu einer unverhältnismäßigen Betonung der bäuerlichen Revolten und zu einer konsequenten Vernachlässigung der städtischen Unruhen geführt. Erst in den letzten Jahren ist deutlich gemacht worden, daß Stadt und Land oft eng miteinander verbunden waren, daß Städter einen bemerkenswert aktiven und führenden Platz in den sog. Bauernaufständen einnahmen und daß Landarbeiter eine mächtige Kraft für die Unruhen in den Städten waren. Das gleiche gilt für das Banditentum, in dem man gewöhnlich ein ländliches Phänomen gesehen hat. Denn obwohl die Banditen sich ausschließlich auf dem Lande betätigten, kamen sie selbst häufig aus Städten. Stadt und Land können nicht einfach getrennt werden. Diejenigen, die im Juli auf den Feldern bei der Ernte aushalfen, bevölkerten im Dezember die Straßen der Stadt. Dieses Proletariat der

* Erstveröffentlichung in: *The Iron Century. Social Change in Europe 1550-1660.* London rev. ed. 1976, S. 356-376, 382-396, 413-426. Übersetzt von Burkart Asmuss und Fritz Seeberger.

Saisonarbeiter gehörte gleichermaßen zu Stadt und Land, und es war das wesentliche Element, das die sozialen Bewegungen in Stadt und Land miteinander verband.

Eine Unterteilung der Revolten in zeitliche Perioden ist ebenfalls unbefriedigend, weil so viele gemeinsame Faktoren in den Revolten gefunden werden können, daß die Festlegung bestimmter Perioden in gewisser Weise willkürlich ist. Ein gewisses Muster für eine Anhäufung von Revolten kann jedenfalls in der Tatsache gesehen werden, daß Hungerjahre immer auch Jahre der Unzufriedenheit waren. Zwischen 1550 und 1600 war die schwerste europäische Nahrungsmittelkrise in den Jahren 1594-97, eine Zeit großen Hungers, die auf dem ganzen Kontinent schwere Not hervorrief. In diesem halben Jahrhundert lag der Höhepunkt der Volksunruhen zwischen 1595-97. Zwischen 1600 und 1660 war die schwerste Nahrungsmittelkrise in den Jahren 1647-49. Auf Grund der gleichen Bedingungen sah das Jahr 1648 auf dem ganzen Kontinent ein Hervorbrechen von Volksbewegungen. Um diese Höhepunkte revolutionärer Betätigung herum bewegt sich unser Überblick.

Das heißt nicht, daß notwendigerweise eine Kausalbeziehung zwischen hohen Lebensmittelpreisen und dem Auftreten von Revolten besteht. Nur zu oft machte es das Elend der Bevölkerung einfach unmöglich, sich zu erheben, wie z. B. während der schweren Krise 1660/61, die außerhalb Rußlands keine Erhebung hervorrief. Im übrigen spielten zu viele Ursachen bei einer Revolte mit, als daß der eine Faktor Hunger isoliert werden könnte. Gelegentlich ereigneten sich Aufstände nach dem Ende einer Nahrungsmittelkrise, wenn das Volk seine Kraft zum Protest wiedergewonnen hatte. Diese Einschränkungen berühren jedoch nicht die offensichtliche Realität der beiden Krisenperioden von 1595 bis 97 und 1648, die mit den höchsten Preisen des Jahrhunderts zwischen 1550-1660 zusammenfielen.

Die Revolten des späten 16. Jahrhunderts

Im westlichen Europa können die Jahre nach 1550 nicht einfach von den Jahren des *Bundschuhs*, des Bauernkriegs von 1525, den Erschütterungen im Elsaß, in Schweden und anderswo getrennt werden. Der soziale und religiöse Protest, der in dieser frühen

Zeit aufkam, wurde nach der Jahrhundertmitte mit steigender Vehemenz fortgeführt.

Die Frage des Zehnten war vielleicht das herausragendste Merkmal, das die Bauernrevolten des späten 16. Jahrhunderts verband. In Frankreich standen die hugenottischen Grundherren und Adligen vor der Entscheidung, ob sie ihre religiös gleichgesinnten Bauern von der Errichtung dieser Abgabe an die katholische Kirche abhalten oder ob sie ihre Bauern zur Zahlung anhalten sollten, um die politische Ordnung und den sozialen Frieden aufrechtzuerhalten. Als sich aber herausstellte, daß Ermutigung zur Zehntverweigerung Ermutigung zu sozialer Revolution bedeutete, verabschiedeten die hugenottischen Führer 1562 in Nîmes eine Resolution, in der jegliche Abgabenverweigerung verurteilt und all denen Strafe angedroht wurde, die sich als »Vorbereiter von Seditionen, als Störer der öffentlichen Ordnung« widersetzten. Die Klasse der Adligen schloß ihre Reihen. Aber so lange protestantische Ideen unter den Bauern überhaupt eine Rolle spielten, so lange sollte die Zehntverweigerung fortdauern. In dem als *Rebeine* bekannten Aufruhr von Lyon im Jahre 1529 war die Opposition gegen den Zehnt ein wichtiger Punkt. Um 1560 hatte im Languedoc die Bewegung gegen den Zehnten die Grenzen der protestantischen Partei weit überschritten. Auch Katholiken beteiligten sich an der Verweigerung, die zu einer die Konfessionen übergreifenden sozialen Bewegung wurde. Während der *Jacquerie* von Agen 1560/61 »beginnen die Bauern an einigen Orten, ihren Zehnt nicht mehr zu entrichten, und verkünden, sie würden in Zukunft weder die *tailles* (an den König) noch ihre seigneurialen Abgaben zahlen«.

Die Verbindung einer Anti-Zehnt- mit einer Anti-Steuer-Bewegung mag in diesem Fall einfach zu verstehen sein, wenn sie als ein allgemeiner Protest gegen Steuern gesehen wird; aber dies war nicht die Regel. Häufiger waren es Religion und Anti-Klerikalismus, die zum Protest gegen den kirchlichen Zehnt führten. Daher ist eine rein säkulare Anti-Zehnt-Bewegung ohne irgendeinen Protest gegen andere Steuern, wie sie uns im Languedoc in den 60er und 70er Jahren des 16. Jahrhunderts begegnet, verhältnismäßig schwer zu erklären.

Das Problem des kirchlichen (im Unterschied zu den grundherrlichen) Zehnten war allgemein verbreitet. Selbst das reformierte Schweden war damit belastet. Der lutherische Klerus im Bistum

Stavanger beschwerte sich 1573 über »die große Feindseligkeit und Treulosigkeit, die die Bauern jedes Jahr wegen des Zehnten zeigen«. Sie beklagten sich, daß sie, wenn sie in ihren Predigten den Zehnten forderten, »von vielen bedroht würden und sich nicht sicher fühlten«. Es war nicht überraschend, daß sie sich unsicher fühlten, da sich die norwegischen Bauern in den 70er Jahren in Aufruhr befanden. In den Jahren von 1570 bis 1580 gab es Aufstände in der Gegend um Trondheim, und seit 1573 war eine organisierte Rebellion im Vormarsch, die von Rolv de Lynge geführt wurde. 1574 hielten die Bauern in Nidaros ihre eigene Nationalversammlung ab, auf der sie ihre Beschwerden formulierten. Lynge und andere Führer wurden 1575 hingerichtet, aber die Rebellion dauerte danach einige Jahre an.

Während dieser Jahre waren die Bauern Osteuropas nicht weniger in Bewegung. Ungarn hatte mehrere Bauernrebellionen im späten 16. Jahrhundert, 1552, 1569-70 (unter der Führung von György Karácsonyi) und 1571-73 in Slowenien. Einer der größten Aufstände, die sich an dieser östlichen Grenze des Christentums abspielten, war die Revolte der kroatischen Bauernschaft 1573. Die Beschwerden der Kroaten konzentrierten sich auf Frondienste und Zehnte. Ein kaiserliches Dekret von 1538 hatte sie praktisch ihrer Bewegungsfreiheit beraubt; gleichzeitig wurden ihre Abgaben weiter erhöht. Aber ihre Hauptbeschwerde richtete sich gegen die Türkenkriegssteuern, besonders gegen die *dica*, eine Kriegssteuer, die von den Bauern zwischen 1543 und 1598 zwanzigmal erhoben wurde. Im April 1572 brach eine lokale Revolte aus, und die Bauern sandten eine Deputation nach Wien, um ihre Beschwerden vorzubringen. Als hierbei nichts herauskam, brach 1573 ein landesweiter Aufstand aus, der sich über ganz Kroatien bis in Teile der Steiermark erstreckte. Auf ihrem Höhepunkt umfaßte die Rebellion bis zu 60 000 Bauern. Die Hauptforderung der Bauern war die Rückkehr zu ihren »alten Rechten«. Aber über diese einfache Formulierung hinausgehend waren ihre Forderungen revolutionär: Abschaffung des kirchlichen Zehnten und Senkung der grundherrlichen Abgaben. Die demokratische Einstellung der Rebellen zeigte sich in dem gängigen Gebrauch des Begriffs »Bruderschaft«, um sich selbst zu benennen, und in dem Wort »Bruder« als Anrede innerhalb ihrer Organisation. Mitte Februar 1573 war der kurze Aufstand niedergeschlagen. Kaiser Maximilian, der die Niederwerfung leitete, schätzte, daß etwa viertausend kroatische und slowenische Bauern durch seine Truppen getötet wurden. Die Führer, Matija Gubeć und Andreas Pasaneć, wurden gefoltert und anschließend am 14. Februar in Zagreb hingerichtet.

Die Mitte der 80er Jahre des 16. Jahrhunderts war eine Zeit schlechter Ernten, besonders die drei Jahre von 1585-87. Es waren Jahre einer politischen Krise in ganz Westeuropa, begleitet von Kriegen in Frankreich und den Niederlanden. Die soziale Krise trat in diesem Rahmen auf. Einige der grausameren Untertöne von Volksaufständen kamen während dieser blutigen Jahre zum Vorschein: In der Stadt Romans, in der Dauphiné, formierte sich im Winter 1580 eine aufrührerische Allianz zwischen den Bauern der Umgebung (dies war protestantisches Gebiet) und den Handwerkern der Stadt, die von einem gewissen Jean Serve oder Paulmier angeführt wurde. Die ökonomischen Schwierigkeiten der Zeit verschärften die Unzufriedenheit. Ermutigt durch die Unterstützung der Stadtbewohner verweigerten die Bauern die Entrichtung des Zehnten und der *taille*. Sie bewaffneten sich, drangen in Schlösser ein und warfen die *terriers* (Grundbücher) ins Feuer. Handwerker und Bauern tanzten in Romans auf den Straßen, bedrohten die Reichen und brüllten, daß »innerhalb von drei Tagen Christenfleisch unter einem Groschen das Pfund verkauft« werde. Diese symbolische Sprache richtete sich an die oberen Klassen der Stadt, die jetzt von einer Volkskommune übernommen wurde. Während des Karnevals saß Paulmier mit einem Bärenfell bekleidet im Sessel des Bürgermeisters und verzehrte Delikatessen, die als Christenfleisch ausgegeben wurden. Beim Karnevalsumzug verkleidete sich das einfache Volk unter Paulmier als Prälaten und Würdenträger und schrie »Christenfleisch für 'n Groschen«. Zutiefst erschreckt von diesen kannibalistischen Ausschweifungen mobilisierten die reicheren Klassen ihre eigenen Kräfte. Am Vorabend des Fastnachtsdienstags (15. Februar 1580) fielen sie über ihre Gegner her und massakrierten sie. Das Massaker dauerte drei Tage. Bauern vom Land drängten in die Stadt, um die Sache zu retten, aber es war zu spät. Der Rückgriff auf die grausamen Symbole des Kannibalismus zeigt eine interessante Entwicklung in der Struktur sozialer Revolten. Der Verzehr menschlichen Fleisches steht, hier wie in anderen Volksaufständen, für den revolutionären Umsturz sozialer Werte.

In Neapel gab es 1585 einen ähnlichen, aber ausgeprägteren Fall.

Wie in Romans kam es zu einem Volksaufstand, der sein Zentrum mehr in der Stadt als auf dem Land hatte. Der unmittelbare Anlaß für den Aufstand von 1585 war eine schlechte Ernte und eine ernste Lebensmittelknappheit. Trotz des herrschenden Hungers hob der Magistrat den Brotpreis an und gab gleichzeitig den Export von mehreren Tausend Pfund Mehl nach Spanien frei. Daraufhin lynchte im Mai ein wütender Mob einen der Verantwortlichen des Magistrates mit Namen Starace. Sein Körper wurde verstümmelt und Stücke seines Fleisches wurden zum Verkauf angeboten. Anschließend wurde sein Körper durch die Straßen geschleift und sein Haus sowie seine gesamte Habe verbrannt und zerstört. Aber es wurde nichts gestohlen. Er wurde ermordet und sein Besitz wurde sozusagen als rituelles Opfer geplündert. Der Mob sei »mehr an Rache als an Bereicherung« interessiert gewesen, berichtet der französische Historiker de Thou, ein Zeitgenosse dieser Ereignisse. Der Mord löste eine große Revolte aus, deren Parole »mora il malgoverno, e viva la giustizia« war. Das Ausmaß dieser Revolte läßt sich am einfachsten messen, indem man die Anzahl derer betrachtet, die in der folgenden unvermeidlich brutalen Niederwerfung bestraft wurden. Zwischen Mitte und Ende Juli wurde über 800 Personen der Prozeß gemacht. 31 wurden nach der Folter zum Tode verurteilt, 71 wurden auf die Galeeren geschickt, und dreihundert wurden unter Androhung des Todes verbannt. Von etwa 12 000 wird gesagt, sie hätten die Stadt während der Niederwerfung fluchtartig verlassen.

Neben ihrer grundsätzlichen politischen Bedeutung sind die Ereignisse von Paris 1588 als ein frühes Beispiel für die Art interessant, in der die französische Hauptstadt sich in Krisensituationen in eine Kommune umbildete. Zu den Unsicherheiten und Ängsten, die der Krieg mit sich brachte, trat die drohende Erwartung einer nahenden Hungersnot nach den schlechten Ernten von 1586 und 1587 hinzu. In Paris bildete eine mit der katholischen Liga verbundene Verschwörergruppe einen geheimen Rat mit dem Ziel, die Stadt für den Herzog von Guise zu gewinnen. Da die Bourgeoisie und die oberen Klassen königstreu waren, wandten sich die Ligisten an die Massen des Volkes. Als der Herzog am 9. Mai 1588 in der Hauptstadt eintraf, war die Saat des Aufruhrs bereits gesät. Am 12. Mai, dem berühmten »Tag der Barrikaden«, entwickelte sich ein allgemeiner Aufstand der Bevölkerung zu Gunsten des Guise. »Der Geist der Revolte breitete sich in ganz

Paris aus«, berichtet de Thou, der an dem Tag in der Stadt war. »Plötzlich waren alle Straßen durch Barrikaden blockiert ... Am Abend wurden Wachen auf allen Plätzen und in allen Stadtteilen aufgestellt, aber als der Bürgermeister wie üblich die Wachparole im Namen des Königs ausgeben wollte, weigerten sich die Rebellen, sie von ihm entgegenzunehmen, und gingen stattdessen zum Herzog von Guise über. Dies war der eigentliche Anfang der Revolte.« Als beide Guisen, Herzog und Kardinal, nacheinander auf Befehl des Königs umgebracht wurden, ging die Macht in der jetzt anarchischen Stadt auf eine Kommune über, die von dem sogenannten Rat der Sechzehn geführt wurde. Diese Sechzehn kontrollierten in Verbindung mit dem gemeinen Volk die Stadt; aber ihre notwendigerweise harten Methoden, die auf Terror und Mord beruhten, führten schließlich zu einer Reaktion gegen ihre Herrschaft.

Die Bedingungen der 90er Jahre des 16. Jahrhunderts waren verheerend. Das Hauptjahr der Revolten, 1595, war auch ein Jahr schwerster Krisen. Von 1590 bis 1597 waren die Ernten schlecht, die Produktion niedrig, die Preise stiegen. 1595 herrschte Hunger in Teilen Englands, im Languedoc, in Neapel. In Rom standen die Preise während der ganzen Zeit von 1590-99 bei einem Index von 200, bezogen auf einen Index von 100 während der Jahre 1570-79. Was die soziale Krise betraf, so gab es gegenüber den achtziger Jahren keine Unterbrechung. 1592 zum Beispiel wurden in den Straßen von Neapel Flugschriften vertrieben, in denen die Bevölkerung zur Revolte aufgerufen wurde. Diese Jahre von 1585 bis 1595 waren auch Höhepunkte des Banditentums in den Mittelmeerländern.

Die Krise von 1595-97 erschütterte ganz Europa mit Auswirkungen auf England, Frankreich, Österreich, Finnland, Ungarn, Litauen und die Ukraine. Wahrscheinlich fielen nie zuvor in der europäischen Geschichte so viele Revolten zeitlich zusammen. Die finnische Bauernrevolte dauerte von 1596 bis 1597. Einige englische Tagelöhner in den Midlands versuchten 1596 eine Erhebung, aus der jedoch nichts wurde. Roger Ibill, ein Müller aus Hampton-Gay, gab im Herbst 1596 an, er habe »verschiedene arme Leute davon reden gehört, daß es wegen der hohen Getreidepreise bald einen Aufstand geben müsse«. Bartholomew Steere, ein Zimmermann, pflichtete ihm bei, als er sagte, daß »es einen derartigen Aufstand geben würde, wie man ihn lange nicht mehr gesehen habe«. Beide Männer waren außerordentlich zuversichtlich, aber insbesondere Steere fand nicht die Unterstützung im Volk, die zu seinem revolutionären Eifer gepaßt hätte. Er äußerte, daß »er allen gentlemen den Kopf abschneiden« würde und daß »wir in Kürze eine bessere Welt« hätten; er plante auch, »nach London zu gehen in der Erwartung, daß sich die Lehrlinge ihm anschließen würden«. Aber obwohl er sich eine beachtliche Gefolgschaft aufbaute, reagierten die Herrschenden schnell, verhafteten die Anführer und erstickten so die Erhebung.

Die große Erhebung der *Croquants* in Frankreich konzentrierte sich auf die Jahre 1593-95. Sie begann im Bas-Limousin, dehnte sich über das ganze Limousin aus und erfaßte in ihrer größten Ausdehnung das Périgord, Quercy, Limousin und Languedoc. Ursprünglich eine Bauernrebellion, wurde sie in ihrer sozialen Struktur komplexer und schloß eine große Anzahl städtischer Arbeiter in ihre Reihen ein. Die Ursachen für die Erhebung sind schnell gefunden: die Verheerungen des Krieges, die Plünderungen durch Soldaten, die Nahrungsmittelkrise der 90er Jahre und das Steuersystem. An dieser Bewegung ist besonders die Tatsache interessant, daß Katholiken und Protestanten in einer gemeinsamen sozialen Protestbewegung gegen die ausbeutende Klasse Seite an Seite marschierten, so daß die Religion direkt einen niedrigeren Stellenwert in ihrem Programm einnahm. Die ersten Kampagnen der Rebellen, die eine eigene Armee besaßen, wurden vom »gemeinen Mann« geführt; aber in einem späteren Stadium gelang es ihnen, die oberen Klassen einzubeziehen bzw. sie zu zwingen, ihnen zu helfen.

Die Hauptbeschwerde der *Croquants* war das Steuersystem. Sie wehrten sich ebenso energisch gegen den Zehnten und die *taille* wie gegen die grundherrlichen Abgaben. In einem Manifest vom März 1594 griffen sie sowohl die katholischen als auch die protestantischen Soldaten an, »die sie ans Hungertuch gebracht, ihre Frauen und Töchter mißhandelt, ihr Vieh gestohlen und ihr Land verwüstet« hätten; an die Bourgeoisie richteten sie die bittere Klage, daß »sie nur den Ruin der armen Leute suchen, denn unser Ruin ist ihr Reichtum«. Die Rebellenbewegung war demokratisch organisiert. Jede religiöse Diskriminierung war untersagt, und sie schworen »durch Glaube und Schwur sich gegenseitig zu lieben und füreinander zu sorgen, wie Gott es befiehlt«. Entscheidungen wurden in Vollversammlungen gefällt, deren wichtigste im April

1594 abgehalten wurde. Es ist schwer, den von Adligen des Périgord gegen sie erhobenen Vorwürfen zu glauben, daß »sie die Monarchie stürzen und eine Demokratie nach Schweizer Muster errichten wollen«, obwohl einige Führer derart radikal gewesen sein mögen.

Das Programm sozialer Gerechtigkeit und religiöser Einigkeit sprach den König, Heinrich IV., stark an; in den frühen Stadien der Rebellion verbarg er nicht seine Sympathie für die *Croquants*; aber als die Erhebung weiter um sich griff, nahmen er und die Herrschenden eine härtere Haltung ein. Die religiöse Einigkeit der Rebellen erwies sich als ihr schwächster Punkt, und Agenten der Regierung versuchten diese zu untergraben. Die Vollversammlung bestand zu zwei Dritteln aus Katholiken und zu einem Drittel aus Protestanten. Den emsigen Agenten ist es zu verdanken, daß die Rebellen 1594 schließlich beschlossen, sich in konfessionelle Armeen aufzuspalten. Dies führte unmittelbar zu einer vernichtenden Niederlage durch Regierungstruppen bei Limoges. 1594 und 1595 konzentrierte sich die Bewegung auf das Périgord, aber die wenigen kriegerischen Auseinandersetzungen waren stets vernichtend. Die Hungersnot von 1595 markierte das Ende des Aufstandes der *Croquants*.

Keines der größeren Ziele der Rebellion wurde erreicht, aber es gab einige kleinere Erfolge von Bedeutung. Die Bewegung war so ausgedehnt und populär gewesen, daß die Regierung sich entschloß, auf die blutige Unterdrückung zu verzichten, die solchen Aufständen sonst folgte. Die Tatsache der allgemeinen Unterstützung zeigt sich am Verhalten des Limousin, wo alle Städte bis auf die bemerkenswerte Ausnahme von Limoges die Erhebung förderten. Von daher war es nicht einfach ein Bauernaufstand, sondern ein großer Ausbruch verschiedenster Bewegungen, sowohl städtischer als auch ländlicher. Außerdem blieb die inter-konfessionelle Einigkeit des Kampfes nach der Rebellion erhalten. So haben wir etwa im Languedoc 1595 das Beispiel des katholischen Dorfes Caux, das sich mit dem protestantischen Dorf Faugères zu einer Föderation zusammenschloß, um ihre ökonomischen Interessen gegen alle anderen zu schützen.

Oberösterreich, oder Österreich *ob der Enns*, mit Linz als Hauptstadt, war der Schauplatz von beinahe ununterbrochenen Bauernrevolten von 1525 bis 1648. Die große Bauernrevolte der Reformationszeit war nur eine Episode in den ständigen Unruhen

Mitteleuropas. Die Erhebungen während dieser Jahre hatten einen starken religiösen Einschlag in dem Sinne, daß die Rebellen glaubten, für göttliche Wahrheit und Gerechtigkeit zu kämpfen. Aber jegliche religiöse Motivation, die es gab, war ausnahmslos nicht-religiösen Klagen untergeordnet. Der Aufstand in Reichenstein von 1567 bis 1572 mag das allgemeine Muster der Jahre vor 1595 verdeutlichen. Es war eine kleine Rebellion, die von einem lutherischen Prädikanten und einem Bauern namens Siegmund Gaisrucker angeführt wurde. Der Hauptgrund für die Revolte war offensichtlich eine ausnehmend schwere Belastung mit Frondiensten, der Robot. Im Juni 1571 tötete Gaisrucker den Grundherrn Christoph von Haim, gegen den sich die Erhebung richtete, woraufhin ein Preis auf seinen Kopf ausgesetzt wurde. Einige Herrenhäuser wurden niedergebrannt, aber im allgemeinen untersagte die Führung der Bauern jede Plünderung, und Gaisrucker heftete einen Befehl an von Haims Burgtor, in dem er seine Anhänger aufforderte, nicht zu »morden, brennen oder stehlen«. Die lutherische Führung des Aufstandes spiegelte nicht mehr als die Anteilnahme des niederen Klerus und schmälerte keinesfalls die grundlegende Bedeutung der Robot, der Steuern und der Preise als Hauptursachen für die Unzufriedenheit, so in Steyr 1573, wo sich etwa eintausend Bauern zu einem »Bauernbund« zusammenschlossen.

Die österreichische Revolte von 1594-97 war von besonderer Bedeutung, groß und wichtig genug für uns, um sie, wie die Ereignisse von 1525, als Bauernkrieg zu bezeichnen. Sie dauerte etwa drei Jahre, vom Mai 1594 bis September 1597. Die Bewegung war deutlich lutherisch ausgerichtet, nachdem die Bevölkerung diesen Glauben angenommen hatte und die Prädikanten das Volk ermutigten, sich selber gegen die Gegenreformation zu verteidigen, die von Kardinal Khlesl in Niederösterreich und vom Bischof von Passau in Oberösterreich seit den 80er Jahren vorangetrieben wurde. Einige Umstände der Erhebung können sehr deutlich anhand zeitgenössischer Berichte erkannt werden. Nach de Thou, der sich auf diese Berichte stützte, erklärten 1595

»die Bauern, die zu Beginn ihrer Revolte vollständige Disziplin in ihren Reihen wahrten, daß sie ihre Waffen nur erhoben hätten, um sich von den ungerechten Belastungen, mit denen der Adel sie unterjochte, zu befreien; ferner seien sie willens, sich zu unterwerfen, und würden es auch nicht ablehnen, jene Kontributionen zu zahlen, die ihnen wegen des Türkenkrieges auferlegt worden seien«.

Aber die Sache mit dem Türkenkrieg stimmte nur zur Hälfte, denn es war die Einführung dieser Kriegssteuer, die die Unzufriedenheit hervorgerufen hatte; aber es stimmt, daß die Bauern nicht so sehr diese Kriegssteuer selbst angriffen (sie kommt unter ihren Hauptbeschwerden nicht vor) als vielmehr die anderen Steuern, die es nicht mehr zuließen, auch diese letzte noch zu ertragen. Verhandlungen mit den Herrschaften führten nach de Thou zu einer Beruhigung, als

»die Meuterei der gegen die Bauern eingesetzten Truppen wegen ausbleibender Soldzahlungen dem Kaiser arg zu schaffen machte. Die Söldner versuchten, durch Plünderung der umliegenden Städte auf ihre Kosten zu kommen, allen Bemühungen General Rotenaus, sie zu beschwichtigen, zum Trotz. Die Soldaten von Preßburg plünderten vier Dörfer in der Nachbarschaft. Die Truppen des Markgrafen von Burgau wüteten überall. Schließlich marschierten die Meuterer nach Wien, rissen ihren Offizieren die Fahnen aus den Händen, pflanzten sie auf das Stadttor und drohten, die Vorstädte in Brand zu setzen«.

Die Ausschreitungen der Armee sowie ihre Disziplinlosigkeit stärkten die Reihen der unzufriedenen Bauern und ermöglichten ihnen, ihre Kampagne fortzusetzen. Dringende Appelle um mehr Truppen wurden von Linz nach Wien gesandt.

. . .

In einem späteren Stadium des Krieges erwähnte der Korrespondent der Fugger in Linz, in einem Schreiben vom 1. Dezember 1596, die immer noch allen außer den Regierungstruppen gegenüber grundsätzlich friedfertige Haltung der Bauern. Am merkwürdigsten, so berichtete er, sei die Tatsache, daß

»ein verzaubertes Wesen in ihnen (ist), daß sie in dieser Kälte auf bloßes Ansagen Weib und Kinder verlassen, von Haus und Hof laufen und dabei weder den Städten, Schlössern und Dörfern Gewalt antun.«

Am 8. Mai 1597 versuchte der Kaiser die Rebellen durch ein Interim zu beschwichtigen, in dem das einzig wirkliche Zugeständnis war, daß die *Robot* offiziell auf nicht mehr als 14 Tage pro Jahr begrenzt wurde. Obwohl dies zum Gesetz erhoben wurde und offiziell auch noch nach der Niederlage der Bauern im September befolgt wurde, waren schwere Rechtsbrüche bald an der Tagesordnung. In der Herrschaft Schwertberg, die dem Grafen Heinrich von Starhemberg gehörte, stieg die *Robot* 1660 auf über 71 Tage im Jahr.

Trotz des lutherischen Glaubens der Bauern und der Anführer in diesen Erhebungen war die Religion nicht notwendigerweise die Hauptantriebskraft. Die Reichensteiner Rebellen hatten einen Prädikanten als Führer; ebenso 1564 die Rebellen im Bistum Salzburg, wo der Prädikant Schlafheuser der Kopf war. Aber bei diesem und bei anderen Aufständen kann die Religion schwerlich als Hauptbeschwerdepunkt betrachtet werden. Um nur ein Beispiel zu nehmen: 1588 haben wir eine Volksbewegung, die in der Stadt Steyr begann und an der die unteren Klassen von Stadt und Land beteiligt waren. Die Rebellion breitete sich bald bis in die Steiermark und nach Salzburg aus. Die meisten Anführer waren Protestanten, aber die Bewegung richtete sich trotzdem gegen alle Grundherren, unabhängig von deren Religion. Dies veranlaßte den Stadtrat der strikt protestantischen Stadt Steyr zu folgendem Kommentar: »Viele, wenn nicht alle, benutzen die Religion lediglich als Deckmantel. In Wirklichkeit rebellieren sie gegen die Herrschaften, um ihre Lasten zu erleichtern.«

Der Bauernkrieg von 1594-97 muß in dem gleichen Licht gesehen werden. Die katholischen Herrschaften bauschten die Tatsache auf, daß die Anführer der Aufständischen lutherisch waren. Aber der niedrige Stellenwert der Konfessionsfrage zeigte sich in der strengen Unterdrückung durch die teilweise lutherischen Landstände von Ober-Österreich. Außerdem zeigt eine Untersuchung der Beschwerden der Rebellen, wie sie in einer Flugschrift von 1595 niedergelegt wurden, daß die Besteuerung ihr wichtigstes Anliegen war. »Als erstes«, sagten sie, »ist da das Freigeld.« Dies war eine feudale Abgabe, die bei Besitzveränderungen der abhängigen Bauern, durch Verkauf, Tod oder sonstwie, erhoben wurde. Die Bauern klagten, sic sei »seit Menschengedenken« nicht mehr erhoben worden, aber jetzt sei sie auferlegt worden und verschlinge zwischen einem Drittel und der Hälfte des bäuerlichen Einkommens. Alle anderen Lasten waren gleichzeitig gestiegen. »Wo ein Bauer früher wenige Schillinge gezahlt hat, zahlt er nun mehrere Gulden.« Die ersten drei Beschwerden der Rebellen richteten sich gegen die Abgaben. Die vierte betraf die Robot. »Viele müssen zwanzig, dreißig oder mehr Tage Dienst tun, und besonders dann, wenn sie ihr eigenes Land bestellen sollten.«

Der Aufstand in Oberösterreich fand auch in Niederösterreich Resonanz. Dort scheinen die Rebellen aggressiver als in der Gegend von Linz gewesen zu sein, und der Korrespondent der Fugger konnte aus Wien am 15. April 1597 berichten: »Die aufrührerischen Bauern sind noch nicht zur Ruhe gebracht und liegen etliche tausend Mann stark nächst Melk beisammen. Es werden aber ihrer viele von den Reitern erschlagen, gehängt und gefangen.«

...

Das Fieber sozialer Revolten ergriff in diesen Jahren auch Osteuropa. 1591-93 gab es einen großen Aufstand in der Ukraine unter der Führung von Kryschtof Kossinskyj. Er breitete sich in den Regierungsbezirken von Kiew und Braclav aus und hatte Auswirkungen bis nach Mstislav und Minsk. Dann gab es 1596 einen weiteren Aufstand in der Ukraine, der von Severin Nalywajko angeführt wurde; das wichtigste Ergebnis dieser Bewegung war, daß es das Feuer der Unzufriedenheit unter den Bauern bewahrte und die Ruhe in Polen, Rußland und dem Großherzogtum Litauen störte.

Wir beenden unseren Blick auf die revolutionären Jahre von 1595-97, indem wir de Thous Bericht von der Bauernrebellion von 1597 in Ungarn anführen:

»Die Bauern, von den dauernd durchziehenden Truppen bedrückt und durch die einquartierten Soldaten, die mit der Entschuldigung, sie seien nicht bezahlt worden, überall plünderten, zur Verzweiflung getrieben, hatten sich bereits in Österreich erhoben, revoltierten plötzlich in diesem Jahr und wählten George Brunner, einen Mann niederer Herkunft, zu ihrem Anführer. Zunächst waren sie sehr gemäßigt und vergossen überhaupt kein Blut. Sie teilten sich in drei Gruppen, um sich aus Häusern und Dörfern mit Nahrung zu versehen. Leute, die sie trafen, wurden gezwungen, sich ihnen anzuschließen, und die Beute, die sie in Festungen und andernorts machten, wurde gerecht geteilt. Diejenigen, die für schuldig befunden wurden, etwas gestohlen oder gewaltsam an sich genommen zu haben, wurden schwer bestraft. Als Vorsichtsmaßnahme erstellten sie von allem Listen, um die Besitzer zu entschädigen, falls die Ereignisse anders als mit einem Krieg enden würden.

In ihren Beschwerden beklagten sie sich darüber, daß sie durch Steuern ausgepreßt und durch den Adel zu Sklaven erniedrigt würden, so daß sie nicht in der Lage seien, deren Forderungen nachzukommen, und daß sie ihr Land nicht beackern oder bestellen könnten, wenn sie für andere Aufgaben herangezogen würden. Hinzu kam, daß sie verpflichtet waren, ihrem Grundherrn ein Drittel all ihrer Produkte zu entrichten. Außerdem seien sie, wie sie sagten, den Plünderungen der Soldaten ausgesetzt. Sie fügten hinzu, daß sie sich nicht weigern würden, die Türkensteuer zu zahlen, und daß sie bereit seien, ihren Herren in den Krieg zu folgen. Diese Beschwerden, die solange gerecht zu sein schienen, wie die Bauern sich auf Petitionen beschränkten, wurden zu einem Staatsverbrechen, als sie zu den Waffen griffen. Sie schritten von der Drohung zum Ungehorsam und von der Revolte zur Gewalt. Sie zwangen ihre Herren, die Häuser zu verlassen, und legten Männer von Adel in Ketten.«

Der Kaiser schickte eine Armee gegen sie, woraufhin einige Bauern aus dem südlichen Böhmen ihre Sache aufgaben. Die Masse der Bauern aber, die aus den Donauländern kam, blieb bei ihrer Sache, allerdings nur, um schwere Niederlagen einzustecken, zunächst in der Schlacht nahe bei Gravenek und dann in dem Dorf Strassen, das der kaiserliche Kommandant über ihren Köpfen anzündete, wobei Frauen und Kinder in den Flammen umkamen. Nach einer kurzen Ruhepause fanden sich die Bauern wieder zusammen, aber sie wurden endgültig bei Sampelka geschlagen, und ihre Anführer wurden hingerichtet.

...

Die Revolten des frühen 17. Jahrhunderts

Der Übergang vom 16. zum 17. Jahrhundert ging nicht friedlich vonstatten. Oberösterreich befand sich wie gewöhnlich in einem anhaltenden Gärungsprozeß: in Spital am Pyhrn gab es von 1598 bis 1616 Tumulte, in Steyr gab es 1601 einen Vorfall, in Wildeneck dauerte der Alarmzustand von 1601 bis 1662. Auf deutschem Gebiet sah das Allgäu von 1596 an einen kleineren Bauernaufstand, und 1605-1607 erlebte das Bistum Augsburg eine Bauernerhebung.[1] Zudem brachten die ersten Jahre des Jahrhunderts das Gespenst einer Hungersnot mit sich. In Rußland herrschte von 1601-1603 eine unvorstellbare Hungersnot, und in den darauffolgenden

Jahren gab es anhaltendes Elend. Von 1603 bis 1605 trugen sich Aufstände der leibeigenen Bauern in einem sehr weitläufigen Gebiet zu, wobei die zahlenmäßige Beteiligung eher gering war. Die städtischen Unruhen waren so bedeutend, daß die *Wojwoden* des Zaren in vielen Städten für Ruhe sorgen mußten. Sie wurden speziell »gegen Räuber« und nicht gegen Rebellen ausgesandt, was den Zusammenhang zwischen Banditentum und bäuerlicher Unzufriedenheit unterstreicht. Für das Jahr 1604 enthält de Thous *Historiae sui temporis* folgenden Bericht: »Zu dieser Zeit wütete ein schrecklicher Hunger in Transsylvanien und zwang die Menschen zu essen, was eigentlich nicht als menschliche Nahrung gedacht war. Als selbst das aufgebraucht war, aßen sie Menschenfleisch. ... Dieses Jahr war überall unfruchtbar. ... Sizilien wurde von einer Hungersnot bedroht ... In Frankreich herrschte im Languedoc und der Provence ebenfalls große Getreideknappheit.«

In den folgenden Jahren zeichneten sich einige Verbesserungen ab, aber besondere Bedingungen in mehreren Ländern ließen das Jahr 1607 doch zu einem Jahr des Aufstandes werden. In England war es das Jahr der Revolten in den Midlands. Stows *»Annalen«* (1631) enthalten folgenden Bericht:

»Um die Mitte des Monats Mai 1607 versammelte sich plötzlich eine große Anzahl von gemeinen Leuten in Northamptonshire, und dann versammelten sich ähnliche Personen in Warwickshire, und einige in Leicestershire. Sie zerstörten gewaltsam Hecken, schütteten Bewässerungsgräben zu und brachen alle Einhegungen, die sie auf alten Gemeinheiten und anderswo fanden. ... Diese aufrührerischen Personen bekamen starken Zulauf; an einigen Orten machten Männer, Frauen und Kinder zusammen eintausend Personen aus, bei Hill Norton in Warwickshire waren es 3000, und bei Cotesbach sammelten sich 5000 Männer, Frauen und Kinder.«

Den Grund für die Erhebung finden wir von Aufständischen genau angegeben, die den Justices of the Peace versicherten, ihre Revolte sei nicht gegen den König gerichtet, »sondern nur für die Aufhebung der jüngsten Einhegungen, die sie zu den ärmsten und von Not am meisten bedrückten Menschen« gemacht hätten. Der Anführer hieß John Reynolds, wurde aber Captain Pouch genannt »wegen eines großen Lederbeutels, den er an seiner Seite trug«. Einhegungen scheinen die Hauptbeschwerden gewesen zu sein, und zum erstenmal tauchten in diesem agrarischen Kontext jetzt in England die Begriffe »leveller« und »digger« auf. Die »leveller« waren einfach diejenigen, die Einhegungen »einebneten«, ohne irgendeinen Hinweis auf eine radikale soziale Vorstellung. Nichtsdestoweniger wurden sie grausam unterdrückt. Der Earl of Shrewsbury berichtet aus der Zeit, daß »tausend dieser Leute, die sich selbst leveller nennen, eifrig am Graben sind, aber daß sie mit vielen Piken, zugespitzten Stöcken, langen Spitzen und Pfeil und Bogen und Steinen ausgerüstet sind. . . . 40 oder 50 von ihnen wurden getötet und sehr viele verletzt«. Die Digger traten in diesem Jahr mit einer weithin bekannten Petition auf, die von *»The Diggers of Warwickshire to all other Diggers«* gerichtet war. Die öffentliche Meinung der Zeitgenossen richtete sich eindeutig gegen diese Aufrührer. In einer Predigt im Juni 1607 in Northampton behauptete ein Pfarrer nach der Unterdrückung der Revolte, daß »sie nichts anderes betreiben, als Einhegungen niederzureißen; obwohl dies außerhalb des gemeinen Rechts lag; aber danach werden sie andere Dinge erwägen. Sie wollen sich mit den Klerikern anlegen, und es ist schon die Losung gegeben, Gentlemen umzubringen, und so wie sie Wälle und Gräben eingeebnet haben, werden sie alle Stände gleichmachen, und einige von ihnen tönten, daß sie nun hofften, nie mehr zu arbeiten.«

Im späten Frühjahr 1607 brach im östlichen Ungarn eine große Revolte aus. Sie wurde hauptsächlich von den Haiducken (abtrünnige bäuerliche Banditen) getragen, die im November etwa zwanzigtausend ausmachten und denen sich starke Kräfte von Leibeigenen anschlossen. Der Haiduckenaufstand, obwohl an sich schon interessant (er hatte eine entschiedene anti-grundherrliche Richtung, so daß sich ein Prälat darüber beklagte, die Rebellen »wollten alle Adligen in die Sklaverei zwingen«), war nur Teil eines umfassenderen Kampfes, der von allen Gruppen der ungarischen Nation getragen wurde und sich gegen die Habsburger und gegen den deutschen Einfluß richtete. Die Jahre von 1604 bis 1608 sahen eine große Revoltenbewegung, die größtenteils von Stepan Bocskay angeführt wurde. Volksaufstände wurden so ein nützlicher Bestandteil des nationalen Kampfes.

In Rußland spielte sich allerdings die wichtigste Rebellion dieser Jahre ab. Der Bolotnikov-Aufstand von 1606-1607 war der größte der russischen Geschichte vor der neueren Zeit. Er war der größte, weil er sowohl in bezug auf das Aufstandsgebiet als auch in bezug auf die Anzahl der Teilnehmer die Erhebungen von Stenka Razin und von Pugachev übertraf; und, mehr als diese beiden berühmten Rebellionen, drohte er den russischen Staat umzustürzen. Von den vielen Belastungen, die die russischen Bauern zur Revolte trieben, war die stetig wachsende Belastung mit Frondiensten und der damit verbundene wirtschaftliche Niedergang der ländlichen Klassen am entscheidensten. Die Gesetzgebung zur Leibeigenschaft schien besonders wegen der Dekrete von 1581 und 1597 bedrohlich, die den Bauern verboten, den Boden ihres Grundherren zu verlassen. Obgleich die Regierung gelegentlich das Recht auf Freizügigkeit wieder in Kraft setzte, bestand die Tendenz zu einer starken Einschränkung dieser Freiheit. Die wirtschaftliche Not der Bauern spitzte sich durch den zunächst von der opričnina und dann durch die in der berüchtigten »Zeit der Wirren« verursachten Probleme weiter zu. Aber der entscheidende Faktor war die große Hungersnot von 1601-1603, eine der schlimmsten in der russischen Geschichte. »Viele starben an Hunger«, berichtete ein Zeitgenosse, »einige ernährten sich von Aas und von Katzen, und Menschen aßen Menschen; und viele lagen tot an Straßen und Wegen«. Trotz eines Gesetzes gegen Spekulanten, das auf Zar Boris Godunov zurückgeht, stieg der Brotpreis in Moskau um das zehnfache. Ein während der Hungersnot angefertigter Bericht geht (zweifellos übertrieben) davon aus, daß auf den drei Hauptfriedhöfen Moskaus innerhalb eines Zeitraums von achtundzwanzig Monaten 127 000 Menschen begraben worden seien. Massenfluchten von Bauern häuften sich während dieser Schreckensjahre. Aber viele merkten bald, daß es in einem heimgesuchten Land keine Zufluchtsstätte gab. Jene, die blieben, nahmen neue Fronbedingungen in Kauf, die noch drükkendere Leibeigenschaft und reine Sklaverei (*cholopstvo*) mit sich brachten. Der Hunger war der Grund für eine Rebellion, die 1603 von dem Bauern Chlopko geführt wurde; er wurde geschlagen und hingerichtet.

Der Bolotnikov-Aufstand von 1606-1607 begann nach dem Ausbruch einer dynastischen Auseinandersetzung zwischen dem dem Zaren Boris Godunov und dem Thron-Prätendenten, dem Pseudo-Dmitri. Seit 1604 führte ein junger Mann, der behauptete, der wahre Thronerbe zu sein (der echte Dmitri war in Wirklichkeit 1591 unter mysteriösen Umständen gestorben), eine weitreichende Rebellion gegen Godunov, die von Kosaken, Bojaren und

Polen unterstützt wurde. Nach dem Tode Godunovs 1605 erreichte der Pseudo-Dmitri sein Ziel und erhielt den Thron, aber er brachte es fertig, sich die Moskauer Bojaren dermaßen zu entfremden, daß er im Mai 1606 ermordet wurde und sein Platz von dem Bojaren-Prinzen Basil Ivanovič Shuisky eingenommen wurde. Die Wahl Shuiskys wiederum entfachte eine breite Opposition in Moskau. Bojaren-Armeen bereiteten sich auf einen Marsch nach Moskau vor. Das Kernstück ihres Anhanges war die von Bolotnikov geführte Bauernbewegung.

Bolotnikov war ein ehemaliger Sklave *(cholop)*, der von seinem Herrn zu den Kosaken geflohen war. Dort wurde er durch die Türken gefangengenommen, zum Galeeren-Sklaven gemacht durch deutsche Seeleute befreit, nach Venedig gebracht und kehrte dann über Deutschland und Polen nach Rußland zurück. Ein Mann von diesem Schlag war natürlich kein gewöhnlicher Sklave mehr. Da er sich mit der Opposition gegen den Zaren identifizierte, wurde er ein Verbündeter der Adelspartei und machte es zu seiner Aufgabe, die Volksmassen zu vereinen.

Die Hauptkräfte der rebellischen Bauern kamen aus dem Gebiet süd-westlich von Moskau: sie kamen von klösterlichen und adligen Gütern, und umfaßten freie Bauern und Unfreie. Die unteren Klassen aus den Städten trugen ebenfalls zu der Bewegung bei. Die Massenerhebung tausender Bauern wurde bis zu einem gewissen Grad durch das politische Chaos in Moskau ermöglicht; aber es gab noch einen anderen Faktor, der die Bewegung stärkte, und das war die Unterstützung durch die Kosaken aus dem Süden Rußlands. Die militärischen Kräfte der Aufständischen bestanden aus drei Gruppen: zunächst dem zentralen Bauernaufstand unter Bolotnikov, dann einer hauptsächlich aus Kosaken gebildeten Armee aus Astrachan mit einem neuen Thronanwärter, dem »Zarewitsch Peter«, und schließlich der vorwiegend adligen Armee unter einem Mitglied des niederen Adels, Pashkov. Das Hauptziel dieser drei Streitkräfte war die Besetzung Moskaus. Dies mußte auch das Ziel der Bauern sein, da ihre Hoffnung auf Freiheit für sie nur in dem Willen des Volkspatriarchen, des Zaren, lag. Im Oktober 1606 waren die Rebellen an der Stadtmauer von Moskau. In diesem Augenblick kamen die tiefen Unterschiede in der Politik der Rebellen offen zum Ausbruch. Erschreckt von den Konsequenzen des sozialen Kampfes, zu dem Bolotnikov aufrief, ging Pashkov zu Shuisky über, und Bolotnikov war nach einer Niederlage gezwungen, sich von Moskau zurückzuziehen. Im Frühjahr 1607 fanden sich Bolotnikov und seine Streitkräfte in der befestigten Stadt Tula in der Falle. Nach einer langen und erbarmungslosen Belagerung kapitulierte Tula im Oktober. Bolotnikov wurde gefangengenommen und hingerichtet.

Der Übertritt Pashkovs hatte gezeigt, daß Bolotnikovs Bewegung nicht Teil einer Auseinandersetzung unter dem Adel war, sondern ein gefährlicher und selbständiger Volksaufstand. Wie der Historiker des Aufstands, Smirnov, betont, »waren das zentrale Anliegen des Bolotnikov-Aufstandes und seine grundlegende Parole, mit der die Erhebung geführt wurde, die Aufhebung bäuerlicher Abhängigkeiten und die Beseitigung feudaler Unterdrückung«. Die vorbehaltlose Ergebenheit der Bauern ihrem Zaren gegenüber und ihre ständige Forderung nach Wiederherstellung der alten Rechte stimmten mit ihren revolutionären Zielen völlig überein. Indem sie sich direkt an den Zaren wandten, lehnten sie das System der feudalen Hierarchie und der persönlichen Leibeigenschaft ab, das dem Grundherren und niemandem sonst vollständige Gewalt über den Bauern gab. Mit der Berufung auf das alte Recht forderten sie tatsächlich die Abschaffung aller drückenden Belastungen, die ihnen seit menschlicher Erinnerung auferlegt worden waren. Die Neuverteilung der Landgüter unter die Bauernschaft war eine wesentliche Forderung im Programm Bolotnikovs. Außerdem bestand für seine Gefolgschaft kein Zweifel daran, daß der Adel ihr Feind war. Als Bolotnikov Moskau belagerte, »schrieb er Aufrufe an die Unterdrückten in der Stadt, die Waffen gegen ihre Herren zu erheben und deren Güter und Vermögen selbst in Besitz zu nehmen, wovor man sich beinahe ebenso fürchtete wir vor dem Feind außerhalb der Stadt«. In dieser zeitgenössischen englischen Darstellung wurde die Bedrohung durch eine soziale Revolution von Bolotnikov in den düstersten Farben gemalt.

Das nächste Jahrzehnt in Europa war vergleichsweise friedlich, aber die Agrarkrise der frühen zwanziger Jahre des 17. Jahrhunderts rief eine neue Welle von Aufständen hervor. In Mitteleuropa wurden die ländlichen Klassen zusätzlich mit einem bedrückenden Krieg überzogen, der mit wenigen Unterbrechungen dreißig Jahre dauern sollte. Bereits 1620 gab es vereinzelte Revolten; in Neapel »erlebte die Stadt zahlreiche und anhaltende Unruhen und Erhebungen unter dem Pöbel«. In Österreich erhoben sich die

Bauern, aber Tilly stellte sich ihnen mit einer kaiserlichen Armee von dreißigtausend Soldaten entgegen und schlug sie.

Erst 1626 erlebte Oberösterreich den größten Aufstand der gesamten Kriegszeit. Es war mit Sicherheit der größte in ganz Mitteleuropa seit 1525, und muß schon mehr als »Krieg« denn nur als Revolte gesehen werden.

Der Adel spielte eine wichtige Rolle in der Rebellion. Beinahe der gesamte Adel Oberösterreichs war lutherisch, und seine Religionsfreiheit war vom Kaiser garantiert worden. Aber zu Anfang des 17. Jahrhunderts kam das Land ob der Enns unter bayerische Verwaltung[2], und eine katholische Reaktion war das Ergebnis. 1624 wurde die Ausübung der protestantischen Religion in Oberösterreich per Dekret verboten, ein durchaus gängiges Verfahren angesichts des allgemein gültigen Grundsatzes cuius regio eius religio. Die Einführung des alten Glaubens wurde unvermeidlich gewaltsam durchgeführt mit dem Ergebnis, daß mehrere Mitglieder des Bürgertums und des Adels, einschließlich des Grafen von Ortenburg und des Freiherrn von Zinzendorf, sich zu einem Komplott zusammenfanden. 1626 begannen die katholischen Machthaber in Linz, protestantische Bücher von Haus zu Haus einzusammeln, und füllten so in vier Tagen zwanzig Wagen. Protestantische Frömmigkeit, die sich vor allem auf Bücher wie die Bibel stützte, wurde mit Füßen getreten.

Der religiöse Hintergrund der Ereignisse von 1626 ist wesentlich für jede Betrachtung des Aufstandes, weil die erste und wichtigste Forderung der Bauern die nach Religionsfreiheit war; wie Kaiser Ferdinand nach dem Aufstand von 1632 resümierte: »Diese und alle vorhergehenden Rebellionen sind durch nicht-katholische Bauern verursacht worden wegen ihrer sogenannten Konfession«. Die Prioritäten der Forderungen von seiten der Rebellen zeigen sich in dem Brief, den sie dem Kaiser im Juli 1626 sandten: Die Religion stand hier an erster Stelle; erst danach protestierten die Bauern gegen die Todfallabgaben und andere Steuern und Dienste, und schließlich beschwerten sie sich über die Ausschreitungen der Soldaten. Die Rebellen äußerten auch große Feindseligkeit gegenüber Fremden, die sie beschuldigten, ins Land zu kommen, um die verlassenen Ländereien religiöser Flüchtlinge zu besetzen. Bauern und Adlige waren nicht die einzigen Teilnehmer der Bewegung, zu der Tausende städtischer Arbeiter und Handwerker zählten und die sogar Schiffer von den Donaukähnen einschloß.

In solch einer Massenerhebung fanden alle Gruppen und Meinungen einen Platz, und trotz der protestantischen Anführer waren dort Tausende katholischer Bauern zu finden, und Katholiken und Protestanten verbündeten sich. Die protestantische Union verdammte, wen kann es wundern, die Erhebung.

...

Die Jahre von 1628 bis 1631 sahen in den westlichen Provinzen Englands, was als »der größte geschlossene Ausbruch von Volksunzufriedenheit in den fünfunddreißig Jahren vor dem Bürgerkrieg« beschrieben worden ist. Diese Revolten ereigneten sich in verstreuten Gebieten in Gillingham Forest (Dorset), Braydon Forest (Wiltshire) und im Forest of Dean. Was den verschiedenen Ausbrüchen den Zusammenhalt gab, war die Führung durch die geheimnisvolle »Lady Skimmington«, ein Pseudonym, das anscheinend von unterschiedlichen Anführern benutzt worden ist, insbesondere aber von einem gewissen John Williams. Ihre Hauptanklage richtete sich gegen Einhegungen, die die Aufrührer mit Gewalt niederrissen. Die Zahl der Rebellen war nicht unbeträchtlich: es wird überliefert, daß achtzehn Städte der Gegend sich in einer Konföderation zusammenschlossen, und die Stärke der Rebellen wurde mit über tausend Bewaffneten angesetzt. Was die Herrschenden noch mehr beunruhigte, waren Berichte, nach denen die Aufständischen »von einigen geachteten Gentlemen Unterstützung erhalten haben« und nach denen ein Geistlicher, der Seelsorger von Newland, Peter Simon, sie mit Reden ermutigt habe, »die sich so anhörten, als ob sie die Lehre von der Gleichheit der Menschen verfechten« würden.

In Ungarn ist diese Zeit wegen der Erhebungen der Bauern 1631 und 1632 beachtenswert. Für die nächste größere Rebellion müssen wir uns jedoch wieder nach Oberösterreich wenden. Dort brach im August 1632 eine Revolte unter Jacob Greimbl aus, der unter protestantischer Fahne mit einigen anderen anti-katholischen Eiferern und mit einem persönlichen Hilfeversprechen von Gustav Adolf zurückkam. Der Aufstand brach zusammen, und Greimbl wurde auf dem Hauptplatz von Linz im Februar 1633 hingerichtet. Eine andere Erhebung im Machland von 1634 bis 1636 unter dem religiösen Fanatiker Martin Laimbauer führte zur Hinrichtung von neun Anführern im Juni 1636 in Linz. Der Geist von 1626 war noch nicht gebrochen, als sich im Winter 1633-34 in Oberbayern zwischen Isar und Inn um Benediktbeuren herum der größte Aufstand auf deutschem Gebiet während des Dreißigjährigen Krieges abspielte. Der Anführer war der 1626 geflohene Weinbuch. Es wird angenommen, daß ungefähr zehntausend Bauern teilgenommen haben; die Erhebung wurde schließlich von Truppen beider Seiten, sowohl von kaiserlichen und spanischen als auch von schwedischen, niedergeworfen.

Von allen Gebieten, die von Volksaufständen während der kritischen Jahre des frühen 17. Jahrhunderts betroffen waren, wissen wir am meisten über Frankreich. Die Zeit der wichtigsten Rebellionen begann etwa 1630 und reichte bis zur Fronde. Das Datum ist nicht beliebig, denn es markiert den Beginn von Richelieus energischer Finanzpolitik, von der er hoffte, Frankreichs sowohl diplomatische als auch militärische außenpolitische Verstrickungen durch höhere inländische Steuern finanzieren zu können. In allen Erhebungen während dieser Zeit richtete sich die erste und wichtigste Beschwerde der Unzufriedenen gegen die Steuern. Das war der Punkt, der die verschiedenen Kräfte – Bauernschaft, städtische Bevölkerung, mitunter die Bourgeoisie und den Adel – in der Rebellenbewegung vereinte.

Zwischen dem Beginn der Regierung Ludwigs XIII. und dem Ausbruch der Fronde gab es vier große Revoltenwellen: 1624 in der Gegend von Quercy, 1636-1637 in mehreren Provinzen des Südwestens, 1639 in der Normandie und 1643-45 in Gebieten des Südens, Westens und Nordens. Von ihrer Natur her gab es mehr (und kürzere) städtische als ländliche Revolten; sie finden sich in vielen größeren Ortschaften und Städten in jedem Jahr von 1623 bis 1647. Die begrenzte Fläche einer Stadt, wo die Menschen in engem Kontakt miteinander lebten, ließ relativ kleine Zwischenfälle schneller als in einer weiträumigen ländlichen Gemeinde aufflackern. Städtische und ländliche Revolten konnten nicht klar unterschieden werden, da beide sich unvermeidlich überschnitten und Aufstände, die als Bauernrevolten endeten, gewöhnlich in den Städten begannen.

Das Wesen der französischen Aufstände kann anhand der beiden größten Ausbrüche, dem der *Croquants* von 1636 und der Revolte in der Normandie von 1639, verdeutlicht werden. Das Datum 1636 hilft, die Unzufriedenheit im Volke zu erklären, denn dies war das Jahr nach dem Eintritt Frankreichs in den Dreißigjährigen Krieg, und die Berichterstattung von Regierungsbeamten in den Provinzen (vor allem in Burgund und der Picardie) zeugt von weitverbreitetem Elend und einer Furcht, die durch Pest, schlechte Ernten und durchziehende Truppen hervorgerufen wurde. Die Herrschenden waren sich der Möglichkeit von Revolten bewußt. Bereits 1635 hatte es eine Serie von Aufständen in den Städten des Südens, besonders in Agen, gegeben. Der Aufstand der Bauern brach im Mai 1636 aus und wurde erst im November 1637 niedergeschlagen. Er erfaßte ein so weites Gebiet – fast das ganze Gebiet zwischen Garonne und Loire, etwa 1/4 der Fläche Frankreichs –, daß er wohl als der größte Bauernaufstand der französischen Geschichte zu betrachten ist. Er war keine einheitliche, organisierte Revolte, sondern bestand aus sporadischen Aktivitäten von zahlreichen umherziehenden Gruppen. Der erste große Ausbruch ereignete sich in der Stadt und der Gegend von Angoulême, wo es zu einem Massaker an königlichen Steuerbeamten kam. In einer Stadt wurden zwölf Steueragenten umgebracht, und einer (in Saintonge) wurde lebendigen Leibes in Stücke geschnitten. Die Erhebung wurde so groß und ausgedehnt, daß nur eine königliche Armee sie unterdrücken könnte, wie einer der Intendanten Richelieu berichtete. Aber die Armee war andernorts mit der Verteidigung der französischen Grenzen beschäftigt, so daß die Regierung zu einem Kompromiß genötigt war. Im August 1636 begannen der Gouverneur und der Intendant von Angoulême, mit den Rebellen zu verhandeln. Verschiedene Steuerzugeständnisse, die den Aufstand für den Winter beilegten, wurden gemacht. Im Frühjahr brach er erneut aus, in der Hauptsache dadurch provoziert, daß der Intendant zum Steuereintreiben Truppen benutzt hatte. Das Périgord wurde zum neuen Zentrum des Aufstandes. Beinahe 60 000 Bauern hatten dort 1636 zu den Waffen gegriffen, Steuereintreiber umgebracht und riefen: ›Vive le Roi sans la gabelle! Vive le Roi sans la taille!‹ Der Anführer der Bewegung und letztlich des größten Teils der Croquants war ein Adliger, La Mothe la Forêt. Im Sommer 1637 begann die militärische Unterdrückung. Der Herzog von La Valette, Generalgouverneur der Guyenne, stellte die Bauern in der Stadt Eymet und ließ mehr als tausend von ihnen tot auf dem Schlachtfeld zurück. Im November war durch weitere Aktionen alles bis auf verstreute Gruppen der *Croquants* vernichtet.

Die Normandie, wo die Rebellion der *Nu-Pieds* ausbrach, war eine der am schwersten besteuerten Provinzen Frankreichs. Sully prahlte einmal vor dem englischen Botschafter damit, daß der

König aus der Normandie ebensoviele Steuern ziehe wie aus allen anderen Provinzen zusammen. Unter Richelieus Steuerregime verhallten die Beschwerden der Stände der Normandie über die Last der *tailles* und *gabelles* ungehört. 1638 teilte man den Ständen mit, daß die gegenwärtigen Umstände eine Steuererleichterung unmöglich machen würden. Ein Gerücht im Jahre 1639, daß die auf Salz, eines der Hauptprodukte der Normandie, erhobene Steuer steigen sollte, ließ das Faß überlaufen. Im Juli 1639 wurde der königliche Beamte Poupinel, der wegen anderer Geschäfte nach Avranches gekommen war, irrtümlich für einen Eintreiber der *gabelle* gehalten und bei einem Tumult, den die Salz-Produzenten verursachten, schwer verletzt.

...

Anders als die *Croquants* waren die rebellischen Normannen gut organisiert. Aus den Bauern wurde eine Armee aufgestellt, die sich »Armee des Leidens« – *armée de souffrance* – nannte und deren Kopf General *Nu-Pieds* war. Andere Anführer gaben sich selbst entsprechende Offiziers-Dienstgrade. In einem Papier des französischen Kanzlers Séguier wird das Anwachsen der Bewegung so beschrieben:

»Zunächst waren es nur wenige Leute ohne Bedeutung und leicht zu vertreiben. Nach und nach wuchsen sie jedoch mit der stillschweigenden Duldung der oberen Klassen und der großen Menge gemeinen Volkes, bis sie schließlich fünf- bis sechstausend wohlbewaffnete Männer waren und sich nun über die ganze Provinz ausbreiteten. Pontorson war die erste Stadt, die sie willkommen hieß, Coutance unterstützte sie mit Männern und Geld. Vire stärkte ihre Zahl. Bayeux half ihnen und Caen erhob sich mit ihnen. Das ganze Land unterstützte sie bereitwillig.«

Die Rebellen beschränkten sich nicht nur darauf, Rebellen zu sein. Sie bildeten eine alternative Herrschaft zur Zentralregierung. Sie übernahmen die gesamte Region, und Steuern mußten nun an sie entrichtet werden, um die Armee zu unterstützen. Erlasse, die in einem königlichen oder adligen Stil endeten (›gegeben in unserem Lager, an den Kalenden des August, und gesiegelt mit dem Siegel unserer Armee, durch unsere Hoheit (Unterschrift), *Nu-Pieds*), wurden von den Armeeführern herausgegeben. Gleichzeitig wurde eine ausgedehnte Propaganda entfacht, um das Volk davon zu überzeugen, daß *Nu-Pieds* gekommen sei, um ihre Freiheiten zu erneuern.

Das oben angeführte Zitat von Séguier zeigt die enge Verbindung zwischen Stadt und Land in dieser Revolte, und die Bauern wären ohne städtische Unterstützung isoliert gewesen. Sowohl Caen wie Rouen hatten Volksunruhen, die sie für eine Zeit unter die Kontrolle der Rebellen brachten. Die Erschütterungen gingen weit über die Normandie hinaus. Sie fanden Widerhall bis ins Poitou, in die Provence und das Languedoc. In Poitiers nannte sich der Anführer der Revolte *Va-nu-jambes*. Die normannische Erhebung wurde 1640 durch Truppen aus der Picardie beendet. Der erste Schritt war, die Revolte in Caen zu isolieren und zu unterdrücken; der Anführer, bekannt als *Bras-nu*, wurde zusammen mit seinen Kameraden hingerichtet und gevierteilt. Als nächstes trafen die königlichen Gruppen bei Avranches auf die zentrale Streitmacht der *Nu-Pieds* und schlugen sie, wobei die meisten der Anführer fielen. Es gab nicht viele Hinrichtungen, denn es herrschte Arbeitskräftemangel auf den Galeeren, auf die die Gefangenen ordnungsgemäß geschickt wurden.

. . .

Einer der umstrittensten Aspekte der französischen Revolten ist die Rolle von Anführern aus den oberen Klassen, die die Erhebungen oft angestiftet und sogar geführt haben. Insoweit die Rebellen in der Hauptsache die Besteuerung angriffen, ist es leicht einzusehen, warum sie von ihren Oberen so ermutigt worden sind. Die ausgedehnte Revolte im Languedoc von 1632 wurde ganz klar vom alten Adel und den Bischöfen angeführt. Adlige waren in jedem Fall die natürlichen Anführer, und es bedurfte eines Edelmannes, Antoine du Puy de la Mothe, Seigneur von La Forêt, aus den *Croquants* 1636 eine gut organisierte Armee zu formen. Wenn die Adligen sich heftig gegen eine höhere königliche Besteuerung der Bauern wehrten, dann geschah das aus einem Grunde: Bauern, die ihre königlichen Steuern voll entrichteten, behielten wenig zurück, um die grundherrlichen Abgaben zu leisten. Die Anwesenheit adliger Führer hilft jedenfalls oft, die begrenzten sozialen Ziele der Bauernschaft zu erklären. La Mothe La Forêt wurde von einem Großteil seiner Anhänger angeklagt, ihre Sache verfälscht zu haben, und es stimmt, daß er von der Liste der bäuerlichen Beschwerden alle diejenigen ausdrücklich strich, die sich nicht ausschließlich auf Steuern bezogen. Das war der Preis, den die Rebellen für eine effiziente Führung zu zahlen hatten.

In England war eine der interessantesten Folgen des Bürgerkriegs das Entstehen einer weitverbreiteten Volksbewegung mit dem einzigen Ziel, den Exzessen der Soldaten entgegenzutreten. Die Clubmen, wie sie genannt wurden, bestanden zum größten Teil aus Bauern, die sich angesichts der Aufteilung des Landes in Parteien, mit keiner Seite identifizieren konnten und sich gegen die eine oder auch beide heftig wehrten, je nachdem welche Armee sich als die unbeliebtere erwies. Der Höhepunkt ihrer Aktivitäten war 1645, als sie zum ersten Mal im Westen des Landes in Erscheinung traten. Im März berichtete der Bürgermeister von Pool (Dorset), daß »es in unserem Land beinah 1000 Landleute gibt, die sich mit Gewehren und Keulen bewaffnet zusammengeschlossen haben, um den Franzosen und den Iren unter den Cavaliers Widerstand zu leisten«. Etwas später in diesem Monat schrieb der Zeitgenosse Whitelock, daß »sich verschiedene Clubmen in einigen Grafschaften erhoben haben; und in Dorsetshire drohen 4000 Bewaffnete von ihnen, alle auszuplündern, die sich ihnen nicht anschließen, um die Cavaliers zu vernichten«. Als jedoch Truppen des Parlaments in die Gegend kamen, wurde ihnen die gleiche Begrüßung zuteil. Ein Bericht vom Juli 1645 hält fest:

»Einige Offiziere und andere aus der Armee (des Parlaments unter Fairfax) fanden, als sie durch Salisbury zogen, die Einheimischen ihnen gegenüber sehr voreingenommen; sie vertrauten auf ihre eigenen Kräfte wegen ihrer Verbindung mit anderen counties durch die Treffen der Clubmen, die weiße Streifen an ihren Hüten trugen (als Affront gegen die Armee), und sie vergaßen nicht zu erwähnen, daß sie absolut unparteiisch seien«.

Wenn sie nicht neutral waren, konnten sie Parlamentsgegner sein. Whitelock berichtete am 3. Juli, daß »sich zwischen vier- und fünftausend Clubmen in Dorsetshire und Wiltshire erhoben hatten und sich sehr aufrührerisch benahmen und die parlamentarischen Truppenquartiere in Sturminster stürmten; auf beiden Seiten wurden mehrere getötet und verwundet«. Es ist nicht überraschend, wenn sich sowohl Royalisten wie auch Parlamentsanhänger im Gegensatz zu den Clubmen befanden. Ein Gefecht um Sherborne Castle führte am 2. August 1645 zur Gefangennahme aller maßgeblichen Führer der Clubmen durch Fairfax. Als die Clubmen daraufhin eine großangelegte Aktion zur Befreiung ihrer Anhänger planten, schritt Cromwell militärisch ein und zerschlug ihre Truppen, die an die zweitausend Köpfe zählten. Obwohl die Bewegung 1647 dann und wann noch einmal aufflakkerte, war dies das Ende.

Die Clubmen waren keine unbedeutende Gruppe. Das große Treffen von Bauern und Yeomen aus Wiltshire und Dorset bei Gorehedge Corner vom 25. Mai 1645 zählte über viertausend Teilnehmer. Darüber hinaus planten die Clubmen bei diesem Treffen ein System zum Schutz der Gemeinden, das sowohl für Städte als auch für das Land gelten sollte. »Wir wissen, daß wir stark genug sind«, behauptete einer ihrer Anführer, »um uns sowohl gegen den König als auch gegen das Parlament zu verteidigen, und daß wir noch mehr können, falls es erforderlich sein sollte.« Auf allen ihren Treffen, soweit sie überliefert sind, waren mehrere Tausend anwesend: Im Juni desselben Jahres versammelten sich z. B. in Somerset beinahe sechstausend, um eine Petition gegen »Unterdrückung, Raub und Gewalt, begangen von der Reiterei Lord Gorings« zu verabschieden. Bewegungen in anderen Teilen des Landes übernahmen ihre Methoden und ihren Namen: im August trafen sich in Cardiff etwa zweitausend, im September in Chichester etwa eintausend, aber in beiden Fällen waren die Clubmen zum größten Teil royalistisch. Der Name »Clubmen« scheint daher zu stammen, daß die Teilnehmer gewöhnlich mit Keulen (clubs) und Mistforken bewaffnet waren; die in diesem Namen enthaltene aggressive Zielsetzung wird von dem Vers bestätigt, der auf den Fahnen der Clubmen stand und der ihre begrenzte Gesellschaftsphilosophie anschaulich zusammenfaßt:

»If you offer to plunder, or take our cattle,
rest assured we will give you battle.«*

. . .

Die Struktur der Volksaufstände

Abgesehen von grundsätzlichen sozialen und wirtschaftlichen Problemen, die der Unzufriedenheit des Volkes zugrunde lagen, gab es eine Reihe von Faktoren, die diese Unzufriedenheit zu Rebellionen entfachten. Unsere Untersuchung hat gezeigt, daß

* Falls jemand Anstalten macht, zu plündern oder unser Vieh zu stehlen, dem sei versichert, daß wir darum kämpfen werden.

man diese Faktoren im wesentlichen auf drei reduzieren kann: schlechte Ernten, außerordentliche Besteuerung und die Soldateska.

In dem von uns behandelten Zeitraum ist das Zusammenfallen von schlechten Ernten und Volksaufständen so augenscheinlich, daß die Preisbewegungen nahezu gesetzmäßig das Auftreten von Volksunruhen widerspiegeln. Es gibt aber einige deutliche Ausnahmen. Der Schweizer Bauernkrieg von 1653 z. B. wurde durch einen Preisverfall und nicht durch steigende Preise hervorgerufen. In der großen Mehrzahl der Fälle war es nichtsdestoweniger Getreideknappheit, die die Menschen zunächst zum Aufstand trieb. Es ist jedoch wichtig zu bemerken, daß eine einfache Nahrungsmittelknappheit oder eine Hungersnot nicht automatisch größere Unzufriedenheit verursachten. Solange das gemeine Volk sehen konnte, daß jedermann ebenso hungerte, konnte es den Hunger lange ertragen. Erst wenn klar war, daß nicht jedermann hungerte, daß einige Getreide gehortet hatten, daß Rationen zugunsten der Privilegierten verteilt wurden und daß Getreide trotz der Hungersnot exportiert wurde – erst dann erhob sich das Volk. 1585 wurde Starace in Neapel umgebracht, weil er Getreide exportierte. 1648 war es in Bordeaux der Export von Weizen, der am Anfang der Fronde stand, 1653 kam es in Cordoba zur einzigen Plünderung, als das Volk auf der Jagd nach gehortetem Getreide in die Häuser eindrang. Hunger selbst war nie der direkte Anlaß zur Rebellion: er mußte immer mit einem brennenden Bewußtsein sozialer Ungerechtigkeit verbunden sein. Des weiteren gab es oft eine zeitliche Verzögerung zwischen dem Höhepunkt der Hungersnot und dem Ausbruch der Revolte. Mit leerem Magen waren Unruhen nicht immer möglich. Das Ergebnis war, wie 1566 in Antwerpen, daß Aufstände ausbrachen, wenn die Zustände sich zu bessern schienen. Es hat die Historiker verwirrt, daß der Pöbel von Antwerpen in dem Moment revoltierte, als Schiffe Getreide in die Stadt gebracht hatten und die Preise fast auf normale Höhe zurückgegangen waren. Das Preisniveau ist jedoch kein verläßlicher Führer, wie uns die Erhebung von 1648 in Granada zeigt. Nach dem, was ein Bürger vier Tage nach Ausbruch des Aufstandes schrieb, war der Weizenpreis »von 72 reales auf ungefähr 44 reales gefallen, aber während die Versorgung und der Getreidepreis sich besserten, wuchs die Unzufriedenheit über die Brotqualität und -versorgung«. Wenn der Historiker nur mit

Preisangaben arbeitet, kann er zu dem Schluß kommen, daß die Verhältnisse sich gebessert haben; während in Wirklichkeit Betrügereien und das Horten von Getreide das gemeine Volk in der Ansicht bestärkt haben mögen, daß es der Früchte des Preisverfalls beraubt würde. Soziale Konflikte brachen unter diesen Umständen wesentlich eher aus als zu Zeiten, zu denen es offensichtlich keine Hilfe für das Elend des Volkes gab.

Die außerordentliche Besteuerung erscheint in beinahe jedem der Aufstände dieser Zeit als Beschwerdegrund. Alle größeren Bauernrevolten und eine Vielzahl städtischer Rebellionen richteten sich gegen fiskalische Belastungen, gegen die Besteuerung von Vermögen, Salz, Vieh und anderen Dingen. Hauptfeind der Rebellen war deswegen in den meisten Fällen die Zentralregierung. Erst danach kam an zweiter Stelle als Gegner in Steuersachen die Kirche. Besonders das späte 16. Jahrhundert sah z. B. in Frankreich und Norwegen zahlreiche Revolten gegen die Zehnten. In Oberösterreich und in Bayern waren Angriffe auf Klöster normal. Protestantische Bauern wandten sich gewöhnlich grundsätzlich gegen den Zehnten. Katholische Bauern nahmen oft einen anderen Standpunkt ein, wie z. B. im Poitou des 17. Jahrhunderts; sie lehnten den Zehnten ab, wenn er zweckentfremdet wurde, und forderten stattdessen, daß er innerhalb des Steuerbezirkes zur Unterstützung der Geistlichkeit in den lokalen Pfarreien verwendet werden sollte. Es ist unnötig, zu betonen, daß der Haß auf herrschaftliche Abgaben allgemein verbreitet war; aber die Rebellen unterdrückten oft ihre Kritik in dieser Hinsicht, nicht zuletzt wegen der militärischen Hilfe, die einige Gruppen des Adels ihnen anbieten konnten.

Mehr als jede andere soziale Klasse litten die Bauern unter den Folgen des Krieges, und während dieser Zeit, in der er dauernd gegenwärtig war, litten sie besonders schwer. Das Nahen von Militär führte in der Regel zu einer Häufung von Gewalttaten. Grimmelshausens Simplicissimus beschäftigt sich hauptsächlich mit diesen Nöten der Bauern:

> Ja der Soldaten böser Brauch
> Dient gleichwohl dir zum besten auch;
> Das Hochmut dich nicht nehme ein
> Sagt er: Dein Hab und Gut ist mein.

»Sie machen alles wüst, wo immer sie auch hinkommen, ob vor, hinter, neben oder im Rücken der Armee«, sagt der Autor, »und was sie nicht gebrauchen können, zerstören sie.« Da der Marsch oft querfeldein führte, war es das Eigentum der Bauern, was zerstört wurde. Truppeneinquartierungen in bäuerlichen Haushalten und in ländlichen Ortschaften, die Beschlagnahme ihrer Lebensmittel, das Niedertrampeln reifender Früchte durch Tausende von Soldaten, die häufigen Übergriffe auf die Frauen, die Bahn der Zerstörung und nicht zuletzt die Krankheiten, die die Armee zurückließen: all dies ist aus dem Jahrhundert des Dreißigjährigen Krieges so bekannt, daß es kaum wiederholt werden muß. Aber die Bedeutung dieser Verwüstungen darf nicht vergessen werden. Krieg war ein Instrument sozialer Veränderung. Wenn die Soldaten bäuerliche Wirtschaften und Nahrung vernichteten und die Bauern in wirtschaftliche Abhängigkeit und Knechtschaft brachten, dann waren sie doch gleichzeitig der unmittelbare Anlaß zahlreicher Aufstände, mit denen die Bauern gegen solche Verhältnisse protestierten.

»Am 7. September«, so schrieb der Pfarrer von Boissy-Saint-Léger 1652, »wurden ich und meine armen Gemeindemitglieder gezwungen, unsere Pfarrei wegen der gewalttätigen Ausschreitungen der Rebellentruppen zu verlassen, und ein jeder nahm dort Zuflucht, wo er sie während dieses elenden Krieges fand, und am 18. Oktober kehrten wir nach Hause zurück.« Nachdem die Bauern diese Art von Zerrüttung während der Fronde jahrelang hingenommen hatten, begannen einige, ihre eigenen Versuche zur Wiederherstellung von Ordnung zu entwickeln. Ein Bauer in Milon-la-Chapelle »sammelte eine Gruppe von Bauern, alle gut bewaffnet und entschlossen, die ihn zu ihrem Führer wählten . . . Er nannte sich Sauvegrain [Retter des Getreides], um deutlich zu machen, daß er kein anderes Ziel hatte, als Getreide und Korn auf den Feldern zu retten«. Der Ruhm dieser Gruppe wuchs so, daß die Herzogin von Chevreuse (der Herzog war ihr Grundherr) sie sogar in den Wäldern besuchte, um ein Mahl mit ihnen zu teilen. Nach dem Krieg kehrte Sauvegrain hinter seinen Pflug zurück.

Andere Bauern wurden von ihren Erfahrungen jedoch in eine andere Richtung getrieben. 1645, zu einer Zeit, als die Grenzprovinzen schwer unter dem Dreißigjährigen Krieg gelitten hatten, klagte eine Beschwerde an die französische Verwaltung, daß in den letzten zehn Jahren »die Administration der Justiz aufgehört hat und durch den Durchzug und die Einquartierung von Armeen unterbrochen worden ist, was zu solcher Unordnung im Land geführt hat, daß die Bauern sich allen Rechtsmaßnahmen widersetzen und stattdessen sogar gegen die Richter rebellieren«. Für diese Bauern wurde die durch die Soldaten verursachte Zerstörung zu einem Auslöser für eine Revolte, die sich nicht gegen die direkte Ursache ihres Elendes richtete, sondern gegen jene, von denen sie bislang ausgebeutet worden waren.

Lag den Rebellionen irgendein geographisches Muster zugrunde? Obwohl diese Frage bedeutungslos scheinen mag, da Revolten mehr von sozio-ökonomischen als von geographischen Bedingungen bestimmt wurden, gibt es gute Gründe, sie zu stellen. Wir haben bereits gesehen, daß das Banditentum meist in gebirgigen oder anders unzugänglichen Gebieten blühte. Im Polen des 17. Jahrhunderts war das bedeutendste Zentrum der Banditen die Bergregion der Tatra, die an die Karpaten grenzte. Dort bauten sie eine Bewegung auf, die mit Hilfe der einheimischen Bevölkerung mehrere Jahre blühte; sie spielten in der Erhebung von 1651 in Podhale eine aktive Rolle. Wo das Terrain Revolten erleichterte, konnten Aufstände zu umfassenden Bewegungen werden. Dies ist mit ziemlicher Sicherheit einer der Gründe, warum das nördliche Alpengebiet anscheinend der Schauplatz dauernder Rebellionen gewesen ist. In diesem Gebiet in Österreich, Ungarn und in der Steiermark war allerdings die Notwendigkeit, Steuern für den Krieg gegen die Türken zu erheben, ein noch wichtigerer Grund für die Unzufriedenheit des Volkes; ein Grund, der immer wieder in den bäuerlichen Forderungen als Beschwerde auftauchte.

Welche Bedeutung hatten Stadt und Land für die Revolten? Hier liegt ein Grundproblem, das Ost- von Westeuropa unterschied. In den östlichen Teilen Europas beherrschte die agrarische Wirtschaft das Leben der Menschen und der Städte, wohingegen im Westen die Städte und das Bürgertum oder der Adel, die die Städte kontrollierten, anfingen, die ländlichen Gebiete zu beherrschen. Im Osten waren deswegen die Bedingungen sozialer Auseinandersetzungen wesentlich andere. Im allgemeinen konnte der revolutionäre Schwung hier nicht von den Städten ausgehen, sondern er mußte vom Land kommen. Die städtischen Revolten von 1648 in Rußland bilden keine Ausnahme von dieser Regel, da in Wirklichkeit eines der Kennzeichen des Aufstandes unter Morozov das deutliche Überwiegen des Landes war und der Mob von Moskau weitgehend aus Bauern bestand. Wenn sich das gemeine Volk im Osten erhob, geschah dies unter der Führung von Männern wie Bolotnikov, Napierski und Chmelnitsky, die ihr ganzes Leben außerhalb der Städte verbracht hatten. Im Westen hatten radikale Bewegungen die Tendenz, sich in den Städten und aus ihnen heraus zu entwickeln, und in der Regel hatten sie einen beachtlichen bürgerlichen Anteil. Für den Westen traf es natürlich nicht weniger zu, daß Stadt und Land oft schwer zu trennen waren; es kann auch nicht geleugnet werden, daß in allen größeren Erhebungen die Bauern den überwiegenden Anteil der Rebellen ausmachten. Dennoch reicht ein kurzer Blick auf die französischen Revolten des frühen 17. Jahrhunderts aus, um zu belegen, daß jeder wichtige Ausbruch in einer Stadt begann, seine Unterstützung aus der Stadt bezog und seine Kraft solange erhielt, wie er städtische Hilfe hatte. Die Tatsache, daß die Spannung zwischen den Klassen innerhalb der Grenzen einer städtischen Gesellschaft größer war, kann dies erklären helfen. Aber die Tatsache bleibt bestehen, daß in den 40er Jahren des 17. Jahrhunderts beinah alle bedeutenden Erhebungen im Westen städtisch waren – in Neapel, Paris, Granada und in Bordeaux. Das Stadtvolk, das Proletariat, begann, die revolutionäre Initiative zu übernehmen. Im östlichen Europa, in Rußland, gab es eine solche Entwicklung nicht. Nach der Entladung 1648 in Moskau und dem blutigen Aufstand (es war die Unterdrückung, die blutig war) vom Juli 1662 in derselben Stadt ging die Initiative wieder auf das Land über, zu den Kosaken, zu Stenka Razin und seinen Nachfolgern.

Beinah jede Revolte, von der wir Genaueres wissen, zeigt, daß sowohl städtische wie auch ländliche Elemente daran teilnahmen. Die Gefolgschaft von Bolotnikov 1607 umfaßte Leibeigene, Bauern, städtische Händler *(posadskie lyudi)* und niederen Landadel. Die *Croquants* von 1594 wurden von allen Städten im Limousin, mit der Ausnahme von Limoges, tatkräftig unterstützt. Das Rückgrat der Revolte der *Nu-pieds* bestand nicht nur aus Bauern, sondern auch aus Landarbeitern. Der oberösterreichische Aufstand von 1626 umfaßte Bauern, Handwerker aus der Stadt und selbst Schiffer von den Donaukähnen.

Die Volksunruhen sind in der Vergangenheit oft deswegen vernachlässig worden, weil man davon ausging, diese Revolten seien klein, von begrenztem Ausmaß und von kurzer Dauer gewesen. Wahr ist, daß nur wenige Revolten ihren Schwung eine längere Zeit aufrechterhalten konnten. Bei russischen und polnischen Erhebungen sieht es in dieser Hinsicht am schlechtesten aus. Wenn sie nicht von den Kosaken unterstützt wurden, sanken sie zu kleineren Scharmützeln ohne Plan und Führung herab. Kleinere Revolten verschwanden oft mehrmals und flackerten ebensooft wieder auf. Eine dieser endemischen Revolten trug sich in der Nähe von Linz zu, wo die Bauern aus Wildeneck von 1601 bis 1662 einen endlosen Kampf gegen das Kloster Mondsee führten. Diese lang anhaltende Rebellion endete im Dezember 1662 mit einem Prozeß und der Hinrichtung von zwei bäuerlichen Rädelsführern. Rein städtische Revolten, die sich nur innerhalb der Stadtmauern abspielten, waren schon glücklich verlaufen, wenn sie länger als eine Woche dauerten. Aber größere Revolten, jene, die wir mit Fug und Recht »Kriege« nennen können, wie sie sich in Frankreich und Oberösterreich ereigneten, schafften es, für eine erstaunlich lange Zeit zu überleben. Der österreichische Bauernkrieg von 1594 bis 1597 dauerte drei volle Jahre; die Rebellion der *Croquants* von 1594 brachte es auf beinahe zwei Jahre. Das Ausmaß der Beteiligung an diesen Revolten ist ebenfalls nicht zu unterschätzen. Obwohl die überlieferten Zahlen in keiner Weise zuverlässig sind, können die Schätzungen einer Bauernarmee von vierzigtausend in Österreich im Jahre 1595 nicht einfach als Übertreibungen abgetan werden. Das gleiche gilt für die auf vierundzwanzigtausend Mann geschätzte Armee in der Schweiz 1653. Die Schätzungen über die Zahl der Anhänger liegen weit höher. Die Tatsache, daß Tilly eine Armee von dreißigtausend Mann benötigte, um den Aufstand von 1620 in Österreich niederzuschlagen, zeigt, daß die Obrigkeiten selten die Stärke von Volksaufständen unterschätzten.

Ein anderes weitverbreitetes Mißverständnis über Volksunruhen ist die Annahme, daß sie blutrünstig gewesen seien. Für Luther und andere vor und nach ihm waren die Bauern »mörderisch«. Von der Propaganda der oberen Klassen ist keine andere Parole gegen die Bauern so erfolgreich gewesen, wie das Bild von blutrünstigen Marodeuren, die Leben und Eigentum vernichten. Die Wirklichkeit sah vollkommen anders aus. Fast ohne Ausnahme wurde bei Volksaufständen menschliches Leben und Eigentum geachtet. Ein typischer Fall ist der von Reichenstein 1571, wo Gaisrucker seinen Anhängern verbot, zu »morden, brennen oder stehlen«. Die österreichischen Rebellen von 1595, weit entfernt von ausschweifenden Plünderungen, bewahrten »vollständige

Disziplin«; bei einem bemerkenswerten Vorfall in jenem Jahr brachten sie die Soldaten, die sie angreifen sollten, nicht um, sondern entwaffneten und verprügelten sie. De Thous Beschreibung der ungarischen Rebellen von 1597 zeichnet das gleiche Bild: »Sie waren zunächst sehr zurückhaltend und vergossen kein Blut. Diejenigen, die des Diebstahls für schuldig befunden waren, wurden schwer bestraft.« Während der spanischen Aufstände in Granada, Cordoba und Sevilla wurde kein einziger Toter direkt durch die revolutionären Massen verursacht.

Die Todesfälle, die auf rebellische Aktionen zurückgehen, waren so außergewöhnlich, daß sie einige Beachtung verdienen. Wenn Morde vorkamen, dann lag es oft daran, daß vorher die Masse angegriffen worden war. 1648 in Moskau reagierten die Volksmassen mit einem Aufstand, weil die Bojaren mit Knüppeln auf sie eingedroschen hatten. In Granada war das erste von den Aufständischen (ohne Erfolg) gejagte Opfer ein Mann, der drei von ihnen während eines Streites getötet hatte. Die Hinrichtungen, die der Herrschaft Masaniellos in Neapel zugeschrieben werden (nach einer zeitgenössischen Angabe etwa 250), waren die Folge der Aufdeckung einer konterrevolutionären Verschwörung, die vom Vizekönig betrieben worden war. Die Rebellen, um es mit anderen Worten zu sagen, töteten gewöhnlich nicht ohne Grund. Mochte ihnen der Adel auch tief verhaßt sein, die wenigen Adeligen, die sie getötet haben, hatten das Blut des Volkes an ihren Händen. Diesem gemäßigten Bild steht eine große Ausnahme gegenüber. Unverbesserliche Feinde des Volkes wurden in Zeiten der Unruhe gnadenlos und gewöhnlich auf barbarische Art vernichtet.

In Frankreich, Italien, Spanien und zweifellos auch in anderen Ländern fiel der Steuereintreiber in diese außergewöhnliche Kategorie. Die Beamten, die in Spanien die *millones* (Lebensmittelsteuern) einsammelten, hatten eine ausgesprochen unsichere Lebenserwartung und waren die am meisten gehaßten Regierungsvertreter. In Frankreich begannen mehrere der größeren Revolten mit der Ermordung eines Steuereintreibers. Das Schicksal des armen Poupinel in der Normandie war es, mit einem solchen verwechselt zu werden. Wie wir gesehen haben, wurde der Mord an Steuereintreibern 1635 in Agen mit der Grausamkeit eines primitiven Opferrituals ausgeführt. Einigen Opfern schlug man Hände und Füße ab, einem riß eine Frau die Augen heraus, ein anderer wurde kastriert, und seine Geschlechtsteile wurden an Hunde verfüttert. Bei solchen Vorfällen war der Mord selbst weniger bedeutsam als die Art und Weise, in der er begangen wurde. Die Verstümmelung des Körpers und der Geschlechtsteile symbolisierte den Haß des Volkes, und all diesen sehr extremen Handlungen der Masse muß man in Kenntnis dieser Symbolträchtigkeit nähertreten. Das kannibalistische Ritual, wie es Paulmier und seine Freunde 1580 in Romans durchführten, schreckte seine Feinde nicht, weil es ernst gemeint war, sondern weil es den Umsturz aller festgefügten christlichen und weltlichen Werte androhte. Der in Frankreich vielleicht am meisten gehaßte Steuereintreiber war der *gabeleur*, und es war einer von ihnen, der 1636 in Saintonge »bei lebendigem Leib in kleine Stücke geschnitten wurde, und die Leute nahmen die Stücke, um sie an den Türen ihrer Häuser zu befestigen, wo man sie immer noch sehen kann«, wie uns ein Zeitgenosse schildert. Diesen Mord kann man sowohl als kannibalistisch wie auch als rituell bezeichnen. Starace erlitt 1585 in Neapel, wie wir gesehen haben, nahezu das gleiche Schicksal. In diesem Fall gingen die Aufständischen so weit, Stücke von seinem Fleisch zum Verkauf anzubieten, eine extreme Art, ihre vollständige Verachtung für einen Mann zu demonstrieren, der, wie die Dinge standen, *ihr* Fleisch zu seinem Profit verkauft hatte. Nicht nur Steuereintreiber, sondern alle Schieber, Wucherer, alle die auf Kosten des Volkes lebten, alle Blutsauger, die sich vom Volk ernährten: Dies waren die außergewöhnlichen Opfer einer Haltung, die als grausame Rache des Volkes erscheinen mag, die in Wirklichkeit aber nicht mehr war als seine Zuflucht zu einer Form von Gerechtigkeit, die älter als jede Zivilisation ist.

Eigentum wurde in genau der gleichen Weise behandelt. Das von Augenzeugen in Moskau 1648 gezeichnete Bild von tausenden von Menschen, die in Morozovs Herrschaftssitz wüten, die jede erreichbare Kostbarkeit zerstören und Perlen aus den Fenstern werfen und dabei schreien »Dies ist unser Blut!«, ist durchaus repräsentativ. Aller Reichtum, der aus dem Volke herausgepreßt und in nutzloses Gold, Silber, Kristall und Juwelen umgewandelt worden war, wurde nun zerstört. Da es nicht dem entsprach, was das Volk unter Reichtum verstand, wurde es mit Verachtung in den Staub getreten. Das gleiche geschah in Sevilla 1652, als der Pöbel das Haus eines Beamten (dessen Wert auf über 10 000 Dukaten geschätzt wurde) vollständig plünderte, aber kein einziges der wertvollen Objekte stahl. Die Ermordung von Starace spielte sich unter beinahe den gleichen Umständen ab, mit der Ausnahme, daß einige seiner Möbel genommen und verschiedenen Klöstern in Neapel geschenkt wurden. Aber nichts wurde geraubt. Diese Weigerung aufsässiger Rebellen, das ihnen verruchte Eigentum anzurühren, war einer der bemerkenswertesten Aspekte der Psychologie von Volksaufständen. Die rituelle Zerstörung der Güter derjenigen, über die das Volk den Bann verhängt hatte und die unberührbare und heilige Opfer waren, wurde rein intuitiv ohne erkennbares Ziel und ohne erklärtes Verbot der Räuberei vollzogen.

Dieses Übergewicht von Ritus und Symbolismus fand sich ebenso in der Ideologie der Rebellenbewegungen. Da ihnen jegliche Legitimationsgrundlage für ihre Rebellion fehlte, beriefen sie sich auf die Geschichte, auf Mythen, auf Legenden und Gott. Seite an Seite mit dieser Pseudo-Ideologie ging ein herkömmlicher Glaube und ein Vertrauen in den König. Beinahe alle Volksbewegungen wandten sich über die Köpfe ihrer unmittelbaren Herren an die Monarchie, wie z. B. im Falle der neapolitanischen Revolte von 1647-48, die den König und Spanien gegen den Adel unterstützte. Tatsächlich zeigen sich die Rebellen sehr selten als radikal genug, um die Monarchie in Frage zu stellen; daher rührt die allgemeine Erschütterung in ganz Europa, als die Engländer sich 1649 ihrer Monarchie entledigten. Es ist außergewöhnlich, auf Fälle zu stoßen, wie sie von Marschall Monluc in seinen *Commentaires* aufgezeichnet worden sind, in denen rebellische Bauern im späten 16. Jahrhundert auf eine Erwähnung des Königs antworteten »Was für ein König? Wir sind die Könige! Der, von dem du sprichst, ist nur ein kleiner Haufen Dreck.« Trotz des beinahe universalen Vertrauens in den König kann man es nur als einen weiteren Mythos betrachten. Und sei es nur, weil alle Rebellen auf alternative Mythen Wert legten, an die sie sich halten konnten, falls der König sich ihnen versagte – wie er es immer tat. Die Schweizer Rebellen von 1653 wandten sich z. B. direkt an ihren Nationalhelden, wie das *Entlebucher Tellenlied* zeigt:

Ach Tell! ich wollt dich fragen,
Wach auf von deinem Schlaf!

Es gab andere, für die ein nationaler Held wie Tell nicht ausreichte. Für sie konnte nur Gott die Legitimation zur Rebellion sein. Dieser Gott war darüber hinaus ein überkonfessionaler Gott oder, um es in der Sprache der Rebellen zu sagen, es war ein Gott, der für die Armen, gleich welchen Glaubens, gegen die Reichen eintrat. Daher die verblüffende Einigkeit zwischen Katholiken und Protestanten in dem Aufstand der *Croquants*, in den Bauernkriegen in Oberösterreich und in der Schweiz, die in keinem anderen Bereich der zeitgenössischen Geschichte eine Entsprechung findet. Persönlich glaubten die Anführer oft, von Gott gesandt zu sein. Der Bandit Marco Sciarra nannte sich selbst *»Marcus Sciarra flagellum Dei, et commissarius missus a Deo contra usurarios et detinentes pecunias otiosas«* – die Peitsche Gottes, gesandt gegen Wucherer und Spekulanten. Dasselbe gilt für Captain Pouch in der Midlandrevolte von 1607. »Er sagte ihnen, daß er von seinem König ermächtigt sei, alle Einhegungen niederzureißen, und daß er von Gott geschickt worden sei, alle Stände zu befriedigen, und daß er in dem, was er gegenwärtig tue, vom Herrscher des Himmels geleitet werde.« Wichtig in dieser vordemokratischen Zeit war, daß alle Autorität abgeleitet wurde, sie kam von oben und letztendlich von Gott; beinahe nie kam sie von unten, vom Volk.

Aber Autorität alleine reichte oft nicht aus. Sie mußte durch Taten und Wunder belegt werden. Die Anführer der Rebellen wurden dementsprechend in den Augen ihrer Anhänger mit übernatürlichen Kräften versehen, und sie pflegten gelegentlich bewußt diesen Glauben an Magie und Mystik. Wer war der *»Jean Nu-Pieds«*, der die Proklamationen der normannischen Rebellen unterzeichnete? Es gab nicht nur einen, sondern wenigstens zwei. Ein Anführer, der bekannt und gleichzeitig unbekannt war, der einer und gleichzeitig viele war, der hier und gleichzeitig überall war: dies war das Bild, das von den verschiedenen Rebellenführern wahrscheinlich bewußt gepflegt wurde; es ließ den Anführer allgegenwärtig erscheinen, ungreifbar, und immun gegen jede Gefahr, ja sogar unsterblich. In den Liedern über Stenka Razin schleudert Stenka die Geschosse, die seine Feinde abfeuerten, zurück. Oft versprachen die Anführer auch ihren Anhängern eine solche Unverletzbarkeit. Ein typischer Fall ist der von Captain Pouch. Wo immer ein Aufstand 1607 ausbrach, ob im Süden, ob im Forest of Dean, es wurde immer berichtet, daß Captain Pouch dabei war. Neben dieser Allgegenwärtigkeit wurde von ihm behauptet, er könne Unverletzbarkeit garantieren. Man nannte ihn

Pouch »wegen eines großen Lederbeutels (pouch), den er an seiner Seite trug und in dem, wie er seinen Gefolgsleuten versicherte, ausreichende Mittel vorhanden wären, um sie gegen alle Angriffe zu verteidigen, aber nachdem er verhaftet worden war, durchsuchte man seinen Beutel und fand darin nur ein Stück grünen Käse.«

Bestimmte Namen stützten sich auf volkstümliche Vorstellungen in der lokalen Überlieferung. Diese Namen wurden immer wieder benutzt und verstärkten so die Illusion von Unsterblichkeit. Der kastilianische Bandit, der sich im Jahre 1644 Pedro Andreu nannte, zielte damit eindeutig auf die Reputation des ursprünglichen Namensträgers. Der (männliche) Führer der Revolten gegen Einhegungen im Forest of Dean nahm sowohl 1627 wie auch 1631 den Namen Lady Skimmington an, der ganz sicher in der Tradition wurzelte. Der Zauber des Namens »Nu-Pieds« übte so großen Einfluß aus, daß der Anführer der Rebellen in Caen sich »Bras-Nu« nannte, und in Poitiers legte der Anführer sich den Namen »Va-Nu-Jambes« zu. Namen wie Croquants, Leveller und Germanias spielten eine wichtige Rolle in der Geschichte von Volksunruhen. Es waren Schlagworte, Namen mit Geschichte, die mit Errungenschaften der Vergangenheit und mit Hoffnungen für die Zukunft verbunden waren. Die gesamte Literatur über Volksbewegungen, von Bauernrevolten bis zu verbotenen Gewerkschaften, ist voll von Hunderten von exotischen Namen wie diesen.

Namen und Mythen waren wie magische Beschwörungsformeln und spielten eine große Rolle bei der Aufrechterhaltung von Disziplin und Gehorsam. Der militärische Anführer der Luzerner Bauern im Jahre 1653, Christian Schibi, war berühmt als Magier und Zauberer. Sein Vorgesetzter, Niklaus Leuenberger, erhielt seine Autorität durch ein äußeres Zeichen. Die Bauern von Entlebuch hatten ihm einen roten Mantel überreicht, den er trug, wo immer er durch das Land ritt. Mäntel und Lederbeutel waren in diesen Fällen sichtbare Zeichen von Autorität, die anscheinend einen bemerkenswerten, fast unglaublichen Gehorsam einflößten. Wenn er »nur mit der Hand winkte oder nur ein Wort auf ein Zettelein schrieb«, berichtete ein zeitgenössischer Chronist aus Solothurn über Leuenberger, »schickte sich Mann, Weib und Kind eilfertig in seinen Befehl, liefen bei Tag oder Nacht, in Regen, Wind und Schnee, ohne alles Bedauern und Murren an den bestimmten Ort.« Das gleiche konnte Katharina von Medici an Paulmier, dem Anführer der Kommune in Romans, 1579 beobachten: »Er verfügte über so großen Einfluß und Autorität, daß sich alle Leute aus der Stadt und Umgegend auf seine leiseste Andeutung hin rührten.« Dem Fuggerkorrespondenten in Linz erklärte sich 1596 die vorbehaltlose Hingabe der österreichischen Rebellen nur durch Hexerei.

»Die Bauern«, so schrieb er, »versammeln sich in den vier Vierteln, und man glaubt, daß vorgestern ihrer achtzehntausend zu Kremsmünster gewesen sind. Sie haben aber keine Gewalt geübt, weil man ihnen Speise und Trank auf ihr erstes Begehren gereicht hat. Dies haben sie aber nicht annehmen wollen. Es ist ein verzaubertes Wesen in ihnen, daß sie in dieser Kälte auf bloßes Ansagen Weib und Kinder verlassen, von Haus und Hof laufen und dabei weder den Städten, Schlössern und Dörfern Gewalt antun. Sie sagen den Untertanen, die sie mit sich ziehen, daß Rösser, Ochsen und Kühe, ja auch die Weiber hinwerden können, und sie versetzen auch ihr Vieh da und dort bei den Wirten und vertrinken das Geld.«

Wie revolutionär waren die Rebellen dieser Zeit? Es ist gelegentlich behauptet worden, daß die soziale Revolte dieser Zeit nicht hätte radikal sein können und gewöhnlich kaum mehr als reformistisch war. Viele Historiker halten daran fest, daß es keinen Klassenkampf gab, und sei es nur, weil es keine »Klassen« im nachindustriellen Sinn gab. Es stimmt, daß viele Aufständische, insbesondere die Bauern, dazu tendierten, konservativ zu sein. Einige Erhebungen haben begrenzte Ziele gehabt. Der kroatische Aufstand von 1573 z. B. forderte wenig mehr als die Wiederherstellung der »alten Rechte«, womit gewöhnlich die Abschaffung erhöhter Forderungen von feudalen Abgaben und Diensten gemeint war. Einer der von diesen Vorgängen betroffenen Grundherren berichtete, wie seine Bauern zu ihm kamen und ihn baten, »sich nicht mit irgend jemandem gegen sie zu verbünden, denn sie hätten sich nicht gegen ihre Herren erhoben, sondern nur, um ihre alten Rechte wiederzuerlangen.« Wie begrenzt auch immer ihre Ziele gewesen sein mögen, sie bedrohten trotz allem die soziale Ordnung; darum ist es wichtig, einen Aufstand nicht nur nach seinen ausdrücklich formulierten Zielen zu beurteilen. Die kroatischen Rebellen forderten eine Steuersenkung und die Abschaffung des Zehnten: wenn ihnen nur eine dieser Forderungen zugestanden worden wäre, hätte es die Machtverhältnisse erschüttert. Mehr noch, der Ruf nach den »alten Rechten« war gegen allen Augenschein im Grunde revolutionär. Wie die Erklärungen der englischen Revolutionäre gegen das »normannische Joch« bezog er sich auf ein beinahe mythisches Zeitalter der Freiheit und forderte damit die Abschaffung der bestehenden Ordnung. Der Protest gegen die Zehnten, der verschiedene Formen annahm, bedrohte die offizielle christliche Staatstheorie, weil er letzten Endes eine Forderung nach Abschaffung der Kirche war. Dies war eindeutig das Ziel der protestantischen Opponenten in einem katholischen Staat. Gelegentlich jedenfalls beinhaltete der Protest reinsten Antiklerikalismus. Die norwegischen Bauern hatten, wie ein Adliger 1606 äußerte, das ausdrückliche Ziel, ihren Klerus zu beseitigen: »In verschiedenen Herrschaften wurde den Herren eine Menge Geld geboten, damit die Leute einige Jahre ohne Geistliche leben konnten. An einigen Orten wurde der Klerus ausbezahlt, an anderen verjagt.« Dies war eine außergewöhnliche Situation und hatte in Ländern mit einem gewachsenen christlichen Hintergrund keine Parallelen.

Die meisten Volksaufstände, von denen wir Kenntnis haben, richteten sich gegen den Adel und gegen den Staat: einige wurden auch von Adligen geführt. Deshalb sollte es nicht schwerfallen zuzugeben, daß einige Revolten äußerst radikal waren, während andere sogar konservativ gewesen sein mögen. Auch innerhalb einer einzigen Bewegung konnte es diesen Unterschied geben: bei der Revolte der Nu-pieds war die Masse radikal, die Führung dagegen konservativ. Adlige Führung von Aufständen war eine so weitverbreitete Erscheinung, daß nur ein absichtlicher Dogmatismus sie verleugnen kann. 1643 wurde z. B. aus der Normandie berichtet, daß »die Adligen und die Grundherren der Dörfer die Revolte ihrer Untertanen unterstützen und beschützen«. Die Herren hatten für diese Unterstützung ihre eigenen guten Gründe, vor allem wollten sie ihre Abhängigen vor dem Zugriff und der Besteuerung des Staates bewahren. Wenn die Masse adlige Führer wählte, wie in Österreich 1626, in Neapel 1647 mit dem Fürsten von Bisignano, in Sevilla 1652, in Frankreich 1636 mit La Mothe La Forêt, dann geschah das aus einem einfachen Grund: wegen der militärischen Führung. Nur die Adligen hatten die militärische Ausbildung, die die Rebellen benötigten, und nur sie hatten einen Status, der Verhandlungen zwischen den Parteien zu Verhandlungen zwischen Gleichgestellten machte.

Aber selbst unter einer adligen Führung hörte das Volk nicht auf, den Sinn der bestehenden Ordnung in Frage zu stellen. Die Kampflieder bezeugen ausreichend, daß sie ein Ende der Klassenunterschiede herbeiwünschten. Folgende Strophe wurde 1626 in der oberösterreichischen Revolte gesungen:

Grosse Fürsten und Herren
müssen drob gehen zu Grund
gleich wider ihr Begehren,
wo sie davon nicht Kehren,
das sey ihn allen Kund.

Und 1679 begegnen wir in Deutschland dem Reim, den John Ball im 14. Jahrhundert in England predigte:

Was bildet sich der Hofmann ein,
Dass er als ich will besser seyn?
Da Adam ackert und Eva spann,
Wer war damals ein Edelmann?

Egalitarismus war nicht neu, aber in vielen Aufständen des 17. Jahrhunderts wurde er ein Allgemeinplatz. Seinen höchsten Ausdruck fand er in den Schriften der Leveller und der Digger, die den Glauben an allgemeine Rechte auf eine feste philosophische Grundlage stellten. Aber was die Digger in England lehrten, war schon Glaubensbekenntnis in anderen Ländern. »Traut nicht den Adligen«, verkündete Masaniello 1647, »denn sie sind Verräter und unsere Feinde.« »Wir tragen den Adel auf unseren Schultern«, bemerkte der Verfasser einer Flugschrift 1649 in Paris, »aber wir brauchen nur mit der Schulter zu zucken, um sie niederzuwerfen.« 1654 schrieb der Gouverneur von Litauen an den König von Polen: »Der ganze Pöbel hat sich erhoben und hofft auf die Befreiung von Frondiensten und Steuern. Sie wollen für immer von ihren Herren frei sein.« Dieser Wunsch war es, den Bolotnikov 1607 auszunutzen trachtete, als er die Knechte in Moskau zur Revolte gegen ihre Herren aufrief. Das Ziel, alle »bösen Bojaren« niederzuwerfen, taucht als Thema in russischen Balladen auf und unterstreicht so den populären Klang. Derselbe Haß auf die oberen Klassen beeinflußte die Aufständischen in Cordoba 1652, als sie drohten, den Adligen und den Reichen »die Köpfe abzuschlagen«. Dieser Antagonismus drückte sich nicht nur negativ aus, sondern auch in demokratischen Begriffen wie in dem Gebrauch der Wörter »Bruder« und »Bruderschaft«, um die

Rebellen und ihre Organisation zu benennen und um damit die allgemeine Gleichheit und die Solidarität der Unterprivilegierten zu betonen. Dieselbe Hoffnung auf Solidarität ließ einen Arbeiter in Essex 1594 fragen: »Was können die Reichen gegen die Armen schon machen, wenn die Armen sich erheben und zusammenhalten?« Nur gelegentlich konnte man auch eine Spur von Internationalismus finden, ein Bewußtsein, daß für die Sache der Freiheit in allen Ländern und nicht nur in einem gekämpft werden mußte. Die Engländer waren in dieser Hinsicht sicherlich am weitesten, wie wir der Agitation der Leveller entnehmen können, die sie zugunsten des irischen Volkes betrieben. 1649 wurde William Walwyn, der Ideologe der Leveller, tatsächlich von einem Gegner angeklagt wegen der Behauptung, »daß der Kampf der Iren für ihre gerechte Freiheit genau der gleiche sei, wie unser Kampf mit dem Bestreben unserer eigenen Rettung und Befreiung aus der Gewalt der Unterdrücker«.

Die Unterdrücker wurden nicht abgeschüttelt und der Optimismus der Rebellen trug niemals Früchte. Bartholomew Steere erzählte einem Freund 1596, er brauche »für seinen Lebensunterhalt in diesem Jahr nicht zu arbeiten, denn es wird bald eine bessere Welt geben«. Trotz aller chiliastischen Hoffnungen rückte diese bessere Welt immer weiter in die Zukunft, bis sie von den düsteren Realitäten der Industriellen Revolution überholt wurde.

Anmerkungen

1 Anm. d. Ü.: Gemeint ist hier die Revolte des Tigens Rettenberg im Allgäu von 1605-1608, das sich im Besitz des Bischofs von Augsburg befand.

2 Anm. d. Ü.: Die bayerische Pfandschaftsverwaltung des Landes begann 1620 mit der militärischen Niederwerfung der Ständerevolte.

Gerhard Heitz
Der Zusammenhang zwischen den Bauernbewegungen und der Entwicklung des Absolutismus in Mitteleuropa*

Die marxistische Geschichtswissenschaft hat immer wieder die Frage nach Charakter und Inhalt der spätfeudalen Periode aufgeworfen. Sie geht dabei von der Tatsache aus, daß die ständische Monarchie (Ständestaat) in Europa im Verlaufe des 16. bis 18. Jh. durch die absolute Monarchie abgelöst wird.[1] *Die absolute Monarchie ist die Diktatur der Klasse des Adels, genauer gesagt, die Diktatur im Interesse dieser Klasse.* Der große Hintergrund, vor dem sich dieser Wechsel in der Herrschaftsform vollzieht, ist der weltgeschichtliche Übergang vom Feudalismus zum Kapitalismus.[2] Dieser Übergang ist ein gesetzmäßiger Prozeß, der sich aber in den einzelnen Ländern höchst unterschiedlich vollzieht. So nimmt denn auch der Feudalstaat der Übergangsperiode sehr unterschiedliche Formen an, erkennen wir unterschiedliches Tempo und sehen, entsprechend den Klassenverhältnissen, der Ökonomie, der Politik der herrschenden Klassen, der Größe eines Landes und seiner Stellung im internationalen Kräftespiel, die vielfältigsten Erscheinungen. Für den deutschen Historiker wirft diese Periode insofern noch besondere Fragen auf, als die Entwicklung in Deutschland nicht auf dem Boden eines Nationalstaates vor sich ging, sondern in einer großen Zahl von Einzelstaaten.

Nach der Niederlage der Bauern im Großen Deutschen Bauernkrieg und dem Scheitern der frühbürgerlichen Revolution steht die deutsche Geschichte ganz im Zeichen territorialstaatlicher Sonderentwicklungen, des Vorherrschens der Landesfürsten, die aus dem Dreißigjährigen Krieg staatsrechtlich als die eigentlichen Sieger hervorgingen. War dieser lange Krieg gekennzeichnet durch das massive militärische Eingreifen ausländischer Mächte in Deutschland, so hörten diese Eingriffe keineswegs auf; sie dauer-

* Zuerst veröffentlicht in: *Evolution und Revolution in der Weltgeschichte. Zum XII. Intern. Historikerkongreß in Wien 1965*, Sonderheft der *Zs. für Geschichtswissenschaft* 13, 1965, S. 71-83.

ten vielmehr durch die gesamte nächste Periode hindurch an, allerdings mehr als politische Einflußnahme und in Form von Subsidien. Somit stellen sich einer an der allgemeinen Geschichte orientierten Betrachtung der deutschen Geschichte dieser Periode eine Reihe konkreter Fragen. Einer dieser Fragen, dem Zusammenhang zwischen den Bauernbewegungen und der Entwicklung des Absolutismus, wollen wir im einzelnen nachgehen. Wir stellen dabei die von Poršnev formulierte These an den Anfang[3], *daß der Übergang von der ständisch beschränkten zur absoluten Monarchie durch verschärfte Klassenkämpfe bewirkt worden ist, durch die Notwendigkeit für die herrschende Adelsklasse, sich der bäuerlichen Bewegungen durch die Macht eines zentralisierten und absoluten Staates zu erwehren.*

Dies führt uns zwangsläufig, im Anschluß an die in den letzten zehn Jahren sehr intensive Erforschung des Spätfeudalismus, zu der Fragestellung: Ist die Aufrichtung des Absolutismus in jedem Falle das Ergebnis nicht nur verschärfter Klassengegensätze, sondern auch offener bäuerlicher Klassenkämpfe? Oder umgekehrt: Ist das Ausbleiben absolutistischer Formen der feudalen Klassenherrschaft ein Zeichen für geringere Spannungen zwischen Adel und Bauern? Bei der Behandlung dieser Problematik stütze ich mich auf Untersuchungen über die drei deutschen Teilstaaten Kursachsen, Brandenburg-Preußen und Mecklenburg.

Faßt man diese drei großen Feudalkomplexe ins Auge, so ergeben sich bereits auf so engem Raum und in so enger Nachbarschaft so erhebliche Unterschiede, daß eine Zusammenfassung bzw. Summierung sehr schwer und zum gegenwärtigen Zeitpunkt unmöglich erscheint. Immerhin können wir einige Faktoren bereits andeuten.

In *Brandenburg-Preußen*[4] haben wir es mit einem Territorium zu tun, das den territorialen Kern und Ausgangspunkt des preußischen Staates bildete, eines Staates, der sich im Verlaufe des hier interessierenden Zeitraums, d. h. seit der zweiten Hälfte des 17. Jh., zu einer europäischen Großmacht entwickelte. Innerhalb dieses preußischen Staates, der sich sehr bald von den östlichen bis zu den westlichen Grenzen des Heiligen Römischen Reichs deutscher Nation ausbreitete, bildete die Mark Brandenburg nach Tradition und geographischer Lage den Mittelpunkt, obwohl nicht übersehen werden darf, daß das spezifisch Preußische nicht zuletzt auch durch den Adel der weiter östlich liegenden Provinzen mitgestaltet worden ist. In der Mark Brandenburg hat sich der Adel, nachdem er einen beträchtlichen Teil seiner politischen Macht an das Königtum abgetreten hatte, in hervorragender Weise an der Ausgestaltung der preußischen Militärmacht beteiligt, wurde zum Träger der Aggression und zum Nutznießer der Militärdespotie; er mußte sich andererseits dem Königtum in einigen Fragen beugen, zum Beispiel dem sog. *Bauernschutz*, d. h. der (allerdings nicht vollständig wirksamen) Politik der preußischen Herrscher, die Zahl der Bauernstellen nicht durch junkerlichen Eingriff, zum Schaden der Rekrutierung und der Steuereinziehung, vermindern zu lassen. In Brandenburg-Preußen bildete sich ein Bürgertum als Gegengewicht zum Adel heraus, zwar nur ein schwaches Gegengewicht, das zögernd manufakturmäßige Produktion begann und überwiegend für den Bedarf der Armee produzierte, aber man kann doch feststellen, daß das Königtum sich auf bestimmte bürgerliche Kräfte stützen konnte. Auch die Lage der Bauern ist durch die Existenz dieses Bürgertums in sozialer und politischer Hinsicht beeinflußt worden.

Eine gänzlich andere, geradezu umgekehrte Situation finden wir im nördlich benachbarten *Mecklenburg.*[5] Hier blieben die Stände, deren Einfluß sich seit dem 16. Jh. noch gefestigt hatte, als politische Kraft erhalten und wirkten maximal gegen alle Versuche zur Aufrichtung des Absolutismus. In Mecklenburg wurde eine reine Junkerherrschaft ausgebaut. Das Bürgertum war ökonomisch und politisch sehr schwach, es konnte sich zwar in den Landständen behaupten, spielte dort aber keine Rolle. Seiner ökonomischen Funktion nach war es auf Handwerk und Handel beschränkt, eine manufakturmäßige Entwicklung blieb aus. Unter diesen Aspekten gestaltete sich *die Lage der Bauern in Mecklenburg sehr ungünstig*, da weder der Landesherr noch das Bürgertum in der Lage waren, die Bauern gegen den Adel maßgeblich zu unterstützen; das Ergebnis war ein im Verlaufe des 18. Jh. sich steigerndes Bauernlegen, dem die landesherrliche Zentrale nicht wirksam Einhalt gebieten konnte.

Anders wieder verlief die Entwicklung in *Kursachsen.*[6] Dieser deutsche Teilstaat hatte im Zeitalter des Frühkapitalismus eine besonders stürmische Entwicklung durchlaufen und war in politischer Hinsicht bis zum Ausbau einer sehr starken landesherrlichen Zentralgewalt gelangt. Danach aber hatten die Stände im

Zeichen der Refeudalisierung ihre Stellung wieder festigen können, so daß die Ansätze zur Errichtung des Absolutismus zurückgewiesen werden konnten. Die Stände, als Vertreter von Adel und Städten, blieben sehr weitgehend in Funktion; *die Lage der Bauern gestaltete sich*, gemessen an den brandenburgischen, böhmischen oder lausitzischen Nachbarn, *relativ günstig*, und ein starkes Bürgertum beeinflußte die Entwicklung, vor allem in Hinblick auf die Lage der Bauern. Während die Leipziger Messen in erster Linie die handelskapitalistischen Kreise stärkten, darf man daneben die Ansätze manufaktureller Produktion nicht unterschätzen, wie sie sich seit Beginn, vor allem seit Mitte des 18. Jh. deutlicher zeigten. Aber trotz der weiteren Existenz und politischen Wirksamkeit der Stände sanken die kursächsischen Herrscher keineswegs zu Marionetten herab, sondern konnten sich dank ökonomischer Stärke behaupten.

Fassen wir die außenpolitische Lage der drei Territorien ins Auge, so sehen wir bei Brandenburg-Preußen, wie die nach dem Dreißigjährigen Krieg im internationalen Rahmen eingenommene Stellung seit dem Beginn des 18. Jh. immer bedeutender wurde; Mecklenburg dagegen wurde während des Nordischen Krieges, gerade in der entscheidenden Phase des Kampfes um den Absolutismus, durch die Eingriffe der europäischen Großmächte arg betroffen, und die kursächsischen Herrscher konnten den Vertretern beider Stände, Adel und Bürgertum, mit dem Erwerb der polnischen Krone zeitweilig immerhin erhebliche politische und ökonomische Vorteile bieten. Wir sehen also eine außerordentliche Vielfalt der Erscheinungsformen und der Faktoren, sowohl der inneren als auch der äußeren.

Wir haben es demnach mit drei Varianten spätfeudaler Adelsherrschaft zu tun: In Brandenburg existierte ein zur Militärdespotie ausgebauter, besonders aggressiver Absolutismus mit starkem Adel, schwachem Bürgertum und mit landesherrlicher Politik des Bauernschutzes; in Kursachsen ein Ständestaat, dessen Herrscher den Adel politisch unter Kontrolle hielt, dazu ein starkes Bürgertum sowie ein Bauerntum, das zur Behauptung seiner Stellung in nur geringem Maße der landesherrlichen Fürsorge bedurfte, da es bereits durch die Existenz des Bürgertums gestärkt wurde; in Mecklenburg ein übermächtiger Adel, der durch ein ernst zu nehmendes Bürgertum nicht gestört wurde und deshalb vom Landesherren nicht gezähmt werden konnte, dem das Bauerntum auf

Grund der Politik des Bauernlegens in großem Umfange, wenn auch keineswegs völlig, zum Opfer fiel, da es keinen bürgerlichen Bündnispartner fand.

Hier werden komplizierte Zusammenhänge erkennbar, die nicht durch Formeln oder Verallgemeinerungen erklärt werden können. Es geht offenbar bei der Einschätzung des Zusammenhangs zwischen den Bauernbewegungen und der Entwicklung des Absolutismus gar nicht um die Frage, ob der Feudalstaat formal den Charakter des Absolutismus (d. h. der von den Gesetzen des Ständestaates unabhängigen Territorialgewalt) annimmt, sondern darum, ob und wie die Herrschaft des Adels in einer Periode sich zuspitzender Widersprüche aufrechterhalten bleibt. Will man die angedeuteten Zusammenhänge deutlicher machen, so muß man wichtige Erscheinungen der spätfeudalen Gesellschaft genauer betrachten, und zwar die Sozialstruktur, den Klassenkampf und den Feudalstaat.

Eine exakte Analyse der Sozialstruktur der ländlichen Bevölkerung (darunter verstehe ich im folgenden immer die in der Landwirtschaft produktiv tätige Bevölkerung) muß ausgehen von den Eigentumsverhältnissen. Diese Eigentumsverhältnisse sind unter den Bedingungen des Feudalismus komplizierter und unübersichtlicher als im Kapitalismus. Das ergibt sich im wesentlichen aus der Tatsache, daß die vorherrschende Produktion des Feudalismus die Kleinproduktion ist, das heißt, der handwerkliche bzw. der bäuerliche Betrieb bestimmen, entsprechend dem Charakter der Produktivkräfte, die Produktionsweise. In bestimmten Formen der Produktion, die über die bäuerliche bzw. handwerkliche Ausgangsposition hinausgehen, zeigen sich bereits Elemente des Neuen, wobei es sich zumeist um bloße Kooperation von Kleinbetrieben bzw. um die Vereinigung kleiner Produktivkräfte handelt. Aus dem Vorherrschen des Kleinbetriebes ergibt sich die enge, wie Lenin sagt[7], *»organische« Verbindung des Produzenten mit den Produktionsmitteln als den Bedingungen seiner Existenz: Der Produzent verfügt praktisch über die Produktionsmittel, obwohl sie nicht sein Eigentum sind.* Aus dieser, den Zeitgenossen wohlbekannten und in den Quellen hundertfach bezeugten Tatsache hat Marx die exakte Unterscheidung von Eigentum und Besitz wissenschaftlich herausgearbeitet[8], eine Unterscheidung, die, trotz zahlreicher gegenteiliger Versuche bürgerlicher Verfasser, genau den Kern des feudalen Produktionsverhältnisses trifft und damit die Grundlage der feudalen Ordnung deutlich werden läßt. Ohne genaue Kenntnis dieser Grundlagen aber lassen sich so differenzierte Fragen wie Sozialstruktur und Klassenkampf, Ständestaat und Absolutismus überhaupt nicht erörtern.

Die Einschätzung der Sozialstruktur muß also von diesen Kriterien ausgehen, und wir können feststellen, daß auch in der letzten Phase des Feudalismus die Masse der ländlichen Bevölkerung Besitzer, Inhaber von Produktionsmitteln ist, sei es als Hufenbauer, sei es als Kossät, Halbbauer oder Viertelbauer, sei es als Gärtner, Büdner oder Häusler, ja sogar als Einlieger, Tagelöhner, Drescher oder Hausgenosse mit kleinem Landanteil. In der Periode des Spätfeudalismus, d. h. in jener Periode der Feudalordnung, in der sich vielfach absolutistische Formen der Klassenherrschaft herausbilden, erkennen wir eine Reihe von Veränderungen derjenigen Faktoren, die auf die Sozialstruktur einwirken.

Unter dem Einfluß der sich ausbreitenden Warenwirtschaft, unter dem Einfluß des Geldes also und der Produktion für einen Markt, verändern sich die Verhältnisse im Dorf, verändert sich auch das Verhältnis von Stadt und Land. Das Ergebnis ist eine Differenzierung der Dorfbewohner in juristischer und in sozialökonomischer Beziehung: in juristischer Beziehung, insofern traditionelle ständische und rechtliche Unterschiede weiterhin erhalten bleiben, obwohl die Voraussetzungen dafür fehlen bzw. völlig verändert sind; in sozialökonomischer Beziehung, insofern unter dem Einfluß der Warenproduktion die Differenzierung der Bauernschaft voranschreitet und dabei ständig mit den traditionellen feudalen Rechtsverhältnissen in Konflikt gerät. Von dieser, durch die Warenwirtschaft bewirkten Differenzierung werden zwar die ökonomisch starken Bauern anders erfaßt als die ökonomisch schwächeren Kräfte im Dorf, aber erfaßt wird die gesamte Dorfbevölkerung, und damit gestaltet sich das Bild der Sozialstruktur nunmehr sehr viel bunter als in früherer Zeit.

Die traditionelle Differenzierung unterschied die im Dorf, in der Feldmark und Allmende bevorrechteten Bauern, in der überwiegenden Mehrzahl Inhaber von Hufenland und in feudalrechtlicher Beziehung als Dorfgemeinde erkennbar, von den nicht bevorrechteten Dorfbewohnern. In dieser letzten Gruppe kann man nun allerdings neben den Besitzern von Höfen mittlerer und kleinerer Größenordnung (Kossät, Halbbauer, Viertelbauer) auch die mit nur geringerem Landanteil versehenen Gärtner, Büdner und Häusler und die z. T. gänzlich landlosen Dorfbewohner (Einlieger, Tagelöhner, Drescher, Hausgenossen) vorfinden.

Demgegenüber versuchen wir, die soziale Differenzierung im spätfeudalen Dorfe, unabhängig von den geschilderten Rechtsunterschieden (so wichtig diese immer blieben, da mit ihnen Verfügungsgewalt über Produktionsmittelanteile wie Wald und Allmende verbunden war), von der sozialökonomischen Seite, d. h. von den Besitzgrößen her aufzuzeigen. Wir gehen also konsequent aus vom Kriterium des Produktionsmittelbesitzes in qualitativer und von der Größe dieses Besitzes in quantitativer Hinsicht. Dabei erkennen wir drei Schichten der Dorfbevölkerung: Große Bauern mit vollem Hufenbesitz bzw. sogar mit Akkumulation mehrerer Hufen (hierher gehören zum Teil die Schmiede und Gastwirte); Bauern mittlerer und kleiner Größenordnung, die teils zu den bevorrechteten Gemeindemitgliedern gehören, teils aber auch nicht; und die bereits erwähnten Gärtner, Büdner, Häusler, Tagelöhner, Drescher, Einlieger, Hausgenossen usw., die zur Landarmut zusammenwachsen.

In den Gebieten extremer Gutsherrschaft ist die Differenzierung zwischen den großen bzw. den mittleren und kleineren Bauern sehr scharf. Da die Feudalherren von ihnen vorwiegend Arbeitsrente forderten, versuchten sie, für die Gruppe der größeren, spanndienstverpflichteten Bauern bzw. für die anderen, vorwiegend zu Handdiensten verpflichteten Bauern jeweils möglichst einheitlich die Landgröße und die Höhe der Feudalrente festzulegen, um übersichtliche Verhältnisse zu schaffen. Die warenwirtschaftlich bedingte Differenzierung wurde dabei durch feudalen Eingriff gestoppt; die Gesetze der einfachen Warenproduktion wurden durch außerökonomischen Zwang verletzt.

In den Gebieten ausgeprägter Grundherrschaft ist dagegen die Differenzierung der Bauern in zwei Gruppen bei weitem nicht so scharf, die Übergänge sind fließender, da nicht der Frondienst vorherrschte, der bestimmte Größenordnungen der Bauernwirtschaft voraussetzte, sondern die Verpflichtung zu Geld- und Naturalrente, die leichter proportional der Landgröße variiert werden konnte. Allerdings fehlen die Frondienste keineswegs völlig.

Unabhängig von der spezifischen Ausgestaltung der Agrarverfassung ist die Existenz der Landarmut, die im wesentlichen aus zwei großen Kategorien besteht bzw. in der Periode des Spätfeudalismus daraus zusammenwächst:

Bei der ersten handelt es sich um das Gesinde (Knechte, Mägde), das in bäuerlicher oder feudalherrlicher Wirtschaft Dienst tut, und zwar teils in Gestalt der Söhne und Töchter des Bauern selbst, teils infolge des Gesindezwangs, teils im »freien Vertrag« und, entsprechend der Eigenart der feudalherrlichen Wirtschaftsführung (Teilbetrieb), teils als »Stellvertreter« des Bauern, wenn die bäuerlichen Fronverpflichtungen durch Gesinde geleistet werden, das zum Bauernhof gehört.

Ist schon dieses Gesinde in sich sehr differenziert, so gilt das erst recht für die zweite Gruppe der Landarmut, die sich aus Einliegern, Tagelöhnern, Dreschern und Hausgenossen zusammensetzt. Wenn wir uns der von Jan Peters für Schwedisch-Pommern formulierten These von der Landarmut[9] anschließen und sogar noch die Gärtner und Häusler dazurechnen, so geschieht das, weil die Landarmut in ihren verschiedenen Elementen, aus denen sie zusammenwächst, sich gegenüber den bäuerlichen Produzenten durch fehlenden oder geringen Landanteil deutlich genug unterscheidet und eine besondere Stellung in der spätfeudalen Produktion einnimmt.

Die soziale Differenzierung ist also nicht das Ergebnis dieser oder jener regionalen Erscheinungsformen der feudalen Produktionsverhältnisse. Sie ist ein gesetzmäßiges Ergebnis der feudalen Produktionsweise in ihrer letzten Phase und wird gegen Ausgang des 18. Jh. außerordentlich beschleunigt. Lediglich die zahlenmäßige Stärke der drei Schichten und ihre Stellung zueinander, entsprechend ihrem Verhältnis zum Grund und Boden, sind regional sehr unterschiedlich gestaltet und hängen nicht zuletzt von der Stärke der bürgerlichen Entwicklung ab. Alle Bewohner des Dorfes sind den juristischen Bestimmungen der zweiten Leibeigenschaft in dieser oder jener Form unterworfen; entweder der Erbuntertätigkeit oder dem Dienstzwang bzw. der Gerichtsbarkeit. Nicht immer ist damit die persönliche Unfreiheit, die Leibeigenschaft also im engeren Sinne, verbunden, vor allem bei der Landarmut nicht, aber es existiert ein im Interesse der Feudalherren ausgebautes System der Beschränkungen hinsichtlich Wohnort und Arbeitsbedingungen, das es den Bewohnern des platten Landes außerordentlich schwer machte, auf legalem Wege aus dem feudalen Produktionsverhältnis auszuscheiden. Während also einerseits die Landarmut zahlenmäßig stark anwächst, ist ihr andererseits die Möglichkeit genommen, sich außerhalb der bäuerlichen oder feudalherrlichen Wirtschaft Arbeit zu suchen, vielmehr wird diese Arbeit durch Landesgesetz unter schwersten Bedingungen gegen fixierte Löhne und feudale Deputate erzwungen.

Die zahlreichen neuen Untersuchungen zur Geschichte der Bauern im Spätfeudalismus haben uns vielerlei Tatsachen und Erkenntnisse über den Klassenkampf gebracht.[10] Dabei hat sich ergeben, daß wir für diese Periode mit größeren, überlokalen Bauernaufständen nicht mehr zu rechnen haben[11], daß es vielmehr darauf ankommt, die Vielzahl und die Vielfalt der Formen des täglichen Klassenkampfes gegen feudale Ausbeutung und Unterdrückung zu erfassen und zu erkennen.[12]

Wichtigstes Merkmal bleibt: Der Kampf der Bauern (und der Landbevölkerung) richtete sich in erster Linie gegen die unmittelbare Form und gegen die nächsten Repräsentanten der Ausbeutung und Unterdrückung, den Feudalherren oder seinen Beauftragten. Er hatte vornehmlich das Ziel, die bäuerliche Produktion, die Rechte der »eigenen« Bauernstelle, das Leben und die Lebensbedingungen der Familie und weiterer auf dem Bauernhofe lebender Menschen zu bewahren und zu sichern. Es gibt in unserem Untersuchungsgebiet kein Anzeichen dafür, daß hinter bäuerlichen Aktionen die Kenntnis größerer Zusammenhänge stand, es gibt keine bewußte Handlung, sondern nur spontane Bewegung, die sich objektiv gegen die Feudalordnung, subjektiv aber nur gegen die jeweiligen Erscheinungsformen der Ausbeutung richtete. Erst gegen Ende des 18. Jh., vor allem im Zusammenhang mit dem kursächsischen Bauernaufstand[13] von 1790, sind unter dem Einfluß des Bürgertums weitergehende Forderungen, die die Feudalordnung bewußt in Frage stellten, zu erkennen.

Die wichtigsten Formen bäuerlichen Widerstandes wollen wir in aller Kürze nennen: Die mangelhafte Ausführung feudaler Dienstverpflichtungen aller Art (Spanndienste, Handdienste, Fronfuhren, Kriegsfuhren, Baudienste usw.) tritt als Massenerscheinung auf. Sie wird in den territorialen Landesordnungen immer wieder gebrandmarkt, sie zieht sich auch durch unzählige Aktennotizen dieser Periode, sie war ein Element täglichen *Klassenkampfes*, mit dem die Feudalherren und ihre Beauftragten rechneten, ja, das die Handlungsweise der feudalen Ausbeuter und ihrer Behörden wesentlich beeinflußte. Die Mangelhaftigkeit konnte sich in Tempo und Qualität ausdrücken, sie konnte durch Stellung ungeeigneter Arbeitskräfte (Kinder, Jugendliche), ungeeigneter Geräte bzw. schlechten Zugviehs beabsichtigt und bewirkt werden.

Aus dieser Grundsubstanz klassenbedingter Widersprüche des dörflichen Alltags ergaben sich alle anderen Formen des Klassenkampfes. Die schlechte, mangelhafte, unlustige Dienstleistung konnte in Verweigerung solcher Dienstleistungen umschlagen, teils durch einzelne Bauern, teils durch Gruppen. Der Fronstreik, wie Kurt Wernicke etwas modernisierend, aber treffend formuliert hat, war eine sehr verbreitete Erscheinung und konnte den feudalherrlichen Betrieb für gewisse Zeit ganz empfindlich stören.

Darüber hinaus suchten die Bauern ihr Recht, sei es hinsichtlich der Zahl der Frondienste, der Höhe der Abgaben, der Art der Verpflichtungen und hinsichtlich anderer, vom Feudalherren beabsichtigter oder praktizierter Veränderungen ihrer Lage, in der Prozeßführung, in der sie von bürgerlichen Advokaten unterstützt wurden.

Alle diese Kampfformen beruhten jedoch auf der von uns bereits eingeschätzten Tatsache, daß der Bauer als Inhaber einer Hofstelle, d. h. kraft seiner Verfügungsgewalt über Produktionsmittel, ökonomisch selbständig war und durch Verweigerung oder Reduzierung der Rente den Feudalherren ökonomisch erheblich beeindrucken konnte. Allen diesen Kampfformen ist gemeinsam, daß die Bauern über eine gewisse materielle Basis verfügten, von der aus sie kämpfen konnten und die es ihnen ermöglichte, Gerichtsgebühren sowie Honorare für Notar und Schreiber aufzubringen.

Eine weitere Form des bäuerlichen Kampfes, die Flucht, scheint zu dieser soeben getroffenen Feststellung in Widerspruch zu stehen. Man muß jedoch berücksichtigen, daß der Bauer mit der Flucht seine Stellung als Inhaber eines Bauernhofes keineswegs aufgab, sondern sie nur unter anderen, wie er meinte besseren und für eine bestimmte Zeit auch tatsächlich besseren Bedingungen fortzusetzen gedachte. Die meisten Bauern übernahmen in benachbarten Territorien Bauernstellen und führten nicht selten ihr Inventar dorthin mit. Die für die Entwicklung des brandenburgisch-preußischen Absolutismus so bedeutsame Siedlungspolitik verdiente unter diesem Aspekt längst eine eingehende Untersuchung.

Ohne unsere Betrachtung der bäuerlichen Klassenkämpfe durch Einzelbeispiele zu belegen, wollen wir versuchen, einige Verallgemeinerungen zu treffen, in die wir die bereits vorgetragenen Erkenntnisse über die Sozialstruktur einbeziehen müssen.[14] Ursache des Klassenkampfes in allen seinen Formen war der Antagonismus zwischen den bäuerlichen Produzenten als Schöpfer der materiellen Werte und den Feudalherren als Eigentümer der Produktionsmittel und Inhaber der politischen Macht. Aber die Tendenz der Entwicklung der Sozialstruktur zielte auf immer größere Differenzierung hin. Differenzierung hatte in jedem Falle, wie wir bereits gezeigt haben, die Warenproduktion zur Grundlage und war insofern das gesetzmäßige Ergebnis bäuerlicher Aktivität in der Produktion. Damit aber wuchs die Zahl derjenigen Bewohner des Dorfes, denen nicht mehr die Position des Bauern oder auch nur des Teilbauern durch Erbe oder Übernahme sicher war.

Mit der zahlenmäßigen Vergrößerung der Landarmut kam ein neues Element in die klassenkämpferische Auseinandersetzung. Selbstverständlich mußte die Existenz dieser Menschen, die der Feudalordnung nicht mehr durch Produktionsmittelbesitz integriert, sondern nur juristisch durch Leibeigenschaft und Erbuntertänigkeit bzw. faktisch durch den außerökonomischen Zwang an sie gekettet waren, neue Aspekte eröffnen, wobei man allerdings berücksichtigen muß, daß die Feudalherren bestrebt waren, die Landarmut durch Zuteilung kleiner Landstücke und Erhöhung des Naturalanteils ihrer Entlohnung (Deputat) auch faktisch an die Scholle zu fesseln, während andererseits die Bereitschaft der Landarmut zur Übernahme normaler Hofstellen außer Frage steht. Schließlich erinnern wir an die heterogene Zusammensetzung und den relativ hohen Anteil von Bauernsöhnen und -töchtern vor allem im Gesinde.

Es genügt also keineswegs, nur die steigende Zahl landloser und landarmer Dorfbewohner festzustellen und daraus allein Schlüsse zu ziehen. Es taucht dabei die Frage auf, ob denn nicht die besondere Lage der Landarmut, wie sie soeben geschildert wurde, sie zu besonders hartnäckiger, konsequenter Kampfführung gegen die Feudalordnung prädestinierte. Wir haben oben dargelegt, daß für die niederen Formen des alltäglichen Klassenkampfes die bäuerliche Wirtschaft den ökonomischen Rückhalt der kämpfenden

Bauern bildete. Sicher war die Position des Bauern als Besitzer ein objektives Hindernis für kompromißlosen Kampf gegen die Feudalherren, sicher setzte die Verbindung mit der Bauernwirtschaft dem offenen Kampf eine deutliche Grenze, da die Bauern zu längerer Trennung von ihrer Wirtschaft, zum Zwecke gemeinsamer offener Kampfführung, nicht bereit waren, da sie damit ja ihre Position preisgegeben oder gefährdet hätten; andererseits war ein dauerhafter Sieg über die Feudalmacht im örtlichen Bereich gar nicht zu erringen, da der feudale Staat dem einzelnen Feudalherrn zu Hilfe kam.

Daraus jedoch den Schluß zu ziehen, die Landarmut, die durch Rücksicht auf eine selbständige Wirtschaftsführung nicht gehemmt wurde, bilde ein besonders aktives, ja revolutionäres Element im antifeudalen Kampf, ist m. E. falsch und muß zur Fehleinschätzung der Perspektiven dieses Kampfes führen. Der Grundwiderspruch bleibt weiterhin der zwischen Bauern und Feudalherren. Er wird allerdings in bemerkenswerter Weise variiert; einerseits insofern, als es die Landarmut war, die in zunehmendem Maße die Hauptlast der feudalen Ausbeutung und Unterdrückung zu tragen hatte und zu spüren bekam, andererseits, als zwischen Bauern und Landarmut sich allmählich Interessengegensätze herauszubilden begannen, die allerdings in allen entscheidenden Fragen durch die Gemeinsamkeiten gegenüber den Feudalherren überdeckt wurden. Solche Interessengegensätze konnte es übrigens geben sowohl bei extremer Ausgestaltung der junkerlichen Eigenwirtschaft, wenn nur noch die Landarmut dort tätig war, während die Bauern Pacht oder Dienstgeld zahlten, als auch im umgekehrten Falle, wenn nämlich die Landarmut nur im bäuerlichen Betrieb arbeitete, dadurch dem Bauern eine Akkumulation ermöglichte und Ansätze der Ausbeutung durch den warenproduzierenden Bauern erkennbar wurden. Doch beide Formen deuten bereits Übergänge zur kapitalistischen Produktion an und gehören nicht in unseren Zusammenhang; nur der fließenden Grenzen wegen seien sie angeführt.

Die wachsende Zahl der Landarmen und Landlosen hat also den Klassenkampf in quantitativer Hinsicht verstärkt, aber ein qualitativer Umschlag erfolgte nicht, wenn man von gewissen Ansätzen gegen Ende des 18. Jh. absieht, die allerdings mehr durch bürgerliche Einflüsse bewirkt wurden. Bei den meisten der von uns erwähnten Kampfformen war eine Selbständigkeit der Landarmut auch gar nicht möglich. Lediglich die Flucht war eine Form antifeudalen Kampfes, die sich den landarmen oder landlosen Dorfbewohnern schneller und unkomplizierter darbot als den Bauern. Allerdings muß man dabei berücksichtigen, daß die Flucht nicht selten zur Übernahme einer Hofstelle im fremden Territorium führte, womit unsere Bemerkungen über die Tendenz zur Versorgung mit Land unterstrichen werden.

Objektiv war die Landarmut eine gesellschaftliche Erscheinung, die kaum noch durch das feudale Kriterium des Produktionsmittelbesitzes gekennzeichnet war, und insofern weist ihre Existenz über die Feudalordnung historisch schon hinaus. Subjektiv aber mangelt es ihr an einem Bewußtsein der Eigenständigkeit, der Besonderheit gegenüber den anderen gesellschaftlichen Kräften und an jeglicher Organisation. Es bedurfte also erst der kapitalistischen Umwälzung der Landwirtschaft, ehe sich die Landarmut zum ländlichen Proletariat formieren konnte. Auf unsere Grundlage reduziert, können wir abschließend formulieren: Der Kampf der feudal ausgebeuteten Bauern und der übrigen Dorfbewohner nimmt insgesamt im Zeitalter des Absolutismus (im Spätfeudalismus) zu. Es gibt eine Kette von Klassenkämpfen in den verschiedensten Formen, die nur in Einzelfällen und unter besonderen Bedingungen überlokalen Charakter annehmen oder zu Bauernaufständen werden. Diese Klassenkämpfe verschärfen sich ständig und sind damit ein wesentliches Merkmal der ganzen Periode. Sie verschärfen sich, weil die Feudalherren, unabhängig von der juristischen Form ihrer Klassenherrschaft, die Ausbeutung immer mehr zu erhöhen suchen. Sie verschärfen sich, weil auch die bürgerlichen Kräfte, sei es als Manufakturbürgertum, sei es als Handelsbürgertum, quantitativ und qualitativ wachsen, wenn auch territorial sehr unterschiedlich und insgesamt sehr langsam.[15]

Die zunehmende soziale Differenzierung ist das Ergebnis der ständig zunehmenden Warenproduktion, genauso wie die ständigen Versuche der Feudalherren zur Erhöhung der Rente daraus resultieren. Nutznießer dieser Entwicklung sind in Deutschland, insbesondere aber in unserem Untersuchungsgebiet, nicht eindeutig die Vertreter des Bürgertums, sondern in sehr hohem Maße die Angehörigen der Feudalklasse. Da nun die führende Kraft im antifeudalen Kampf, das Bürgertum, zu schwach war, um die Masse der Bauern gegen die Feudalordnung zu mobilisieren und zu führen, konnte auch die Landarmut nicht in eine breite Volksbewegung gegen den Feudalstaat einbezogen werden.

Mußten wir schon bei der Erörterung der Sozialstruktur und des Klassenkampfes der Gefahr begegnen, uns auf die Erörterung von Einzelfragen einzulassen, so wird jetzt besondere Konzentration notwendig; denn der Feudalstaat, das Herrschaftsinstrument der Feudalklasse, tritt in der spätfeudalen Periode voll und mannigfaltig ausgebildet in Erscheinung, und es kann sich für uns nur darum handeln, Grundlinien der Entwicklung zu zeigen.

Inhaltlich umfaßt der Feudalstaat alle zur Sicherung des feudalen Grundeigentums angewandten Maßnahmen außerökonomischen Zwangs, von der lokalen Polizeigewalt bis zum jeweils höchsten Gericht, unabhängig vom System der praktischen Verfügungsgewalt.

Funktional haben wir es mit einem Staat zu tun, der weitestgehend sich auf Beamte stützt und gleichzeitig den Einsatz von Fachleuten zu erweitern sucht. Dies geht allerdings von oben nach unten und sehr schleppend vor sich, so daß der Jurist in den Zentralbehörden die Regel, in den lokalen Institutionen die Ausnahme bildet. Erst gegen Ende des 18. Jh. tritt eine Erweiterung ein; doch hat das bürgerliche Element wenig Einfluß.

Strukturell erkennen wir die scharfe Trennung von landesherrlicher Zuständigkeit in der Domäne (oft falsch als staatlich im eigentlichen Sinne bezeichnet), feudalherrlicher Zuständigkeit bzw. städtischer Zuständigkeit (letztere hier ausgeklammert), d. h. die scharfe Trennung der staatlichen Zuständigkeiten entsprechend den Grundeigentümergruppierungen.

Institutionell-formal schließlich tritt uns der spätfeudale Staat als eine auf drei Ebenen wirkende Behördenorganisation entgegen: Da ist zunächst die landesherrliche Territorialgewalt mit den zentralen Behörden, teils ständischen Ursprungs, teils von der absolutistischen Gewalt geschaffen bzw. umgestaltet. Ihre Aufgabe besteht darin, die Interessen der Feudalklasse im territorialen Maßstab juristisch zu formulieren und praktisch zu garantieren. Sie handelt im Auftrag der Feudalklasse, wenn auch nicht immer in Übereinstimmung mit allen Angehörigen derselben. Da ist weiter die lokale Ebene, die Gewalt des Feudalherrn im Gut, im Dorf oder im Herrschaftsbezirk. Sie ist institutionell wenig ausgebildet, umfaßt die Polizeigewalt und die niedere, oft auch Teile der höheren Gerichtsbarkeit und ist treffend als Patrimonialgerichtsbarkeit zu charakterisieren. Kann man die Zentralgewalt als Instrument der herrschenden Klasse im territorialen Maßstab bezeichnen, so ist die Patrimonalgewalt Ausdruck der Wahrnehmung unmittelbarer Herrschaft durch den einzelnen Feudalherrn. Zwischen beiden steht das Amt. Es ist einerseits ausführendes und kontrollierendes Organ der zentralen Territorialgewalt nach unten, andererseits aber der Rückhalt der Feudalherren für den Fall des Versagens ihres örtlichen Herrschaftsinstruments. Am Amt schneiden sich nicht selten das subjektive Anliegen der Feudalherren, ihre Verfügungsgewalt über Land und Menschen, d. h. ihre Macht, selbst und direkt und kraft »eigenen Rechts« zu praktizieren, mit der notwendigen Handhabung der Macht durch den Territorialstaat. Hinsichtlich der praktischen Ausgestaltung zeigen sich verschiedene Varianten. Das Amt kann zuverlässiges Instrument des Landesherrn sein (Brandenburg-Preußen); es kann zur institutionellen Teilung des Amtes in ein landesherrliches Organ und eine (bloß personale) ständische Kooperation auf Amtsebene kommen (Mecklenburg: Domanialamt und Ritterschaftliches Amt); es gibt die Möglichkeit, innerhalb einer einheitlichen Ämterverfassung bestimmte Teile des Adels zu eximieren und nur der Zentrale direkt zu unterstellen, samt ihren Untertanen (Kursachsen mit der Trennung von Amtssässigkeit und Schriftsässigkeit).

Dieser staatliche Aufbau ist in seinen Grundzügen am Ende des Dreißigjährigen Krieges ausgebildet. Während des Krieges waren die ihrem Ursprung und Wesen nach ständisch kontrollierten Institutionen weiterentwickelt und mit größerer Exekutive ausgestattet worden bzw. hatten diese usurpiert, um den ständig steigenden Finanzbedarf zu befriedigen. Bürokratie, Finanzen und Armee wurden die Hebel, die der Landesherr bediente und mit deren Hilfe er sich zu behaupten suchte. Dies gelang eindeutig in Brandenburg-Preußen; es mißlang genauso eindeutig in Mecklenburg, während sich in Sachsen eine veränderte Form ständischer Mitbestimmung in Finanz- und Armeefragen herausbildete.

Es zeigt die Dialektik der Entwicklung, wenn die juristischen Grundlagen der zweiten Leibeigenschaft bereits unmittelbar nach dem Dreißigjährigen Krieg vom Territorialstaat ausgebaut wurden, und zwar überall, unabhängig von der Stellung des Landesherrn, weil in dieser Frage die Interessen von Landesherr und Adel identisch waren, während die allgemeine Anwendung und

Durchsetzung dieser in den Landesordnungen fixierten Bestimmungen nur allmählich möglich wurde. Die Feudalherren konnten nämlich, angesichts der Notwendigkeit, die Zerstörungen des Krieges zu überwinden und die agrarische Produktion in regelmäßigen Gang zu bringen, gegen die Bauern solange nicht mit äußerster Schärfe vorgehen, als die ungeheuren Menschenverluste nicht ausgeglichen waren. Die Klasseninteressen der Feudalherren machten es notwendig, die bäuerliche Aktivität in der Produktion zunächst nicht durch Erpressung einer maximalen Rente zu hemmen. Um die Wende vom 17. zum 18. Jh. erst gingen die Feudalherren dazu über, höhere Renten zu fordern, in den Gebieten der Gutsherrschaft verbunden mit dem Ausbau ihrer Eigenwirtschaften. Es kam zu heftigen Auseinandersetzungen, in deren Verlauf die örtlichen Institutionen immer wieder aktiv gegen die Bauern eingreifen mußten.

Bei dieser und anderen Gelegenheiten, bei offenen oder versteckten Dienst- bzw. Rentenerhöhungen und anderen Veränderungen der feudalen Verpflichtungen, mußte sich die Feudalklasse auf den Staat stützen. Seine ausführenden Organe gingen dabei mit größter Brutalität vor. Gegenüber der bürgerlichen Historiographie muß man den eindeutigen Klassencharakter dieses Staates unterstreichen.[16] Er hatte die Aufgabe, die Ausbeutung der Bauern und der übrigen Landbevölkerung zu beaufsichtigen und zu sichern (insbesondere auf der lokalen Ebene), alle Versuche, diese Ausbeutung nach Form und Inhalt zugunsten der Bauern zu verändern, niederzuhalten bzw. zu unterdrücken (vornehmlich im Bereich des Amtes) sowie die Ausbeutung und Unterdrückung innerhalb des Territoriums möglichst einheitlich zu gestalten, gesetzlich zu fixieren und auf lange Sicht institutionell und militärisch zu sichern. Dabei konnte es sehr wohl zu Konflikten zwischen den Maßnahmen des Landesherrn und den Absichten der Feudalherren kommen, und es fehlte auch nicht an Entscheidungen gegen einzelne Feudalherren zur Sicherung der Klassenherrschaft insgesamt.

Kehren wir zu unserer Ausgangsfrage nach dem Zusammenhang zwischen den Bauernbewegungen und der Entwicklung des Absolutismus zurück, so können wir die von Poršnev gegebene Antwort, wenn auch variiert, bestätigen. In den drei Territorien unserer Untersuchung, so unterschiedlich immer die Entwicklung des Staates und des Kräfteverhältnisses der Klassen verlaufen ist, bleibt die Herrschaft des Adels aufrechterhalten. Allerdings gibt es wesentliche Unterschiede zwischen der unmittelbaren Adelsdiktatur in den Staaten ohne Absolutismus und der Diktatur im Interesse des Adels, d. h. dem Absolutismus.

Hinsichtlich der Grundlagen des Absolutismus berechtigen unsere Darlegungen zu dem Schluß, daß Absolutismus ohne Bürgertum nicht denkbar ist (Mecklenburg), daß er aber auch bei stärkerem Bürgertum ausbleiben (Kursachsen) und trotz relativer Schwäche des Bürgertums errichtet werden kann (Brandenburg-Preußen). In den Versuchen zur Errichtung des Absolutismus aber zeigt sich die Gesetzmäßigkeit der Entwicklung – auch im Scheitern.

Der Absolutismus förderte objektiv die gegen den Feudalismus gerichteten Kräfte, obwohl er ihre offenen Aktionen niederschlug. Er förderte insbesondere in zweierlei Hinsicht, teils aus politischen, teils aus ökonomischen Motiven, die bürgerliche Entwicklung, indem er den Zentralstaat ausbaute, eine Bürokratie einsetzte und mit der Sicherung eines nationalen Marktes dem Bürgertum die handelskapitalistische Bewegungsfreiheit verschaffte, aus der sich weitere Perspektiven ergaben. Er förderte, teils aus ökonomischen, teils aus militärpolitischen Motiven, die Entwicklung der Bauern, indem er sie als Klasse in ihrem zahlenmäßigen Bestand und hinsichtlich ihrer Verfügungsgewalt über die Produktionsmittel gegen den Adel schützte; keineswegs aus humanitären Erwägungen, aber objektiv wirksam. Allerdings konnten diese beiden Aufgaben, wie die Entwicklung in Kursachsen zeigt, auch ohne Absolutismus gelöst werden.

Wir waren von der Tatsache ausgegangen, daß es nicht überall zur Errichtung des Absolutismus kam, und haben dann versucht, gewisse gemeinsame Grundlagen zu bestimmen. Insofern erscheint es mir notwendig zu sein, allgemein von Spätfeudalismus, von spätfeudalem Staat bzw. Staat in der spätfeudalen Periode zu sprechen, für den allerdings der Absolutismus als klassische Erscheinungsform angesehen werden muß. Aber auch beim Scheitern der absolutistischen Bestrebungen bleibt der Feudalstaat Herrschaftsinstrument des Adels; auch die Adelsherrschaft ohne Absolutismus ist Diktatur der Feudalklasse. Sie ist die reaktionärste Form solcher Herrschaft, die schließlich von innen nicht mehr gebrochen werden konnte.

1 Dieser Beitrag behandelt eine Problematik der deutschen Geschichte aus der Sicht des Agrarhistorikers. Er will der rechts- und verfassungsgeschichtlichen und politischen Geschichtsschreibung einige Anregungen anbieten, indem er von den sozialgeschichtlichen Ergebnissen der letzten Jahre ausgeht. Es wurde dabei versucht, entsprechend der Aufgabenstellung des Participant das Anliegen des Beitrags von E. Molnar zu unterstützen. Die Literaturangaben wurden auf das Notwendigste beschränkt; insbesondere soll die z. T. ungedruckte oder schwer erreichbare Literatur geboten werden. Hinsichtlich der wirtschafts- und agrargeschichtlichen Problematik verweise ich generell auf Hans Mottek, *Wirtschaftsgeschichte Deutschlands*, Bd. 1, 4. Aufl., Berlin 1964, sowie auf die soeben erschienenen Bücher von Wilhelm Abel, *Geschichte der Deutschen Landwirtschaft vom frühen Mittelalter bis zum 19. Jh.*, (Deutsche Agrargeschichte, hg. von Günther Franz, Bd. II, Stuttgart 1962), und Friedrich Lütge, *Geschichte der deutschen Agrarverfassung vom frühen Mittelalter bis zum 19. Jahrhundert*, (Deutsche Agrargeschichte, Bd. III, Stuttgart 1963); beide Bücher haben bereits ein lebhaftes Echo gefunden.

2 Gerhard Schilfert, *Deutschland von 1648 bis 1789 (Vom Westfälischen Frieden bis zum Ausbruch der Französischen Revolution)*, 2. Aufl., Berlin 1962.

3 B. F. Porschnew, *Die Volksaufstände in Frankreich vor der Fronde*, Leipzig 1954.

4 Die unübersehbare Literatur macht Einzelangaben unmöglich. Ich verweise, neben der bereits zitierten Darstellung von G. Schilfert, auf Carl Hinrichs, *Preußen als historisches Problem. Gesammelte Abhandlungen*, hg. von Gerhard Oestreich, (West-)Berlin 1964, und Otto Büsch, *Militärsystem und Sozialleben im alten Preußen*, (West-) Berlin 1962.

5 Eine zusammenfassende Darstellung der Geschichte Mecklenburgs ist zuletzt vor dem ersten Weltkrieg erschienen (Hans Witte, *Mecklenburgische Geschichte in Anlehnung an Ernst Boll*, 2 Bde., Wismar 1909 und 1913).

Eine marxistische Konzeption der mecklenburgischen Territorialgeschichte liegt gedruckt nicht vor; wichtig ist in unserem Zusammenhang die Untersuchung von Peter Wick, *Versuche zur Aufrichtung des Absolutismus in Mecklenburg*, Berlin 1963. Verfassungs- und behördengeschichtlich verdienstvoll ist die Arbeit von Manfred Hamann, *Das staatliche Werden Mecklenburgs*, Köln–Graz 1962.

6 Die letzten zusammenfassenden Darstellungen sind von Hellmut Kretzschmar. »Sächsische Geschichte«, Bd. 2, in: Kötzschke/H. Kretzschmar, *Sächsische Geschichte*, Dresden 1935, sowie R.

Kötzschke, *Ländliche Siedlung und Agrarwesen in Sachsen*, Remagen 1952. Zur Problematik vgl. den Sammelband: *Um die polnische Krone. Sachsen und Polen während des Nordischen Krieges 1700-1721*, bearbeitet von J. Kalisch und J. Gierowski, Berlin 1962.

7 W. I. Lenin, *Die Entwicklung des Kapitalismus in Rußland*, Werke, Bd. 3, Berlin 1956, S. 185 ff.

8 K. Marx, *Das Kapital*, Bd. III, in: Marx/Engels, Werke, Bd. 25, Berlin 1964, S. 790 ff.

9 Jan Peters, *Die Landarmut in Schwedisch-Pommern*, Phil. Diss., Greifswald 1961 (Masch.). Diese Arbeit beruht auf umfangreichen Archivstudien. Schwedisch-Pommern ist angesichts seiner exzeptionellen staatsrechtlichen Stellung zwischen dem Dreißigjährigen Krieg und dem Wiener Kongreß ein besonders wichtiges Untersuchungsgebiet. Ich habe allerdings davon abgesehen, dieses Territorium als weiteres Beispiel spätfeudaler Staatsentwicklung zu berücksichtigen, obwohl diese Variante, d. h. Annexion durch eine Großmacht, die im eigenen Lande eine recht starke Zentralgewalt besitzt, vertiefte Einsicht in die Problematik verspricht. Doch muß das einer vergleichenden Gesamtdarstellung der Verfassungsgeschichte überlassen bleiben.

10 Ich darf an dieser Stelle eine neue Arbeit von Josef Leszczynski erwähnen: *Der Klassenkampf der Oberlausitzer Bauern in den Jahren 1635-1720*, (Schriftenreihe des Instituts für Sorbische Volksforschung bei der Deutschen Akademie der Wissenschaften zu Berlin, Bd. 21), Bautzen 1964; die Oberlausitz nimmt innerhalb der ostdeutschen Territorien eine Sonderstellung ein, die sich aus dem nach wechselvoller Entwicklung erfolgten Anschluß an Kursachsen und aus der Tatsache erklärt, daß die kursächsischen Herrscher gegenüber dem Oberlausitzer Adel eine weniger starke Politik verfolgten als im eigenen sog. Erblande. Wie schon bei der Erwähnung Schwedisch-Pommerns möchte ich aber die für vergleichende Untersuchungen sich ergebenden Möglichkeiten wenigstens andeuten, ohne hier näher darauf einzugehen.

11 Es liegen wesentliche, über Otto Schiff »Die deutschen Bauernaufstände von 1525 bis 1789«, in: *Historische Zeitschrift*, Bd. 130, 1924, S. 189 ff., hinausgehende Ergebnisse nicht vor. Vgl. neuerdings Roland Franz Schmiedt, *Der deutsche Bauernkrieg in Oberösterreich vom Jahre 1626 als Teilerscheinung des Dreißigjährigen Krieges (Ein Beitrag zur Klärung des Charakters des gesamteuropäischen Konfliktes und der Rolle der Volksmassen)*, Phil. Diss., Halle 1963 (Masch.).

12 Ein wichtiger Versuch liegt vor in der Arbeit von Kurt Wernicke, *Untersuchungen zu den niederen Formen des bäuerlichen Klassenkampfes im Gebiet der Gutsherrschaft 1648-1789*, Phil. Diss., Berlin

1962 (Masch.).

13 P. Stulz/K. Opitz, *Volksbewegungen in Kursachsen als Folge der Französischen Revolution*, Berlin 1956.

14 Notwendig ist hier noch der Hinweis auf zwei neuere Arbeiten. Günter Vogler, *Probleme der feudalen Arbeitsrente und des bäuerlichen Widerstandes im 18. Jahrhundert*, Phil. Diss., Berlin 1961 (Masch.); Hartmut Harnisch, *Die Herrschaft Boitzenburg*, Phil. Diss., Rostock 1964 (Masch.).

15 Die neuere Manufakturforschung vgl. bei Hans Mottek, »Zur Literatur über die Entwicklung des Kapitalismus innerhalb der Feudalordnung in Deutschland«, in: *Historische Forschungen in der DDR, Analysen und Berichte, Sonderband der ZfG* 1960, S. 163 ff., und Jürgen Kuczynski, in: *Jahrbuch für Wirtschaftsgeschichte*, 1960, Bd. 1, S. 337 ff., sowie Rudolf Forberger, in: *ZfG*, 1962, H. 8, S. 1954 ff. Informativ auch Herbert Hassinger, »Der Stand der Manufakturen in den deutschen Erblanden der Habsburgermonarchie am Ende des 18. Jhs.,« in: *Die wirtschaftliche Situation in Deutschland und Österreich um die Wende vom 18. zum 19. Jh.*, (Forschungen zur Sozial- und Wirtschaftsgeschichte, hg. v. Friedrich Lütge, Bd. 6), Stuttgart 1964, S. 110 ff.

16 Ich verweise auf die rechtshistorische Untersuchung von Uwe-Jens Heuer, *Allgemeines Landrecht und Klassenkampf*, Berlin 1960.

David Sabean

Die Dorfgemeinde als Basis der Bauernaufstände in Westeuropa bis zu Beginn des 19. Jahrhunderts*

Eines der gemeinsamen Merkmale von Bauernrevolten im »frühmodernen« Europa war ihre Basis im Gemeindeleben. Viele Aufstände rühren vom Wunsch einer Gruppe im Dorf her, den Zugang zu den Ressourcen der Gemeinschaft zu kontrollieren oder andere von Mitbestimmungsrechten auszuschließen. Bauern revoltierten oft mit dem Ziel, den »Außenseiter« fernzuhalten, sei es den Steuereintreiber, den Aushebungsoffizier oder den absentierenden Grundherrn. Hingegen kennen wir keinen Fall, in dem Bauern versuchten, die Macht im nationalen Maßstab zu ergreifen; und nur in wenigen Fällen war es ihr Ziel, sich eine ständige Basis im lokalen oder regionalen politischen Apparat zu verschaffen.

Bauern dachten nur selten daran, ihre Interessen mittels einer zentralen Vertretung zu verteidigen oder auszudehnen. Zur gleichen Zeit wurden ihre nicht gerade häufigen Revolten von der Obrigkeit als völlig illegitim angesehen, sie wurden nicht als Teil des politischen Gemeinwesens betrachtet, und ihre Drohungen mit Gewalt stießen auf entschlossene Abwehr. Natürlich versuchten die Obrigkeiten oft, wenn es nicht anders ging, Zeit zu gewinnen, aber die oft zu konstatierende brutale Unterdrückung von Revolten drückt das Gefühl der völligen Illegitimität bäuerlichen Vorgehens aus, das die Herrschenden hegten. Ein gutes Beispiel liefert der bayerische Bauernaufstand von 1705, als zu zwei verschiedenen Gelegenheiten die Soldaten, die den Aufstand niederwerfen sollten, den Bauern überlegen waren. Beide Male machte das Militär, bei geringfügigen Verlusten auf seiner Seite, nicht eher halt, als bis etwa 5000 Bauern erschlagen waren, was einen ganzen Tag in Anspruch nahm. Solche Exzesse sind nur erklärbar unter

* Zuerst veröffentlicht in: *Comparative Politics* 1976, S. 355-364. Übersetzt von Werner Troßbach.

der Prämisse, daß Bauern als politische Subjekte nicht im geringsten anerkannt waren.

In diesem Artikel werden wir die Konzentration bäuerlichen politischen Interesses auf das Dorf analysieren und einige Triebfedern früher Modernisierung betrachten, Kräfte, die viel langsamer voranschritten als in der heutigen Welt. Wenn auch das politische Interesse der Bauern von sich aus nicht über die Dorfgrenzen hinaus ging, so waren sie doch in einem Aufstand gezwungen, mit Leuten von außerhalb ihrer Gemeinde zusammenzuwirken. Diese Tatsache muß bei der Analyse des Revoltenphänomens in Betracht gezogen werden.

In der Literatur, die sich mit Bauern beschäftigt, wird häufig das Dorf als fundamentale Einheit bäuerlicher Gesellschaft (»peasant society«)[1] hervorgehoben. Diese Identifikation zwischen dem einzelnen Bauern und seinem Dorf rührt von der bäuerlichen Subsistenzwirtschaft her: das Dorf ist das Ensemble bäuerlicher Haushalte, von denen jeder bis zu einem gewissen Grade autonom ist, die aber zu politischen, kulturellen und ökonomischen Zwecken zusammenwirken. Eine gewisse Differenzierung ökonomischer Funktionen findet zwar innerhalb des Dorfes statt, aber nach außen hin braucht der Bauer nur die Stadt, nicht andere Dörfer. Die Verbindungen zwischen der Stadt und den Dörfern sind einsträngig, ökonomisch verbindet die Dörfer nichts untereinander. Es lohnt sich, die dörfliche Autonomie in Westeuropa eingehender zu betrachten, weil diese Autonomie in der Literatur kürzlich starke Beachtung gefunden hat.[2] Rodney Hilton legte dar, daß bäuerliches politisches Interesse im Mittelalter in der tagtäglichen Zusammenarbeit der Dorfbewohner verwurzelt ist. Man mußte sich über Aussaat, Erntezeit, Regelungen bezüglich der Viehweide und Allmendenutzung einigen. Die Teilnahme an den dörflichen Beratungen über solche Angelegenheiten verschaffte jedem Bauern Erfahrung in Entscheidungsprozessen.

Vom späten 14. Jahrhundert an nahm die bäuerliche Autonomie in diesem Bereich zu, denn adlige und kirchliche Institutionen zogen sich von der direkten Landbebauung zurück und teilten die Villikationen an ihre Grundholden auf. Die grundherrlichen Beamten blieben natürlich noch auf dem Lande wohnen, aber sie waren eher mit der Einziehung der Renten und der Friedenssicherung beschäftigt und weniger mit der Koordination der landwirtschaftlichen Abläufe. In dieser Situation begannen die bäuerlichen

Eigentümer, unabhängig Regeln zur kollektiven Entscheidungsfindung zu entwickeln, und zwar in bezug auf Erntezeit und Pflugzeit, Ährenlesen und Viehweide. Das erstreckte sich direkt auf die Frage nach Sanktionen für Übertretungen. Es kam im Laufe der Zeit dazu, daß die bäuerlichen Eigentümer forderten, Beauftragte zur Friedenssicherung wählen zu dürfen, die Dorfangelegenheiten selbst verwalten zu dürfen und ähnliches. Über 200 Jahre wurde zwischen Dorfbewohnern und Adligen ständig verhandelt über die Fragen der letztendlichen Verantwortlichkeit für die Friedenswahrung in den Dörfern und über das Recht, Gemeindebeauftragte für verschiedene Angelegenheiten zu bestimmen. Jedes Dorf hatte seine eigene Geschichte des Verhältnisses zu seinem Herrn, mit seinen eigenen grundlegenden Verträgen, Weichenstellungen und Freibriefen. An einigen Stellen wählte das Dorf den Schultheißen, den Gemeinderat, den Vogt. An anderen Stellen bestellte der Herr einige Beamte, das Dorf andere. Meistens war der Prozeß zweiseitig: die Dorfbewohner schlugen zwei oder drei Kandidaten für eine Stelle vor, der Herr wählte einen davon aus.

All das brachte jedem Dorf ein wachsendes Bewußtsein politischer Autonomie. Die politische Bedeutung der Grundherrschaft, die oft Dorfgrenzen überschritten hatte, schwächte sich ab. Noch durch andere Entwicklungen wurde das Bewußtsein einer Dorfidentität verstärkt: vor allem durch den Wunsch eines jeden Dorfes, seine Rechte und sein Territorium gegen alle umliegenden Dörfer zu konsolidieren. Die Archive sind voll von Dokumenten, die über rechtliche Schritte der einzelnen Dörfer berichten, die Rechte von Nachbardörfern zu mindern oder die Rechte der Bewohner anderer Dörfer im fraglichen Territorium zu fixieren. So werden bestimmten Leuten bestimmte Rechte mit strikten Einschränkungen und zu bestimmten Jahres- oder Tageszeiten eingeräumt.

All diese Dokumente beweisen, daß das Bewußtsein einer dörflichen Identität mit der Zeit stärker wurde. Der Grad der Bedeutung bäuerlicher Identifikation mit dem Dorf wird sehr oft in Bauernrevolten klar. In den berühmten »Zwölf Artikeln« des Deutschen Bauernkriegs von 1525 ist die »Gemeinde« als genossenschaftlich organisierte Gewalt der Schlüssel für das Verständnis der bäuerlichen Forderungen. Die Gemeinde sollte Priester bestellen und absetzen, den Zehnten einziehen und verteilen, Jagd und Fischerei und die Wald- und Allmendenutzung kontrollieren und an Gerichtsverhandlungen, zivil- und kriminalrechtlichen, auf Dorfebene teilnehmen.[3]

Es ist damit klar, daß das Dorf eine wichtige Bezugseinheit für seine bäuerlichen Bewohner war. Die Subsistenzwirtschaft wurde in seinen Grenzen bestritten; in vielen Fällen war das Recht, landwirtschaftlich tätig zu werden, nur Dorfbewohnern zugestanden. Das Dorf regelte seine eigenen Angelegenheiten, reglementierte den Zugang zu seinem Territorium und wahrte den Frieden in seinen Grenzen. Doch es ist auch klar, daß die Dorfbewohner auf anderen Ebenen in ein breiteres Territorialsystem einbezogen waren und daß Kontakte mit »außen« nicht nur in einsträngigen Beziehungen mit dem Herrn oder der nächsten Stadt abgewickelt wurden. Dörfler heirateten Partner aus umliegenden Dörfern, trafen sie z. B. im Gerichtsgebäude, dienten mit ihnen in denselben Militäreinheiten, die breitere Regionen umfaßten.

Wenn wir nachvollziehen wollen, wie Dörfer miteinander in Kontakt treten und zu einem System integriert werden, taucht die Funktion der Stadt, wo der lokale Markt abgehalten wird, als entscheidender Faktor auf, jeweils in verschiedenem Kontext. Um den Militärdienst als Beispiel zu nehmen, so war der Rekrutierungsvorgang in Süddeutschland im 16. Jahrhundert in den Marktflecken zentriert.[4] Werber kamen in eine Stadt und rekrutierten junge Männer aus den umliegenden Dörfern. Sie dienten in einer Einheit ihre Zeit ab und wurden dann wieder nach Hause entlassen. Das Netz von Beziehungen, das auf diese Weise geknüpft wurde, ist von großer Bedeutung, denn es war oft der Militärdienst, der einem Bauern Gelegenheit bot, Geld zum Kauf einer Liegenschaft zu Hause anzusammeln. Als diese Männer älter wurden und in ihren Dörfern geachtete Positionen erreichten, verfügten sie über ein fertiges Netz alter Verbindungen, die für eine Reihe von Zwecken benutzt werden konnten. Die Rolle, die ehemalige Söldner in Bauernrevolten spielen, ist bekannt.[5]

Wie die bäuerliche Ökonomie in räumlicher Hinsicht funktioniert, ist von Geographen und Anthropologen in den letzten Jahrzehnten erforscht worden.[6] G. W. Skinner legt dar, daß die Marktregion, nicht das Dorf, die grundlegende Einheit bäuerlichen Wirtschaftens ist. Marktplätze sind nach einem geregelten Muster über die Landschaft verstreut und liegen gerade eng genug beieinander, um auf diese Weise alles Notwendige für die bäuerliche Wirtschaft liefern zu können. Weiterhin sind verschiedene Märkte hierarchisch aufeinander bezogen; als Standardmarkt ist derjenige definiert, der die bäuerlichen Bedürfnisse alle befriedigen kann. Über diesem und weitere Regionen umfassend, steht eine Stadt mit einem höheren Grad von Zentralität, die den Großhandel und höhere administrative und kulturelle Funktionen beherbergt. Da die Bauern einer bestimmten Region ihre Bedürfnisse auf dem Standardmarkt befriedigen, ist ihr soziales Beziehungsnetz tendenziell auf das Einzugsgebiet dieser Stadt beschränkt. Das soziale Beziehungsnetz von Eliten wiederum basiert auf Marktstädten höherer Ordnung, da ihre Geschäfte weitere Gebiete umgreifen.

Ein Beispiel, wie ein Marktflecken eine Region integriert, ist das System, nach dem Heiraten zustandekommen. Wenn auch innerhalb eines Dorfes geheiratet und dadurch die Geschlossenheit der Gemeinde noch verstärkt wird, so heiratet man doch auch oft in ein anderes Dorf. Aber der Heiratsmarkt deckt sich tendenziell mit dem Einzugsgebiet einer Marktstadt. Wenn Erwachsene Heiraten arrangieren, wollen sie oft schon bestehende Bindungen bestärken oder neue schaffen. Neue Bindungen außerhalb der Sphäre normaler sozialer und ökonomischer Aktivität sind naturgemäß von geringem oder gar keinem Nutzen.

Ein modernes Beispiel dafür, wie eine Marktregion in dieser Hinsicht wirksam wird, stammt aus einer Studie über ein Dorf in der Picardie.[7] Bewohner dieses Dorfes haben keinen regulären Kontakt mit Dörfern, die mehr als sechs bis zehn Kilometer davon entfernt sind. Ihre direkten Beziehungen beschränken sich auf ihr eigenes Dorf und angrenzende Dörfer. Regelmäßiger Kontakt mit Bewohnern von weiter entfernten Dörfern kann nur in der zentral gelegenen Stadt aufrechterhalten werden, so daß die Gesamtsphäre sozialen Kontakts auf die Dörfer beschränkt bleibt, deren Bewohner dieselbe Stadt besuchen. Jedes Dorf ist auf nur eine Stadt orientiert. Nimmt man also zwei Dörfer, die von einem dritten gleich weit entfernt, aber auf verschiedene Märkte orientiert sind, so hat eines regelmäßigen Kontakt mit dem dritten, aber das andere so gut wie gar keinen mit ihm. In der Studie von Alain Morel ist die um einen Markt gruppierte Region noch auf andere Art ineinander gefügt. Die Sommerfeste werden in jedem Dorf an einem anderen Sonntag gefeiert, nach dem Prinzip strikter Rotation. Morel zeigt, daß das Wissen über die Angelegenheiten des anderen durch eine Art von Kommunikation zustande kommt, die in erster Linie nur denjenigen Dorfbewohnern zugänglich ist, die dieselbe Stadt besuchen.

Das soziale Beziehungssystem von Bauern umgreift diffuse wie auch dichtgefügte, auf Verwandtschaft basierende Bindungen. Auf dem Marktplatz verkauft der Bauer seine Produkte zusammen mit Menschen aus anderen Dörfern. Er trifft sie in der Rechtsanwaltskanzlei an Markttagen, und er verbreitet Informationen über anderer Leute Angelegenheiten. Das Wirtshaus wird zum Brennpunkt der Sozialisation und spielt eine fundamentale Rolle in Bauernrevolten.[8] Der Marktflecken ist also im allgemeinen die zentrale Stelle, wo Bauern in vielfältige Austauschbeziehungen verwickelt werden.

All das paßt gut zur klassischen Formulierung einer »peasant society«.[9] Bauern betreiben danach Subsistenzwirtschaft auf landwirtschaftlicher Basis, sie beziehen sich auf Außenseiter in einer Weise, daß der Außenseiter die Bauern politisch dominiert, ihnen Surplus entzieht und eine kulturelle Hegemonie über sie errichten kann. Solche Aktivitäten involvieren asymmetrische Tauschbeziehungen, die auf einem zentralen Platz oder Markt vor sich gehen müssen. Gerade dorthin setzen die Eliten politische oder administrative Beauftragte. Märkte entziehen den Bauern einen Teil ihres Surplus und vermitteln zwischen Landbebauern und der Welt »außerhalb«. Getreide aus Zwangsrequisitionen, Renten und Steuern wird in städtischen Scheunen gelagert, zur Verschiffung nach »außerhalb« oder zum lokalen Verkauf; von den Bauern wird gewöhnlich verlangt, daß sie ihre Abgaben zu einem solchen Sammelpunkt bringen. Das zentrale Heiligtum einer Region oder wichtige kirchliche Institutionen überlagern sich räumlich mit politischen und ökonomischen Institutionen. Bauern leben demzufolge teilweise in eng begrenzten Welten, mit eigenen Dialekten, religiösen Volksbräuchen, Subsistenzwirtschaft und dörflicher Selbstverwaltung. Mit der breiteren Gesellschaft stehen sie in Kontakt durch von außen kommende Gerichtsinstitutionen, Rentenzahlungen und religiöse Ideale, die ihnen von der Elite aufgezwungen werden. Indem sie Verpflichtungen gegenüber Außenseitern nachkommen, treffen sie sich mit Menschen aus anderen Dörfern an einem zentralen Punkt.

In diesem zweiseitigen Prozeß zwischen Eliten und Bauern gibt es nun Vermittler oder »brokers«. Solche Leute haben oft formelle Positionen im genannten Prozeß inne, aber informelle Vermittler können von ebenso großer struktureller Bedeutung sein. Wie wir dargelegt haben, wird der Beauftragte eines Dorfes für eine bestimmte Angelegenheit oft gewählt, damit er die Bedürfnisse und Wünsche beider Seiten berücksichtigt. Der Kleinproduzent, Kaufmann und städtische Handwerker spielt ebenso eine Vermittlerrolle als Teil der äußeren Welt des Handels und als Schaltstelle zwischen Bauer und Welt.

Es ist schwierig, historisch genau zu zeigen, wie die sozialen Beziehungsnetze von Bauern strukturiert waren oder wie Personen aus der Stadt die Vermittlerrolle spielten, die die Theorie ihnen zuschreibt. Eine Möglichkeit, einige Daten über dieses Problem zu liefern, ist die Analyse außergewöhnlicher Vorfälle, wie etwa Bauernrevolten, wenn Bauern gezwungen sind, in einem kurzen Zeitraum ein bestehendes Beziehungsnetz zu aktivieren, das für den Historiker verborgen oder unsichtbar war. Der außerordentlich große Datenbestand, den eine Revolte liefert, macht das historische Material nicht nur für die Erforschung der Dynamik einer Revolte, sondern auch für die Analyse der alltäglichen Gesellschaft geeignet.

In dieser Hinsicht können wir das ganze Phänomen westeuropäischer Bauernrevolten vom Ende des Mittelalters bis zur Französischen Revolution zusammen betrachten, denn eines der ins Auge springenden gemeinsamen Merkmale ist die Tatsache, daß die Führer selten, wenn überhaupt, selbst Bauern waren.[10] In England 1381 z. B. waren die Führer Schneider, Bäcker, Priester, Kaufleute, Weber, Metzger, einige Ritter, Pröbste und ein Abt.[11] Sie fallen in die Kategorien »Handwerker«, »niederer Klerus« und »Ehrbarkeit«, also Ritter, Edelleute, ein Bürgermeister, ein Abt und wenige offensichtlich gut situierte Kaufleute. Im Deutschen Bauernkrieg von 1525 tauchten dieselben Kategorien auf, hinzu kamen die Wirte. In den verschiedenen französischen Aufständen des 17. Jahrhunderts, die Roland Mousnier erforscht hat, waren die Führer oft »wichtige Personen der Marktflecken«, Handwerker, Beamte, Landadlige, Advokaten, Priester.[12]

In vielen Fällen war der Führer nicht der Anstifter einer Revolte. Stattdessen wurde er von einem Bauernhaufen ausgesucht, um als ihr Sprecher zu fungieren: in jeder Revolte behaupteten einige Führer, sie seien gezwungen worden, als Sprecher oder Organisator aufzutreten. Ein anderes gemeinsames Merkmal besteht darin, daß die Person, die von den Bauern ausgesucht wurde, die Reputation hatte, ein »guter Redner« zu sein, oder »gewohnt war, mit der Ehrbarkeit zu sprechen«. So wählten die Bauern Mittler (»brokers«) aus, mit denen sie schon immer zu tun hatten, und stellten sie mit oder gegen ihren Willen an die Spitze eines Aufstands. Es gibt genug detailliertes Material in vielen Chroniken, um zeigen zu können, daß oft über die Kompetenzen des neuen Führers diskutiert wurde. Und aus diesen Diskussionen ist klar, daß der Führer ein Mann war, der in der bäuerlichen Ökonomie oder im politischen Leben vor der Revolte eine wichtige Rolle spielte. Es wäre eine reizvolle Frage, unter welchen Umständen ein Schmied z. B. zur Reputation kam, öffentliche Reden halten oder Vermittler zwischen Elite und Bauern spielen zu können, aber die Quellen bieten oft keine weiteren Informationen. Es ist jedoch klar, daß ein Mann, der sonst die Rolle eines informellen »brokers« spielte, nun auch eine Revolte leiten sollte.

Es wäre nützlich, ein spezielles Beispiel für die Dynamik einer Revolte vorzustellen, um zu sehen, wie der Prozeß der Wahl eines Anführers in den einzelnen Stadien einer Revolte vor sich ging. Das Beispiel stammt vom oberschwäbischen Aufstand während des Deutschen Bauernkriegs von 1525.[13] Am Anfang, solange die Revolte auf dörfliches Niveau beschränkt blieb, kamen die Führer aus der wohlhabenden Bauernschaft. Als dann verschiedene Dörfer sich um eine kleine Marktstadt sammelten, ging die Führung an Männer aus der Stadt über: in Altsdorf z. B. an den »Bürgermeister«, in Oberteuringen an einen Wirt. Diese kleinen Haufen wiederum vereinigten sich nach und nach um die »Standardmarktstädte«. Von seinem Zentrum Ravensburg aus zwang der Bodenseehaufen einen landbesitzenden Patrizier an seine Spitze, und als Stellvertreter bestimmte man den Verwalter eines der reichen Klöster. Ähnliche Haufen bei Kempten und Biberach wurden ebenso von Städtern angeführt, deren soziales Beziehungsgefüge ganz Oberschwaben durchdrang. Sie schlugen eine Vereinigung der drei Haufen vor und riefen dazu einen Bund mit Sitz in der zentralen Marktstadt Oberschwabens, Memmingen, ins Leben. An dieser Stelle ging die Führung wiederum auf die Zentrale über: den führenden Reformationsprediger in Memmingen und einen Kürschner. Diese beiden verfaßten die »Zwölf Artikel«, versahen sie vollständig mit Bibelstellen, auf die sie sich beriefen, schufen eine Kanzlei, einen Postdienst und eine militärische Organisation und begannen in Kategorien einer ständigen bäuerlichen Vereinigung zu denken.

All dies ging weit über die Grenzen bäuerlicher Aktionen hinaus. Wenn Soldaten kamen, um die Revolte niederzuschlagen, splitterte sich der Bund wieder in seine Bestandteile auf, nämlich Haufen, die um die drei Marktstädte zentriert waren, deren Einzugsbereich mit dem wirklichen bäuerlichen Beziehungsgefüge identisch war. Die Elite konnte zum entscheidenden Zeitpunkt eine größere Streitmacht koordinieren, weil ihr Beziehungsgefüge auf Städten mit zentraler Funktion höherer Ordnung basierte.

Der vorstehende Bericht illustriert die Dualität einer »peasant society« in Westeuropa zwischen der Identifikation mit dem Dorf und der Integration höherer Ordnung in ein Ensemble von Beziehungsnetzen, die auf einen zentralen Ort ausgerichtet und durch eine Reihe von Tauschbeziehungen strukturiert sind. Diese Tatsachen erklären zugleich den extremen Lokalismus bäuerlichen Bewußtseins und die Fähigkeit der Bauern auf der anderen Seite, Rebellionen in relativ kurzer Zeit über große Gebiete hin zu organisieren. Die Tauschbeziehung – nicht der Markt als solcher – ist die Kennziffer auf der Seite der Gleichung, auf der die gesellschaftliche Integration einer Gruppe steht. Man kann sich schlecht eine »peasant society« vorstellen, wo die Dorfbewohner nicht irgendeine Tauschbeziehung eingehen. Man denke z. B. an die zentrale Rolle, die die Klöster im Leben der russischen Gesellschaft spielten.

Ein anderer Aspekt der europäischen Bauernrevolten war ihre Spontaneität und die daraus resultierende Wahl der Führer durch das an Ort und Stelle versammelte Volk. Es gibt kaum Anzeichen dafür, daß führende Persönlichkeiten sich auf langfristige Agitation verlegt oder systematisch versucht hätten, eine koordinierte politische Bewegung in die Wege zu leiten. Die artikulierten Ziele von Bauern in einer Revolte waren selten hoch ideologisiert. Wenn Ideologie eine Rolle spielte, war sie von den Führern aus der Stadt von außen herangetragen.

Über das Dorf als zentralen Bezugspunkt für Bauernrevolten ist noch einiges zu sagen nötig. In vielen Fällen enthüllen Revolten Konflikte innerhalb der Dörfer und beinhalten Versuche eines Elements, Kontrolle über das andere zu gewinnen. Im Aufstand in Oberschwaben 1525 z. B. bedeutete die Bewegung für Gemeindeautonomie in der Realität Kontrolle der Gemeinde durch die vollberechtigten Bauern. Der Aufstand fand statt nach einer Periode schnellen Bevölkerungswachstums, die eine stetig zunehmende Klasse von Tagelöhnern hervorgebracht hatte. Man begann über Jagd- und Fischereirechte zu disputieren, über Allmenderechte, Ährenlesen, Viehhaltung, Häuserbau und über die Teilnahme an den Entscheidungen in den Dörfern. Vollbauern meinten, wenn sie »Gemeinde« sagten, nur jene Dorfbewohner, die dadurch vollberechtigt waren, daß sie ein Anwesen einer bestimmten Größe besaßen. Man ging davon aus, daß die Anzahl solcher Leute für alle Zeiten streng limitiert war. Die »Zwölf Artikel« waren politischer Ausdruck dieser Gruppe, die die Verantwortung für Armenfürsorge, Aufsicht über das Gemeindeland, Dorfangelegenheiten, Justiz und Ernennung des Pfarrers und aller Beamten in ihre Hand bringen sollten. Wir finden einen ähnlichen Kampf zwischen landlosen und landbesitzenden Bauern während der Französischen Revolution.[14]

Noch in anderer Hinsicht war das Dorf Revoltenbrennpunkt. Dies hat mit frühen Etappen von Modernisierung zu tun und mit der Art, wie Bauern davon berührt wurden. Das 15. und 16. Jahrhundert erlebte einen entscheidenden Kampf zwischen zwei Konzeptionen davon, wie Macht verwaltet werden sollte. Zunächst war der Staat dezentral strukturiert, Macht war um bedeutende Aristokraten mit großem Landbesitz und Privatarmeen konzentriert. Durch ein komplexes System von Gefolgschaft, bekannt als »Bastardfeudalismus«, spielten die Aristokraten nach einem festen Muster ihre Ambitionen um einen mächtigen König aus. Wenn jedoch ein schwacher oder minderjähriger König regierte, stellte sich feudale Anarchie ein: man denke an die Rosenkriege und die französischen Religionskriege nach dem Tod Heinrichs II. Im Sog dieser Kämpfe versuchten die Monarchen in ganz Europa, das Gewaltmonopol durchzusetzen, stehende Heere zu schaffen, Bürokratien aufzubauen, die diese kontrollieren sollten, Steuern zu erhöhen. Demzufolge wurden die Bauern die Grundlage des neuen absolutistischen Staates, als Rekruten für die Armee und Objekte der Besteuerung; aber der Weg zur politischen Partizipation war ihnen versperrt. Alles, was sie tun konnten, war, dem eine negative Antwort zu geben, indem sie ihrerseits die Außenseiter ausschlossen – den Steuerbeamten, den Aushebungsoffizier, den Richter. Das ganze 17. Jahrhundert hindurch wurde Frankreich von einer Serie von Bauernrevolten geschüttelt, die meistens gegen den Steuerbeamten gerichtet waren. Dabei wurden sie oft von den Aristokraten unterstützt, weil diese sahen, daß steigende Besteuerung ihren Anspruch einschränkte, Renten aus den Grundholden herauszupressen. Der bayerische Bauernaufstand von 1705 z. B. war gegen die Einziehung zum Militärdienst und gegen gleichzeitige Steuern für eine Reihe von dynastischen Kriegen gerichtet. In keinem dieser Fälle erhoben die Bauern die Forderung nach politischer Repräsentation in diesem System.

Es müßte erforscht werden, auf welcher Stufe im Modernisierungsprozeß sich traditionelle Formen bäuerlichen Protests in moderne transformieren. Als Unterscheidung moderner von »traditionellen« Formen des Protests kann vielleicht die Haltung zur Modernisierung selbst dienen. Eine traditionelle Bewegung versucht Bedingungen wiederherzustellen, wie sie waren, eine moderne hingegen akzeptiert die Bedingungen des Wandels, und die daran Beteiligten wollen am nationalen politischen Prozeß partizipieren. Dazu reichen aber Protestgruppen, die auf Beziehungen von Angesicht zu Angesicht aufbauen, nicht länger aus; politische Aktivitäten implizieren permanente Vereinigungen, die eine viel breitere Region umgreifen sowie professionelle Organisatoren und eine Ideologie benötigen.[15] Worin bestand nun der Prozeß, in dem Bauern ein Interesse an moderner politischer Aktivität entwickelten? Was trieb sie über das Dorf hinaus?

Wir schlagen als Antwort vor, daß die Schaffung nationaler Märkte in Europa eine Schlüsselrolle spielte, ein Prozeß, der während des 18. Jahrhunderts voll in Schwung kam. Georges Rudé hat die Antwort der Bauern auf diesen Wandel analysiert, die sie wohl am direktesten dadurch gaben, daß sie den Getreideexport aus den Marktstädten zu verhindern suchten.[16] Er weist nach, daß während einer Knappheitsperiode die Hauptzentren der Revolte nicht dort lagen, wo die Knappheit akut war, im Gegenteil, Protest entwickelte sich dort, wo Getreide verschifft wurde, oft mit dem Ziel, die Teuerung anderswo zu lindern. Die örtlichen Bürger und Bauern wollten das Korn in den heimischen Scheunen behalten, um Knappheit zu Hause zu verhindern. Nichtsdestoweniger, als Militärstraßen große Gebiete auf dem Kontinent erschlossen, den Transport über weite Entfernungen über Land zum erstenmal billig machten und die Verstädterung eine stetige Getreideversorgung erforderte, expandierte der Markt weiter. Wir können sagen, daß dieser Prozeß in Frankreich in den 30er

Jahren des 19. Jahrhunderts abgeschlossen war, und damit kam das Ende der Getreiderevolten. Wenn ein nationaler Markt erst einmal hergestellt war, interessierten sich die Bauern direkt für die nationale Politik mit Exporten, Importen, Steuern und Zolltarifen. Zur gleichen Zeit begannen sie für einen Markt zu produzieren, der über den lokalen Markt hinausging, und ihre Produktion auf die Bedürfnisse des Marktes einzustellen.

In diesem Prozeß fand eine Verschiebung statt, die die Basis bäuerlicher Kooperation veränderte. Wir sind davon ausgegangen, daß bäuerliche politische Aktivität in dem mit der Dreifelderwirtschaft verbundenen komplizierten System verwurzelt war, in dem das Recht auf die gemeinsame Viehweide alles andere bestimmte. Im 18. und 19. Jahrhundert setzte sich das individuelle Privateigentum voll durch, Gemeinderechte verschwanden, und die alte Form der Kooperation wurde überflüssig. Im frühen 19. Jahrhundert entwickelten die Bauern Genossenschaften zur Vermarktung ihrer Produkte. So verschob sich Kooperation von der Produktion zum Handel, eine Verschiebung, die größere Bedeutung auf genossenschaftliche Beziehung als auf solche von Angesicht zu Angesicht legte.

Vielleicht wäre es nützlich, noch einige Punkte hervorzuheben, die wir über die Teilnahme von Bauern an Protestbewegungen ausgeführt haben. Es sollte klar sein, daß, wenn auf »traditionelle« Gesellschaft Bezug genommen wird, dieser Begriff den Wandel als Möglichkeit durchaus einbezieht. Er bedeutet nur, daß der Markt für bäuerliche Produkte im wesentlichen lokal bleibt, daß Bauern in ein nationales Marktsystem nicht integriert sind. Sie sind noch nicht spezialisierte Produzenten, und ihre Produktion bzw. Konsumtion bleibt weitgehend autark. In solch einer Gesellschaft ist Kommunikation höchst restringiert; weder kann eine einheitliche bäuerliche politische Meinung gebildet noch diese Meinung in politischen Druck umgesetzt werden. Nichtsdestoweniger fand auf staatlichem Niveau eine beträchtliche Modernisierung statt, obwohl der Bauer von der politischen Partizipation ausgeschlossen war. Wenn Bauern dem Staat mit Gewalt drohten, antwortete der Staat mit der Entwicklung größerer, disziplinierterer Armeen und im 19. Jahrhundert mit der Landgendarmerie. Man könnte argumentieren, daß für eine Weile die Bauernschaft einen gewissen Erfolg erringen konnte, daß Bauern in der Französischen Revolution Teil der politischen Nation wurden, sich

Besitzrechte und die Abschaffung der feudalen Restriktionen ihrer Produktion sicherten. Während also bäuerliche Genossenschaften im 19. Jahrhundert nur langsam wuchsen und die Bauern erst nach 1850 Wahlrecht und lobbyistischen Einfluß auf die Zollquoten errangen, beeinflußte also in diesem Fall bäuerliche Gewalt oder Gewaltdrohung staatliche Politik. Aber das kam zu einer Zeit, als die Bauernschaft als solche schon in Auflösung begriffen war und in getrennte Klassen von Farmern und qualifizierten Landarbeitern zerfiel.

Das Rückgrat der Bauernbewegungen in Westeuropa seit dem Mittelalter waren immer die landbesitzenden Bauern oder die »freeholders« gewesen. Wie wir nachgewiesen haben, war ihre Aktivität oft gegen die Landlosen gerichtet, obwohl es viele Beispiele im Laufe der Zeit gibt, wo sich Tagelöhner und Hüttner einige Rechte im Dorf sicherten. Wann immer die Landbevölkerung Gravamina vortrug, es war keine Mobilisierung möglich, wenn nicht landbesitzende Bauern teilnahmen. In der Oberlausitz nach dem 30jährigen Krieg z. B. kämpften Tagelöhner hartnäckig mit den Adligen um die Arbeitsbedingungen auf den Gutsländereien. Sie klagten vor Gericht, wandten Gewalt an, flohen, streikten, aber sie waren nie imstande, sich über die Dorfgrenzen hinaus zu verbünden, weil die landbesitzenden Bauern nicht interessiert waren, an der Bewegung teilzunehmen. Ein Grund dafür, warum die adligen Landbesitzer in England im 18. Jahrhundert die Bauernschaft ohne größere Aufstände beseitigen konnten, bestand darin, daß viele landbesitzende Bauern von den Einhegungen profitierten. Es herrschte in der Bauernklasse keine Interessensolidarität. Jedenfalls in Westeuropa als ganzem bedeutete die Existenz weitverbreiteten bäuerlichen Besitzes, daß Bauern von Veränderungen auf dem Markt profitieren konnten, ohne daß der Grundherr den Überschuß vollständig an sich zog.

Eine andere Besonderheit traditioneller Bauernbewegungen in Europa ist das generelle Fehlen von Ideologie. Es waren meist spontane Bewegungen mit wenigen tragenden Ideen, charakterisiert stattdessen durch konkrete Ziele. Einige Historiker haben versucht, den Schrei nach dem »alten Recht« zur sozialen Idee hochzustilisieren,[17] aber eine solche Artikulation ist in Wirklichkeit nicht viel mehr als simpler Konservativismus. Moderne organisierte Bewegungen brauchen Ideologien, einfach weil die Akteure nicht persönlichen Kontakt miteinander halten können und über längere Zeiträume hinweg handeln müssen. Natürlich finden sich traditionelle Typen von Bewegungen in Gesellschaften, die in der Modernisierung begriffen sind. In solchen Fällen reagiert der Bauer nur, das dynamische Element steht außerhalb. Eine moderne Bewegung macht den Bauern zum Teil des Wandlungsprozesses, insofern er seine Forderung nach Partizipation innerhalb des politischen Systems artikuliert. Damit aber setzt der Bauer seinem Dasein als Bauer im alten Sinne (peasant) ein Ende.

Anmerkungen

1 Henri Mendras, »Un schéma de la paysannerie occidentale«, in: *Peasant Studies Newsletter* 1, Juli 1972, S. 79-93, und *ibid.*, Oktober 1972, S. 126-144.

2 Karl Siegfried Bader, *Studien zur Rechtsgeschichte des mittelalterlichen Dorfes*, 2 Bde., Weimar 1957 und Köln/Graz 1966; Rodney Hilton, *Bond Men made Free. Medieval Peasant Movements and the English Rising of 1381*, London 1973.

3 David Sabean, *Landbesitz und Gesellschaft im südlichen Oberschwaben. Eine Studie der sozialen Verhältnisse im südlichen Oberschwaben in den Jahren vor 1525*, Stuttgart 1972 (= Quellen und Forschungen zur Agrargeschichte, Bd. 26).

4 Fritz Redlich, »The German Military Enterpriser and his Workforce«, in: *Vierteljahreshefte für Sozial- und Wirtschaftsgeschichte* 47, Beiheft 1964.

5 Sigmund Riezler und Karl v. Wallmenich, *Akten zur Geschichte des bairischen Bauernaufstands 1705-06*, (= Abhandlungen der königlich-bayerischen Akademie der Wissenschaften), Philosophisch-historische Klasse XXVI 1914, S. 1-286; Sabean, *Landbesitz*.

6 Walter Christaller, *Central Places in Southern Germany*, Englewood Cliffs 1966; G. W. Skinner: »Marketing and Social Structure in Rural China«, in: *Journal of Asian Studies* XXIV, November 1964 – Februar, Mai 1965, S. 3-43, 195-227, 363-399.

7 Alain Morel: »L'Espace Social d'un village picard«, in: *Etudes rurales* XLV, Januar-März 1972, S. 62-80.

8 Horst Gerlach, *Der englische Bauernaufstand von 1381 und der deutsche Bauernkrieg: ein Vergleich*, Meisenheim am Glan 1969.

9 Mendras, *Schéma*; John Duncan Powell, »On Defining Peasants and Peasant Society«, in: *Peasant Studies Newsletter* 1, Juli 1972, S. 94-99; Theodor Shanin, »Peasantry: Delineation of a Sociological Concept and a Field of Study«, in: *Peasant Studies Newsletter* 2, Januar

1973, S. 1-8.

10 David Sabean, »Markets, Uprisings and Leadership in Peasant Societies (Western Europe 1381-1789)«, in: *Peasant Studies Newsletter* 2, Juli 1973, S. 17-19.

11 Gerlach, *Bauernaufstand.*

12 Roland Mousnier, *Peasant Uprisings in Seventeenth-Century France, Russia and China*, New York 1969.

13 Alfred Cobban, *The Social Interpretation of the French Revolution*, Cambridge 1964.

14 Sabean, *Landbesitz.*

15 Charles Tilly, »Collective Violence in European Perspective«, in: Hugh Davis Graham and Ted Robert Gurr (Ed.), *Voilence in America: Historical and Comparative Perspectives*, New York 1969; vgl. auch Richard Till, »Hauptformen kollektiver Aktion in Westeuropa 1500-1975«, in: *Geschichte und Gesellschaft* 3, 1977, Heft 2, S. 154-163.

16 Georges Rudé: *Die Volksmassen in der Geschichte. England und Frankreich 1730-1848*, Frankfurt/Main und New York 1977.

17 Günther Franz: *Der deutsche Bauernkrieg*, 10. Aufl., Darmstadt 1975.

III Exemplarische Untersuchungen der Bauernbewegungen einzelner europäischer Länder

Vorbemerkung

Die Beiträge dieses Abschnitts versuchen einen Überblick über wichtige Bauernrevolten in einzelnen europäischen Ländern zu geben, wobei bei der Auswahl weniger die Frage der Forschungskontroversen als vielmehr der Versuch einer zusammenfassenden Interpretation im Vordergrund stand. Am Beginn steht der französisch-englische Vergleich, vertreten einmal durch den Beitrag von Jean Jacquart, dessen Namen vor allem durch seine große Untersuchung der agrarischen Verhältnisse des Pariser Beckens im 16./17. Jahrhundert bekannt geworden ist.[1] Sein Beitrag ist ein Kapitel aus der zusammen mit Emmanuel Le Roy Ladurie verfaßten »Histoire de la France rurale« (Bd. 2), das für die Übersetzung überarbeitet und mit Anmerkungen versehen wurde. Als englisches Gegenstück bot sich der Aufsatz von Clifford S. L. Davies (Oxford) an, zumal dieser die Anwendbarkeit der Mousnierschen Interpretation auf englische Verhältnisse prüfen wollte. Der Beitrag wurde um einen Nachtrag zur Neuveröffentlichung erweitert.

Die wenigen bislang vorliegenden Übersichten zur Geschichte der »deutschen Bauernaufstände von 1525 bis 1789« – so die Formulierung in der ersten Übersicht von Otto Schiff von 1924[2] – sind vorwiegend Übersichten ohne ausgeprägte oder nur mit begrenzten interpretatorischen Interessen.[3] Hinzu kommt, daß die Fülle der bislang noch nicht bearbeiteten Revolten und Widerstandsbewegungen dieses Zeitraums eine zusammenfassende Interpretation erschweren.[4] Der im Bauernkriegsgedenkjahr publizierte Beitrag des Herausgebers versucht, die bestehende Diskrepanz zwischen Bauernkrieg und dem vorschnellen Bild der Ruhe nach 1526 dadurch zu schließen, daß neben dem Hinweis auf die Fülle der weiterhin ausbrechenden Unruhen und Revolten die These von der »Verrechtlichung sozialer Konflikte« vor allem im 16. und 17. Jahrhundert entwickelt wird.

Der emeritierte Ordinarius für Wirtschafts- und Sozialgeschichte an der Universität Wien, Alfred Hoffmann, vor allem als Verfasser einer Wirtschaftsgeschichte Oberösterreichs bekannt[5], versuchte 1972 eine Typologie der Aufstände dieses von einem

»sozialen Dauerbeben zwischen 1525 und 1648« (Karl Eder) erfaßten habsburgischen Erblandes zu formulieren[6], die die Revolten in die langfristigen Veränderungen der agrarischen Produktion, der Ökonomisierung der Grundherrschaften und des Aufstiegs des Landesfürstentums hineinstellt.

Der für den Neuabdruck leicht gekürzte überarbeitete Artikel des Prager Historikers Josef Petran ist ein Beweis für den hohen Stand der tschechoslowakischen Bauernrevoltenforschung, die vor allem die Aufstandsbewegungen des 17. und späten 18. Jahrhunderts in den Vordergrund gestellt hat. Er ist u. a. der Verfasser einer Darstellung der böhmischen Bauernrevolte von 1775 und hat eine umfassende Quellenedition mitbearbeitet.[7]

Anmerkungen

1 J. Jacquart, *La crise rurale en Ile-de-France, 1550-1670*, Paris 1975.

2 O. Schiff, »Die deutschen Bauernaufstände von 1525 bis 1789«, in: *HZ* 130, 1924, S. 189-209.

3 Zu nennen wäre hier die Übersicht bei G. Franz, *Geschichte des deutschen Bauernstandes vom frühen Mittelalter bis zum 19. Jahrhundert*, 2. Aufl. Stuttgart 1976, S. 179-197, sowie der neueste Beitrag von K. Gerteis, »Regionale Bauernrevolten zwischen Bauernkrieg und Französischer Revolution«, in: *Zeitschrift für Historische Forschung* 6, 1979, S. 37-62, der auf der gleichen Materialbasis wie Franz die Bedeutung von »Landesbewußtsein« und Landesdefensionseinrichtungen betont. – Daß die Teilüberblicke von H. Schultz, »Bäuerliche Klassenkämpfe zwischen frühbürgerlicher Revolution und Dreißigjährigem Krieg«, in: *ZfG* 1972, S. 157-173, und dies., »Bäuerlicher Klassenkampf und ›zweite Leibeigenschaft‹«, in: *Der Bauer im Klassenkampf*, hg. G. Heitz u. a., Berlin 1975, S. 391-404, im Rahmen des Konzepts der »Refeudalisierung« nach dem Bauernkrieg stehen, braucht nicht betont zu werden.

4 Ein Versuch von Überblick über das bislang bekannte Material und knapper Erklärung bei W. Schulze, *Bäuerlicher Widerstand gegen feudale Herrschaft, in der frühen Neuzeit* (= Neuzeit im Aufbau Bd. 6), Stuttgart 1979, S. 49 ff. Vgl. jetzt auch P. Blickle, *Deutsche Untertanen. Ein Widerspruch*, München 1981, bes. S. 92 ff., sowie ders. in dem von ihm herausgegebenen Band *Aufruhr und Empörung*, München 1980, S. 298 ff.

5 A. Hoffmann, *Wirtschaftsgeschichte des Landes Oberösterreich*,

Bd. 1, Salzburg 1952.

6 Eine gekürzte Fassung des Beitrags erschien auch in G. Heckenast (Hg.), *Aus der Geschichte der ostmitteleuropäischen Bauernbewegungen im 16.-17. Jahrhundert*, Budapest 1977, S. 325-333.

7 J. Petran, »Nevolnické povstani 1775«, in: *Acta Universitatis Carolinae – Phil. et. Hist. Monographie XLII*, Prag 1972, und *Prameny k nevolnickému povstani v Čechach u na Morave v roce 1775*, Kvy dani připravili M. Toegel, J. Petran, J. Obzślik, Prag 1975. Vgl. auch seinen Forschungsüberblick »Typologie der Bauernbewegungen in Mitteleuropa unter dem Aspekt des Übergangs vom Feudalismus zum Kapitalismus«, in: G. Heitz u. a. (Hg.), *Der Bauer im Klassenkampf*, Berlin 1975, S. 449-467.

Jean Jacquart
Das Scheitern der bäuerlichen Widerstandsbewegungen in Frankreich.*

Der langsame Prozeß der Verarmung, der Schritt für Schritt seit dem 16. Jahrhundert bis zu den ersten Jahrzehnten des 18. Jahrhunderts alle sozialen Gruppen der bäuerlichen Gesellschaft erfaßte, ist als solcher von den ländlichen Massen empfunden worden.[1] Trotz des Gewichtes der sozialen Anpassungsmechanismen und der natürlichen Fügung in die bestehende Ordnung hat sich diese Bewußtseinsbildung in dörflichen Klagen niedergeschlagen. Trotz des Unterdrückungsapparates der Grundherrschaft und des monarchischen Staates hat die Bauernschaft versucht, gegen das Unvermeidliche zu kämpfen. Es ist ein wichtiges historisches Problem, die Formen dieses bäuerlichen Widerstandes zu analysieren und ihre Resultate zu beurteilen.

Die klagenden Stimmen des platten Landes erreichen uns vor allem deswegen so selten, weil sie durch die anderen Gruppen der Gesellschaft übertönt werden. Die Selbstbeschränkung der ländlichen Welt auf die Zelle des Dorfes, der geistige Horizont, der durch Unwissenheit beschränkt war, und die sozialen und kulturellen Barrieren, die wir beschrieben haben, erklären dieses Phänomen eindeutig.[2] Aber für denjenigen, der genau hinzuhören versteht, ist die Klage des platten Landes wahrnehmbar. Durch unzählige Anfragen hindurch, die anläßlich eines Prozesses oder für einen Nachlaß der Taille formuliert worden sind. Durch die Beschwerdebriefe, die anläßlich der Zusammenkünfte der Generalstände des Königreiches vorgelegt wurden. Wenn auch jeder diese Texte aus dem Jahr 1789 kennt, übersieht man doch häufig, daß auch welche aus dem 16. Jahrhundert und von 1614 existieren, der letzten Zusammenkunft des Ancien Régime. Viele sind vernichtet worden, viele existieren zweifellos unter dem noch nicht inventarisierten Quellenmaterial der Departementarchive.

* Zuerst veröffentlicht in: *Histoire de la France rurale, Bd. 2, L'Age classique 1340–1789*, Paris 1975, S. 329-353, vom Verfasser für die Übersetzung überarbeitet und mit Anmerkungen versehen. – Übersetzt von Sabine Schenkel.

Yves Durand hat 66 Hefte wiedergefunden und veröffentlicht, die im Jahre 1614 im Kreis der Bailliage von Troyes formuliert wurden.[3] Wie im Jahre 1789 sind einige dieser Dokumente höchstwahrscheinlich von höhergestellten Persönlichkeiten ausgearbeitet worden, aber es gibt auch andere, die in ihrem köstlichen Durcheinander ganz naiv »die noch nicht bearbeiteten Gefühle der Basis des Dritten Standes« ausdrücken.

In einer wie der anderen Gemeinde werden dieselben Gründe für das allgemeine Elend angeklagt, dieselben, die wir in den vorangehenden Kapiteln aufgeführt haben. So zum Beispiel die klimatischen Unglücksfälle: »Und so sind in diesem Jahr wegen des schweren Winters, den es gegeben hat, die wichtigen Getreidesorten, die auf den Feldern ausgesät waren, erfroren, verfault und verdorben«, die Fröste, die die Weinstöcke verderben. Anderes Beispiel: die Übergriffe der Adligen. »Sie verderben und beschädigen durch ihre Jagden, Rennen und Ähnliches die frisch gesäten Felder, die Weinberge, das Getreide und anderes; sie nötigen und zwingen ihre Untertanen, ihnen zu gehorchen, ihre Rechte abzutreten und aufzugeben, ihnen Verträge auszuhändigen, und andere solche Demütigungen, wie es ihnen gerade einfällt.« Ein anderes Beispiel sind die Übergriffe der Soldaten, über die auf allen Seiten desto stärker geklagt wird, je näher wir noch der Zeit der Religionskriege sind. Es ist die Verpflichtung der Einquartierung, »vor allem, da die meisten dieser Kriegsleute hausten, wie es ihnen gefiel, und sie zwangen, ihnen Geld zu geben und sie ausraubten und prellten«; es sind die Gewalttätigkeiten dieser Soldaten, die »all jene Grausamkeiten begehen, die ein Feind einem antun könnte, obwohl sie doch gedungen und besoldet sind«. Was auch allgemein beklagt wird, ist die zu starke staatliche Steuererhebung und ihre ungleiche Verteilung.[4] Ausuferung der Taille, zu große Zahl der Steuerbefreiungen, Entlastung der Städte auf Kosten des platten Landes, enorme Belastung durch die Salzsteuer, Abgaben auf die Weine, alles kommt vor. Und die Steuererhebung von 1614 mußte im zeitlichen Abstand den Zeitgenossen der Kardinal-Minister recht unbedeutend erscheinen, da sie ungleich stärker belastet waren. Aber die Bewußtseinsbildung unserer Dorfbewohner geht noch weiter. Sie beklagen die Dürftigkeit der familiären Bewirtschaftung und die langsame Enteignung, deren Opfer sie sind. Man unterstreicht die Zahl der Tagelöhner und Weinbergarbeiter, die kleine Anzahl der bessergestellten Bauern, die

Ausdehnung von Land, das von Auswärtigen besessen wird. »Und so gehört der größte Teil des Landes im Dorf Fontette Auswärtigen und Bürgern der Städte Mussy, Chastillon, Langres und anderen Orten, und die Einwohner hier sind nur Pächter und Mieter.« »Die Felder, die (die Einwohner von Esnon) bebauen, gehören ihnen nicht selber, sondern zum größten Teil dem Herrn von Esnon und dem Herrn Prior von ›Saint Sydoine‹ und anderen noch . . ., denen sie große Pachtsummen und Getreideabgaben zahlen . . .«. Genauso eindeutig ist die Verdammung der vorgekommenen Usurpationen von Nutzungsrechten und Gemeindeland. Die königlichen Beamten haben den Einwohnern von Bouilly das Recht des Brennholzsammelns im Wald von Montmort untersagt, die Dorfbewohner von Longpré befinden sich in einem Prozeß mit ihren Nachbarn von Mesnil-Fouchard wegen Weideland, viele Gemeinden waren gezwungen, »ihre Felder und gemeinsames Land für einen schlechten Preis zu verpfänden und zu verkaufen«. So läßt sich die ländliche Bevölkerung auf allen Seiten mit Aufrichtigkeit, mit Kraft und mit Klarheit vernehmen. Was aber konnte sie tun?

Von der Resignation zum Widerstand

Den Launen des Wetters und den Angriffen von Epidemien konnte man kaum etwas anderes entgegensetzen als Resignation und Gebet. Die Naturkatastrophen waren die Strafe für Sünden – und wer fühlt sich nicht in irgendeiner Weise als Sünder? Sie waren eine Demonstration der Macht Gottes, dessen Zorn man zu beschwichtigen suchte. Wenn Trockenheit oder Regen die Ernten bedrohten, veranstaltete man eine Prozession durch die Felder und Weinberge. Bei Krankheit wandte man sich an die unzähligen für Heilungen zuständigen Heiligen, von denen jeder eine Spezialität hatte. Nach dem Pfarrer von Sennely-en-Sologne flehen seine Gemeindemitglieder »zunächst den heiligen Sulpitius an, den sie ›heiliger Supplitius‹ nennen, um Erleichterung von der Qual zu erlangen, die sie erleiden*; den heiligen Maurus flehen sie an, wenn sie Krankheiten der Entkräftung oder gar Todesschwäche haben . . .«. Mit dem Verschwinden der Lepra hatte der Kult des

* Unübersetzbares Wortspiel: »Qual« frz. »supplice«.

heiligen Rochus seine Notwendigkeit verloren, aber der heilige Sebastian hatte ihn in der Inbrunst des Volkes ersetzt. Man rief ihn an in Zeiten »ansteckender Krankheit«, und die Mehrzahl der Gemeinden zu Beginn des 17. Jahrhunderts hatte eine religiöse Bruderschaft unter seiner Schutzherrschaft. Die Anzahl der mehr oder weniger naiven Statuen und mehr oder weniger geschickten Bilder, die das Martyrium dieses Heiligen darstellen, bestätigt diese Ausdehnung. Viele andere Heilige wurden in einer untrennbaren Mischung von Inbrunst und Aberglauben angerufen. Wenn die Gebete nicht erhört wurden, blieb der Weg zu den Heilkundigen und Hexenmeistern.[5]

Während der ganzen Periode ist die ländliche Welt mit der Welt der Soldaten konfrontiert worden. Man kann sich heute nur mit Mühe vorstellen, was die Einquartierung von Kriegsleuten bedeutet hat und welche Furcht, gemischt mit Haß, die Dorfbewohner bei der Einquartierung von Infanterie- und Artilleriekompanien heimsuchen konnte. Der Soldat erhielt Lager und Nahrung, gelegentlich auch für sein Reittier. Aber meistens forderte er darüber hinaus auch etwas Geld, belästigte die Hausfrau und die Tochter des Hauses und brüskierte den Gastgeber. War die Soldateska in Friedenszeiten gefürchtet, so wurde dies in Perioden von Kampfhandlungen noch schlimmer: »Massive Werbungen, Eingliederung von Miliz, häufigere und gefährliche Einquartierungen, die Soldaten sind zahlreicher, nervöser und nicht besser bezahlt – nichts wurde den Provinzen, wo sie durchzogen, stationiert waren, wo sie sich erholten und vor allem kämpften, erspart« (P. Goubert). Die Holzschnitte von Jacques Callot untertreiben das, was uns die Zeitgenossen vermitteln, noch sehr. Während der ganzen Religionskriege, während des Dreißigjährigen Krieges und den Fronden mußten die Provinzen diese Schreckensszenen mitansehen.

Welche Mittel gab es, um sich vor dieser Geißel zu schützen? Man konnte zunächst versuchen zu verhindern, daß das Dorf zur Einquartierung herangezogen wurde. Man griff auf die Vermittlung des Grundherren oder eines Großgrundbesitzers zurück, und man erhielt Schutzbriefe, die den Hauptmännern verboten, Quartier zu nehmen. Aber diese Schutzmaßnahmen waren oft umsonst. Man konnte auch Geld einsammeln und es den Soldaten anbieten, damit sie ihres Weges zogen. »Im August 1582 werden mehrere Einwohner von Vitry-le-François bei Meldung der Ankunft des Regiments von Lamory mit 26 kleinen Flaschen Wein, 42 Krügen Wein, 8 Melonen, 2 Dutzend Kohlrabi und 4 Hühnchen zum Herrn von Lamory geschickt« (Y. Durand). Im März 1616 spenden die Einwohner von Boissy-sous-Saint-Yon 900 Livres, »um für die Ausgaben und den Unterhalt der Reitertruppe aufzukommen, die Herr von Giez (César d'Entragues, Schwager des örtlichen Grundherren) hergeschickt hat, um das genannte Boissy seit dem Beginn dieser Kriege zu schützen und um den Kriegsleuten Geld zu geben, die in dem genannten Boissy logieren wollten.« Die Kriege von Louis XIII und Louis XIV vermehrten die Winterquartiere der Truppen in den Grenzprovinzen und den ihnen benachbarten Provinzen, mit allen Nachteilen, die man sich vorstellen kann. Erst nach 1680 milderte sich die Last der Truppeneinquartierungen ganz langsam wegen erhöhter Disziplin und dem Ansatz einer Organisation der Intendantur. Aber man verstand es, gelegentlich Drohungen einzusetzen, um die Dorfbewohner dem Willen der Macht zu unterwerfen: Man denke an die grausamen Einquartierungen der »Dragonnaden« . . .

Zahlen . . . Man mußte doch noch einige Rettungsmöglichkeiten haben. Am häufigsten war die hastige Flucht das beste Mittel, um den Soldaten zu entkommen: Die Möbel wurden auf den Karren geworfen, die Tiere von den Kindern und Hunden mitgetrieben. Man floh hinter die Mauern von geschlossenen Städten, man sammelte sich im unteren Hof eines befestigten Schlosses, um die Rückkehr des Friedens abzuwarten. Oder die Wälder beherbergten die Bauern der Umgebung für einige Wochen. Wenn auch Resignation die häufigste Form der bäuerlichen Reaktionen angesichts eines unvermeidlichen Übels war, so entstand auch manchmal Wut aus dem Abgrund der Verzweiflung. Kleine Gruppen bewaffneten sich, entschlossen, die Ernten und das Hab und Gut zu retten, sie stürzten sich auf die Soldaten und griffen einzelne an. Es kommt vor, daß ein kleiner Landadliger sich an ihre Spitze setzt, wie in der Champagne während der Religionskriege. Es kann aber auch ein mutigerer Bauer sein, wie jener Einwohner von Milon-la-Chapelle im Tal der Chevreuse, der es nicht mehr mitansehen konnte, wie die Soldaten während des Sommers 1652 auf den Feldern der Umgebung herumplünderten, einige beherzte Genossen um sich sammelte, sie bewaffnete und »eine Kompanie von Bauern bildete, die alle gut bewaffnet und sehr entschlossen waren und die ihn zu ihrem Hauptmann wählten . . . Er nahm den

Namen »Sauvegrain« an, wobei er durch diesen Namen ausweisen wollte, daß er nur vorhatte, sowohl das Korn als auch alles andere Getreide des Landes zu retten.« Die Bewohner von Milon griffen die Plünderer an. Der Vertraute des Port-Royal, dem wir die Erzählung dieser Episode verdanken, berichtet, daß »Sauvegrain« nach Ende des Krieges »ohne die geringste Schwierigkeit in seinen ehemaligen Stand als reicherer Bauer zurückgekehrt ist«.

Tag für Tag war der Bauer konfrontiert mit der Macht des Grundherren.[6] Die alte Institution besaß trotz der wirtschaftlichen und sozialen Entwicklung noch ihre ganze Stärke. Sie belastete die Betätigung der Bauern, sie verlangte einen nicht zu vernachlässigenden Teil des landwirtschaftlichen Einkommens. Im Ablauf der Ereignisse machte sich dieser Druck mehr oder weniger stark bemerkbar, er war mehr oder weniger wirksam. Und das Verhalten der Landbewohner veränderte sich dabei.

Die am häufigsten benutzte Waffe, da sie am einfachsten anzuwenden war, war der stumme, der passive Widerstand. Der Bauer zögert aufgrund seiner inneren Haltung und aufgrund von Tradition so lange wie möglich die Stunde des Zahlens hinaus. Der Grundherr oder sein Vertreter muß selber kommen, um das ihm Zustehende zu fordern. Die häufige Nachlässigkeit der Verwalter der Grundherrschaft, die Komplexität der Rechte, die Schwierigkeit, die Quoten der Erhebungen und die Parzellenteilung der Ländereien und Häuser in Übereinstimmung zu bringen, sind Bedingungen, die diese Haltung leichtmachten. Alle Dokumente, die solche Berechnungen festhielten, zeigen die Ungleichmäßigkeit in der Zahlung von Zins, Gebäudesteuern und Besitzwechselabgaben.[7] Es ist nicht selten, daß man in den entsprechenden Rechnungsbüchern (lièves oder cueillerets), die zur Erhebung des Zinses dienten, Verspätungen von 10, 15 und 20, ja mehr Jahren findet. Mehr als 29 Jahre ließ der Grundherr jedoch nicht verstreichen, um die bei dreißig Jahren erfolgende Verjährung zu vermeiden. Allerdings war der Bauer in diesem systematischen Verzögerungsspiel im allgemeinen der Verlierer. Der Grundherr oder sein Steuereinzieher konnten eine lange Zeit die Augen schließen, seine Rechte blieben jedoch bestehen. Er wartete sogar oft ganz bewußt den Vorabend der Verjährungsfrist ab, um die Zahlung der rückständigen Summen auf einmal zu verlangen.

Angesichts des grundherrlichen Aufgebots war der einzelne fast ohnmächtig. Man weiß, daß die Grundherren de facto, wenn auch nicht immer de jure, die grundherrliche Gerichtsbarkeit über ihr Zinsland innehatten. Auf diese Weise waren sie ihre eigenen Richter in erster Instanz, in allem, was die Beschaffenheit und die Erhebung ihrer Abgaben betraf. Dies war eine unvergleichliche Waffe, die in Frankreich die Aufrechterhaltung des komplexen und zerbrechlichen Gebäudes der Grundherrschaft abgesichert hat. Einzig eine zusammengeschlossene Gemeinde kann hoffen, dies aufzuwiegen, indem sie sich an höhere Gerichte wendet. Wir können also am besten bei der Verteidigung des gemeinsamen Besitzes, an der Anstrengung, jegliche Neuerung auf dem Gebiet der Abgaben zu verhindern, und an der Forderung nach Erfüllung traditioneller Nutzungsrechte den jahrhundertelangen Kampf der Bauernschaft verfolgen, den sie gegen die Grundherrschaft und gegen die Angriffe der Herren des Bodens geführt hat, die ihr Eigenland, ihre Ansprüche und ihre Macht ausdehnen wollten. Der Kampf war jedoch nicht gleich: Verfügten die Inhaber von Lehnsgut und Grundherrschaft über ein wirksames Arsenal, um ihre Zwecke zu verfolgen, so war es schwieriger, dem dörflichen Widerstand Ausdruck zu verleihen. Man mußte zunächst Zugang zu einem Gericht finden, die Kosten investieren und einen guten Anwalt suchen, um den in damaligen Zeiten komplizierten und langwierigen Prozeß zu verfolgen. Man mußte schriftliche Beweise liefern, und die Gemeinde hatte nicht immer eine Urkunde, um ihre Ansprüche zu beweisen. Die Archive gehörten dem Grundherren . . . An Mitteln zur Verzögerung fehlte es nicht, um die Dauer des Prozesses zu verlängern. Bei diesem Spiel ruinierte sich mehr als eine Gemeinde ohne jeglichen Vorteil. Auch mußte der Richter rechtschaffen und gut aufgelegt sein. Die Beamten der Bailliages und der Parlamente waren selbst Grundbesitzer und Grundherren und vergaßen diese Tatsache zweifellos nicht beim Fällen ihres Urteils. Es ist tatsächlich wahr, daß die Intendanten als einzige Vertreter der Macht manchmal die Gemeinden in der Verteilung ihrer Rechte unterstützten und ihnen halfen; sie waren weniger mit der Provinz verbunden, freier im Umgang mit lokalen Persönlichkeiten und auch besorgter um das Allgemeinwohl. Damit Steuern hereinkamen, mußten die Dörfer schließlich leben . . .

Die Juristen hatten den Grundherren ein gewichtiges Argument damit geliefert, daß sie die Idee entwickelten, sie seien Eigentümer des ganzen Bodens der Grundherrschaft, also auch der kollektiven Nutzungsgebiete. Mit diesem Anspruch gaben sie vor, den Besitz unter der Form des Zinses zu konsolidieren, hielten aber ein Drittel dieses Landes zurück für ihr Eigenland. Die Verschuldung der Gemeinden erlaubte es auch, einen Teil oder das ganze Gemeindeland verbilligt einzuziehen. Oft resignierten die Dorfbewohner: »Da alles Gemeindeland entweder von den Grundherren der Gemeinde oder von hochgestellten Persönlichkeiten usurpiert worden ist und jetzt in deren Besitz ist, hüten sich die armen Bauern, sich zu beklagen, wenn man sie schlecht behandelt«, so eine Feststellung des Intendanten der Bourgogne aus dem Jahr 1667. Nur der Schutz durch die königliche Autorität konnte die Gemeinden dazu anhalten zu protestieren. Das war der Sinn des Ediktes von 1667, das den Gemeinden erlaubte, seit 1620 verlorengegangene Güter zurückzuerwerben, wenn sie den Kaufpreis aufbrachten. Ein sinnloses Unterfangen: Die meisten Verkäufe hatten gegen Ende des 16. Jahrhunderts stattgefunden, und die meisten Gemeinden waren nicht in der Lage, die notwendigen Summen aufzubringen.[8]

Außer dem Kampf um die kollektiven Rechte kämpfte die Bauernschaft auch gegen »Neuerungen«, die die nach Gewinn strebenden Grundherren anläßlich der Herstellung eines neuen Grundbuches einzuführen versuchten. Man kann allerdings nicht von einem Infragestellen des grundherrlichen Systems an sich sprechen. Man klagt über Ausuferungen, aber man findet sich mit den Tatsachen ab. Natürlich sieht man auf dem Höhepunkt der Bauernrevolten, daß Grundherren hart zugesetzt, ja daß sogar einige ermordet werden, daß Archivräume brennen und manchmal das ganze Schloß. Wie man aber für die Normandie und den Südwesten nachweisen konnte, sind diese Opfer eher aufgrund ihrer echten oder vermuteten Verbindungen mit Steuereintreibern angegriffen worden als in ihrer Eigenschaft als Grundherren. Während dieser ganzen Periode kommt es nur selten vor, daß die bäuerlichen Kämpfe in einen Angriff auf die traditionellen Grundlagen der Gesellschaft ausarten. Allerdings beklagt sich der Adel des Languedoc im Jahre 1562 bei den Abgesandten der Konsistorien und hugenottischen Städte, die sich in Nîmes versammelt hatten, daß »ganz verquere oder oberflächlich in der Religion unterwiesene Leute« sich eine falsche Vorstellung von der Freiheit machten. Man erinnert daran, daß »der Vasall Untertan seines Grundherrn ist«, und man mahnt die Richter, die Aufständischen zu bestrafen und die »grundherrlichen, feudalen oder Zinsrechte und Zinsmächte bezahlen zu lassen«. Die Croquants werfen gegen Ende des Jahrhunderts den Adligen des Südwestens vor, die Bauern zu Sklaven zu machen, und weigern sich, die grundherrlichen Abgaben zu zahlen. Auch in den Revolten des 17. Jahrhunderts begegnet man Anwandlungen von Unterdrückung der feudalen Rechte. Aber es handelt sich immer nur um Einzelfälle, die örtlich und zeitlich begrenzt sind. Eine Reihe von kleinen Bewegungen macht keine Revolution.

Derselbe sporadische Widerstand äußert sich bei den Zehnten; auch er ist begrenzt und schließlich vergeblich. Überall in Frankreich hat es eine gewisse Verstärkung der Boykottfreudigkeit der Zehntpflichtigen in der Zeit von 1540 bis 1570 gegeben, aber auch diese Bewegung beschränkt sich auf die Zeit vor Ende des 16. Jahrhunderts. In diesem wie in anderen Bereichen besteht der Alltag vielmehr aus kleinen Schikanen, aus Prozessen um eine neue Forderung, aus Tricks, die von einer alten und geschmeidigen Gesetzgebung erlaubt waren. Der Bauer weist nicht den Zehnten, die heilige Institution, zurück, aber er weigert sich, sie für neue Anbauprodukte zu zahlen wie die Esparsette, den Buchweizen, den Mais, indem er vorgibt, dies sei »ungewohnt«, das heißt gegen das Gewohnheitsrecht. Der Bauer will keinen Zehnten für die Zwischenfrucht zahlen, die er auf dem Brachland anbaut. Dort war seit alten Zeiten nichts zu holen gewesen. Er weigert sich auch, wenn es einen Wechsel des Anbauproduktes gibt. Einige Landstriche kennen z. B. nicht den Zehnten auf den Wein. Was soll man tun, wenn die Bauern in einer Zeit starker Nachfrage das Ackerland gleichzeitig mit Weinstöcken bepflanzen? Der Einheber des Zehnten protestiert gegen die Verminderung seines Einkommens, der Weinbauer beruft sich auf Treu und Glauben. Man klagt, man schließt einen Vergleich, und zwar meistens zugunsten des Einhebers, welchem die Gerichte recht geben. Der Dorfbewohner muß schließlich widerwillig zahlen.

Tatsächlich wurden die grundherrlichen Rechte und die Zehnten akzeptiert, wie wir gesehen haben, da sie seit jeher zur bäuerlichen Welt gehörten. Man widersetzte sich den Veränderungen, man verteidigte das Gewohnheitsrecht, aber die Macht der Gewöhnung funktionierte.

Die drei großen Neuerungen der Zeit, die als solche empfunden und als Fremdkörper betrachtet wurden und die man sich bemühte zu beseitigen, waren einerseits die wachsende Bedeutung der Bodenrente, in dem Maße wie sich die Eroberung des Bodens durch städtische Bürger und die Entwicklung der indirekten Nutzung ausdehnten. Andererseits das enorme Gewicht der Hypothekenverschuldung, die die Verschuldung der gesamten Bauernschaft zum Ausdruck bringt und ohne Unterlaß das Einkommen des Bauern beschneidet. Vor allem schließlich die ungeheure Aufblähung der königlichen Steuererhebung, besonders zwischen 1630 und 1660. Viele Kämpfe, die mit mehr oder weniger Glück geführt werden mußten.

Das Ansteigen der Pacht wurde durch die Erschließung eines Gutes gerechtfertigt, von dem der Landwirt einen Profit erwarten durfte. Der Widerstand der Bauern gegen Forderungen der Grundbesitzer konnte sich also nur in einer Auseinandersetzung zwischen widersprüchlichen, wenn nicht entgegengesetzten Interessen ausdrücken. In diesem ungleichen Kampf zwischen denen, die das begehrte Land besaßen, und den kleinen Parzellenbauern zogen die letzteren besiegt davon. Die Begierde nach Land war besonders in den Zeiten einer Bevölkerungsflut so groß, daß die Konkurrenz zwischen all denen, die ihren zu schmalen Besitz abrunden wollten, eine Hausse nach sich zog. Es ist eine bekannte Tatsache, daß die Bodenrente proportional schwerer auf vereinzelten Parzellen lastet, umso schwerer, je stärker die Nachfrage ist: Am Vorabend der Fronde kann man auch ein plötzliches Ansteigen des Pachtzinses beobachten. Selbst in Zeiten demographischer »Verlangsamung« ist dieses Phänomen bemerkbar. In den Teilen Frankreichs, wo in kleinem Stil angebaut wird, ist es genauso. Ein junger Haushalt mußte zu Beginn seiner Existenz ein Stück Land zum Bebauen finden. Das hieß, die Bedingungen der Eigentümer der Halbpachten, der kleinen Pachten und Bauernhöfe, zu akzeptieren . . . Landstriche der Isolierung, der Resignation. Die Waffe des Halbpächters war die Steuerhinterziehung. Man versteckte einige Säcke mit Getreide, einige Stück Geflügel, einige Pfund Butter. So entwickelt sich zwischen Eigentümern, Städtern und Halbpächtern eine Atmosphäre von List und Mißtrauen.

Im Unterschied zu den kleinen Bauern hatten die großen Pächter der Großgrundbesitzer besonders in den offenen Ebenen im Norden Frankreichs wirksamere Waffen in den Händen. War die Erschließung von weiten Nutzungsflächen die Basis ihrer ökonomischen und sozialen Stärke inmitten der ländlichen Welt, so darf man auch nicht vergessen, daß diese Händler-Bauern für die Eigentümer dieser Pachten absolut notwendig waren. Sie allein besaßen das Kapital, das Material, die technische Erfahrung, die familiären und sozialen Beziehungen, die es ihnen erlaubten, Anbauflächen von 120, 150, ja 200 Hektar rentabel zu nutzen. Die Anzahl der potentiellen Pächter war nicht groß genug, um die Konkurrenz voll zum Tragen zu bringen. Und die Sozialanalyse dieser Gruppe von Menschen macht ihre tiefe Solidarität deutlich sichtbar, denn familiäre Bande verstärkten die Nachbarschaft. Übrigens blieben die Eigentümer aus Gewohnheit und aus Sicherheitsgründen oft denselben Familien treu, die sich von Pachtvertrag zu Pachtvertrag, vom Vater auf den Sohn, von der Witwe auf den Schwiegersohn fortsetzten.

Diese Dynastien verschafften sich schließlich ein wirkliches Recht auf Betreibung des Anwesens. Seit dem 17. Jahrhundert bringen die Pächter dieses Gefühl in manchen Gegenden in einem oft brutalen Kampf gegen das Neueingeführte zum Ausdruck. Der abziehende Bauer nimmt die Düngemittel fort und verhindert die Feldarbeiten. Im Hainaut und in der Picardie nimmt dieses »Marktrecht« noch schärfere Formen an. Der »dépointeur«, der sich bereit erklärt hat, einen Pächter zu ersetzen, der am Ende des Pachtvertrages von dem Eigentümer weggeschickt wurde, sieht sich der erklärten Feindseligkeit des ganzen Dorfes ausgesetzt. Niemand erklärt sich bereit, für ihn zu arbeiten, seine Ernte verdirbt, seine Scheune brennt, sein Vieh geht verloren. Er selbst wird oft bedroht und belästigt. Aber selbst die großen Bauern bleiben letztendlich abhängig von dem guten Willen der Grundbesitzer. Die Krise am Ende des 17. Jahrhunderts zeigt recht deutlich die Grenzen ihres Widerstandes.

Wie konnte die Reaktion der Bauern auf die fortschreitende Verschuldung und auf die Anhäufung der Geldrenten auf die schmalen bäuerlichen Böden, die in schwierigen Zeiten festgesetzt wurden, aussehen? Die Ablösung, deren Möglichkeit durch die kanonische Gesetzgebung und die Ordonnanzen zur Pflicht geworden war, war für die meisten ländlichen Familien nicht aufzubringen. Die anwachsenden Rückstände konnten nur zu Pfändung und Verkauf führen. Die Baisse des Rentenpfennigs (die Quote der Festsetzung) erlaubte es nach den Religionskriegen, daß der Bauer günstige Neuprägungen erhielt. Aber die Tendenz der Verschuldung setzte sich fort und verschlechterte sich bis zur Mitte des Jahrhunderts. Die Baisse der ländlichen Einkommen nach 1660 machte das Gewicht der Hypotheken noch schwerer. Es scheint so, obwohl das Phänomen noch kaum auf der Ebene des platten Landes untersucht worden ist, daß die finanziellen Geldmanipulationen während der Zeit des Law'schen »Systems« die Verminderung dieser Schuldenmasse erleichterten, die auf ewige Zeiten an das Haus und die Parzelle geschmiedet waren und regelmäßig bei Besitzwechsel angemahnt wurden. Nur von der Konjunktur, von ihr allein im allgemeinsten Sinne des Begriffes, konnte die ländliche Welt die Entschuldung erhoffen.

Bleibt die große und schreckliche Neuerung der staatlichen Steuererhebung. Man hatte sie in der großen Krise des Hundertjährigen Krieges als eine vorübergehende Notwendigkeit entstehen sehen. Man hatte mitangesehen, daß sie nach und nach ein bleibendes Element des staatlichen Haushaltsplanes wurde, und sie wurde von ausländischen Beobachtern im 16. Jahrhundert als Grundlage der Macht des Souveräns angesehen. Wir haben die Kurve der fiskalischen Forderungen aufgeführt: Die plötzliche Verstärkung der Forderungen nach 1540 und während der ganzen Krisenzeit, die relative Abschwächung in der Zeit des Königs Henri IV, dann die ohne Unterbrechung wachsende Belastung der Steuer und allen ihren Formen von 1630 an bis zu den höchsten Werten am Vorabend der Fronden.

Was die Bauern unmittelbar spürten, war das Anwachsen der Taille und ihrer »Anhängsel«, die auf Dorfebene festgesetzt wurde. In den ›pays d'élections‹ war das bis 1640 Aufgabe der ›élus‹, königlicher Beamter, die ihren Umritt ausführen und die Dörfer besuchen mußten, um ihre Zahlungsfähigkeit abzuschätzen und Beschwerden entgegenzunehmen. In den Provinzen, die ihre Ständeversammlungen behalten hatten, unternahmen die Abgeordneten der drei Stände diese Verteilung – Bauern waren dabei praktisch niemals vertreten –, nachdem sie mit den Vertretern der Zentralregierung den Gesamtbetrag heftig diskutiert hatten. Im ersten Fall bemühten sich die Dorfbewohner darum, die ›élus‹ zu hintergehen, entweder durch die Vermittlung eines mächtigen Beschützers oder durch einige geschickt verteilte Geschenke, deren Spuren man in den Rechnungen der Kirchenverwalter findet. Aber alle Dörfer machten es so. Man muß sich daran erinnern, daß das, was man bei der Gemeindekollekte einnahm, auf die Nachbarn verteilt werden mußte, um die Zahl, die vom Conseil des Königs festgesetzt worden war, zu erreichen. Der Widerstand der ›pays d'Etats‹ war letzten Endes erfolgreicher. Die Verhandlung führte zu einem Kompromiß zwischen den ursprünglichen Forderungen der Staatsgewalt und den Angeboten der Provinz. So erklärt es sich, daß die Lasten der Steuererhebung in diesen Gebieten immer leichter waren als in den alten kapetingischen Domänen. So erklärt sich auch die Anstrengung, die die Monarchie im 16. und 17. Jahrhundert unternahm, um die Autonomie der Provinzen einzuschränken und das ganze Königreich auf dieselben Regeln zurückzuführen. Einmal hört man auf, die Ständeversammlungen einzuberufen – so im Dauphiné nach 1628, in der Normandie nach 1655, in der Comté, trotz Versprechungen, nach 1704. Ein anderes Mal beruft man sie so selten ein, daß sie sich als gefügig erweisen. Aber das Languedoc und die neuen nördlichen Provinzen (Flandern, Hainaut, Cambrésis) haben ihre Stände behalten. Auch versuchte man wiederholt, die ›élus‹ und die Verteilung durch königliche Beamte einzuführen. Das war der Anlaß zu zahlreichen Provinzaufständen um das Jahr 1630 herum.

Die erste Reaktion der Bauern angesichts der staatlichen Steuererhebung ist ein Einspruch im Namen der Gerechtigkeit. Sie kommt in individuellem Maßstab zum Tragen, wenn ein Haushaltsvorstand gegen die Taxierer einen Nachweis zur »Übersteuerung« anstrengt. Er muß selbst nach Überprüfung seiner Güter und seines Einkommens nachweisen, daß er zu hoch veranschlagt worden ist. Man entging diesen Einsprüchen in den Gegenden der ›taille personelle‹, wo die Rechnungsbücher als Beleg galten. Dieselbe Beschwerde kommt bei den Gemeinden vor: Man unterstrich das eigene Elend, um die Nachbarn anzuklagen. Manchmal leiht die Staatsgewalt diesen Klagen ein Ohr. Eine noch unveröffentlichte neuere Studie über das Gebiet der Comminges im 16. Jahrhundert hat die Aufmerksamkeit auf eine breitangelegte fiskalische Untersuchung gelenkt, die von 1534 bis 1543, dann von 1548 bis 1552 aufgrund der Klagen von Gebirgsgemeinden durchgeführt worden ist, die sich durch die allgemeine Verteilung unter die Gemeinden des kleinen Landes geschädigt fühlten. Sie gewannen den Streit, da das neue Netz, das aus den Arbeiten der Untersuchungsführer entstanden war, den Anteil der Städte und der Dörfer des flachen Landes erhöhte und die Belastung der Berggemeinden um 26% senkte. Dieser neue Tarif blieb bis an das Ende des 17. Jahrhunderts bestehen.[9]

Im selben Moment, wo man sich laut beschwerte, bemühte man sich um Steuerhinterziehung. Das war die wesentliche Waffe gegen den Fiskus, eine vielgestaltige Waffe, die nach den Leuten, der Zeit und dem Landstrich variierte. Zunächst die Individuen. Man begreift leicht, daß bei diesem Spiel die besser gestellten Persönlichkeiten des Dorfes fast die einzigen waren, die betrügen konnten. Selbst ohne Drohungen anzuwenden, waren die »coqs de village« in der Lage, sich von einem Teil der normalerweise fälligen Steuern zu befreien: Sie waren es, die Getreide und Geld verborgten, die Arbeit zu vergeben hatten, die Stellvertreter der Grundherrschaft und die Zwischenhändler für die städtischen Märkte waren. Dieselbe individuelle und allgemeine Hinterziehung gab es bei den indirekten Abgaben und bei der Salzsteuer, die überall gehaßt wurde. Die Ungleichheit der Steuern von einer Provinz zur anderen zog natürlich den Schmuggel nach sich, an dem die Dorfbewohner sich beteiligten. Und der drohende Verlust des Privilegs des »quart bouillon« in der niederen Normandie war das auslösende Moment der Revolte der Nu-pieds im Jahre 1639.

Denn am Ende der individuellen Widerstandsaktionen, in den schwierigsten Augenblicken, wird der antifiskalische Widerstand zu kollektiver Gewalt. Die Skala erstreckt sich von »Unruhe« zur »Rebellion«, vom »Aufruhr« zur »Revolte«. Man kann diese brutalen, kurzen Krisen, die oft in einem einzigen Dorf oder in einem einzigen Marktflecken stattfanden, nicht alle aufzählen. Das Gerücht einer neuen Steuer, der Durchzug eines Fremden, den man verdächtigt, Angestellter der verhaßten Steuereintreiber zu sein – und die Menge versammelt sich. Die Sturmglocke läutet, die Mistgabeln werden geschwungen, man holt einige alte Schwerter und Armbrüste aus den Verstecken hervor. Im günstigsten Fall hat der Angestellte Zeit zur Flucht, im schlimmsten Fall wird er auf der Stelle umgebracht. Alles beruhigt sich. Man verhört einige Aufwiegler, manchmal verhaftet man sie. Das sind vielgestaltige Bewegungen, die auf eine gewisse Weise die normalen Spannungen des gesellschaftlichen Korpus ausdrücken. Es sind zahlreiche Bewegungen: Die neueste Geschichte der Provence zählt 108 in der Zeit von 1596 bis 1635 auf, 156 von 1636-1660, 110 von 1661-1705.[10] Begrenzte Bewegungen: In derselben Provinz ungefähr 60 (beteiligte) Gemeinden, d. h. weniger als ein Zehntel. Bewegungen ohne wirklich große Bedeutung: René Pillorget macht sie – immer noch in der Provence – verantwortlich für 69 Tote vor 1648, für nur 3 von der Mitte des Jahrhunderts bis 1705. Jede Provinzchronik wimmelt von gleichartigen Vorfällen. Zum Beispiel erzwingen im Jahre 1636 die Weinbauern der Dörfer nahe bei Paris, die wütend sind über die Einrichtung einer neuen Abgabe von 60 Sous pro Maß verkauftem Wein, die Öffnung der Stadttore, »bewaffnet mit Stöcken, Schwertern, Pistolen und Armbrüsten«, setzen den Angestellten der Steuern hart zu und bringen mit Gewalt die Karren herein, die mit Fässern beladen sind. Das niedere Volk der Hauptstadt klatscht vor Freude über den Glücksfall Beifall. Es drängt sich der Vergleich mit den zeitgenössischen Bewegungen der bäuerlichen Masse auf: Aufgehaltene Konvois, aufgerichtete Barrikaden, gestörte Steuererhebungen. Alles hat wenig Zukunft und kaum Wirkung.

Ein Phänomen von ganz anderer Tragweite, das wir betrachten müssen, sind die bäuerlichen Revolten, die in gewissen Abständen diese oder jene Provinz Frankreichs zwischen 1540 und 1675 erschütterten und die Hunderte, ja Tausende von Landbewohnern in Bewegung setzten, die sich in bewaffneten Trupps organisierten, das platte Land unter Kontrolle hatten und fähig waren, auch Städte unter Kontrolle zu halten. Diese Aufstände, die den Historikern bekannt sind, jedoch von der gehobenen Untersuchung der »großen Politik« ein wenig verschleiert worden sind, sind bis zu dem Werk eines sowjetischen Historikers, Boris Porschnew, noch niemals Gegenstand einer zusammenfassenden Arbeit gewesen.[11] Diese umfangreiche Arbeit wurde 1948 veröffentlicht, jedoch erst 1963 ins Französische übersetzt und hat aufgrund ihrer Interpretationen zahlreiche Diskussionen hervorgerufen. Sie hat glücklicherweise dazu geführt, daß das Problem der Volksaufstände auf einer verläßlicheren Grundlage wieder aufgenommen worden ist, um es zu vervollständigen und anhand der Dokumente selbst zu beleuchten. Dank der Arbeiten von R. Mousnier, M. Foisil, Y.-M. Bercé und R. Pillorget kann man heute eine Bilanz ziehen und eine Analyse versuchen.[12]

Die ländlichen Revolten beginnen an der Wende des 16. Jahrhunderts, als sich nach der guten Wachstumsperiode, die die Erinnerung an die mittelalterlichen Jaqueries getilgt hatte, erste Anzeichen einer Krise der bäuerlichen Welt bemerkbar machen. Und sie brechen in Gegenden aus, die für ein Jahrhundert ihr häufigster Schauplatz bleiben sollen: im atlantischen Südwesten, im aquitanischen Becken. In den letzten Jahren der Regierungszeit von François I ruft die drohende Einführung der Salzsteuer im Aunis, Saintonge und Angoumois, also Provinzen, wo der Obstbau, der Handel und der Salzschmuggel die Beschäftigung von Tausenden von Dorfbewohnern darstellten, einen schweren Aufstand hervor. Unter dem Kommando von einigen kleinen Adligen, Pfarrern oder Handwerkern halten die ›Pitaux‹ das flache Land unter Kontrolle und bemächtigen sich der Städte Saintes, Pons und Cognac. Die Bestrafung ist brutal: mehr als 140 Todesurteile, die in Bordeaux gefällt werden, nicht eingerechnet die Bauern, die von den Aufständischen massakriert worden sind.

Die zweite Hälfte des 16. Jahrhunderts, die den allgemeinen Schwankungen auch noch die Schrecken des Krieges und die Forderungen des Fiskus hinzufügt, sieht die Zahl der bäuerlichen Bewegungen wachsen, die immer noch stark mit dem Kampf gegen die Soldateska, der Verweigerung des Zehnten und neuen Gebrauchssteuern beschäftigt sind, zudem manchmal mit religiösen Streitigkeiten durchsetzt. Im Jahr 1561 erhebt sich das Agenais, und die Grundherren des platten Landes flüchten vor den Drohungen nach Toulouse. Die Bauern weigern sich im Namen des Evangeliums, den Zehnten zu bezahlen, und »brüsten sich, sie werden weder die Taille noch dem Grundherrn die Abgaben zahlen«. Wir haben schon die Reaktionen der reformierten höheren Persönlichkeiten angesichts dieser Angriffe auf die soziale Ordnung gesehen. Die Volksbewegungen, die oft Dorfbewohner und das arme Volk der Städte miteinander verbinden, sind viel zahlreicher ab 1575, als die Ausdehnung der Unruhen die bäuerlichen Massen direkter berührt und die sozialen Konsequenzen der Krise sich mehr bemerkbar machen.

Das Rhônetal wird 1579/80 erreicht. Erschöpft von den Plünderungen der Soldaten verabreden sich die Gemeinden der niederen Dauphiné, gegen sie zu kämpfen. Man bemächtigt sich mit Gewalt befestigter Orte, die Katholischen oder Protestantischen als Truppenbasis dienten. Dann wenden sich die Bauern mit Unterstützung der Handwerker und des städtischen Proletariats dem grundherrlichen System zu und erklären, »daß sie nichts zahlen wollen«; sie bedrohen die Adligen, verbrennen Grundbücher und einige Schlösser. Während Notabeln aus Romans am Tag nach dem Karneval 1580 die Handwerker vernichten, massakrieren die kleinen Adligen und Soldaten die Landbewohner vor den Toren der Stadt.[13] Die Revolte pflanzt sich dann fort bis ins Vivarais und das Aigoual, wo man Taille-Eintreiber angreift, die gut mit Armbrüsten bewaffnet sind. Zur selben Zeit weigern sich die Dorfbewohner der Vicomtés Argentan und Falaise, die Steuern zu zahlen, bilden eine Armee von mehreren tausend Männern, die das Land mehrere Jahre unter Kontrolle halten, bevor sie von königlichen Truppen niedergemacht werden. Der Höhepunkt der Volksunruhen ist während der politischen und ökonomischen Krise nach 1590 erreicht und verlängert sich über die Hungersnot von 1594/95 hinaus. Das Perche und das normannische Buschland, das Gautiers, das Angoumois und Quercy, das Languedoc, die Bretagne und die Pyrenäentäler sind mehr oder weniger ganz oder dauerhaft im Aufstand. Man greift die verhaßten Soldaten an, man massakriert kleine Abteilungen, die man in einem Hinterhalt gefangen hat. Man klagt die Übergriffe des Fiskus an, indem man Steuern verweigert, um eine Schwächung der monarchischen Ordnung zu unterstützen, indem man Eintreiber und die Schützen, die sie begleiten, jagt und ermordet. Aber man stellt manchmal das gesamte System in Frage, das die Bauernschaft zur Bettelei verurteilt: Verweigerung des Zehnten, Zurückweisung der grundherrlichen Abgaben. Wenn es in dieser ganzen Periode eine bewußtere, klarere und realistischere Motivation des bäuerlichen Kampfes gibt, dann gewiß in diesen paar Jahren. Die Croquants des Périgord, des Quercy und des Languedoc halten – in bewaffneten Banden zusammengerottet – die Felder unter Kontrolle, wobei sie höhere Personen in einer Reihe von zusammenhanglosen und verstreuten, aber zielgerichteten Aktionen angreifen. Die Gemeinden des Comminges, die in diesem gebirgigen Land seit langem gewohnt sind, eng zusammenzurücken, bilden Vereinigungen ab 1591. Sie wollen nicht nur gegen den Fiskus kämpfen, sondern sie wollen selbst die Ordnung garantieren, der der Staat keinen Respekt mehr verschaffen kann. In diesen Kämpfen verwischen sich die religiösen Unterschiede, um einem Gefühl gemeinsamen Interesses Platz zu machen: Frieden, Möglichkeit, auf den Feldern zu arbeiten, Verminderung der Lasten. Bei all diesen Bewegungen kann man in der Tat zu der Schlußfolgerung kommen: »Die bäuerliche Bewegung in den Jahren 1525-1560 entsteht aus der Unzufriedenheit mit dem Fiskus und dem Kampf gegen den Zehnten; sie findet ihre Rechtfertigung und ihren ›point d'honneur‹ in der reformierten Propaganda. Sie mündet danach in die revolutionäre ›Praxis‹ der Jahre 1590–1594; sie greift schließlich immer mehr die bestehende Ordnung an und wird – wenn auch ohne System und mit unterschiedlicher Intensität – gleichzeitig antifiskalisch, gegen den Zehnten gerichtet, antigrundherrlich, manchmal selbst antibürgerlich; sie knüpft Bündnisse mit den Handwerkern der Städte ... Anwandlungen von Barbarei begleiten die Steigerung des Bewußtseins. Und selbst dieses ist nicht von Dauer. Sehr bald gibt es ein Zurückfallen, eine Rückwärtsbewegung. Die Kämpfe dauern an, aber sie bleiben in einem beschränkten Programm stecken.« (E. Le Roy Ladurie)

Wie auf allen Gebieten scheinen die ersten Jahrzehnte des 17. Jahrhunderts nach Wiederherstellung von Ruhe und Ordnung, nach der Erneuerung des ländlichen Lebens und in der Atmosphäre »beruhigter Konjunktur«, des »Hühnchens im Topf« eine Art Burgfrieden zu bedeuten. Die Welle der bäuerlichen Revolten beruhigt sich. Man fällt in die lokalen Streitigkeiten zurück, in die Klagen und die Resignation. Wir aber wissen schon, daß die tieferliegenden Gründe der Jahrhundertkrise in der bäuerlichen Welt noch nicht verschwunden waren. Sehr bald wurde der fortschreitende Verfall der bäuerlichen Lebensbedingungen spürbar. Die fiskalischen Forderungen, die an das Land gestellt wurden, wurden unerträglich. Von 1624 bis 1665 vergeht kaum ein Jahr, während dessen man auf der Karte des Königreiches nicht einen oder mehrere ländliche Aufstände aufzeigen könnte, die übrigens sehr oft mit städtischen Unruhen gekoppelt waren. In den schwierigsten Momenten, wenn Hungersnot und Pest zum gewohnten Elend hinzukommen, wenn der fiskalische Druck sich wirklich unerträglich für die Dorfbewohner bemerkbar macht und wenn Truppenbewegungen zahlreicher werden, die in der enormen kriegerischen Anstrengung mobilisiert worden sind, das Überleben des Landes zu sichern, dann breitet sich die Welle der Revolten aus, um ganze Provinzen zu ergreifen und um Tausende von Menschen daran zu beteiligen, die sowohl von der Seite der Aufständischen als auch von der der Regimenter aufgerufen worden sind, die Ordnung wiederherzustellen. Zu gewissen Zeiten zwischen 1630 und der Fronde kann man behaupten, daß ein Drittel des Landes sich in einem Zustand des Halb-Aufstandes befindet. Wie immer bleiben die Provinzen im Norden des Königreiches relativ ruhig. Man weiß jedoch, daß sie ebenso und mehr an der Hungersnot und der Pest litten, daß sie mehr Steuern tragen mußten und daß sie näher an der Front waren. Wie immer sind es die Provinzen des Westens und des Südens, die am stärksten in Aufruhr sind. Pierre Goubert bemerkt ganz richtig, daß es »die ursprünglichsten sind, diejenigen, die starke fürstliche oder gräfliche Verwaltungen gehabt haben; diejenigen, die noch ihre Ständeversammlungen und ihre eigenen Steuerbeamten hatten; diejenigen, deren Privilegien wirklich im damaligen Sinne »Freiheiten« bedeuteten und gewissermaßen schon »die« Freiheit; diejenigen, wo die Reformierten oft zahlreich waren und geblieben waren; diejenigen, wo das Analphabetentum seinen höchsten Grad erreicht hatte . . .« Die Epoche ist gekennzeichnet von den härtesten und bekanntesten ländlichen Revolten: Die Croquants des Angoumois und des Poitou 1636, des Périgord 1637, des Rouergue 1643; die Weinbauern des Bordelais und die in Burgund; das Bourbonnais, die obere Auvergne, die untere Provence, das Vivarais. Und im Sommer 1639 die berühmten Nu-pieds der niederen Normandie. Fügen wir die »Unruhen« der anderen Provinzen hinzu, die sich nicht zu einem echten Aufstand auswachsen, wird man eine Vorstellung von der allgemeinen Verbreitung der Unordnung und der Verwirrung bekommen. Die Korrespondenz Richelieus und die des Kanzlers Séguier sind angefüllt mit alarmierenden Berichten, die von lokalen Autoritäten oder den Sendboten des Kardinals geschickt worden waren, Schilderungen, die die Aufmerksamkeit der Staatsmacht auf die Dringlichkeit lenken sollten, Maßnahmen zu ergreifen.

Diese ungeheure Bewegung der Verweigerung, die oft Sehnsüchte der Bauern mit den Forderungen anderer sozialer Gruppen vermischt, die die Entwicklung der absolutistischen Monarchie in Frage stellt, erreicht in den Unruhen der Fronde ihren Höhepunkt. Diese bringen ganz andere Kräfte ins Spiel als die einfachen bäuerlichen Reaktionen, von denen wir versuchsweise eine Bilanz aufgestellt haben. In der Tat erscheinen die ländlichen Massen hier nur als Opfer, nicht als Handlungsträger des Dramas. Direkt nach den apokalyptischen Jahren ist das Elend so groß, daß die Revolten verlöschen. Allerdings nur für kurze Zeit. Ab 1656 regt sich das Boulonnais in der Bewegung der »Lustucrus«, die bis nach der Subsistenzkrise von 1660-1662 dauert. Die Unruhe wird in der Gascogne aufgenommen. Unter dem Kommando von Audijos verlängert sich der Aufstand der Chalosse von 1663 auf 4 Jahre. Danach ist es das Roussillon mit den »Miquelets«, das erst kurz vorher annektiert worden war, 1670 das Vivarais. Schließlich im Sommer 1675 die Bretagne mit der berühmten Revolte des ›Papier timbré‹. Jedesmal findet man dieselben Episoden und dieselben Aspekte, von der spontanen Erhebung der Dorfbewohner, die von der Glocke alarmiert worden sind, bis zum Massaker durch reguläre Truppen, die zur Verstärkung herangeholt wurden.

Diese lange Periode ländlicher Unruhen, die von dem Aufstand der Pitauts 1544 eingeleitet worden war, endet praktisch mit dem bretonischen Vorfall und den Exekutionen, die vom Herzog von Chaulnes angeordnet wurden. Man fällt danach in die Menge der lokal und temporär begrenzten Agitationen zurück – trotz des weiterbestehenden Elends, trotz der lastenden Kriege des Sonnenkönigs und trotz der Rückkehr der Hungersnöte am Ende seiner Regierungszeit. Was bleibt, ist ein Aufruhr an einem Markttag, weil Getreide fehlt, ein Zehnteintreiber, der zuviel verlangt und von Erntearbeitern bedroht wird, ein Angestellter der Steuerpächter, der mit Heugabelhieben verjagt wird. Man ist weit entfernt von der allgemeinen Aufruhrstimmung der Zeit vor der Fronde. Sicher, der ›contrôleur général‹ Desmarests notiert, daß von April bis August 1709 »kaum eine Woche ohne Aufruhr vergangen« sei, aber das Wort, das er gewählt hat, ist bedeutungsvoll. Niemals kommt es zu einem wirklichen Aufstand. Bleibt noch der Fall der Camisarden: Wenn das Elend auch eine Rolle spielt, wenn die Aufständischen zugleich mit dem Recht, dem Protestantismus treu bleiben zu dürfen, verlangen, weniger Steuern zu bezahlen, so ist diese Bewegung doch ganz verschiedener Natur als alle anderen.

Über diese rasche historische Lokalisierung und über die Unterschiede der Häufigkeit, der Intensität und der Gewalttätigkeit dieser Bauernrevolten hinaus ist es verlockend zu untersuchen, welche gemeinsamen Charakterzüge sie von Anfang bis Ende der Epoche miteinander verbinden, und ihre historische Bedeutsamkeit herauszustellen. Als Ausdruck bäuerlichen Widerstandes angesichts des unglücklichen Schicksals, das sie niederdrückt, ereignet sich die offene Revolte nur in einem schon vorhandenen Krisenklima. Dem Aufstand der Croquants des Angoumois geht eine lange Reihe von Klagen gegen die Ungerechtigkeit der Taille und die hohe Steuerbelastung des Weinhandels voraus. Die Revolte der Nu-pieds wird von zahlreichen sehr kurzen »Unruhen« angekündigt, die von den Übergriffen der Soldaten herausgefordert wurden, die seit der Wiederaufnahme der Feindseligkeiten mit Spanien 1635 an der relativ nahen Front in der Picardie ein gewohnter Anblick geworden waren, auch durch die Ankunft eines Steuereintreibers und durch die ständige Erhöhung der jährlichen Taille-Quoten. Ein Klima des Elends und der mehr oder weniger offenen Unzufriedenheit, ein Klima von Schwierigkeiten für die dörflichen Familien infolge einer schlechten Ernte, die den Hunger mit sich bringt, zu teures Brot, massive Verschuldung. In diesem Zusammenhang genügt das geringste, selbst das absurdeste Gerücht, um die Bevölkerung zu erschrecken. Ob man die Einführung einer neuen Steuer oder die Erhöhung des Taille-Betrages ankündigt, ob man unter Verletzung der Provinzprivilegien eine Steuer einführt, von der man bisher ausgenommen war, ob auf dem Land die verhaßten Steuer-Angestellten erscheinen und Kompanien von »Füsilieren«, die sie begleiten, ob die Güter eines reicheren Bauern beschlagnahmt werden, der über einige Meilen hinweg bekannt ist und geschätzt wird; ob Getreide auf dem Markt fehlt, während erzählt wird, daß die Getreidespeicher dieses Kaufmanns oder jenes Klosters voll sind; ob ein umherziehender Bettler erzählt, daß er ein marschierendes Regiment getroffen hat – schon entsteht Unruhe ...

Ab 1634 gibt es Unruhen in der Normandie wegen einer möglichen Einführung der Salzsteuer in den Bailliages von Caen und Cotentin. Zum Vorteil der Ausdehnung einer einträglichen Steuer gesellte sich für die Regierung der Vorteil, die Schmugglertätigkeit zwischen den Landstrichen des »quart bouillon« und den benachbarten Provinzen zu vermindern. Aber diese Maßnahme hätte die Bauern der Gegend einer sehr lukrativen Nebenbetätigung beraubt. Während der Conseil sein Projekt angesichts des drohenden Aufruhrs schon zurückgezogen hat, kommt am 16. Juli ein Beamter des Gerichts von Coutances in Avranche an, um eine Justizangelegenheit zu regeln. Es ist Markttag, und der Ort ist voll mit Landleuten, die sich über die fortwährenden Gerüchte beunruhigen. Man sieht in dem Zimmer der Herberge, das er bewohnt, versiegelte Briefe. Sofort wird er für den Boten der Steuereintreiber gehalten, der gekommen ist, um die Einführung der Salzsteuer anzukündigen. Aus benachbarten Dörfern eilen die Salzhändler herbei. Bevor er noch Zeit hat, die Sache richtigzustellen, wird der Unglückliche ermordet. Die Menge ist entfesselt: Am Nachmittag desselben Tages wird ein Angestellter der Steuer ›sol pour livre‹ angegriffen, am nächsten Tag ein anderer Eintreiber von indirekten Steuern. Man wird dieselben Vorfälle zu Beginn jeglicher Bewegung wiederfinden. Im Mai 1636 verursachen die Eintreibung des Anteils der Taille, der im Gegensatz zum Vorjahr stark erhöht worden ist, sowie die Ankündigung einer neuen Abgabe für den Handel mit Wein einen Aufruhr der Dörfer des Angoumois. Jeder Markt wird Anlaß zu bewaffneten Versammlungen, während derer man Angestellte ermordet, Büros der Steuereintreiber verbrennt, einige Häuser von reichen Bürgern plündert, die man anklagt, Monopole zu betreiben, um die Getreidepreise ansteigen zu lassen oder Eigeninteressen an der Erhebung der verpachteten indirekten Steuern zu haben.

Wenn das soziale Klima auch nur im geringsten günstig ist, verlängert sich die Bewegung und dehnt sich aus. In diesem Stadium ist eine gewisse städtische Beihilfe notwendig, nämlich die des Proletariats, dessen Interessen oft denen der Bauern gleich sind, ob es sich um die Last der Abgaben auf Nahrungsmittel oder Übergriffe der Soldaten in der Garnison handelt. Als die Weinbauern der Umgebung von Paris die Stadttore mit Gewalt öffnen und die mit Fässern beladenen Karren in die Stadt fahren, wobei sie sich weigern, die Abgaben zu leisten, und außerdem die Beamten hart angreifen, stehen auf ihrer Seite zahlreiche Handwerker und Kleinverdiener. Man braucht allerdings auch das Bündnis mit Personen höherer Autorität. Diese waren oft Gegner der zentralisierenden Maßnahmen der Monarchie, z. B. der wachsenden Rolle der Kommissare, die die normalen Beamten ihrer Funktionen, ihrer Rechte und ihrer Machtbefugnisse beraubten. Sie waren nicht unbedingt unzufrieden mit einem Aufruhr, der es ihnen erlaubte, die Unzuträglichkeiten der neuen Regierungsform aufzuzeigen.

Aus einem Aufruhr entstanden, versucht der Aufstand natürlich, sich zu organisieren, um von Dauer zu bleiben. Man muß sich bewaffnen: mit Mistgabeln natürlich, aber auch mit alten Schwertern, Pistolen, Armbrüsten. Mehr als ein Bauer besaß Waffen. Manchmal plünderte man eine Wachmannschaft oder ein Schloß, um sich auszurüsten. Man mußte das Feld behaupten. Man rief die Bauern der Umgebung dazu auf, sich an der Bewegung zu beteiligen, man zwang sie sogar dazu, wenn es nötig war. Kompanien wurden gebildet. Am 6. Juni 1636 sieht man auf dem Jahrmarkt von Blanzac 7000 bis 8000 Mann, die in 12 oder 15 Kompanien aufgeteilt sind, die Hälfte bewaffnet mit Pistolen und Armbrüsten, »die marschierten alle in schöner Ordnung zum Klang einiger Pfeifen und Geigen, da Trommeln fehlten«. Ein grundlegendes Problem dieser Bauern, die in eine gewaltsame Aktion getrieben wurden, war offensichtlich das Aufstellen von Anführern. Einige mutigere Dorfbewohner, ehemalige Soldaten des Königs, die vom Dienst zurückgekehrt waren, oder Handwerker aus der benachbarten Stadt konnten den Hauptmann improvisieren. Aber man sieht oft, daß sich arme Landpfarrer an die Spitze setzen, die von ihrer Herkunft und ihrer Armut her ihren Pfarrkindern sehr ähnlich waren. So war es im Angoumois, so in der Normandie, wo Jean Morel, Vikar einer Gemeinde aus den Avranches, dem »General der Leidensarmee«, dem berühmten und zweifellos mythischen Jean Nu-pieds, als Wortführer dient und wo andere Geistliche Truppen ausheben und Abteilungen kommandieren. Man sieht gleichfalls, daß sich kleine Adlige, die durch den Schwund des Familienvermögens und ihre Schulden verarmt sind, die unter ihrem Status als jüngerer Sohn leiden und von einem dunklen Gefühl sozialer Rache getrieben werden, an die Spitze von Aufständischen setzen. Mehrere normannische Kleinadlige, »arm und ohne Ansehen«, nahmen aktiv an der Bewegung teil, andere kümmerten sich nicht um das, was geschah, und ließen zu, daß ihre Untergebenen sich bewaffneten und rebellierten. Die Croquants des Périgord von 1637 hatten als Chef Antoine du Puy gewählt, Sieur de La Mothe la Forest und Grundherr von Madaillan. Die Lustucrus wurden von einem heruntergekommenen Adligen des Ponthieu, dem Herrn du Clivet, angeführt. Auch die Rebellen des Vivarais von 1670 hatten eine angesehene Persönlichkeit an ihrer Spitze, Antoine du Roure, einen recht wohlhabenden Grundbesitzer, der sich um Aufnahme in den Adel bewarb und Gatte einer adligen Dame war. Auch die Aufständischen der Chalosse wurden von einem jüngeren Adligen der Gascogne kommandiert, dem Herrn d'Audijos. Einige dieser Anführer schworen in der Stunde der Abrechnung, daß sie unter Todesandrohung dazu gezwungen worden seien, sich an die Spitze der Aufrührer zu stellen. Man kann ihre Aufrichtigkeit bezweifeln. Andererseits wäre es übertrieben, das Beispiel einiger Mitglieder auf den ganzen Provinzadel zu übertragen.

Der Ablauf der bäuerlichen Bewegungen gehorcht einer gewissen Schicksalhaftigkeit. Es gibt immer wieder dieselben Vorfälle und immer dasselbe Ende. Die Bewegung erreicht schnell ihren Höhepunkt: Plünderei einiger Häuser, deren Eigentümer verdächtigt werden, zu sehr vom Steuersystem zu profitieren, Aussenden von Abgeordneten an die Provinzautoritäten, um die Forderungen vorzulegen, Versuche, sich auf einige Städte zu stützen, die als Basis und Zufluchtsort dienen könnten. Das ist der Moment, in dem alles in der Schwebe ist. Eine Niederlage verurteilt die Truppen dazu, durch das platte Land zu streifen. Die Enttäuschung folgt schnell, genau wie die Auflösung der improvisierten Kompanien, die sich nun an die Arbeit auf den Feldern erinnern, die getan werden muß. Andererseits ermöglicht es die Kontrolle einiger fester Orte, wie Bergerac für die Croquants des Périgord, daß die Bewegung andauert. Allerdings ohne zu wissen, was man mit dem Teilsieg anfangen soll. Früher oder später werden Verhandlungen mit den Provinzautoritäten, dem Gouverneur, dem Intendanten und auch durch ihre Vermittlung mit der fernen und immer verehrten Macht des Souveräns angestrengt. Im besten Falle erreicht man einen Steuernachlaß und einige Versprechungen, die von einem Begnadigungsschreiben begleitet werden. Aber meistens dienen diese Auseinandersetzungen nur dazu, die Vorbereitung von Unterdrückungsmaßnahmen zu verschleiern. Während die Städter und wohlhabenden Leute die Stadttore schließen, weil sie besorgt wegen der Bewegung sind und manchmal wegen ihrer Güter bedroht werden, die übrigens umso lauter ihre Königstreue beteuern, als sie oft zu Beginn der Revolte halbe Komplizen gewesen sind, während sie also jegliche Verbindung zwischen Stadt- und Landbewohnern verhindern und städtische Milizen bilden, um die Ordnung aufrechtzuerhalten, führt die Staatsmacht der aufrührerischen Provinz sichere Regimenter zu. So werden die Croquants des Périgord von dem Herzog von La Valette vernichtet, der an der Spitze von Truppen erscheint, die von der spanischen Front abgezogen wurden, und die Nu-pieds werden von Gassion geschlagen, der von mehr als 10 000 Männern der »besten Truppen« unterstützt wird. Wie groß ihr Mut und der Grad ihrer Organisierung auch waren, die bäuerlichen Armeen konnten ganz offensichtlich nicht lange vor den Berufssoldaten bestehen. Dann kommt also die Stunde der Vergeltung.

Zu den Unglücklichen, die in Teile zerstückelt auf den Schlachtfeldern liegen, kommen die Opfer der Übergriffe von Soldaten hinzu, die die Dörfer durchstreifen und die »Befriedung« sichern, außerdem die Opfer der gerichtlichen Unterdrückung. Todesurteile, Galeerenstrafen ohne zeitliche Begrenzung, Gefängnisstrafen, schwere Geldstrafen, Güterkonfiskationen . . . So wurde die Ordnung wiederhergestellt.

Eine Ordnung, die das Elend des größten Teils der ländlichen Bevölkerung bewirkte und doch von jener nicht in Frage gestellt wurde. Was in der Tat überrascht an all diesen Beispielen, ist, daß die Revolte, die letzten Endes durch das sehr lebhafte Gefühl der Verschlechterung der bäuerlichen Lebensbedingungen verursacht ist, auf zufällige Weise anläßlich eines Ereignisses ausbricht, das plötzlich eine Situation unerträglich macht, die bis dahin mit Resignation ertragen wurde. In der Mehrzahl der Fälle entstehen die Bewegungen »durch eine Erhöhung der Steuern, aus ungewohnten Steuern, aus der Ankunft königlicher Beamter, die im Land fremd sind und die Sprache nicht (oder schlecht) sprechen, durch Kommissare, Eintreiber, Soldaten, die damit beauftragt sind, sie festzusetzen und einzuziehen« (P. Goubert). Der antifiskalische Kampf und die Ablehnung von Neuerungen wirken wie eine Zündkapsel, aber auch als Katalysator. Der bäuerliche Kampf wendet sich hauptsächlich diesen Elementen zu, ohne ein ökonomisches und soziales System in Frage zu stellen, das in Wirklichkeit die Quelle des Unglücks ist. Das also ist das Ergebnis der Untersuchung der Aufstandsforderungen.

Wir wissen schließlich wenig über das Kampf-»programm« der aufständischen Landbewohner. Zunächst, weil die meisten von ihnen nicht schreiben konnten und in großer Verlegenheit gewesen wären, eine zusammenhängende politische Linie auszudrükken. Dann, weil wir die Befehlswörter, die Rufe, die Parolen, die Ausdrücke, nur durch die entstellenden Reden anderer sozialer Gruppen und Unterdrückungsorgane kennen. Die Verwaltungsbeamten, die über die Unruhen Bericht erstatteten, hatten oft ein Interesse daran, die Fakten zu modifizieren, um ihre Rolle aufzuwerten. Sie waren selbst Gefangene ihres Weltbildes. Die wenigen Texte, die von den Aufständischen selbst auszugehen scheinen, wie die Bittschriften der Croquants, das Manifest von Jean Nupieds oder das berühmte bäuerliche Gesetzbuch der bretonischen Aufständischen von 1675, sind ebenfalls verdächtig. Schon ihre äußere Form legt es nahe, daß sie von Leuten verfaßt worden sind, die nicht selber der bäuerlichen Welt angehörten, die französisch schreiben und sprechen konnten, wozu die meisten Aufständischen gar nicht fähig waren. Übrig bleiben die sehr lebhaften Protokolle der Verhöre in der Stunde der Vergeltung. Aber selbst da kann man doch vermuten, selbst wenn die Quelle die Aussagen der Befragten wiederzugeben scheint, daß die Zeugenaussagen von der Furcht diktiert worden sind, dem Wunsch, sich zu rechtfertigen, und dem Bestreben, sich aus der Klemme zu ziehen, in die man geraten war.

Ein gemeinsamer Gesichtspunkt tritt jedoch auf: Der antifiskalische Kampf. Überall gibt es dieselben Klagen gegen das unsinnige Ansteigen der Taille und ihrer Anhängsel, gegen die Verpachtung der Gebrauchssteuern, die den Pächtern erlaubt, sich zu bereichern, und gegen die zu großen Ausgaben des Staates. Daran angefügt ist die Verteidigung der provinziellen Privilegien, die durch die finanziellen Forderungen der Monarchie zerstört werden.

In seinem Manifest macht Jean Nu-pieds die Charta der Normannen geltend. Aufgezwungen im Jahre 1315, garantierte sie die finanzielle Autonomie der Provinz. Ebenso werden die traditionellen Rechte der Provinzialstände sorgfältig in die Erinnerung gerufen, die sich auf die Steuererhebung beziehen. Ein gewisser Lokalpatriotismus drückt sich ganz klar aus. Man klagt die »von außerhalb« an, die Leute, die von woanders herkommen und besonders die von Paris, die überall gehaßt werden. »Das hat die Bezeichnung ›aus Paris‹ bei den Leuten so verhaßt und gefürchtet gemacht, daß man nur das von sich zu sagen braucht, um überwältigt zu werden«, so heißt es im Bericht des Bauernaufstandes des Saintonge. Derselbe Klang im bäuerlichen Gesetzbuch, dessen Verfasser sich vereint erklären »für die Freiheit der armorikanischen Provinz«. Diese Infragestellung der staatlichen Steuererhebung und der monarchischen Politik der Zentralisierung geht konform mit der sicherlich aufrichtigen Bekundung einer tiefen monarchischen Treue. »Es lebe der König ohne die Salzsteuer!« So das Erkennungswort. Alle Texte bestehen auf der Königstreue. Seine Berater und seine schlechten Minister halten ihn in Unwissenheit über das unglückliche Los seines Volkes. In den vorgelegten Forderungen entschuldigt man sich dafür, zu den Waffen greifen zu müssen, um seine Aufmerksamkeit auf sich zu ziehen; man verspricht Gehorsam, sobald die »guten alten Sitten« wiederhergestellt sind. Das Programm geht oft über die einfache Betrachtung der bäuerlichen Probleme hinaus: Jean Nu-pieds sagt es folgendermaßen:

»Ich würde kurzerhand die ursprüngliche Freiheit des Adelsherrn, des Bauern und der heiligen Kirche zurückgeben. Ich meine den Zustand, in dem wir damals waren, als Ludwig der Zwölfte uns ein goldenes Zeitalter bescherte.«

Besser kann man den traditionellen Charakter seiner Sehnsüchte nicht bezeichnen.

Nur an den beiden äußersten chronologischen Punkten dieser ländlichen Unruhewelle kann man auch andere Elemente unterscheiden, die sehr viel wichtiger sind, da sie auf eine tatsächliche Umänderung der sozialen Strukturen abzielten. Der revolutionäre Charakter der Bewegungen vom Ende des 16. Jahrhunderts ist bereits unterstrichen worden. Indem sie die Zahlung grundherrlicher Rechte verweigerten, den Zehnten anfochten und gegen das Steigen der Pachten protestierten, haben die Croquants von 1594 wirklich das System in Frage gestellt, das die Herrschaft der Städte und der Pfandleiher über das Volk in den Dörfern sicherstellte.

Man muß die Revolte des »papier timbré« abwarten, um solche revolutionären Aspekte wiederzufinden.[14] Die auf den Tabak und öffentliche Urkunden erhobenen Steuern sowie die drohende Einführung der Salzsteuer in der Provinz rufen den Aufstand in den Cornouailles im Frühjahr 1675 hervor, einige Monate später in dem Landstrich von Carhaix. Sehr bald greifen die Aufständischen nicht nur die Büros der staatlichen Steuererhebung, sondern auch Schlösser und Klöster an. Archive werden verbrannt, bedrohte Grundherren müssen eine Art von »Kapitulationen« unterzeichnen, die die Forderungen der Aufständischen bestätigen. Das bäuerliche Gesetzbuch, dessen Authentizität nicht verbürgt ist, zumindest nicht in der Form, in der wir es kennen, vermischt die antifiskalischen Forderungen (Zurücknahme der Urkundensteuer, Senkung der Weinsteuern, Verweigerung der Salzsteuer, die merkwürdigerweise personifiziert ist, da »befohlen wird, auf sie zu schießen wie auf einen tollwütigen Hund«) und die antigrundherrlichen Forderungen (Abschaffung des Naturalzinses, der Frondienste, der Bannrechte, des Zehnten, der Erlaubnis, Tauben zu schießen, Wahl von Richtern durch die Dorfbewohner). In anderen Texten, die von den bedrohten Grundherren bestätigt wurden, fügt man den Schutz der Nutzungsrechte und die Bewirtschaftung des kündbaren Eigenlandes hinzu, das es dem Herrn erlaubte, den Bauern von seinem Besitz zu vertreiben. Eigentlich sind die Umformungen, die die Befriedigung dieser Forderungen nach sich gezogen hätte, begrenzt. Man spricht nirgends vom Zinsrecht, was ohne Zweifel viele Bauern auf Widerruf durch die damit verbundene Sicherung des Besitzes beruhigt hätte. Man geht mehr gegen das feudal-grundherrliche System als gegen dieses Verhältnis an.

Was auch die Tragweite der Bewegung gewesen sein mag, die Truppen des Herzogs von Chaulnes brachten bald Ordnung hinein, und die von der Truppe besetzten Dörfer, einige geschleifte Kirchtürme, Dutzende oder Hunderte von an den Gabelungen der großen Straßen aufgehängten Bauern, die als abschreckendes Beispiel dienen sollten, eine größere Anzahl von zusätzlichen Galeerenruderern in der Marine des »allerchristlichen« Königs waren die einzigen Konsequenzen der letzten der großen Bauernrevolten bis 1789.

So landen alle Formen des bäuerlichen Widerstandes, von der Passivität bis zum Protest, vom Prozeß bis zur offenen Revolte, in einem Mißerfolg. Der Grund dafür muß in der Zusammenhanglosigkeit der Bewegungen gesucht werden, in ihrer Unfähigkeit, sich zu strukturieren, in ihrem Durcheinander und vor allem ihrer Vereinzelung. Es gibt oft eine Ansteckung von einer Provinz zur anderen, es gibt niemals ein Bündnis. Selbst auf dem Höhepunkt der Bewegungen, als Revolten den ganzen Süden des Königreiches erschüttern, handelt jede Bewegung allein und für sich. Fügen wir die Minderwertigkeit der Anführer hinzu, ihre zahlreichen Unstimmigkeiten, die Disziplinlosigkeit ihrer Truppen, die ohne Unterlaß von ihren gewohnten Arbeiten auf den Feldern zurückgerufen werden, die schwache Bewaffnung. Und rufen wir uns den soziologischen und kulturellen Ballast in die Erinnerung zurück, die alle zusammen die bäuerliche Welt in ihren beschränkten Lebensbedingungen verharren lassen. In den meisten Bewegungen handeln die Bauern nicht wie eine eigenständige Macht, sondern wie ein Anhängsel, das mehr oder weniger von anderen sozialen Gruppen und zugunsten deren Interessen manipuliert wird.

Denn letzten Endes kommt der Stadt die wesentliche Rolle in

dieser bäuerlichen Geschichte zu. Der Stadt und ihren hohen Persönlichkeiten, den königlichen Beamten, Bodenrentiers, Kaufleuten und Mitgliedern der freien Berufe.

Als die lange Regierungszeit des Sonnenkönigs in Ernüchterung zu Ende geht, erscheint die ländliche Welt wie in einem Zustand tiefer Erschöpfung. Im Kontext einer mehr als jahrhundertelangen Entwicklung ist der Abstieg der bäuerlichen Lebensbedingung offenkundig. Sie ergreift gegen 1710 sowohl die armen Tagelöhner ohne Land als auch die kleinen Landwirte mit Parzellen oder die großen Bewirtschafter von großen grundherrlichen oder kirchlichen Pachten. Die Ursachen für diese allgemeine Verarmung sind vielfältig und ihre Ausformungen während des ganzen Zeitraumes verschieden. Aber alle Elemente haben zu diesem Resultat beigetragen, indem sie in derselben Richtung wirkten.

Die Krise der ländlichen Welt ist eine ökonomische. Sie geht offensichtlich auf die Strukturen des Besitzes selbst und seine Bewirtschaftung zurück. Die Verschuldung und ihre Konsequenzen haben den bäuerlichen Eigenanteil am Landbesitz verkleinert. Das heißt, während sie drei Viertel der Bevölkerung des Königreiches ausmachen, besitzen sie kaum mehr als die Hälfte des Grundbesitzes. Dieses Verhältnis ist tragischerweise in manchen Provinzen, in den Einflußbereichen der Städte und besonders der allergrößten, Paris, noch mehr zurückgeschraubt. Die kleine Familienbewirtschaftung, die so typisch ist für die französische Landwirtschaft und die man in der Mehrheit vorfindet, ist selbst mit Hilfe einiger Pachten zu klein, um normalerweise den Lebensunterhalt für diese Gruppe von Menschen zu garantieren. Was die indirekte Bewirtschaftung betrifft, so erfordert ihre gute Instandhaltung ein hohes Einkommen, damit es den Anforderungen des Grundbesitzers genügen kann.

Zu diesem ersten Hindernis fügt der Stand der Technik ein weiteres hinzu. Von 1500 bis 1700 und danach sind die Fortschritte unbedeutend. Die Erträge sind begrenzt, das mehr oder weniger lang daliegende Brachland läßt einen Teil des Bodens ungenutzt, die Viehzucht bleibt dürftig. Am Ende des 17. Jahrhunderts ist das allgemeine Produktionsniveau des Getreides nach den schönen Jahren nach der Fronde stark und dauerhaft zurückgegangen. Die anderen Produktionen können das Übergewicht der Getreidekultur trotz Einführung einiger exotischer Neuerungen nicht aufwiegen. Die schwache Konjunktur in den Jahren 1690-1720 bedrückt die ländliche Wirtschaft ebenfalls. Trotz der fieberhaften Höhepunkte, die von Krisen hervorgerufen wurden, bleibt das Niveau der landwirtschaftlichen Preise, besonders wenn man die Effekte der Geldentwertung mitrechnet, mittelmäßig. Das »Land ist nicht mehr rentabel«. Es ist es nicht mehr für den Bauern, der dem Aufsteigen anderer sozialer Gruppen zusehen muß. Es ist es nicht mehr für den Grundbesitzer, der ein spürbares Sinken der grundherrlichen Rente akzeptieren mußte. Und die allgemeine Entkräftung entzieht dem Dorfbewohner zusätzliche Einnahmequellen wie das Handwerk.

Aber die Krise der ländlichen Welt ist auch sozial bedingt. Zu allen Zeiten hat die Mentalität des Ancien Régime adlige Ideale privilegiert, die einer aufgezwungenen Hierarchie, wo die höchsten Titel das Recht verleihen, untätig und von den Ergebnissen der Arbeit anderer zu leben, wo Handarbeit als Zeichen der Abhängigkeit verachtet wird. Das massenhafte Bemühen der städtischen höheren Persönlichkeiten, die am Handel reich geworden waren, dies aber so schnell wie möglich vergessen wollten, in der herrschenden Klasse aufzugehen, hat diese elitäre Mentalität das ganze 17. Jahrhundert hindurch betont. Mehr und mehr wird der Bauer wegen seiner Grobheit, seiner Unwissenheit, seiner Gutgläubigkeit, seiner Schurkerei, seiner Brutalität verachtet. Der ländliche Edelmann gerät in dasselbe schlechte Licht. Man macht sich über seine Armut und über seine Unkenntnis der feinen Sitten lustig. Und der Dorfpfarrer wird zum Gegenstand der Karikatur. Die ganze ländliche Welt, vom niedrigsten bis zum besser gestellten Mitglied, wird auf diese Weise von den Stadtleuten und vom Hof in Geringschätzung gebracht. So setzen sich die Anzeichen der ländlichen Entfremdung fort. Die Bauernschaft unterliegt. Aber sie zeigt keine Reaktion. Wir haben den Mißerfolg der verschiedenen Formen des dörflichen Widerstandes kennengelernt. Die Revolte selbst ist umsonst. Sie verschwindet nach 1675. Diese Resignation mag erstaunen. Sie erklärt sich durch das Elend selbst, das nur dem Wunsch nach Überleben Raum läßt; sie ist am besten sichtbar an der Senkung der direkten Steuern, die zugunsten der indirekten Steuern durchgesetzt wurde; durch die bessere Disziplin der Truppen, die die Last der Einquartierung herabmindert, durch die Anforderung des monarchischen Staates. Sie erklärt sich auch durch die Fortschritte der katholischen Reform und der Bildung der Priester, die den Gehorsam und die Geuld predigen. Die Stunde des Wachstums und der Bewußtseinsbildung ist noch nicht gekommen. Aber sie bereitet sich vor.

Anmerkungen

1 Über die Entwicklung der ländlichen Welt in Frankreich und in Europa stehen zur Verfügung: W. Abel, *Agrarkrisen und Agrarkonjunktur*, 2. Aufl. 1966; B. H. Slicher van Bath, *The agrarian history of Western Europe*, London 1966; *Histoire économique et sociale du monde*, eingeleitet von P. Léon, Bd. II: »Les hésitations de la croissance, 1580-1740 (Les paysanneries à l'epreuve, von J. Jacquart), Paris 1978, und *Histoire de la France rurale*, Bd. II, aus der dieser Artikel entnommen ist.

2 Zur Mentalitätsgeschichte sei an das klassische Werk von L. Febvre erinnert, *Le problème de l'incroyance au XVIe siècle*, sowie von R. Mandrou, *Introduction à la France moderne, Essai de psychologie historique*, 1961.

3 *Cahiers de doléances des paroisses du bailliage de Troyes . . .*, veröffentlicht von Y. Durand, Paris 1966.

4 Das Steuersystem der Monarchie ist sehr komplex. Für einen schnellen Überblick siehe P. Goubert, *L'Ancien Régime*, Bd. 2, »Les pouvoirs«, Paris 1973. Für Begriffsbestimmungen kann man benutzen den ›*Lexique historique de la France d'Ancien Régime*‹ von G. Cabourdin und G. Viard, Paris 1978.

5 Das Hexenwesen war Gegenstand von Untersuchungen von R. Mandrou und kürzlich von R. Muchembled, *La sorcière au village*, Coll. Archives, Paris 1979 (Kommentierte Quellentexte).

6 Über den Standort der Grundherrschaft und ihrer Ausprägungen, die von einer Provinz zur anderen unterschiedlich waren, siehe eine allgemeine Übersicht bei P. Goubert, *L'Ancien Régime*, Bd. 1; »La société«, Paris 1969, und J. Jacquart, op. cit. Einzelheiten in regionalgeschichtlichen Arbeiten: E. Le Roy Ladurie, *Les paysans du Languedoc*, 1966; P. Goubert, *Beauvais et le Beauvaisis*, 1960; J. Jacquart, *La crise rurale en Ile-de-France*, 1975; P. de Saint Jacob, *Les paysans de la Bourgogne du Nord*, 1960; G. Cabourdin, *Terre et hommes en Lorraine*, 1977.

7 Der ›cens‹ ist die in Frankreich sehr geringe Abgabe, die für den vererbbaren Besitz eines Landes erhoben wird; die ›droitures‹ sind Abgaben, die oft in Naturalien auf Gebäude erhoben werden; die ›lods et ventes‹ sind die vom Grundherrn erhobenen Abgaben, wenn

Gebäude oder Land den Besitzer wechseln.

8 Über das Problem der Gemeindegüter siehe P. de Saint Jacob, *Documents relatifs à la communauté villageoise en Bourgogne* ..., 1962. Zu Konflikten im grundherrlichen Bereich J. P. Gutton, *La sociabilité villageoise dans l'ancienne France*, 1979.

9 R. Souriac, *Une grande âge d'histoire sociale* ... *Revue de Comminges*, 1975.

10 R. Pillorget, *Les mouvements insurrectionnels en Provence entre 1596 et 1715*, Paris 1975.

11 B. Porchnev, *Die Volksaufstände in Frankreich vor der Fronde 1623-1648.*, Leipzig 1954.

12 Schnelle Informationsmöglichkeit mit Texten bei Y. M. Bercé, *Croquants et Nus-pieds. Les soulèvements paysans en France du XVIe au XIXe siècle*, Coll. Archives, Paris 1974. Allgemeine Fragestellungen von R. Mousnier, *Fureurs paysannes*, Paris 1967. Regionale Studien von Y. M. Bercé, *Histoire des Croquants*, Genf 1974; M. Foisil, *La révolte des Nus-pieds*, Paris 1970 sowie die Arbeiten von E. Le Roy Ladurie und R. Pillorget, die schon aufgeführt wurden.

13 E. Le Roy Ladurie, *Le Carnaval de Romans*, Paris 1978.

14 R. Mousnier, *Fureurs paysannes*, Paris 1967; Y. Garland und C. Nières, *Les révoltes brétonnes de 1675*, Paris 1975.

Clifford S. L. Davies
Bauernrevolten in Frankreich und England
Ein Vergleich*

Mousniers ›Fureurs Paysannes‹ ist nach der Erstveröffentlichung 1967 nunmehr in einer englischen Ausgabe mit einem etwas weniger lebendigen Titel erhältlich.[1] Das Werk versucht, die seit dem Erscheinen von Boris Porchnevs Buch 1948 im Gang befindliche Kontroverse über die Natur französischer Bauernaufstände durch Vergleich der Revolten im Frankreich, Rußland und China des 17. Jahrhunderts zu erweitern.[2] Für den französischen Bereich werden die ›Croquants‹ der Saintonge, des Angoumois und Poitou 1636 sowie des Périgord 1637, die ›Nu-Pieds‹ der Normandie 1639 und die ›Torrébens‹ der Bretagne 1675 herangezogen. Was Rußland betrifft, so untersucht er die bäuerliche Beteiligung an den als »Zeit der Wirren« bekannten dynastischen Kämpfen des beginnenden 17. Jahrhunderts – die Aktion unter der Führung des ehemaligen Leibeigenen Bolotnikov ist dabei die bemerkenswerteste – sowie die Revolte des Stenka Razin, eines Kosaken, der beträchtliche Unterstützung von den Bauern Innerrußlands in den Jahren 1667-71 erhielt. Das chinesische Beispiel wird durch die Revolten unter der Führung von Li Tzu-cheng und Chang Hsien-chung abgedeckt, die in den 40er Jahren des 17. Jahrhunderts das Ming-Regime lähmten und der mandschurischen Eroberung den Weg öffneten.

Mousnier ist bemüht, die Begrenzung seiner eigenen Fachkompetenz auf Frankreich zu unterstreichen. Der Nutzen von Vergleichen dieser interkontinentalen Größenordnung liegt in den Fragestellungen, die sie anregen. Man überlegt sich indessen, ob derartige Vergleiche sinnvoll sind, da sich die Verhältnisse in den drei Gesellschaften doch sehr unterscheiden. Sie hatten letzten Endes geringen Kontakt miteinander, so daß die bloße chronologische Übereinstimmung nicht an sich schon eine signifikante Größe ist. Glücklicherweise liegt eine ausgezeichnete, von drei

* Zuerst veröffentlicht in: Agricultural History Review 21, 1973, S. 122-134, Postscript zur Wiederveröffentlichung von 1979. – Übersetzt von Helmut Gabel.

amerikanischen Historikern unter einem die drei Länder betreffenden Gesichtspunkt verfaßte Besprechung vor.[3] Meine Absicht liegt vielmehr in dem Versuch zu überprüfen, inwieweit Mousniers Typologie der Bauernrevolte auf England anwendbar ist. Er hat ausdrücklich davon Abstand genommen, diesen besonderen Vergleich vorzunehmen, da ein anderes, in der gleichen Reihe erscheinendes Buch sich mit England befassen soll. Aber da diese Arbeit die Puritanische Revolution betrifft, die in gewisser Hinsicht keine »Bauernrevolte« gewesen ist, halte ich es für gerechtfertigt, einen Vergleich versuchsweise vorzunehmen, wenn es auch leider nicht möglich sein wird, über die Behandlung einiger allgemeiner Themen hinauszugehen.[4]

Grundlegend für Mousniers Bild der französischen Gesellschaft ist das dem Begriff der »Klassengesellschaft« entgegengestellte Konzept der »Ständegesellschaft«. Nach Porchnevs Auffassung war Frankreich »im wesentlichen feudal«; ungeachtet der deutlichen Konflikte zwischen dem Militäradel und den königlichen Beamten sei der Staat in seinen Grundzügen ein Instrument der Klasse der Landeigentümer gewesen, und Bauernrevolten hätten sich, selbst wenn an ihrem Beginn der Protest gegen das königliche Steuerwesen stand, rasch zu einem allgemeinen Angriff auf das Eigentum fortentwickelt, der den Anschluß der besitzenden Klassen an die Unterdrücker und ihre Gewalten herbeiführte. Mousnier hingegen betont weit mehr die Grenzlinien innerhalb der privilegierten Gruppe.[5] Glücklicherweise ist, sofern uns die allgemeine Struktur von Gesellschaft interessiert, die Erörterung der Frage, inwieweit die beiden Begriffe tatsächliche Gegensätze darstellen oder sich lediglich ergänzen, nicht erforderlich. Unter dem Gesichtspunkt der Bauernbewegungen betrachtet, ergibt sich faktisch, daß Mousnier weit mehr als Porchnev die Bedeutung der – den »horizontalen« entgegengesetzten – »vertikalen« Loyalitäten unterstreicht. Auf der einen Seite fühlte sich der Herr seinen Bauern gegenüber verpflichtet. Andererseits waren die Bauern geneigt, ihren Herren zu vertrauen und zu gehorchen. Das Lokalbewußtsein war stark, Nichteinheimischen begegnete man mit Mißtrauen. Die Privilegien einer einzelnen Stadt, einer historischen Landschaft konnten gegenüber den in der Person des Steuerbeamten verkörperten zentralisierenden Tendenzen der Monarchie geltend gemacht werden. Die Bauernrevolte im Sinne des Klassengedankens war selten, die Ursachen sog. Bauernrevolten lagen vielmehr in der anspornenden Haltung des Adels oder zumindest seinem stillschweigenden Einverständnis: in der Tat waren Adlige häufig die Anführer. Die Bauern forderten keine grundlegende Veränderung der Sozialstruktur, sondern lediglich die Rückkehr zum guten alten Herkommen. Dieses Herkommen war dermaßen lokal beschränkt und partikular, daß ein Zusammenschluß der Bauern verschiedener Gebiete in einer nationalen Revolte unwahrscheinlich, wenn nicht unvorstellbar gewesen wäre.

Jede allgemeine Darlegung von Mousniers Ansichten hat ihre Grenzen in der Gefahr zu starker Vereinfachung. Er streitet keineswegs die Existenz von Bauernrevolten ab, doch sieht er einen grundlegenden Unterschied etwa zwischen den ›Nu-pieds‹ der Normandie (1639) und den Initiativen der ›Parlements‹ und des Adels während der Fronden. In dem stillschweigenden Einverständnis, weniger in der korporativen Führung, sieht Mousnier, wie er betont, den Beitrag der oberen Stände. Adlige führten zwar Bauernrevolten, aber in der Regel handelte es sich dabei um ungewöhnliche Individuen, wie z. B. La Mothe la Forest, Führer der Revolte im Périgord (1637), nicht jedoch um den Adel einer Provinz in seiner Gesamtheit.[6] Dennoch zeigt sich der Einfluß des Adels sowie der Respekt des Bauern vor der Sozialordnung in den Programmen und Zielen der Rebellen; ihre Feindseligkeit richtete sich hauptsächlich gegen die Steuerbeamten.[7] Mousnier räumt ein, daß Revolten manchmal in einen allgemeinen Angriff auf die Sozialordnung eskalieren konnten, z. B. in der Bretagne 1675. Während aber Porchnev eine derartige Eskalation als naturgegeben, als das Hervortreten der normalerweise unterdrückten Klassenantagonismen betrachtet, richtet Mousnier den Blick auf die besonderen Bedingungen: in diesem speziellen Fall ein sehr verarmter Adel, der wegen seiner außergewöhnlichen Gerichtsprivilegien in der Sicht der Bauern die Funktion des Grundherrn und Regierungsagenten in sich vereinigte.

In Hinsicht auf die reine Ereignisschilderung unterscheiden sich Porchnevs und Mousniers Darlegungen in einem weitaus geringeren Maß, als man es angesichts ihrer theoretischen Entwürfe erwarten könnte. Im Vergleich erscheinen ihre Analysen als etwas mechanistische Versuche, die komplexe soziale Realität in festgelegte theoretische Formen zu zwingen. In mehrfacher Hinsicht jedoch kann an dem von Mousnier in diesem Buch verwendeten

Ansatz Kritik geübt werden. Wenn er auch Verfasser eines ausführlichen, für die Revoltenforschung nützlichen ›questionnaire‹ ist, so ist seine Ursachenanalyse doch erstaunlich unsystematisch. Nicht immer besteht z. B. die Möglichkeit, die fiskalische Situation in einem bestimmten Jahr, den Stand der Ernte, die geographische und soziale Struktur des untersuchten Gebietes, wesentliche biographische Informationen über Revoltenführer (auch nicht über La Mothe la Forest) usw. ausfindig zu machen.[8] Der Beweis für die Beteiligung einzelner Adliger als Anführer beruht (was wohl unvermeidlich ist) auf den Berichten der Regierungsagenten, die eventuell dazu neigten, die Möglichkeit einer vom Volk ausgehenden Initiative zu unterschätzen und in den angesehenen Klassen nach einem Sündenbock Ausschau zu halten. Überdies hat Mousnier mit der Entscheidung für das 17. Jahrhundert möglicherweise eine für seine Interpretation besonders geeignete Periode gewählt. Dagegen tritt in den sozialen Unruhen, die im 16. Jahrhundert die Glaubenskriege begleiteten (ein von französischen Sozialhistorikern seltsamerweise vernachlässigter Zeitraum), eine höchst klassenbewußte Bauernschaft auf, die bereit ist, den Grundherren die Abgaben und dem Klerus die Zehnten zu verweigern.[9]

Doch ist Mousniers Betonung der vertikalen Solidaritäten sicherlich richtig und liefert der Revoltenforschung eine nützliche Arbeitshypothese. Revolten mögen zwar nicht immer durch die oberen Klassen oder gar durch adlige Einzelgänger entfacht worden sein, es liegen dann jedoch erklärungsbedürftige besondere Bedingungen vor. Die Betrachtung des Problems unter dem anderen Blickwinkel – einer klassenbewußten, aber unterdrückten Bauernschaft, die jede Gelegenheit zur Darlegung ihrer Beschwerden wahrnimmt – ist weit weniger fruchtbar.

Welche Einsichten können nun aus einem Vergleich zwischen französischen und englischen Revolten gewonnen werden? Jeder Vergleich der Revoltenhäufigkeit führt zu heiklen Definitionsfragen, doch zweifellos waren Bauernrevolten in Frankreich eine weitaus alltäglichere Erscheinung. Von den englischen Revolten war jene in Norfolk 1549 ohne Zweifel eine Bauernrevolte. Auf die ›northern rebellion‹ von 1569 trifft dies mit fast ebenso großer Deutlichkeit nicht zu, da sie direkt und offen von den normalen Führern der Bevölkerung im Norden, den Grafen von Northumberland und Westmoreland entfacht wurde. Verwickelter sind jedoch Ereignisse wie die ›Pilgrimage of Grace‹, in der einer scheinbar bäuerlichen Initiative heimlich von Vertretern des Adels und der Gentry Vorschub geleistet wurde, oder die ›western revolts‹ von 1497 und 1549, in denen sich zahlreiche Vertreter der niederen Gentry (und im ersten Fall Lord Audley, ein Peer) an der Führung beteiligten. Doch selbst wenn man die Definition von Bauernrevolten zur Erfassung größerer, von den lokalen Herrschaftsträgern des jeweiligen Raumes unabhängiger Aufstände erweitert, sind in England während der Tudor- und Stuartzeit kaum mehr als acht oder neun Revolten zu verzeichnen.[10] Selbstverständlich ereigneten sich auch zahllose Aktionen tumultartigen Charakters, von denen einige ein beträchtliches Ausmaß erreichten. Die relative Immunität Englands wird jedoch eindrucksvoll durch die Ereignisse in den 40er Jahren des 17. Jahrhunderts belegt. Trotz zahlloser Tumulte und des Niederreißens von Einhegungen kannte der Englische Bürgerkrieg keine eigentlichen Bauernaufstände, es sei denn, daß die Aktivitäten der ›Clubmen‹ in diese Kategorie fielen. In der Tat stellt das Versäumnis des englischen Bauern in Hinsicht auf eine Verbesserung seiner Besitzverhältnisse – oder zumindest der Forderung danach – einen der bemerkenswertesten, im scharfen Gegensatz zur Haltung des französischen Bauern von 1789 stehenden Grundzug der Puritanischen Revolution dar. Selbst wenn man die unterschiedliche Größe der beiden Länder als Erklärung heranzieht (die Bevölkerung Frankreichs war im 17. Jahrhundert viermal so groß wie die englische), so ist doch die unterschiedliche Verbreitung der Revolten bemerkenswert.

Man ist versucht, diesen Unterschied als Ausdruck eines in England allgemein höheren Lebensstandards zu erklären und als Beleg hierfür eine lange Reihe englischer Kommentatoren, beginnend mit dem Lordrichter Fortescue des 15. Jahrhunderts, zu zitieren. Dieser Ansatz wäre in der Lage, zwei miteinander verknüpfte Deutungsmuster zu erfassen: man könnte davon ausgehen, daß ein allgemein höherer Lebensstandard die Aufstandsneigung reduzierte oder daß Subsistenzkrisen als Folge von Mißernten in England seltener waren und somit die Möglichkeit einer aus purer Verzweiflung heraus entstandenen Revolte vermindert wurde.

Die letztgenannte Theorie wurde versuchsweise von Lawrence Stone im Rahmen einer Diskussion über das vermutete größere Maß landwirtschaftlichen Wandels in England vorgebracht.[11] Der

Eindruck, den man von den Pfarrbüchern gewann, sofern sie von der Cambridge Group for the History of Population and Social Structure schon untersucht worden waren, schien diesen Ansatz zu stützen: Mißernten füllten in England die Friedhöfe in einem nicht so dramatischen Ausmaß wie im klassischen Fall von Pierre Gouberts Beauvaisis.[12] Ob nun dieses Ergebnis tatsächlich Folge einer größeren Produktivität der englischen Landwirtschaft oder anderer Faktoren war, wie besserer Transportmöglichkeiten oder Verfahren der Armenpflege, ist unklar. Schwankungen der Getreidepreise hatten sicherlich in der Londoner Region die gleiche einschneidende Wirkung wie im Pariser Raum, wenn auch das Gebiet um London nach 1660 nicht so hart von Mißernten betroffen wurde wie Paris.[13] Überdies ist der Zusammenhang zwischen bäuerlicher Revolte und Mißernten komplizierter als man denkt. Das Beauvaisis kannte trotz der von Goubert so lebendig beschriebenen Subsistenzkrisen keine Revolten. In der Tat waren, wie gezeigt werden wird, die großen Ackerflächen Nord- und Ostfrankreichs in einem deutlich geringeren Maß von Unruhen betroffen als die ›bocage‹ Landschaft im Westen, wenn man auch im ›bocage‹ einer Frucht allein weniger vertraute. In England sind Revolten nicht schlüssig mit schlechten Erntejahren in Übereinstimmung zu bringen; in so berüchtigten Jahren wie 1555-7 oder 1594-8 waren Bauernrevolten im engeren Sinne unbekannt, wenn es auch zu verstärkten Unruhen gekommen sein mag.[14] Auch kann man die Revolten von 1549 und 1607, obschon sie in Jahren steigender Getreidepreise ausbrachen, nicht kurzum einem Verzweiflungsakt zuschreiben. Um es mit Hobsbawm zu sagen: »Wenn die Menschen wirklich Hunger haben, sind sie viel zu sehr damit beschäftigt, Nahrung zu suchen, als daß sie etwas anderes tun könnten, denn sonst müssen sie sterben.«[15]

Es scheint daher unwahrscheinlich zu sein, daß die geringere Zahl verheerender Hungersnöte der Hauptgrund für die relative Immunität Englands gegenüber Revolten gewesen ist. Es bleibt jedoch die allgemeine Möglichkeit, daß eine generell reichere Bauernschaft eine geringere Aufstandsneigung besitzt als arme Bauern. Ginge man jedoch vom Phänomen der »Revolte der steigenden Erwartungen« (die ihre klassische Deutung in de Tocquevilles Studie über die Ursachen der Französischen Revolution findet) aus, so würde man einer derartigen Erklärung kaum ohne weiteres zustimmen können. Der empirische Beleg wäre – zumindest auf der Grundlage des gegenwärtigen Wissens – wegen der ausgedehnten regionalen Variationen in beiden Ländern, wegen der Schwierigkeiten bei der Bestimmung der landwirtschaftlichen Gewinne, des Niveaus der Abgaben, Pachtzinsen, Zehnten, des Effekts der verschiedenen Erbschaftsregelungen usw. fast unmöglich. In einem Punkt jedoch waren sich englische Kommentatoren generell einig: in ihrem Glauben, daß der Hauptgrund für die Armut des französischen Bauern in der Belastung durch das königliche Steuerwesen liege.[16]

Die Besteuerung war die wichtigste Einzelursache bäuerlicher Revolten im Frankreich des 17. Jahrhunderts. Sie stellte eine drückende, während der schlimmsten Revoltenperiode schnell wachsende Last dar. Von 1632 bis 1648 erhöhte sich die ›taille‹ um das Vierfache und auch eine Unzahl anderer Steuern waren eingeführt oder erhöht worden.[17] Der Volksmissionar Jean Eudes klagte 1648 darüber, daß »die Einwohner sich nicht in die Kirche hinein wagen, da sie fürchten, den Eintreibern der taille ... in die Hände zu fallen, die sie sogar an den Altären festnehmen, um sie ins Gefängnis zu schaffen.«[18] Von noch größerer Bedeutung ist, daß die Besteuerung einen Streitpunkt darstellte, der zumindest vorübergehend in der Lage war, die Opposition einer ganzen Provinz gegen die ferne, in Paris ansässige Obrigkeit zu vereinigen. Obwohl sie selbst Steuerfreiheit genossen, dürften Adlige über die Einmischungen seitens der Regierungsagenten verärgert gewesen sein oder sich außerstande gesehen haben, Abgaben von einer schon überbelasteten Bauernschaft einzunehmen. Es war außerdem möglich, daß die Besteuerung die Bauern mit den städtischen Klassen vereinigte. Demgegenüber neigte der Protest gegen steigende seigneuriale Abgaben usw. dazu, diffus, fragmentarisch, auf Einzelheiten bezogen zu sein. Die relative Immunität der englischen Unterschichten in Hinsicht auf die Besteuerung war somit eine Hauptursache ihrer Friedfertigkeit.

Natürlich kannte auch England größere Steueraufstände, so etwa die Revolte in Cornwall 1497. Die kombinierte Wirkung der Parlamentssteuer von 1523 und des anschließenden »amicable grant« 1525 stieß vor allem in Suffolk auf beträchtlichen Widerstand.[19] In einem Fall, in dem sie jedoch nur einen kleinen Teil der Bevölkerung betraf, trug die Besteuerung zu einem allgemeinen Mißtrauen gegen die Zentralregierung bei; man glaubte – hierin liegt die Ursache der ›Pilgrimage of Grace‹ –, daß Heinrich VIII.

die Absicht habe, die gesamte wirtschaftliche Basis der nördlichen Gebiete auszuplündern.[20] Die Schafsteuer des Herzogs von Somerset, ironischerweise zum Schutz des Ackerbauern gegen die Einhegungen seitens der Grundherren verordnet, war eine der Ursachen der Revolte in den Weidegebieten der westlichen Gebiete 1549.[21] Ansonsten aber bedrückten Steuern nur eine kleine Minderheit. Hoskins hat errechnet, daß unter der Herrschaft Elizabeths »nur einer von je elf oder zwölf Haushalten in Wigston eine direkte Steuer zahlte.«[22] Erst mit der Einführung einer Verbrauchssteuer im Laufe des Bürgerkrieges wurden die unteren Klassen wieder steuerlich belastet (wenn auch das Monopolsystem auf dasselbe hinauslief). Während die Akzise, vor allem 1646-7, zahlreiche Unruhen hervorrief, stellte sie für die ländliche Bevölkerung, mit der wir uns gerade beschäftigen, hingegen vermutlich eine geringe Belastung dar. (Die Verwüstungen durch Soldaten, ob legal oder illegal, waren eine Steuervariante und riefen die Clubman-Unruhen hervor.) Selbst eine Besteuerung des Salzes 1694 war nicht in der Lage, ein Äquivalent zu dem in Frankreich auftretenden ungezügelten Widerstand gegen Erhöhungen der ›gabelle‹ zu schaffen.[23] Der fiskalische Unterschied ist in der Tat einer der Hauptfaktoren der unterschiedlichen Sozialentwicklung Englands und der meisten europäischen Staaten, ein Thema, dem englische Historiker bislang verhältnismäßig geringe Beachtung geschenkt haben.

Eine zweite Ursache der größeren Häufigkeit französischer Revolten lag in der größeren Stärke der regionalen Selbstverwaltung. Die meisten Revolten fanden in Gebieten wie der Normandie, Bretagne oder im Languedoc statt, die einen Großteil des provinziellen Selbstverwaltungsapparats bewahrt hatten: ihre eigene Ständeversammlung, ihr eigenes, einem Provinzparlament unterstelltes Gerichtswesen usw.[24] Wieder ist der Gegensatz zu England keineswegs absolut. Offenkundig war das Lokalbewußtsein, das Mißtrauen Nichteinheimischen und insbesondere der Hauptstadt gegenüber, stark ausgeprägt. Das Ausmaß des Regionalismus in Gestalt lokaler Selbstgenügsamkeit zeigt sich im Verhalten der Rebellen East Anglias 1549, die ihr Lager auf Mousehold Heath in der Nähe von Norwich aufschlugen, für Norfolk und einen Teil Suffolks ein eigenes improvisiertes Herrschaftssystem schufen und Protektor Somerset eine Bittschrift überreichten statt nach London zu marschieren; möglicherweise in bewußter Nachahmung ihrer Vorgänger von 1381. Und selbstverständlich war das Mißtrauen gegenüber Fremden nicht nur ein rein bäuerlicher Wesenszug, sondern offenbarte sich auch in der bezeichnenden Voreingenommenheit auf Seiten der führenden Schichten in den counties, die sich in der unverhohlenen Abneigung gegen Karls I. Privy Council und Cromwells Major-Generals äußerte. Regionales Bewußtsein war im Norden zweifellos stark entwickelt, was sich auch in den Revolten von 1536 und 1569 widerspiegelt.

Dessen ungeachtet haben wir es mit relativen und nicht mit absoluten Kategorien zu tun. Den englischen Regionen fehlten die eigenen Rechtsordnungen oder die Reste von Ständeversammlungen wie sie etwa die ›pays d'état‹ in Frankreich besaßen. Die Councils für Wales und für den Norden waren weniger Instrumente der lokalen Selbstverwaltung als der zentralen Überwachung. Waren die französischen Provinzparlamente aus annähernd gleichen Gründen eingerichtet worden, besaßen sie doch die Tendenz, über das Schutzbedürfnis der althergebrachten Interessen ihrer Beamten vor späteren Zentralisierungswellen zu Symbolen der Lokalautonomie zu werden; derartiges geschah in England nur in einem begrenzten Ausmaß.[25] Das englische Parlament war unverkennbar eine weit mächtigere Institution als die Generalstände Frankreichs. Hieraus entstand das Paradox, daß Opposition gegen die Krone, selbst wenn sie auf Abneigung gegenüber der Zentralisierung beruhte, in England eine vereinigte nationale Erscheinungsform annehmen konnte, was in Frankreich unmöglich gewesen wäre. Diese Dinge scheinen alle von dem Problem der Bauernrevolten weit entfernt zu sein, sie sind aber dennoch relevant. In England war die Gentry in der Lage, ihren Widerstand national zu organisieren; keine andere Gruppe wäre hierzu imstande gewesen. (Laslett ist sogar in der Lage, England eine »Ein-Klassen-Gesellschaft« zu nennen, indem er das Organisationsvermögen auf nationaler Ebene als eines seiner Kriterien des Klassenbegriffs anführt.[26]) Dic Gentry neigte daher weniger dazu, durch Ermunterung oder stilles Gewährenlassen einer lokalen Bauernrebellion beizustehen. Ein ergänzender Gesichtspunkt dürfte hierbei die größere soziale Mobilität in der oberen englischen Gesellschaftsschicht sein sowie eine entsprechende Verringerung jener Auseinandersetzungen zwischen den verschiedenen Gruppen der Privilegierten, die einen so bedeutsamen Grundzug der französischen Politik bis zu den Fronden (diese eingeschlossen) dargestellt haben. Gemessen am französischen Maßstab waren die von englischen Gentlemen gelegentlich geleistete Unterstützung gegen Akziseeinnehmer oder die Rivalitäten zwischen den Land- und Finanzinteressen verhältnismäßig schwach.

Obwohl Bauernrevolten in England nicht so häufig auftraten, stimmen sie – wenn sie sich ereigneten – größtenteils mit dem »Mousnierschen Muster« überein, indem ihnen ein beträchtlicher Grad von Inspiration durch Gentry und Hochadel oder zumindest aktive Duldung innewohnt. Einer der fähigsten politischen Schriftsteller Englands war der Meinung, daß »das gemeine Volk nur schwer beweglich ist, falls es nicht von den Vornehmen aufgewiegelt wird; die Vornehmen aber sind an sich von geringer Stärke, wenn nicht die Menge geneigt und bereit ist, sich ihrerseits zu rühren.«[27] Zwischen der Revolte in Cornwall von 1497 und der Besteuerung bestand ein prinzipieller Zusammenhang, und zahlreiche Vertreter der niederen Gentry sowie Personen am Rande dieser Gruppe, desgleichen auch Lord Audley, befanden sich unter den Anführern. Die Rebellen Cornwalls von 1549 wurden von zwei vermögenden Gentlemen, Humphry Arundell of Helland und John Winslade, in einem Aufstand angeführt, der das Ziel hatte, die Einführung einer protestantischen Liturgie zu verhindern.[28] Die ›Pilgrimage of Grace‹ verdankt offenkundig der Ermunterung und stillen Duldung seitens des Hochadels und der Gentry eine ganze Menge und stand weniger mit spezifisch bäuerlichen Beschwerden als mit dem Widerstand gegen das, was man als Angriff auf die gesamte Lebensweise einer Gesellschaft betrachtete, im Zusammenhang. Die bäuerlichen Scharen beharrten darauf, daß Gentlemen ihre Hauptleute sein sollten, und zwangen sie sogar dazu (wie zumindest die Gentry später behauptet hat).[29] Die Unruhen im West Country von 1628-31 und die Fenland-Aufstände hatten einen deutlichen Bezug zu direkten bäuerlichen Beschwerden. In beiden Fällen jedoch waren Gentlemen beteiligt: Sir Baynham Throckmorton z. B., der die Aufständischen im Forest of Dean aufwiegelte, während »Mr. Castle of Glatton«, ein Friedensrichter, an den Fenland-Unruhen teilnahm (ebenso ein gewisser Oliver Cromwell, damals noch ein mittelloser Edelmann).[30]

Eine gelegentliche Variante dieses Musters stellte die der Unterstützung irgendeines Thronbewerbers dienende Bauernrevolte mit nur geringer oder fehlender Beteiligung der Gentry dar. Die

Bereitschaft zahlreicher Bauern aus Cornwall, nach ihrer Niederlage von 1497 für Perkin Warbeck zu kämpfen, oder der Anschluß von Leuten aus Somerset an Monmouth 1685 entsprechen diesem Muster. Frankreich scheint nichts Gleichartiges hierzu bereitzustellen, aber russische Bauern waren unter den ungewöhnlich schwierigen Bedingungen des frühen 17. Jahrhunderts bereit, eine Reihe von Betrügern, die mit dem Anspruch auftraten, der rechtmäßige Zar zu sein, als ihre Führer hinzunehmen.[31] In diesen sehr ungewöhnlichen Fällen glich der Glanz eines erhabenen Anführers zumindest teilweise den Mangel an der zuverlässigeren Unterstützung durch die Herren über die lokale Einwohnerschaft aus.[32]

Diese Beispiele alle – die ›Pilgrimage of Grace‹ vielleicht ausgenommen – belegen stärker die Führung durch einzelne Gentlemen als durch die oberen Ränge der lokalen Einwohnerschaft in ihrer Gesamtheit. Eine derartige Führung hinderte z. B. die Rebellen im Westen 1549 nicht daran, die Einschränkung der Zahl von Dienstboten, die von Gentlemen beschäftigt werden konnten, zu verlangen.[33] Der Sachverhalt weist aber auf die generelle Übereinstimmung der im englischen Bereich gewonnenen Erfahrungen mit Mousniers Sicht der Gesellschaft hin.

Gegen diese Betrachtungsweise scheinen jedoch zwei unbequeme Ausnahmen zu sprechen: die Revolten in Norfolk 1549 sowie in den East Midlands 1607. Selbst hier ist der Sachverhalt nicht absolut klar umrissen. Die Revolte von 1607 ist noch nicht eingehend untersucht worden, wenn man von einem einzelnen beteiligten Dorf in Leicestershire einmal absieht.[34] Sofern der Gentry Vorwürfe gemacht werden können, geschieht es wohl wegen ihrer Trägheit bei der Niederschlagung der Revolten. (Jakob I. ging wie französische Politiker der Zeit davon aus, daß die County-Autoritäten die Hauptverantwortung für den Zusammenbruch der Ordnung trügen.[35]) Möglich ist, daß eine Untersuchung eine durch Fehden innerhalb der Gentry verursachte Lähmung der Ordnungskräfte aufzeigen würde. So wie Ket befanden sich zahlreiche Anführer auf dem Weg, Mitglieder der Gentry zu werden. Robert Ket war Gerber, ein vermögender Geschäftsmann, der ein ansehnliches Landgut aufgebaut hatte; seinen ersten Kontakt mit den Rebellen hatte er bei ihrem Angriff auf seine Umzäunungen. Wie vielen anderen Gentlemen gelang es ihm, die Attacke auf die Zäune eines Feindes, John Flowerdew, zu lenken.[36] Daß »Bauernführer« nicht immer in Wirklichkeit darstellen, was sie dem Anschein nach sind, zeigt der Fall des John Wynter, der beschuldigt wurde, er habe eine Schar von Rebellen angeführt, um Francis Bedingfield festzunehmen und £ 12 von ihm zu erpressen. Wynter hatte, wie sich nachträglich zeigte, eine Ehefrau, die als die Erbin ihres Vaters William Bishop gegenüber Bedingfield einen Anspruch auf das Gut Hesteley in Suffolk besaß.[37] In zweierlei Hinsicht wurde die Rebellion auch durch die politische Lage der oberen Schichten der Gesellschaft beeinflußt: durch den Glauben, der Herzog von Somerset stehe auf der Seite der Rebellen, wobei seine Aussendung von Beamten zur Untersuchung illegaler Einhegungen als Beleg diente, und durch die Tatsache, daß der größte Magnat des County, der Herzog von Norfolk (der eine Schlüsselrolle bei der Schlichtung von Steueraufständen in Essex und Suffolk 1525 gespielt hatte) sich im Gefängnis befand, der Bischof von Norwich besonders unfähig war und die Gentry dieses County durch das Fehlen einer Führung untätig blieb.[38]

Doch läßt sich hieraus wohl kaum ein echter Ansporn oder gar stillschweigende Duldung durch die Gentry konstruieren, und somit stellen diese beiden Revolten ziemlich große Ausnahmen im generellen Bild dar.

Interessanterweise sind sie auch in geographischer Hinsicht recht ungewöhnlich. In Hinblick auf das Frankreich des 17. Jahrhunderts betont Mousnier, daß Revolten »mit geringen Ausnahmen westlich und südwestlich einer durch die Normandie, Anjou, Touraine und Bourbonnais bis zur Dauphiné hin verlaufenden Linie stattfanden.« Die Geographie sozialer Unruhen während der Glaubenskriege war ähnlich gewesen. Allgemein gesagt entsprach die Linie der Grenze zwischen der (im Norden und Osten befindlichen) »Region der offenen, rechteckigen Felder« und dem Gebiet mit »eingehegten und ungleichförmigen Flächen.« In den »rebellischen« Gebieten waren die Pachtgüter ziemlich klein (bis zu einer Maximalgröße von 30 Hektar oder 75 acres), arbeiteten oft auf der Basis des Teilbaus, unergiebigen Bodens und der Zweifelderwirtschaft. Mousnier stellt hierbei wohl zwei unterschiedliche geographische Räume auf eine Stufe: die ›bocage‹-Landschaft des Westens sowie die hügeligen Zonen des Languedoc, der Dauphiné und der Provence und in gewisser Hinsicht auch des Limousin. Die »gehorsamen« Gebiete hingegen umfaßten die großen wellenförmigen Ebenen im Norden und Osten; die Pachtgüter waren größer (bis zu 60-70 Hektar oder 150-175 acres), bewirtschafteten auf der Basis der Geldrente bessere Böden und kannten die Dreifelderwirtschaft.[39] In dem »ungehorsamen« Gebiet wurde der Ackerbau größtenteils auf individueller Basis betrieben; dabei war die Streusiedlung üblich. Im Norden und Osten jedoch bebauten zusammenhängendere Dorfgemeinschaften die Gemeinheiten und standen größtenteils unter dem Einfluß von Großbauern, der sog. ›coqs de village‹, die häufig die Abgaben an die Seigneurie pachteten. Das waren nicht die einzigen strukturellen Unterschiede. Von Bedeutung waren auch die Nähe von Paris, die Präsenz königlicher Truppen an den Nord- und Ostgrenzen, die günstigeren Bedingungen für einen Guerillakrieg in ›bocage‹- oder Gebirgsgegenden als im offenen, flachen Gelände. Aber der Gegensatz in der Sozialstruktur dürfte wohl der signifikanteste Unterschied sein.[40]

In gewisser Hinsicht trifft dies auch auf England zu. Die Neigung der Weideregionen zur Unabhängigkeit, ihre größere Disposition zur Unruhe, ist unter Historikern in den letzten Jahren zur feststehenden Tatsache geworden. Manors waren in einem geringeren Maß verbreitet, die Dorfgemeinschaften waren weniger hierarchisch und in diesem Sinn nicht so »organisch« und wurden überdies durch die größtenteils übliche Streusiedlungsweise geschwächt.[41] Andererseits fanden einige der eindrucksvolleren und bedeutenderen englischen Bauernrevolten wohl eher in landwirtschaftlichen Mischanbauregionen als in Weidegebieten statt. Die ›Pilgrimage of Grace‹ schloß den East Riding und die weiten Schafweide- und Getreideanbaugebiete Lincolnshires ebenso mit ein wie die rauhen Gegenden des Lake Districts, Richmonds und Cravens. Ket's Rebellion dehnte sich, obwohl sie in dem Waldweidegebiet bei Wymondham ausbrach, rasch auf den Rest Norfolks mit Ausnahme des Brecklands aus; ihr Programm bezog sich vor allem auf die von den Besitzern der Manors ausgehende Bedrohung der traditionalen Wirtschaft in den Schafzucht- und Getreideanbaugebieten. In der Midland-Revolte zeigte sich eine ähnliche Reaktion auf eine ähnliche Bedrohung bei der auf Lehmböden wirtschaftenden Bauernschaft Leicesters, Warwicks und Northamptons.

Hier liegt ein offenkundiges Paradox vor: Schafzucht- und Getreideanbaugebiete mit einem verhältnismäßig hohen Grad manorialer Durchdringung zeitigten eine ziemlich »klassenbewußte« Bauernrevolte, während sowohl in England als auch in Frankreich Revolten in den Weidegebieten dahin tendierten, sich trotz der schwächeren manorialen Struktur mit dem klassischen Muster einer von der Gentry ausgehenden Inspiration zu decken. Möglicherweise war eine von Großbauern, ›coqs de village‹, beherrschte Gesellschaft besser in der Lage, eine einheitliche Bewegung zustandezubringen als die freieren, jedoch mehr zerstreut siedelnden, stärker sozial gleichgestellten Bewohner von Weideregionen. Überdies waren Bauernrevolten auch in Frankreich nicht immer auf Mousniers »ungehorsame Region« beschränkt. Um zwei sehr verschiedenartige Beispiele anzuführen: die Jacquerie von 1356 hatte ihr Zentrum in dem Gebiet nördlich von Paris (einschließlich dem in der Sprache des 17. Jahrhunderts äußerst »gehorsamen« Beauvaisis), während die Bauernbewegung von 1789 in den Ebenen des Nordens und Ostens einen ebenso ungestümen Verlauf zeigte wie im restlichen Frankreich. (Tatsächlich sollte ein Großteil von Mousniers »ungehorsamer« Zone sich als Zentrum des royalistischen Widerstands gegen die Revolution erweisen.) Revolten in Gebieten mit offenen Feldern und mittelpunktartigen Dörfern mögen viel seltener gewesen sein; zugleich waren sie wohl auch, wenn sie sich tatsächlich ereigneten, entsprechend gefährlicher.[42]

Können wir, wenn wir diese Spekulationen über Frankreich einmal beiseite lassen, dennoch den Schluß ziehen, daß Mousniers Ständegesellschaft auf englische Mischanbauregionen überhaupt nicht zutrifft? Das wäre ein Fehler. Gewiß zeigt Ket's Revolte, daß eine Rebellion auch ohne Führung durch die Gentry stattfinden konnte. Aber sie veranschaulicht auch auf eine sehr lebendige Weise, in welchem Ausmaß rebellische Bauern der Ordnung treu blieben und revolutionäre Ideen scheuten. Der Grund hierfür lag vermutlich darin, daß in einer Revolte fortwährend die Yeomen oder reicheren Landwirte die Vorherrschaft innehatten, die sowohl wegen ihrer ökonomischen Position als auch wegen ihres Zugriffs auf solche Ämter wie das des Constables oder Kirchenvorstehers usw. die natürlichen Herren des Gemeindelebens waren.

Sir John Cheke, der die Rebellen über den »Nachteil des Aufstandes« (»Hurt of Sedition«) belehrte, richtete seine Schlußfolgerung an vermögende Leute: »Wenn ihr in sonstiger Hinsicht alle

Ordnung zerstören wollt, warum sollten dann eure Knechte euch noch Folge leisten.«[43] Dementsprechend hatte Sir Thomas Seymour ein Jahr zuvor empfohlen, daß ein angehender Verschwörer »nicht zu viel Vertrauen in die Gentlemen setzen« sollte, »da sie etwas zu verlieren haben, aber ... wähle Yeomen und Freisassen, am besten zu Rädelsführern, da es sich um Männer handelt, die bestens in der Lage sind, das Volk zu überzeugen und die Leute in großer Zahl zusammenzubringen.«[44] Richard Carew glaubte, daß in Cornwall 1549 »die Befehle und das Beispiel der Constables viele ... in jene äußerste Pflichtverletzung mit hineingezogen haben.«[45] Solange diese Männer die Macht ausübten, würde auch die revolutionäre Tendenz des Volksaufstandes unter Kontrolle gehalten werden.

Diese Vorherrschaft ist aus dem Programm der Rebellen Norfolks zu ersehen.[46] Zusammen mit zahlreichen, die Bauernschaft im allgemeinen begünstigenden Forderungen (Höhe der Renten und Abgaben, Rechtsansprüche der Lords auf die Gemeinheiten, die Beschränkung von Kaninchen und Tauben, freies Fischen usw.) erscheinen auch zwei Punkte, die besonders den reichen Bauern betreffen. Ein Abschnitt verlangte, daß die Grundherren nicht die Vormundschaft über ihre Pächter veräußern sollten; vermutlich bestand die Versuchung hierzu nur dann, wenn das Kind ziemlich vermögend war. An anderer Stelle wurde gefordert, daß Männer mit einem Jahreseinkommen unter £ 40 nicht für das Amt des Vollstreckers der königlichen Heimfallsrechte qualifiziert sein sollten. Da ein Jahreseinkommen von £ 40 auch in sonstiger Hinsicht als die Grenze zwischen der Gentry und anderen Gruppen galt, hatte vermutlich diese Klausel den Zweck, vermögende, an der Grenze der Zugehörigkeit zur Gentry stehende Männer vor einem schweren Amt zu bewahren, von dem Gentlemen normalerweise glauben mochten, daß sie es auf sich nehmen könnten. Eindrucksvoller wird die Dominanz »ehrbarer« Einflüsse jedoch durch die Tatsache belegt, daß das Proletariat von Norwich, der zweitgrößten Stadt des Landes, das infolge des Niedergangs des städtischen Tuchgewerbes unter beträchtlicher Armut litt, auf das Programm offenkundig keinen Einfluß ausübte. Auch enthält das Programm keinerlei Andeutung darüber, daß Norfolk eines der Hauptzentren der ländlichen Tuchherstellung war.[47]

Bemerkenswert ist auch, daß diese natürlichen Führer der Landbevölkerung in der Lage gewesen sind, zusammen mit den städtischen Autoritäten die Ordnung aufrechtzuerhalten. Keiner der gefangengenommenen Gentlemen wurde während des Verhörs im Rebellenlager auf Mousehold Heath getötet oder gar gefoltert. Der damalige Leiter des Corpus Christi College in Cambridge, Matthew Parker, konnte den Rebellen mit nichts Schlimmerem als einem Gefühl großer Angst entfliehen, nachdem er ihnen eine Predigt über den Ungehorsam gehalten hatte. Sogar als die Zusammenarbeit zwischen den Rebellenführern und den städtischen Autoritäten zerbrach, weil diese, wie entdeckt worden war, mit der Obrigkeit gemeinsame Sache machten, hielt Augustine Stiward, ein ehemaliger Bürgermeister, weil »er immer ein guter und bescheidener Mann gewesen war . . . geliebt von Arm und Reich«, wirkungsvoll die Ordnung in der Stadt aufrecht, außer »unter den schlimmsten Landstreichern und Vagabunden«. Indessen zogen die Rebellen später nach dem Sieg über ein königliches Heer triumphierend in die Stadt ein. Stiward wurde als Verräter angeklagt und sein Laden geplündert. Doch als »ein Diener des Master Smith of Huntingfields ihnen unmißverständlich klar gemacht hatte, daß alle wegen Diebstahls und Plünderei gehenkt werden sollten«, wurden zahlreiche Waren Stiwards von reumütigen Aufständischen zurückgegeben, und Stiward sorgte weiterhin in der Stadt für Ordnung. Das Zeugnis hierüber stammt von Nicholas Sotherton, der selbst ein Mitglied der Oligarchie Norwichs gewesen ist, und dessen Darstellung auf die Verherrlichung rebellischen Aufruhrs abzielt.[48] Dies alles steht im scharfen Gegensatz zu Ereignissen in Agen im Languedoc 1635 z. B., als ein Aufstand gegen die ›gabelle‹ folgende Vorfälle mit einschloß: der Soldat Tichanne wurde enthauptet, sein Körper durch die Stadt geschleift, der ›Sieur d'Espales‹ wurde totgeschlagen, Hände und Füße des Kanonikus Guillaume du Périer wurden zur Schau gestellt (während Hunde seinen Körper zerfleischten), die Augen des Sohnes von Guillaume de Maures wurden von einer Frau herausgerissen und noch andere Greuel.[49] Derartige Exzesse praktizierten in England nur die obrigkeitlichen Gewalten, nicht die Rebellen. Eine der wenigen Ausnahmen war das Lynchen von John Raynes, der Kanzler des Bischofs von Lincoln war, durch Rebellen Lincolnshires im Jahre 1536.[50]

Sowohl der Geistliche als auch der wohlhabende Bauer verkörperten die Autorität im Dorf, und sie behielten diese Autorität zumeist auch in Zeiten des Aufruhrs. Durch konservative religiöse Ideen inspirierte Bewegungen wie die ›Pilgrimage of Grace‹ oder die ›Western Rebellion‹ von 1549 zeigen dies in augenfälliger Weise. Aber ebenso verhält es sich in Hinsicht auf die Rolle, die der Klerus in anderen, stärker »weltlichen« Protestbewegungen spielte. Ein »puritanischer Geistlicher« z. B. stand wahrscheinlich hinter dem Manifest der ›Diggers‹ aus Warwickshire 1607 mit seinem gelehrten Hinweis auf die Möglichkeit einer »fürchterlichen Teuerung« wie der aus »der Zeit König Eduards II., als die Leute Hunde- und Katzenfleisch und Frauen ihre eigenen Kinder essen mußten.«[51]

Eine Ausnahme scheinen hier wieder einmal die Rebellen Norfolks zu bilden, und zwar mit ihren Forderungen, daß Priester kein Land erwerben dürften, daß einer Geistlichkeit, die das Predigen vernachlässige, die Güter entzogen werden müßten und daß die Zehnten auf ein Zehntel ihrer gegenwärtigen Höhe reduziert werden sollten. Ohne Zweifel artikulieren sich in diesen Forderungen die uralten Ärgernisse über die mangelnde Pflichterfüllung des Klerus. Daß solche Forderungen überhaupt zum Ausdruck gebracht wurden, ist vermutlich eine Folge des Einflusses, den die ›Zwölf Artikel‹ der deutschen Bauern von 1525 über bislang noch nicht nachgewiesene Wege ausübten. Der erste und zweite dieser Artikel forderten einen gewählten Pfarrer, der das Evangelium lehren sollte. Sein Unterhalt mußte durch den Zehnten bestritten werden, der jedoch auch der Unterstützung der Bedürftigen und der Zahlung der bäuerlichen Landsteuer dienen sollte.[52]

Das Programm Kets stellte jedoch eine vollständige Ausnahme dar. Ein sehr deutlicher Grundzug englischer Bauernbewegungen ist in der Tat das generelle Fehlen von Protesten gegen das Prinzip des Zehnten (im Gegensatz zum Groll über das bei seiner Einziehung manchmal angewandte Verfahren, besonders von Laien, die kirchliche Einkünfte gepachtet hatten). Eine größere Ausnahme lag in den unruhigen Tagen des Bürgerkriegs und des Interregnums vor, als Entrüstung über die Zehnten auch durch bedeutsame Meinungsäußerungen theologischer Art unterstützt werden konnte. Diese Passivität gegenüber der kirchlichen Autorität hat im französischen Bereich ihre Parallele: dort stellten die Bauern das Zehntgebot auch nur selten in Frage, die Zeit der Glaubenskriege ausgenommen.[53]

Bislang haben wir also festgestellt, daß englische Bauern gelegentlich etwas unabhängiger von der Gentry sein konnten, als das »Mousniersche Modell« eigentlich nahelegt, daß aber eine im wesentlichen hierarchische Organisation auch dann fortbestand, wenn die oberen Gesellschaftsschichten fernblieben. Die Vorherrschaft der Yeomen konnte zumindest zeitweilig selbst dann noch fortdauern, wenn die Gentry fehlte: eine Folge der im wesentlichen reformistischen Programme, die weniger eine fundamentale Neugestaltung der Gesellschaft als vielmehr die Wiederherstellung der geschwundenen bäuerlichen Rechte forderten.

Wie Mousniers amerikanische Kritiker hervorheben, bedeutet die Tatsache, daß bäuerliche Programme reformistisch gewesen sind, selbstverständlich nicht, daß ihre Anwendung keinen Unterschied gemacht hätte: »konservativer« Widerstand kann möglicherweise »revolutionäre« Implikationen aufweisen.[54] Die Ausführung des Programms der Rebellen aus Norfolk hätte nach Bindoff »die Flügel des ländlichen Kapitalismus gestutzt«[55] und durch Stabilisierung der Pachtzinsen und Abgaben in einem inflationistischen Zeitalter den vollständigen Niedergang von Aristokratie und Gentry herbeigeführt. Auch sollten wir nicht, wie es die Tendenz Mousniers ist, von der Vorstellung ausgehen, daß die politischen Folgen bäuerlicher Gewalt minimal gewesen seien. Es scheint die Annahme vernünftig zu sein, daß Gewalt und Bedrohung durch Gewalt sich auf das politische Verhalten der Obrigkeit und der Landeigentümer auswirkten. Die Unruhen in der Zeit Wolseys sind wohl für die Einstellung des Versuchs, das Subsidium einem Großteil der Bevölkerung aufzubürden, verantwortlich gewesen (natürlich in Verbindung mit den im Vergleich zu Frankreich weniger drängenden militärischen Erfordernissen Englands). Furcht vor Aufruhr ist vermutlich für die Beschränkung der Verbrauchssteuern im Jahre 1647 von Bedeutung gewesen, während sich 1733 der Druck der Bevölkerung mit der parlamentarischen Opposition verband, um die von Walpole geplante Erhöhung der Akzise zu unterbinden.[56] Offenkundig stellte die Furcht vor Unruhen ein Motiv für einen Großteil der obrigkeitlichen Sozialpolitik dar, angefangen mit dem Weideverbot bis zum Versuch niedriger Lebensmittelpreise in Jahren des Mangels. Dementsprechend ist es auch möglich, daß durch den Widerstand der Bevölkerung das Verbreitungstempo der Einhegungen und Wucherpachten verlangsamt worden ist. Francis Tresham verwarf 1604 einen Plan zur Wertsteigerung des väterlichen Besitzes in Great Houghton, weil »man die Pächter nicht ohne viel Geschrei entlassen könnte.«[57] Es ist möglich, daß – wie Mousnier glaubt – eine Bauernrevolte als solche wenig bewirkte, aber die Hinwendung zur Gewalt bei der Verteidigung vorhandener Rechte, deren Entwicklungsprodukt die Revolte war, konnte nicht ignoriert werden.

Im Grunde genommen war die Gewalttätigkeit englischer Bauern eher eine rauhe und – was zu diskutieren wäre – wirksame Methode zum Schutz alter Rechte als ein Ausdruck des Klassenhasses. Gleichwohl steht dies im Gegensatz zu dem Bild der Bauernrevolte, das in jener Zeit weit verbreitet war. Wie Christopher Hill hervorhebt, bestand die vorherrschende literarische Konvention darin, bäuerlichen Protest mittels einer die Zerstörung der vorhandenen sozialen Ordnung indizierenden Begrifflichkeit darzustellen. Um nur ein Beispiel zu nehmen: Shakespeare läßt Jack Cade den Vorschlag machen, alle Rechtsurkunden zu verbrennen, »und fortan sollen alle Dinge gemein sein.«[58] Es ist wohl eine vernünftige Annahme, daß derartige Formulierungen die wirkliche Verbitterung einer Klasse widerspiegelten. Um nur ein einziges Beispiel anzuführen: John Walker wurde angeklagt, weil er 1540 in Norwich geäußert hatte: ». . . die sich uns nicht anschließen wollen, laßt uns töten. Ihr macht ihre Kinder in der Wiese nieder, weil es eine gute Sache wäre, wenn es in Norfolk so viele Gentlemen wie weiße Stiere gäbe.«[59] Eine deutliche Tradition des Klassengegensatzes kann sowohl in Volksliedern und Prophezeiungen als auch in den Drohungen, die zuweilen von einem »Jake of the North« oder »Jack of the Style« ausgestoßen wurden, verfolgt werden.[60] Rebellion schuf eine Gelegenheit zur Verteidigung des Selbstwertgefühls und zur Entladung der Feindseligkeit und Frustration jener Menschen, deren Demut zu häufig als etwas Selbstverständliches hingenommen wurde[61]: z. B., als die Bewohner von Horncastle in Lincolnshire auf das Pferd von Sir William Sandon einschlugen und sagten, »er könne wie sie ebenfalls zu Fuß gehen«.[62]

Klassenhaß ist jedoch vom Klassenkampf zu scheiden. Der typischste Tonfall in diesen Äußerungen der Empörung hat den Klang der bitteren, hoffnungslosen Annahme des Status quo. Selbst die bluttriefenden Drohungen eines John Walker wurden in Wendungen gefaßt wie ». . . die sich uns nicht anschließen wollen . . .«; nur wenn sich die Gentry weigerte, den Bauern im Kampf für ihre wohlbegründeten Rechte beizustehen, konnte man Gewaltmaßnahmen gegen sie in Erwägung ziehen. Normalerweise war Gleichheit nicht etwas, das man aktiv erhoffte oder auf das man hinarbeitete, sondern nur eine ferne Möglichkeit, wenn die Gesellschaft in einer völlig anderen Welt neu gebildet werden könnte. Falls sich jedoch eine völlig andersartige Welt im Bereich des Möglichen befand, wenn sie nicht so eine fernliegende Aussicht war, wie man normalerweise annehmen sollte, dann konnte der Klassenhaß politische Bedeutung erlangen. Hierin lag natürlich die Relevanz der uns irrational erscheinenden Elemente, etwa der Prophezeiung, die zu verstehen gab, daß die radikale Veränderung wohl nicht mehr allzu fern sein dürfte, vielleicht auch, daß die Veränderung in Wirklichkeit gar nicht so radikal sei, sondern ehrerbietig in der fernen Vergangenheit wurzele oder durch den »wahren« König legitimiert werde, wie etwa durch den angeblich noch lebenden Eduard VI., der unter der Regierung Elisabeths umging.[63] Ebenso ergab sich hieraus die Bedeutung des Millenarismus, des Glaubens, das Ende der Welt stehe unmittelbar bevor.[64] Weder die Prophezeiung noch das Millennium implizierten notwendigerweise eine soziale Revolution; aber nur weil sie zu verstehen gaben, daß die gegenwärtige Gesellschaft nicht unveränderlich sei, ermöglichten sie es den Menschen, sich eine Alternative vorzustellen. Eine Alternative, in der auf sehr verschiedenartige Weise entweder alle Menschen frei und gleich wären oder zumindest die gegenwärtige ungerechte Gesellschaftsordnung verändert würde, so daß die Letzten die Ersten und die Ersten die Letzten wären.[65] Es überrascht nicht, daß die Obrigkeiten voller Angst die Verbreitung umstürzlerischer Prophezeiungen unterbanden und selbstverständlich die Gefahren eines radikalisierten Glaubens lebhaft empfanden.[66]

Unter stärker weltlichen Voraussetzungen jedoch konnten die Yeomen anscheinend radikale Forderungen unter Kontrolle halten und – wenn sie auch bereit waren, die bäuerlichen Rechte vor Neuerungen zu schützen – jegliche fundamentalen Herausforderungen der hierarchischen Gesellschaftsvorstellung mäßigen. Derartige Herausforderungen zeigten freilich die Tendenz, in den späteren Phasen der Revolte in Erscheinung zu treten, wenn die Auflösung einsetzte, da die Menschen zu glauben begannen, ihre Gefährten träfen Vorbereitungen, sie zu verraten. Die Schwierigkeit, bäuerliche Revolten in Gang zu halten, wurde häufig von zeitgenössischen Berichterstattern erwähnt.[67] Vielleicht erklärt dies das Ausmaß des Wohlgefallens, der Bereitschaft, sich die Unzufriedenheit der Bevölkerung zunutze zu machen, die von vielen Mitgliedern der oberen Klassen unverhohlen gezeigt wurde. Freilich ist das Ausmaß der nahe bevorstehenden Panik und der Furcht vor den unteren Gesellschaftsschichten wohl von einigen neueren Historikern zu stark betont worden.[68] Unerwiesene Behauptungen, daß die gesellschaftliche Ordnung gefährdet sei, stellten häufig wohl nicht die echten Befürchtungen der Obrigkeit, sondern ein nützliches propagandistisches Mittel dar, das in der Absicht geschaffen worden war, einen Keil zwischen die »vornehmen« Elemente in der Rebellion und ihre Mitstreiter zu treiben. Sir John Chekes Behauptung z. B., daß der Aufstand in Norfolk »lärmende Horden, ein buntes Getümmel von Vagabunden, mit Räubern gefüllte Straßen« hervorbringe, ist genau von dieser Art.[69] Robert Crowley beschuldigte in seiner Erörterung über die Rebellion in Norfolk die besitzenden Klassen, sie hätten einen falschen Kommunismusbegriff eingeführt, um sich den wirklichen Streitfragen zu entziehen.[70] Möglich ist, daß Shakespeare die gleiche Auffassung vertreten hat, wenn im ›Coriolanus‹ eine gemäßigte, unrevolutionäre plebejische Forderung nach einer gerechteren Verteilung des Getreides während einer Hungersnot von dem Patrizier Menenius mit einer nichtssagenden Darlegung der organischen Gesellschaftstheorie beantwortet wird.[71] »Nimm stufenweise fort, verstimme die Saiten und horche, welcher Mißklang folgt« war letzten Endes nicht so sehr das, was die Elisabethaner glaubten, sondern das, was sie nach der Auffassung der Obrigkeit hätten glauben sollen.

Daß die elisabethanische Gentry weniger von Schrecken ergriffen war, als oft angenommen wird, zeigt sich in den Antworten auf eine Liste von Fragen, die vom Privy Council bezeichnenderweise im Jahre 1569 ausgesandt worden war und sich mit der Schaffung einer Einheit von Gewehrschützen zur Ergänzung der Miliz und den dabei entstehenden Sicherheitsproblemen beschäftigte. Acht Counties griffen die Kernfrage über die Bewaffnung der unteren Stände auf und machten konstruktive Vorschläge. Elf Counties jedoch, seltsamerweise auch Norfolk, dachten, daß hieraus kein Problem erwüchse. Kents Beauftragte für das militärische Aufgebot meinten, alle Männer hätten das Recht zu schießen, und Arkebusen könnten in Privathäusern aufbewahrt werden. Die Beauftragten von Warwickshire verfehlten freilich das Thema vollkommen, da sie glaubten, die Befürchtungen des Councils lägen auf dem Gebiet der Wilderei, und beeilten sich, ihn zu beschwichtigen. Der Plan mißlang ohnehin, jedoch wegen der zu hohen Kosten, nicht wegen der Gefährdung der sozialen Ordnung.[72]

Somit ist im ganzen betrachtet Mousniers Leitgedanke eine nützliche Arbeitshypothese, sofern die bäuerliche Gesellschaft Englands angesprochen wird. Bringt man sie ohne Phantasie oder starr zur Anwendung, kann sie in die Irre führen. Da die oberen gesellschaftlichen Schichten besser als die unteren quellenmäßig erfaßt sind, ist es weitaus einfacher, die möglichen Motive ihres Handelns zu ermitteln, ihre Klagen als die »wirklichen« Ursachen der Revolten nahezulegen und das Letztgenannte größtenteils unter dem Gesichtspunkt eines von oben wirkenden Antriebs zu betrachten.[73] Ganz offenkundig war auch die Bauernrevolte ohne unmittelbaren Ansporn durch die Gentry möglich. Bemerkenswert ist freilich auch das Ausmaß, in dem die normalen Grundsätze der Gesellschaft in die Rebellion hineingetragen wurden und sich in ihrer Führung und ihren Programmen manifestierten. Selbstverständlich wäre es töricht zu behaupten, daß die Gentry nichts zu befürchten gehabt habe; diejenigen, die 1569 so selbstgefällig antworteten, dürften in ihrem Irrtum wohl kurzsichtig gewesen sein. Revolten zeigten die Tendenz, sich in ihrem weiteren Verlauf zu radikalisieren (und damit ihren ursprünglichen Zusammenhalt zu verlieren und unwirksamer zu werden). Außergewöhnliche Umstände konnten ebenfalls zur Entstehung ziemlich radikaler Forderungen führen, am deutlichsten während der Puritanischen Revolution. Selbst hier ist jedoch bemerkenswert, wie gering der Widerhall war, den revolutionäre Bewegungen – ob politischer oder religiöser Art – auf dem Lande hervorriefen und wie gering dort anscheinend die Unterstützung selbst für bescheidene praktische Reformen, wie etwa eine Veränderung im Pachtsystem, gewesen ist.[74] Es ist möglich, daß die Gewohnheit, sich nicht nur der Gentry, sondern auch den führenden Personen der Dorfgemeinschaft zu unterwerfen, zu tief verankert gewesen ist, um selbst unter den völlig ungewöhnlichen Verhältnissen der Jahre 1647-9 abgeschüttelt zu werden; und daß eben jene letztgenannte Personengruppe schon zu stark mit dem Pachtsystem verbunden, möglicherweise zu eifrig auf ihre eigenen Vorteile in jenen schlechten Erntejahren bedacht war, als daß sie die Gelegenheit ergreifen konnte, eine echte bäuerliche Ökonomie in England wiederherzustellen.

Nachtrag 1979

Wenn auch einige detaillierte Arbeiten vorliegen, so sind doch seit 1973 erstaunlich wenig allgemeine oder vergleichende Studien über englische Bauernrevolten des 16. und 17. Jahrhunderts geschrieben worden. Zwei Bücher über die Aufstände von 1549 enthalten zwar brauchbare zusätzliche Details, aber wenig Neues in interpretatorischer Hinsicht.[75] Brian Manning hat agrarische Beschwerden und Unruhen des frühen 17. Jahrhunderts untersucht; anscheinend sind aber nur wenige Historiker bereit, der Annahme zuzustimmen, daß diese Unruhen – indem der parlamentarischen Sache die Unterstützung der Massen gegeben wurde – Bedingungsfaktoren des Bürgerkrieges gewesen seien.[76] Bezeichnenderweise war die typischste bäuerliche Reaktion auf den Bürgerkrieg, die ›Clubman‹-Bewegung, auf die baldmöglichste Wiederherstellung von Ruhe und Ordnung – das traditionale gesellschaftliche System eingeschlossen – abgestellt.[77] Aus der agrarischen Perspektive betrachtet, bleibt für den Bürgerkrieg speziell die Frage, weshalb die radikalen Ideen der ›Leveller‹ und ›Digger‹ in der Bauernschaft nur ein geringes positives Echo hervorgerufen haben, von vorrangigem Interesse.

Ein unter englischen Historikern vorherrschendes Thema bleibt weiterhin die Seltenheit der Revolten, die offenkundige – ob gewollte oder ungewollte – Hinnahme der bestehenden Sozialordnung. Roger Manning betont, daß sich gegen Einhegungen richtende Aufstände in der Regel – wenngleich sie relativ weit verbreitet waren – auf einzelne Dörfer beschränkten und auf ganz spezifische Klagen bezogen; es waren schon einige völlig ungewöhnliche äußere Faktoren notwendig (wie in den Jahren 1536 oder 1549), um derartige Tumulte in eine größere, allgemeine Revolte umzuformen. Dementsprechend vermerkt er auch, daß sich aus einer vom Klassenbewußtsein erfüllten Sprache, Drohungen und Äußerungen der Unzufriedenheit nur selten Gewalthandlungen entwickelten.[78] Wenn die Aufstandshäufigkeit in England wirklich geringer als in Frankreich gewesen ist, so unterstreicht dies die politischen Unterschiede zwischen den beiden Ländern; so kannte England eine geringere steuerliche Belastung, weniger Regionalismus, ein größeres Engagement der Zentralverwaltung bei der Schlichtung bäuerlicher Klagen, vielleicht ein wirkungsvolleres System der Lokalverwaltung. Der letzte Gesichtspunkt hat eine zutreffende Fundierung bei John Walter und Keith Wrightson erfahren, die die Bedeutung der Armenhilfe und staatlicher Maßnahmen gegen die Gewinnsucht einzelner für die Eindämmung der bei Mißernten unvermeidlichen Unruhe aufgezeigt haben.[78] Ferner hat Wrightson in einem äußerst scharfsinnigen Artikel auch die Art und Weise untersucht, in der sich größere Bauern in den Ackerbaugebieten ökonomisch und kulturell immer mehr von der Masse der Landbevölkerung während des 16. und 17. Jahrhunderts absonderten.[80] Er vermutet, daß ein gestiegener Wohlstand, größere Bildungsmöglichkeiten, der Einfluß des Puritanismus und die Furcht vor einer stark zunehmenden Zahl land- und wurzelloser Individuen die Wohlhabenden und die Gentry verstärkt eine gemeinsame Frontstellung zur Aufrechterhaltung der sozialen Ordnung einnehmen ließen und das dörfliche Zusammengehörigkeitsgefühl schwächten. Diese Analyse ist speziell für die Erklärung der geringer werdenden Bedrohung durch organisierte, große Revolten von Bedeutung.

Die Möglichkeit, bestimmte Revoltentypen in den beiden Ländern unter Berücksichtigung der Sozialstruktur miteinander zu vergleichen, ist mittlerweile sogar schwieriger als 1973. Alan Macfarlane hat in einer anregenden Arbeit die sicherlich zutreffende Vermutung geäußert, daß sich die englischen Verhältnisse grundlegend von der Situation Westeuropas im allgemeinen unterschieden haben, wobei er Frankreich besonders hervorhebt. Nach seiner Auffassung war England schon seit dem 13. Jahrhundert keine ›Bauerngesellschaft‹ (›peasant society‹) mehr (falls es überhaupt jemals eine gewesen ist). Er vermutet, daß die Historiker das Ausmaß und die Bedeutung einer Subsistenzwirtschaft, landwirtschaftlicher Kooperation, des dörflichen Zusammengehörigkeitsgefühls und verwandtschaftlicher Beziehungen, auch in Hinsicht auf die Erbschaftsregelungen, zu stark hervorgehoben haben. Dagegen sieht er eine Gesellschaft, in der es einen stets regen Handel mit Grund und Boden gab, in der eine beträchtliche geographische und soziale Mobilität und Möglichkeiten zum Aufbau großer landwirtschaftlicher Güter (mit der gleichzeitigen Existenz eines zahlenmäßig großen ländlichen Proletariats) bestanden haben.

Die offenkundige Folge war, daß sich die Engländer eines ungewöhnlich hohen Lebensstandards erfreuten.[81] Macfarlane hat Osteuropa, speziell Rußland und Polen am Beginn des 20. Jahrhunderts, seinem Modell einer ›Bauerngesellschaft‹ zugrunde gelegt; es darf bezweifelt werden, ob auf Frankreich – gemessen an diesem scharfen Kriterium – die Bezeichnung ›Bauerngesellschaft‹ eher zutrifft als auf England. Noch bedeutender aber ist, daß neuere Arbeiten die Vorstellung von besonderen ›englischen‹ oder ›französischen‹ Gesellschaftsstrukturen weiter abgeschwächt haben; stattdessen liegt ihre Betonung auf dem weiten Spektrum der Erbschaftsbräuche, Typen von Landbesitz und Herrschaft und Formen der sozialen Organisation, aber nicht nur in den betreffenden Ländern im allgemeinen, sondern auch innerhalb der Grenzen einer einzelnen Provinz oder Grafschaft.[82] Unvermeidlicherweise neigt man, wenn die Form der sozialen Organisation so kompliziert ist, zu dem Schluß, daß Versuche, generalisierende Aussagen über Bauernrevolten zu gewinnen, zwangsläufig oberflächlich seien. Gleichwohl sind Unterschiede – nicht nur in der Finanz- und Sozialpolitik, sondern auch im allgemeinen politischen und ideologischen Rahmen (z. B. unterschiedliche religiöse Verhältnisse) – auf nationaler Basis offenkundig. Vergleiche auf Staatenebene, die auch regionale Unterschiede berücksichtigen und ähnliche Untersuchungsobjekte heranziehen (wie z. B. die Ackerbaugebiete Englands und im Nordosten Frankreichs), stellen eine notwendige Ergänzung zu Vergleichen zwischen Regionen innerhalb eines Landes dar. Es bleibt zu hoffen, daß Historiker durch diese sehr realen Schwierigkeiten künftig nicht von derartigen Vergleichen abgehalten werden.

Anmerkungen

1 Roland Mousnier, *Peasant Uprisings in Seventeenth Century France, Russia and China*, übersetzt von Brian Pearce, Bd. 1 in ›The Great Revolutions Series‹, Allen & Unwin, 1971.

2 Boris Porchnev (Porshnev), *Les Soulèvements Populaires en France de 1623 à 1648*, Paris 1963. Die russische Ausgabe erschien 1948, eine deutsche Übersetzung 1954. Überblicke zur Kontroverse bei Menna Prestwich, in: *Eng. Hist. Rev.* 81, 1966, S. 565-72; J. H. M. Salmon, »Venal Office and Popular Sedition in France«, in: *Past and Present*

37, 1967, S. 21-43; R. Mandrou, in: *Revue Historique* 242, 1969, S. 29-40. Eine nützliche Übersicht über europäische Bauernrevolten, vor allem im Zeitraum 1550-1660, bei Henry Kamen, *The Iron Century*, 1971, Kap. 10.

3 M. O. Gately, A. Lloyd Moote und J. E. Willis, Jr., »Seventeenth Century Peasant ›Furies‹: Some Problems of Comparative History«, in: *Past and Present* 51, 1971, S. 63-80.

4 Ich habe Teile des Materials benutzt, das ich in einem für französische Historiker vorgenommenen Versuch einer Analyse englischer Bauernrevolten präsentiert habe. Veröffentlicht in: *Annales E. S. C.* 24, 1969, S. 24-60.

5 *Peasant Uprisings*, S. 1-31; zur allgemeinen Diskussion über die Anwendbarkeit der Klassifikation Mousniers siehe R. Mousnier (Hg.), *Problèmes de Stratification Sociale* (Actes du Colloque International, 1966), Paris 1968.

6 *Peasant Uprisings*, Kap. 4; vgl. Porchnev, S. 76-80.

7 Vgl. die Ähnlichkeit in den Zielsetzungen zwischen den Bauern des Angoumois, die 1636 revoltierten, und dem Adel der gleichen Landschaft, wie sie sich in ihrem ›cahier‹ für die geplanten Etats généraux von 1649 zeigt. – R. Mousnier, J.-P. Labatut, J. Durand (Hg.), *Problèmes de Stratification Sociale, Deux Cahiers de la Noblesse ... 1649-51*, Paris 1965.

8 Zum ›questionnaire‹ siehe P. Deyon, »Recherches sur les Soulèvements Populaires en France de 1483 à 1787«, in: *Revue du Nord* 44, 1962, S. 281-90. Wenn das Raster auch für französische Revolten entworfen wurde, so ist es doch eine wertvolle Gedächtnisstütze für die Analyse sonstiger Bauernbewegungen.

9 E. Le Roy Ladurie, *Les Paysans de Languedoc*, Paris 1966, S. 393-414; Salmon, loc. cit.; Porchnev, S. 47-8.

10 Hierzu zählen die Revolte von 1497; die Unruhen 1525 in Kent und East Anglia; die zahlreichen unter dem Begriff ›Pilgrimage of Grace‹ zusammengefaßten Revolten; die Midland-Revolte von 1607; die Unruhen, die Wiltshire, Dorset 1628-31 und das Fenland in den 30er Jahren desselben Jahrhunderts heimsuchten, sowie die ›Clubmen‹-Aufstände während des Englischen Bürgerkriegs. Denkbar ist, daß Monmouths Rebellion in gewisser Hinsicht als Bauernrevolte betrachtet werden könnte. Es gab offenkundig auch noch andere Grenzfälle, wie etwa den Widerstand gegen die Trockenlegung der Fen-Gebiete oder gegen die Abschaffung der »border tenures«. Die Unruhen von 1525 waren größtenteils das Werk ländlicher Tucharbeiter, weniger das Werk von eigentlichen Bauern.

11 Lawrence Stone, *Einführung zu R. H. Tawney, The Agrarian Problem in the Sixteenth Century*, Neuausgabe New York 1967, S. XIV.

12 Peter Laslett, *The World We Have Lost*, 2. Aufl. 1971, Kap. 5; E. A. Wrigley, *Population and History*, 1969, Kap. 3; vgl. Pierre Goubert, *Beauvais et le Beauvaisis de 1600 à 1730*, Paris 1960.

13 J. Meuvret, »Les Oscillations des Prix des Céreales au XVIIe et XVIIIe siècles en Angleterre et dans les Pays du Bassin Parisien«, in: *Revue d'Histoire Moderne et Contemporaine* 16, 1969, S. 540-54.

14 Der Versuch Bartholomew Steeres, unter den Bauern Oxfordshires 1597 eine Revolte zu entfachen, war ein völliger Fehlschlag (siehe E. F. Gay, »The Midland Revolt and the Inquisitions of Depopulation of 1607«, in: *Trans. Roy. Hist. Soc.*, n.s. 18, 1904, Appendix I; ebenso Calendar of State Papers, Domestic, 1595-7, S. 342-5).

15 E. J. Hobsbawm, *Primitive Rebels*, Manchester 1959, S. 79 (dt. *Sozialrebellen*, Neuwied a. Rh. und Berlin 1962, S. 111 [Anm. d. Übers.]). Der ökonomische Hintergrund von 1549 und 1607 wurde versuchsweise von mir in *Annales E. S. C.* (wie Anm. 4) interpretiert.

16 Z. B. Sir George Carew, »Relation of the State of France«, hg. von T. Birch, in: *An Historical View, 1592-1617*, 1749, S. 461-8.

17 *Peasant Uprisings*, S. 307.

18 Zit. bei D. Julia, in: *Revue Historique* 241, 1969, S. 464 mit Bezug auf C. B. du Chesnay, *Les Missions de St. Jean Eudes*, Paris 1967.

19 Siehe Anthony Fletcher, *Tudor Rebellions*, 1968, S. 17-20.

20 C. S. L. Davies, »The Pilgrimage of Grace Reconsidered«, in: *Past and Present* 41, 1968, S. 60.

21 M. W. Beresford, »The Poll Tax and Census of Sheep, 1549«, in: *Agric. Hist. Rev.* 1, 1953, S. 9-18, 2, 1954, S. 15-29.

22 W. G. Hoskins, *The Midland Peasant*, 1957, S. 177.

23 Edward Hughes, *Studies in Administration and Finance, 1558-1825*, Manchester 1934, Kap. 4-5, bes. S. 177-8.

24 Obwohl das sicherlich nicht für alle gilt: besonders unruhige Gebiete waren Poitou, Saintonge und Angoumois, die nur wenige Reste einer Selbstverwaltung bewahrten.

25 Vgl. die Petition der Obrigkeit Yorks 1641 um die Beibehaltung des ›Council of the North‹ (R. Reid, *The King's Council in the North*, 1921, S. 448). Natürlich ändert sich die Situation, wenn man statt England die Britischen Inseln betrachtet. Aber die politischen und sozialen Institutionen Irlands und Schottlands waren so andersartig, daß Revolten wie jene von 1638 und 1641 sich eher mit den katalanischen und portugiesischen Aufständen als mit den vom Adel tolerierten Bauernrevolten in Frankreich vergleichen lassen. Bei den schottischen ›Covenanters‹ aus der Zeit Karls I. dürfte sich wohl eine Betrachtung unter dem Gesichtspunkt der Bauernrevolte lohnen. Doch wird aus Arbeiten wie der von Mousnier erkennbar, daß die »Bauern«-Revolte nicht eine einzigartige, leicht von der Revolte der

»oberen Klassen« oder »nationalen« Revolte unterscheidbare Erscheinung darstellt, sondern daß es ein kontinuierliches Spektrum gibt, das von der Bauernrevolte bis zum aristokratischen ›coup d'état‹ reicht und in dem jede Scheidelinie willkürlich gezogen ist.

26 *The World We Have Lost*, Kap. 2.

27 Francis Bacon, *Essay ›Of Seditions and Troubles‹*.

28 A. L. Rowse, *Tudor Cornwall*, 1941, Kap. VI, XI.

29 Siehe Davies, loc. cit.; M. E. James, »Obedience and Dissent in Henrician England: the Lincolnshire Rebellion, 1536«, in: *Past and Present* 48, 1970, S. 1-78.

30 Kerridge, loc. cit.; D. G. C. Allan, »The Rising in the West, 1628-31«, in: *Econ. Hist. Rev.* 2nd ser. 5, 1952-3, S. 76-85; H. C. Darby, *The Draining of the Fens*, 2. Aufl., Cambridge 1956, bes. S. 55-6; Joan Thirsk, *English Peasant Farming*, 1957, Kap. 5.

31 *Peasant Uprisings*, Kap. VIII.

32 Eine sonderbare Variante des gleichen Phänomens war die Fähigkeit eines falschen Grafen von Devon, in den 30er Jahren des 19. Jahrhunderts in Kent auf einer antiaristokratischen Grundlage Unterstützung zu gewinnen. Siehe P. G. Rogers, *Battle in Bossenden Wood*, Oxford 1961.

33 F. Rose-Troup, *The Western Rebellion of 1549*, 1913, S. 220-2.

34 L. A. Parker, »The Agricultural Revolution at Cotesbach«, in: *Trans. of the Leics. Arch. Soc.* 24, 1948, S. 41-76.

35 »Widersetzt euch den Anfängen, oder sonst ist es eure Schuld«, ermahnte Jakob die Friedensrichter im Jahre 1608, mit einem ominösen Bezug auf die Unruhen von 1607. – W. P. Baildon (Hg.), *Les Reportes del Cases in Camera Stellata, 1593 to 1609*, 1894, S. 368-9.

36 F. W. Russell, *Ket's Rebellion in Norfolk*, 1859, S. 27-30; L. M. Kett, *The Ketts of Norfolk*, 1921, S. 53-7.

37 *P. R. O.*, C1/1200/13-14; W. A. Copinger, *The Manors of Suffolk*, 7 Bde, 1905-11, S. 309-10. Wenn William Bishop mit dem Mann identisch ist, der 1524 in Thornton als Besitzer von £ 6 in beweglicher Habe aufgelistet wurde, muß es sich um einen Emporkömmling handeln. – S. H. A. Hervey (Hg.), *The Subsidy Return for 1524*, Suffolk Green Books 10, 1910, S. 176.

38 S. T. Bindoff, *Ket's Rebellion*, Historical Association, 1949, S. 14-15. Gerade der Begriff »Revolte« ist – wenn man ihn auch nicht vermeiden kann – in gewisser Hinsicht irreführend, da es das Hauptanliegen der aufrührerischen Bauern war, den König um Gerechtigkeit zu bitten (vgl. M. E. James, loc. cit.; *Peasant Uprisings*, S. 59). Nur die Unterstützung eines gegnerischen Thronbewerbers oder die gelegentliche Berufung über die Autorität des Königs auf Gott konnten Widerstand legitimieren.

39 *Peasant Uprisings*, S. 332-4. Zum Hinweis auf die Glaubenskriege

siehe (wenn auch vor dem unzulänglichen Forschungsstand auf diesem Gebiet gewarnt werden muß) J. H. M. Salmon, loc. cit. Eine Beschreibung der landwirtschaftlichen Regionen Frankreichs gibt Pierre Goubert in: *Histoire Economique et Sociale de la France*, hg. von F. Braudel und F. Labrousse, II, Paris 1970, S. 104-18.

40 Goubert hebt hervor, daß die Bewohner des ›bocage‹ zumindest unter günstigeren Bedingungen gelebt haben als jene, die in den Ebenen des Nordostens ansässig waren: wegen eines geringeren Bevölkerungsdrucks, intensiverer Weidenutzung, Verfügbarkeit von Bauholz usw. Der Kernpunkt dürfte jedoch im vertrauten Bereich der größeren sozialen und ökonomischen Gleichheit in Waldweidegebieten und einer mehr hierarchischen bäuerlichen Gesellschaft in Mischbauregionen liegen.

41 Joan Thirsk (Hg.), *The Agrarian History of England and Wales 1500-1640*, Cambridge 1967, S. 109-12; ebenso Thirsk, »Seventeenth-Century Agriculture and Social Change«, in: *Agric. Hist. Rev.* 18, 1970, Supplement, S. 148-77; E. Kerridge, »The Revolts against Charles I in Wiltshire«, in: *Wilt. Arch. and Nat. Hist. Mag.* 57, 1958-60, S. 64-75; P. A. J. Pettit, »The Royal Forests of Northamptonshire«, in: *Northants Record Soc.* 23, 1968.

42 Es lohnt sich vielleicht, darauf hinzuweisen, daß Marx' Verneinung der Möglichkeit kollektiven Handelns seitens der bäuerlichen Klasse (»gebildet durch einfache Addition gleichnamiger Größen, wie etwa ein Sack von Kartoffeln einen Kartoffelsack bildet«) sich auf den individualistischen Bauern der Periode nach 1789 bezieht und der Möglichkeit kollektiven Handelns unter den Bedingungen des Ancien Régime besonders entgegengesetzt wird. – Der achtzehnte Brumaire des Louis Bonaparte.

43 *The Hurt of Sedition*, 1549, repr. 1569, sig. I.

44 Russell, op. cit., S. 15.

45 Survey of Cornwall, zit. bei Rowse, op. cit., S. 98.

46 Abgedruckt in Russell, op. cit., S. 48-56; wiederabgedruckt in A. E. Bland, P. A. Brown und R. H. Tawney (Hg.), *English Economic History: Select Documents, 1914*, S. 247-50, und in Anthony Fletcher, op. cit., S. 142-4. Das Programm gibt einige Rätsel auf. Es ist nur durch eine einzige Kopie überliefert (Brit. Mus. Harl. MS. 304, fols. 75-7), die Abschnitte sind wahllos angeordnet und enthalten Korrekturen. Gleichwohl ist das Dokument in einer sauberen Handschrift abgefaßt, vielleicht von Thomas Godslave, einem gefangengenommenen Gentleman, und trägt die Unterschriften von Ket, Thomas Cod, Mayor von Norwich, und dem ehemaligen Mayor Thomas Aldrich (vgl. Bindoff, op. cit.). Vermutlich handelt es sich um das Dokument, das kurz vor dem 17. Juli Somerset überreicht wurde (N. Pocock, *Troubles connected with the Prayer Book of 1549*, Camden Soc. n. s.

Bd. 37, 1884, S. 28), aber es hat den Anschein, als ob es von einem ziemlich ungezügelten Ausschuß geschaffen worden ist. Die Annahme Fletchers (S. 73), daß es sich um ein von Ket persönlich geschaffenes Programm handelt, ist irreführend.

47 Das Programm wurde in der Frühphase der Revolte verfaßt, als die Stadtobrigkeiten mit den Rebellen zusammenarbeiteten, um die Situation zu entschärfen; aber daß sie hierbei überhaupt erfolgreich waren, ist sicherlich bemerkenswert.

48 Brit. Mus. Harl. MS. 1576, fols. 251-9.

49 Le Roy Ladurie, op. cit., S. 503-4.

50 M. H. und R. Dodds, *The Pilgrimage of Grace*, Cambridge 1915, I, S. 101-2.

51 Zum Manifest siehe F. J. Furnivall (Hg.), *Ballads from MSS (Ballad Soc. 1868-72)*, I, S. 37; ebenso H. M. C. Cecil XIX, S. 150 (Dorset-Salisbury, 6. Juni 1607). Der historische Verweis ist wohl Stow (*Annales*, 1600 edn, S. 335-6) entnommen.

52 Siehe Friedrich Engels, *The Peasants War in Germany*, engl. Ausgabe, 1927, S. 157-63. Eine der Berufungen auf allgemeine Prinzipien im Norfolk-Programm, »daß alle Leibeigenen befreit werden sollen, da Gott mit seinem kostbaren Blutvergießen alle frei gemacht hat«, stammt ohne Zweifel vom dritten der deutschen Artikel.

53 R. Mandrou, *Classes et Luttes de Classe en France au Début du XVIIe Siècle*, Florenz 1965, S. 75; Le Roy Ladurie, op. cit., S. 393, 495; die Bauern des Poitou hingegen gerieten 1636 in die Nähe der Rebellen Norfolks (1549) und Schwabens (1525), als sie verlangten, daß der Zehnt gewählten Beamten anvertraut und zur Bezahlung des einheimischen Pfarrers verwendet werden sollte; auch sollte er dem Unterhalt der Kirche und der Armepflege dienen, nicht aber in die Taschen des nichteinheimischen Klerus gelangen. – Mousnier (Hg.), *Lettres et Mémoires addressées au Chancelier Séguier*, 1633-49, Paris 1964, II, S. 1105-7; *Peasant Uprisings*, S. 63-4.

54 Gately, *Moote und Wills*, loc. cit., S. 72.

55 *Ket's Rebellion*, S. 9.

56 J. H. Plumb, *Sir Robert Walpole*, II, 1960, Kap. 7.

57 M. E. Finch, »The Wealth of Five Northamptonshire Families 1540-1640«, in: Northants. Record Soc., 19, 1956, S. 89.

58 Christopher Hill, »The Many-Headed Monster in Late Tudor and Early Stuart Political Thinking«, in: *From the Renaissance to the Counter-Reformation: Essays in honour of Garrett Mattingly*, hg. C. H. Carter, 1966, S. 296-324. Shakespeare brachte vermutlich absichtlich Szenen der Revolte von 1381 in seine Darstellung Cades ein, der bei Holinshed im wesentlichen als »Reformist« gezeichnet wird. Vgl. Brents Stirling, *The Populace in Shakespeare*, New York 1949, S. 22-5.

59 Russell, op. cit., S. 8.

60 Z. B. C. H. Cooper, *Annals of Cambridge*, 5 Bde, Cambridge 1842-1908, II, S. 40-2; V, S. 286-7. Der Gebrauch derartiger Namen sollte jedoch nicht als eine offenkundige Reminiszenz an 1381 betrachtet werden, da sie vor Gerichten allgemein als Bezeichnung für »unbekannte Personen« verwendet wurden. – F. G. Emmison, *Elizabethan Life*; Disorder, Chelmsford 1970, S. 155-6.

61 Ein Sachverhalt, der gut von Robert Mandrou in ›Vingt ans après‹, einer Auseinandersetzung mit der Porchnev-Mousnier-Kontroverse, dargelegt worden ist: *Revue Historique* 242, 1969, S. 29-40.

62 Davies, loc. cit., S. 58-9.

63 Keith Thomas, *Religion and the Decline of Magic*, 1971, Kap. XIII.

64 W. M. Lamont, *Godly Rule: Politics and Religion 1603-60*, 1969; siehe auch Bernard Capp, »Godly Rule and English Millenarianism«, in: *Past and Present* 52, 1971, S. 106-7.

65 Zu der Möglichkeit, daß die Religion eine wilde, antiaristokratische Revolte entfacht – sogar im französischen Kontext –, siehe die millenaristische Revolte der »Camisards« im Languedoc von 1702-1705 (Le Roy Ladurie, op. cit., S. 605-29).

66 Erlasse gegen die Prophezeiung: 33 Hen. VIII, c. 14; 34 Edw. VI, c. 15; 5 Eliz. I, c. 15.

67 Z. B. die »zweite« Stufe der ›Pilgrimage of Grace‹ in Yorkshire, als die gemeinen Leute glaubten, sie seien von der Gentry verraten worden (obschon sie noch von einem »einzelgängerischen« Gentleman, Sir Francis Bigod, angeführt wurden: siehe A. G. Dickens, *Lollards and Protestants in the Diocese of York 1509-1558*, 1959, Kap. III).

68 Z. B. Hill, loc. cit.; M. Walzer, *Revolution of the Saints*, Cambridge, Mass. 1965.

69 Hurt of Sedition, sigs. Dii, Hii.

70 R. H. Tawney und E. Power (Hg.), *Tudor Economic Documents*, 1924, III, S. 57-60.

71 Act I, sc. i.

72 Zu dem Vorhaben siehe L. Boynton, *The Elizabethan Militia*, 1967, S. 60-2. Die Antworten sind verstreut zu finden in P. R. O. S.P. 12/54 und 12/58; ebenso in Brit. Mus. Harl. MS., vols. 286 und 309. Die Frageliste ist in Harl. MS., vol. 309, fols. 101-4, 109-110. Die Antwort aus Warwick: S. P. 12/54, fols. 96-7; aus Kent: S.P. 12/59, fols. 1-4. Thomas Wyatt hatte es bereits 1549 für notwendig gehalten, ähnliche Bedenken gegen ein Milizvorhaben zu äußern: »Ohne Ordnung stehen sie auf, ohne Ordnung sind sie ruhig, und ihre Flammen sind bald oben, bald unten . . . wie unruhige Schafe kommen sie zum Feld und wie Kälber werden sie niedergestoßen.« – D. M. Loades (Hg.), *Papers of George Wyatt* (Camden 4th ser., V, 1968).

73 Ich meine, daß M. E. James' bewundernswert gelehrter und weitsichtiger Artikel über die Revolte in Lincolnshire von 1536, die bereits oben angeführt wurde, in dieser Form kritisiert werden kann.

74 Ländlicher Radikalismus ist wohl traditionell unterschätzt worden; siehe Keith Thomas, »Another Digger Broadside«, in: *Past and Present* 42, 1969, S. 57-68; ebenso Christopher Hills Besprechung einer russischen Arbeit von M. A. Barg, in: *Agric. Hist. Rev.* 16, Teil 2 (1968), S. 75-6. Aber die Feststellung bleibt, daß es in England nichts gab, was mit der Wirkung von 1789 auf die französische Bauernschaft verglichen werden könnte.

75 Julian Cornwall, *Revolt of the Peasantry 1549*, 1977; S. K. Land, *Kett's Rebellion; the Norfolk Rising of 1549*, 1977.

76 Brian Manning, *The English People and the English Revolution*, 1976.

77 J. S. Morill, *The Revolt of the Provinces: Conservatives and Radicals in the English Civil War, 1630-50*, 1976, Kap. iii.

78 Roger B. Manning, »Patterns of Violence in Early Tudor Enclosure Riots«, in: *Albion* 6, 1974, S. 120-33; »Violence and Social Conflict in Mid-Tudor Rebellions«, in: *Journal of British Studies* 16, 1977, S. 18-40.

79 John Walter und Keith Wrightson, »Dearth and the Social Order in Early Modern England«, in: *Past and Present* 71, 1976, S. 22-42; siehe auch Peter Clark, »Popular Protest and Disturbance in Kent, 1558-1640«, in: *Economic History Review* 29, 1976, S. 365-382.

80 Keith Wrightson, »Aspects of Social Differentiation in Rural England, c. 1580-1660«, in: *Journal of Peasant Studies* 5, 1977, S. 33-47.

81 Alan Macfarlane, *The Origins of English Individualism*, Oxford 1978.

82 Siehe z. B. die Beiträge von Cicely Howell, Margaret Spufford und E. le Roy Ladurie zu: *Family and Inheritance: Rural Society in Western Europe, 1200-1800*, hg. von Jack Goody, Joan Thirsk und E. P. Thompson, Cambridge 1976; Robert Brenner, »Agrarian Class Structure and Economic Development in Pre-Industrial Europe«, in: *Past and Present* 70, 1976, S. 30-75; Patricia Croot und David Parker, »Agrarian Class Structure and Economic Development«, in: ebd. 78, 1978, S. 37-47, und J. P. Cooper, »In Search of Agrarian Capitalism«, in: ebd. 80, 1978, S. 20-65.

Winfried Schulze
Die veränderte Bedeutung sozialer Konflikte im 16. und 17. Jahrhundert*

Im 450. Gedenkjahr des deutschen Bauernkrieges mag es besonders angebracht sein, eine Analyse des Problems sozialer Konflikte im Deutschland der Frühen Neuzeit zu versuchen. Die Erinnerung an dieses »größte Naturereignis des deutschen Staates«, wie es Ranke nannte, sollte dabei jedoch nicht von der Tatsache ablenken, daß es sich bei dem hier angesprochenen Problem notwendigerweise um einen über den Bauernkrieg hinausreichenden Untersuchungsgegenstand handelt, der vielmehr mit zu den charakteristischen Merkmalen der Gesellschaft im Übergang zwischen ständischer und bürgerlicher Ordnung gehört, um die es hier geht.

Diese Tatsache ist in der älteren Forschung freilich vielfach übersehen bzw. gering bewertet worden. Erst in jüngster Zeit wurden an diesem Punkt Differenzierungsversuche angesetzt. Zu oft wurden die Urteile vom Absinken der Bauern in die politische Bedeutungslosigkeit nach 1525 wiederholt, wenn eine Erklärung dafür gegeben werden sollte, daß sich nach dem Bauernkrieg nur noch lokal und regional eng begrenzte Aufstandsbewegungen ausmachen lassen.[1]

Auch andere Erklärungsversuche können kaum größere Erklärungskraft für sich in Anspruch nehmen. Für Otto Schiff, der 1924 immerhin eine erste Übersicht über die bäuerlichen Aufstände zwischen Bauernkrieg und Französischer Revolution vorlegte, war es »nicht Furcht«, die eine weitere Ausdehnung immer wieder auftretender lokaler Unruhen verhinderte, sondern »der Mangel eines geistigen Einschlages, einer rechtfertigenden und zugleich werbenden Gesellschaftslehre«.[2] Auch Otto Hintzes Hinweis auf das Luthertum als »brauchbares Instrument zur Domestikation der bäuerlichen Erbuntertanen« in Brandenburg-

* Zuerst veröffentlicht in: H.U. Wehler (Hg.), »Der Deutsche Bauernkrieg 1524-1526.« Sonderheft 1 von *Geschichte und Gesellschaft*, Göttingen 1975, S. 277-302. Geringfügig überarbeiteter Wiederabdruck.

Preußen kann nicht voll überzeugen, wenn es darum geht, eine Erklärung für die begrenzten Aufstandsbewegungen zwischen Bauernkrieg und »Bauernbefreiung« zu entwickeln.[3]

Generell läßt sich feststellen, daß diese Aufstandsbewegungen vor allem unter landesgeschichtlichen Aspekten Interesse gefunden haben. Erst kürzlich sind die wichtigsten in der Geschichte des deutschen Bauernstandes von Günther Franz zusammengestellt worden.[4] Eine systematische Analyse des damit angesprochenen umfassenden Themas: »soziale Konflikte in der ständischen Gesellschaft« hat im Gegensatz etwa zur französischen und englischen Forschung keine eigene Tradition,[5] wenn wir einmal von den relativ summarischen Ausführungen der Handbücher und Gesamtdarstellungen der Wirtschafts- und Sozialgeschichte absehen.[6]

Eine Interpretation mit dem Anspruch auf umfassende Erklärung wurde bisher nur von der marxistischen Forschung vorgelegt. Sie mißt den bäuerlichen Aufstandsbewegungen und anderen Formen des Widerstandes vom 16. bis zum 18. Jahrhundert die Funktion zu, den Übergang von der ständisch beschränkten zur absoluten Monarchie dadurch bewirkt zu haben, daß der Feudaladel gezwungen wurde, sich bei der Abwehr der Gefahr bäuerlicher Aufstände auf das Machtpotential des Landesfürstentums zu verlassen.[7] Die in der DDR relativ intensiv betriebene Forschung zur Agrar- und bäuerlichen Sozialgeschichte der Frühen Neuzeit hat in diesem Zusammenhang bemerkenswerte Ergebnisse gezeitigt, deren Entwicklung hier besonders zu verzeichnen ist. Ging Percy Stulz 1955 noch von der Engelsschen Forderung aus, das »aufgeklärte Vorurteil«, »es müsse doch seit dem dunklen Mittelalter ein stetiger Fortschritt zum Besseren stattgefunden haben«, zu widerlegen,[8] so betonen neuere Forschungen demgegenüber die positive Rolle des erstarkenden absolutistischen Staates, der »die freiwillige Anerkennung der Massen« dadurch gewann, daß er »vernünftige nationale, dem Allgemeinwohl dienende Interessen vertrat«.[9] Dieser Staat, so formulierte es der auf diesem Gebiet führende Gerhard Heitz, »förderte, teils aus ökonomischen, teils aus militär-politischen Motiven, die Entwicklung der Bauern, indem er sie als Klasse in ihrem zahlenmäßigen Bestand und hinsichtlich ihrer Verfügungsgewalt über die Produktionsmittel gegen den Adel schützte; keineswegs aus humanitären Erwägungen, aber objektiv wirksam«.[10] Auch die von Historikern der Bundesrepublik vorgelegten Untersuchungen zur Entwicklung der Herrschaftsbeziehungen zwischen Grundherren und Bauern laufen in ihren Ergebnissen in die gleiche Richtung.[11]

Dieser so skizzierte Forschungsstand bietet m. E. einen Ansatzpunkt, das Problem des sozialen Konflikts in der Frühen Neuzeit aufzugreifen und durch die Formulierung einiger Thesen weiterzuführen.[12] Dieser Versuch muß mit der allgemein methodischen Schwierigkeit fertig werden, die sich dem Historiker immer dann bietet, wenn er, von einem zeitgenössischen Begriff ausgehend, sich einem historischen Phänomen zuwendet, das unter dieser Bezeichnung in den Quellen gar nicht existiert. Ich will dieser Schwierigkeit dadurch begegnen, daß ich begriffs- und geistesgeschichtliche Beobachtungen in Beziehung setze zu bestimmten im historischen Prozeß selbst aufscheinenden Fakten. Der Begriff bietet jedoch die Möglichkeit, eine Vielfalt von hier interessierenden Tatbeständen als gleichartiges Problem zu erfassen. Die rechtlichen Kategorien für die hier gemeinten Vorgänge sind außerordentlich vielgestaltig und erschweren somit eine m. E. erforderliche einheitliche Betrachtung. Dieser Versuch muß sich zudem sinnvollerweise auf den agrarischen Bereich der hier behandelten Territorien des alten Reichs beschränken, läßt also andere Ebenen des sozialen Konflikts wie zwischen Adel und Bürgertum, Zünften und Gesellen, Patriziat und Zünften im wesentlichen undiskutiert.[13] Das rechtfertigt sich vor allem aus der Tatsache, daß mit dem agrarischen Sektor der Lebensnerv der Territorien getroffen werden konnte, der zudem günstigere Möglichkeiten zur bedrohlichen Ausweitung von Konflikten bot, als es in den Städten der Fall sein konnte.

Hauptproblem jeder Analyse sozialer Konflikte in der ständisch geordneten Gesellschaft ist die Tatsache, daß hier die Vorstellungen von legitimen Auseinandersetzungen zwischen gesellschaftlichen Gruppen völlig fehlte. Die Sozialordnung dieser Gesellschaft kannte Freiheiten, Privilegien, Immunitäten einerseits, Verpflichtungen und Dienste andererseits. Ihre abgestufte Verteilung und Wahrnehmung konstituierte das Grundmodell gesellschaftlicher Beziehungen im Feudalismus, das wir gewöhnlich in dem begrifflichen Dualismus von »Schutz und Schirm« und »Rat und Hilfe« erfassen.[14] Das Gleichgewicht zwischen beiden Elementen stellte im Selbstverständnis der Zeit – wenn diese vereinfachende Formel erlaubt ist – den inhaltlichen Kern der Feudalgesellschaft dar.[15] Selbstverständlich war die je konkrete Realisierung des Gleichgewichts mit dem Austragen langdauernder Konflikte verbunden. Die Ständeforschung hat deshalb der vertraglichen Absicherung der Ausgewogenheit zwischen »Schutz« und »Hilfe« in den sog. Herrschaftsverträgen und dem daraus abgeleiteten Widerstandsrecht der Stände erhebliche Aufmerksamkeit gewidmet. Problematisch ist dabei freilich, daß dieses Widerstandsproblem fast ausschließlich auf der Ebene von Landesfürsten und Ständen untersucht worden ist.[16] Die Frage nach den besonderen Umständen eines Widerstandes bäuerlicher Untertanen ist demgegenüber nicht adäquat gestellt worden, auch wenn zu dieser Frage eine Reihe wichtiger Beobachtungen gemacht wurden, vor allem im Zusammenhang mit der Einordnung des Bauernkrieges von 1525.[17]

Ausgangspunkt meiner Überlegungen ist die These, daß seit dem 15. Jahrhundert, stärker seit dem Ausgang des Bauernkrieges, Tendenzen zu beobachten sind, die, ungeachtet der bestehenden Kriminalisierung, darauf hinauslaufen, den Konflikt zwischen Herrschaft und bäuerlichen Untertanen zu normalisieren und den beteiligten Parteien einen erweiterten Handlungsspielraum zu verschaffen, um somit die bei bewaffneten Formen der Konfliktlösung unvermeidlichen Menschen- und Sachwertverluste zu verhindern. Damit soll das präzisiert sein, was im Titel dieses Aufsatzes eher unbestimmt als die »veränderte Bedeutung sozialer Konflikte im 16. und 17. Jahrhundert« angesprochen wurde.

Diese These basiert auf einigen allgemeinen Rahmenbedingungen, die hier zumindest in aller Kürze angeführt werden müssen. Es ist dies einmal der weiter fortschreitende Prozeß der Konsolidierung der deutschen Territorialstaaten zum »Militär-, Wirtschafts- und Verwaltungsstaat«, der in erheblich intensiverer Weise in die Beziehung zwischen Grundherrschaften und Holden eingreifen konnte.[18] Ist es eines der akzeptierten Charakteristika noch des spätmittelalterlichen Territoriums, eine Vielzahl quasi autonomer Rechtskreise zu umgreifen, so ändert sich das entscheidend im Laufe des 16. Jahrhunderts. Mehr und mehr zieht der Territorialstaat wichtige Kompetenzen im Rechts- und Wirtschaftsleben an sich, erläßt Landesordnungen, allgemeine Mandate und Steuerordnungen, kurzum er versucht, aus der Vielzahl der grundherrschaftlichen Holden den umfassenden Untertanenverband eines Territoriums zu bilden, der einer zentralen Verwaltung unterworfen wird.[19] Damit war der Untertan der alleinigen Kontrolle der Grundherrschaften entzogen und in ein sich entwickelndes exekutives System hineingestellt, das den grundherrschaftlichen Bestrebungen gegenüber eine Kontrollfunktion wahrnehmen konnte.

Daraus leitet sich die zweite Bedingung ab, die eben diesen »Bauernschutz« betrifft. Die in diese Richtung zielenden Maßnahmen einzelner Landesfürsten hängen eng mit der Entwicklung zum zentralisierten Territorialstaat zusammen, weil die landesfürstlichen Verwaltungen in ihrem kameralistischen Bestreben zur Steigerung des Steueraufkommens sehr bald ein vitales Interesse an einem leistungsfähigen Bauernstand entwickelten, der für die Finanzierung territorialstaatlicher Machtpolitik unerläßlich war.[20] Diese Einsicht in die notwendige Funktion des Bauern als »Kontribuent« führte zu einer staatlich abgesicherten minimalen Existenzgarantie für den Bauern und verhinderte schlimmste Fälle von Ausbeutung und Entrechtung, zumindest vorerst da, wo sich die Landesfürsten gegenüber den adligen Ständen durchsetzen konnten.

Diese partiell einsetzenden Bemühungen um einen gewissen Schutz der bäuerlichen Existenz können freilich nicht überdekken, daß – und damit kommen wir zur dritten Rahmenbedingung – das Verhältnis zwischen Grundherrschaft und Untertanen weiterhin von einer latenten Divergenz der grundlegenden Interessen geprägt war. Nicht zuletzt der Bauernkrieg hatte unübersehbar vor Augen geführt, daß die politisch-sozialen Ordnungsvorstellungen des »gemeinen Mannes« der privilegierten Position des Adels kontrovers gegenüberstanden. Wenn auch die Niederschlagung der Bewegung von 1525 vordergründig den Sieg des Landesfürstentums mit der unmittelbaren Domestizierung des »gemeinen Mannes« gebracht hatte, so hatte der Bauernkrieg doch den adligen Ständen im Reich deutlich gemacht, daß die feudale Ordnung in ihrem Kern gefährdet war.[21] Bezieht man die parallel laufenden Entwicklungslinien des Frühkapitalismus mit seinen die ständische Ordnung sprengenden Faktoren und die reformatorische Bewegung mit ein, die das tradierte Bild einer einheitlichen Christenheit zutiefst in Frage stellte, so erscheint es durchaus angebracht, von einer gesamtgesellschaftlich wirksamen Krise zu sprechen, um den Zustand des Reiches im zweiten Jahrzehnt des 16. Jahrhunderts adäquat zu bezeichnen.[22]

Damit ist der Kern unserer Überlegungen angesprochen. Die tradierte ständische Ordnung des Reiches wird zu Beginn des 16. Jahrhunderts mit einer zusammenhängend wirksamen Reihe von Ereignissen und Prozessen konfrontiert, die den Konfliktcharakter dieser Ordnung offenlegen. Das 16. und 17. Jahrhundert bietet nun die besondere Möglichkeit zur Untersuchung eines Vorgangs, den ich als einen Prozeß der Anpassung an die Existenz dieser Konflikte nennen möchte. An einen anderen Vorgang der Anpassung an einen grundlegenden Interessenkonflikt, die Integration der konfessionellen Parteien in die Reichsverfassung zwischen 1521 und 1648, will ich hier nur erinnern.[23]

Drei Indikatoren für den Vorgang der Anpassung sollen dabei besonders herausgehoben werden. Einmal soll am Beispiel bäuerlicher Aufstandsbewegungen am Ende des 16. bzw. zu Beginn des 17. Jahrhunderts deutlich gemacht werden, wie sich neue Formen der Lösung sozialer Konflikte herausbilden und praktiziert werden. Zweitens soll gezeigt werden, wie durch rechtliche Vorschriften im Reich und in den Territorien die institutionalisierten Möglichkeiten zur Beilegung sich anbahnender Konflikte geschaffen bzw. erweitert werden. Schließlich soll in einem dritten Teil dem Phänomen nachgegangen werden, daß die bislang angedeuteten Veränderungen im Bereich des sozialen Konflikts auch Anlaß für die Entstehung einer neuen Gattung wissenschaftlicher Literatur sind, die sich der Erforschung der Gründe und Umstände von Aufstandsbewegungen und der Veränderung politischer Verhältnisse durch solche Aufstände widmete und diese in die Erörterung einer neuen, praktisch orientierten Politikwissenschaft einbezog. Damit findet der vermutete Wandel in der Bedeutung des sozialen Konflikts auch seine Entsprechung in der wissenschaftlichen Bewältigung der Fragen der Zeit.

Bereits die Analyse des Bauernkrieges durch Adolf Waas hat ergeben, daß die Haltung der fürstlichen Partei gegenüber der Aufstandsbewegung gespalten war: auf der einen Seite eine Gruppe, die bis zum April 1525 den Bauern flexibel gegenüberstand; die andere von Anfang an zur gewaltsamen Unterdrückung entschlossen. So kam es im Frühsommer des Jahres 1525 zur »großen Wende« und damit zum Sieg jener Tendenzen, die ihr Ziel erst mit der blutigen Unterdrückung der Bauern erreicht sahen.[24] Wichtig für unseren Zusammenhang ist dabei die Tatsache, daß auch in der ersten Phase des Bauernkrieges eine friedliche

Lösung des entstandenen Konflikts noch durchaus denkbar war. Selbst in der blutigen Schlußphase der Auseinandersetzung finden sich Äußerungen einzelner Fürsten, die mit Rücksicht auf das Arbeitskräftepotential der Territorien zur Mäßigung rieten.[25] Erinnert sei auch an die Formulierungen des Reichsabschieds von 1526, wo unüberhörbar der Hinweis gegeben wurde, den Untertanen ihre Rechte zurückzugeben und sie in Zukunft nicht »unbillich« zu beschweren. In Umrissen wurde hier eine »gerechtere Sozialordnung« sichtbar.[26]

Die Erfahrungen des Bauernkrieges und seiner Voraufstände sowie die vermutete Neubewertung des Problems sozialer Konflikte läßt sich zunächst als ein Auseinandertreten von rechtlichen Kategorien und den Kriterien innenpolitischer Zweckmäßigkeit beschreiben. Von der Rechtslage her war die geschlossene Forderung von bäuerlichen Untertanen nach wirtschaftlichen oder rechtlichen Erleichterungen oder der Abstellung ihrer Beschwerden durch die Grundherren ein Fall von Aufruhr, möglicherweise gar Landfriedensbruch. Sedes materiae war hier einmal die Landfriedensgesetzgebung des Reiches als dem generellen Verbot jeder eigenmächtigen Störung der öffentlichen Ordnung, speziell galten hier die Bestimmungen des Art. 127 der Carolina von 1532, der Aufruhr unter Todesstrafe bzw. Landesverweisung stellte. Zum anderen waren hier die entsprechenden Bestimmungen der territorialen Landesordnungen einschlägig.[27] Auch der erwähnte Reichsabschied von 1526 hatte die gemeinsame Verpflichtung der Fürsten zur gegenseitigen Hilfe bei Aufständen betont, schließlich hatten der Reichsabschied von 1548 und die Exekutionsordnung von 1555 noch einmal das Verbot des Widerstands gegen die rechtmäßigen Obrigkeiten betont, wobei nach herrschender Lehre auch Amtleute und Grundherren als Obrigkeit galten.[28] So konnte insgesamt kein Zweifel an der rechtlichen Vorsorge des Reiches und der Territorien bestehen, Aufstandsbewegungen in gemeinsamer Anstrengung abzuwehren[29] und jeglichen Widerstand zumindest offiziell zu kriminalisieren.

Doch schon in der Endphase des Bauernkrieges zeigten sich erste Anzeichen einer differenzierten Einschätzung von Aufruhrhandlungen. Diese Tendenz verstärkte sich ganz offensichtlich im Lauf der folgenden Jahrzehnte und konnte einen neuen Spielraum schaffen für verschiedene Formen bäuerlichen Widerstands,[30] auch wenn das Ausmaß dieses Spielraums nicht definitiv festgelegt wurde. Im Gegenteil war man bemüht, den Untertanen selbst Fälle möglichen Widerstands (etwa gegen ungerechte Behandlung und Amtsmißbrauch) zu verheimlichen, um so den möglichen Spielraum nicht einzugrenzen.

Der Verlauf des oberösterreichischen Bauernaufstands vom Ende des 16. Jahrhunderts kann uns das neue Ausmaß dieses Spielraums sichtbar machen.[31] Den aufständischen Bauern, die nach der Auskunft eines Agenten des Hauses Fugger »von ihren Oberen über die Maßen mit neuen Auflagen, die sie nicht erschwingen können, sehr bedrängt« wurden, bot sich nach der Ausweitung der Bewegung auf drei der Viertel des Landes die Möglichkeit, ihre Beschwerden gegen die Herrschaften vor einer kaiserlichen Kommission verhandeln zu lassen. Am Kaiserhof sah man in diesem quasi gerichtlichen Schiedsverfahren zwischen den Beschwerden der Bauern und den Interessen der Grundherrschaften die einzige Möglichkeit, in dieser Zeit der äußeren Gefährdung und des Angewiesenseins auf die Erträge der Landwirtschaft den offenen Konflikt beizulegen und einen Ausgleich zwischen den Parteien herbeizuführen. Diese Form der Bereinigung des Konflikts muß unser besonderes Interesse erregen. Bauern wie Obrigkeiten wurden wie Parteien vor Gericht nach Prag vor die kaiserliche Kommission gebeten, um dort ihre Sache zu vertreten.

Am 8. Mai 1597 hörten in Prag 37 Bauernvertreter und die ständischen Gesandten die kaiserliche Interimsresolution, mit der Abgaben und Dienste der Bauern auf die in den Urbaren fixierten Größen festgesetzt wurden. Eine Reihe anderer Gelddienste der Bauern wurde auf das rechtlich zulässige Maß zurückgeschraubt, andere wurden ganz gestrichen. Die Robotverpflichtung wurde gegen scharfen adligen Protest schließlich auf 14 Tage festgelegt. Ohne hier auf die weiteren Reaktionen der oberen Stände einzugehen, die erhebliche Bestechungsgelder für ihre Interessen einsetzten, soll nur auf die Äußerungen zweier der beteiligten Adligen und Prälaten verwiesen werden. So äußerte sich Georg Erasmus Tschernembl, einer der späteren Führer der ständischen Opposition in Oberösterreich, entrüstet über das für ihn unwürdige Antichambrieren am Hofe, um bauernfreundliche Entscheidungen des Hofrates möglichst zu verhindern. Diese seiner Ansicht nach aller adligen Freiheit spottende Gleichbehandlung mit den Bauern mußte dem ständischen Verständnis absolut zuwiderlaufen. Ebenso empörte sich der spätere Kardinal Khlesl in einem

Gutachten, daß man mit den rebellischen Bauern lange »parlamentiere«, anstatt zu den bewährten Mitteln zu greifen.[32] Der gesamte Vorgang zeigte freilich auch – doch das steht hier nicht im Zentrum unseres Interesses – die Verknüpfung der Geschichte des landständischen Adels und der bäuerlichen Aufstandsbewegung. Angewiesen auf den Schutz des Landesfürsten gegen aufständische Bauern blieb den Ständen nichts anderes übrig, als sich der für sie entwürdigenden Gleichbehandlung zu beugen.

Für die Bauern bedeutete diese Veränderung des Verfahrens der Konfliktlösung freilich noch keinen weitreichenden Gewinn. Wenn auch die Festsetzung der Robot einen entscheidenden Fortschritt darstellte, so mußte die Strafexpedition, die zwischen Interimsresolution und der darauf erfolgten Ablieferung der bäuerlichen Waffen und der Fortführung der Kommissionsverhandlungen in Linz durchgeführt wurde, alle Illusionen über eine grundlegende Veränderung der Beziehungen zwischen Obrigkeit und Bauern zunichte machen. Hier konnte sich noch einmal die kurzsichtige ständische Auffassung von der Lösung sozialer Konflikte durchsetzen, die mit der kaiserlichen Schlichtungspolitik zu Lasten des Adels höchst unzufrieden war.

Diese im oberösterreichischen Bauernaufstand zwar nicht neu entwickelte, so doch erstmals in größerem Rahmen praktizierte Taktik der Konfliktlösung durch Schiedsverhandlungen wurde durchaus zu einem üblichen Mittel der Bereinigung von Konflikten im Verhältnis zwischen bäuerlichen Untertanen und ihren Obrigkeiten.[33] Ohne freilich ganz die traditionell gewaltsamen Maßnahmen außer Verkehr zu setzen, die immer im Hintergrund für den Fall aller Fälle bereitgehalten wurden, konzentrierte sich das Bemühen der Landesfürsten stärker auf die Ausschöpfung gütlicher Mittel. Damit korrespondierte auch die im 16. und 17. Jahrhundert steigende Tendenz der Möglichkeiten rechtlicher Beschwerden bei Untertanenklagen. Während dieses Zeitraums schufen alle Territorien die institutionellen Voraussetzungen für bäuerliche Klagen gegen ihre Obrigkeiten.[34] Im Allgäu kam es in der Grafschaft Rotenfels sogar zur Einrichtung einer ständigen Schiedskommission, die im Konfliktfall zwischen Untertanen und Obrigkeit vermitteln sollte.[35] Auch das Auftauchen von Bauernprokuratoren und entsprechenden Gegenmaßnahmen in dieser Zeit deuten auf eine verstärkte Nutzung des Klagewesens hin. Exemplarisch soll hier auf das Beispiel des Appellationsgerichts in

Dresden verwiesen werden, das zweifellos erst nach Ausschöpfung aller anderen Möglichkeiten angerufen wurde. Immerhin sind zwischen 1556 und 1799 von 110 Bauern allein aus dem Gebiet des sächsischen Amtes Borna Prozesse vor diesem Gericht geführt worden.[36] Ein Beispiel aus dem Bistum Paderborn soll die Intensität solcher Auseinandersetzungen vor Gericht belegen. Hier hatte die Familie von Borch seit dem Beginn des 17. Jahrhunderts Streit mit ihren Untertanen über das Ausmaß bestimmter Dienste. 1657 kommt es zu einem durch den Bischof vermittelten Vergleich. 1685 kommt es zu erneuten Meinungsverschiedenheiten, wobei die bäuerlichen Beschwerden drei Jahre später durch die Duisburger Fakultät abgewiesen werden. 1720 werden erneut die Dienste verweigert. Trotz Strafbefehlen der Regierung reichen die Bauern 1747 erneut eine Klage bei der Regierung ein, die wiederum abgewiesen wird. Erst in der Appellation an das Reichskammergericht erhalten die Untertanen 1804 ein Urteil, in dem die Dienste präzisiert werden.[37]

Auch wenn es sich hierbei um einen besonders langwierigen Streit handelte, der jedoch kein Einzelfall war,[38] so belegen auch hier Gegenmaßnahmen am ehesten die Gültigkeit dieser Aussage. Dem Verbot von Winkeladvokaten in der Steiermark und in Sachsen etwa entspricht auf der Ebene des Reiches die Bestimmung, daß bei den Klagen sogenannter »armer Parteien« am Reichskammergericht jeweils der Anreger der Klage angegeben werden muß, um dem Mißbrauch des Klageweges vorzubeugen. Auch andere Bestimmungen über den Gang von Untertanenklagen an diesem Gericht bestätigen, daß der Klageweg offensichtlich so stark genutzt wurde, daß vom Kammergericht bestimmte Vorprüfungen von Untertanenklagen eingeführt wurden.[39] Das ändert jedoch nichts daran, daß die Untertanenklage gegen ungerechte Behandlung durch die Grundobrigkeiten ihren bislang kaum beachteten Niederschlag auch in dem offiziösen Handbuch des Kammergerichtsprozesses von Andreas Gail fand, wo es hieß:

Wann ein Herr allzusehr gegen und wieder seine Untertanen tyrannisieret, wütet oder tobet und dieselben über die Maßen beschweret und zu ungewöhnlichen Hof- und andern ungebräuchlichen Diensten als Botschaften, Schildwachen und andern mit Gewalt zwinget, in solchem Fall mügen die Untertanen wohl der hohen Obrigkeit Hülf und Schutz anrufen und begehren, daß den Herren bei hoher Straf auferleget werde, sie über Gebühr nicht zu beschweren.

Nach einer Aufzählung der üblichsten Fälle solcher »ungebührlichen Beschwerung« hielt es Gail vor dem Hintergrund der aus einem kleineren Konflikt entstehenden großen Aufstände für rechtlich zulässig, einen Grundherren »seines Lehens zu entsetzen«. Der zweite Teil dieses Artikels offenbarte freilich wieder die Widersprüchlichkeit solcher Untertanenklagen, wenn Gail erklärte, daß Mandate des Gerichts gegen die Obrigkeit keineswegs leichtfertig ausgesprochen werden dürften, »dann sonsten gemeiner Rechtslehr nach, hat ein jeder Magistratus oder Obrigkeit die Präsumption oder stattliche Vermutung vor sich, daß sie jedem Gleich und Recht zu lassen geneigt«.[40]

Hier zeigt sich die Problematik des nicht präzis abgesteckten Spielraums zwischen den Vorschriften der Carolina und der rechtlichen Möglichkeit der Beschwerde, der für die Untertanen immer ein Risiko einschloß, für die Obrigkeiten aber die Möglichkeit einer abgestuften Reaktion offen ließ. In den Kommentaren zu den Bestimmungen der Carolina finden sich deshalb bei der Erörterung der Strafe für Aufrührer immer eindeutige Verweise auf eine abgestufte Bestrafung, mit der nach Daniel Clasen weitere Aufstände verhindert werden sollten. Johannes Brunnemann stellte die Strafe völlig in das Ermessen der Obrigkeit, wenn er schrieb: »Sic poena ratione causa, ratione facti, ratione modi et damni dati est arbitraria.« Die weitestgehende Ermäßigung des Strafmaßes ergab sich bei einem auslösenden Verschulden der Obrigkeiten, ohne freilich selbst in diesem Falle auf eine Bestrafung der betroffenen Untertanen zu verzichten.[41]

Die hier zitierten Passagen aus dem wichtigsten Kammergerichtshandbuch und aus einigen Prozeßhandbüchern des 17. Jahrhunderts bilden den Übergang zur dritten Ebene der Argumentation für die hier vertretene These von der Durchsetzung eines veränderten Konfliktbewußtseins in der ständischen Gesellschaft seit dem 16. Jahrhundert. Auszugehen ist hierbei davon, daß sich die neuen Probleme, die sich dem frühmodernen Staat im Hinblick auf die Fragen der gesellschaftlichen Ordnung stellten, auch in der wissenschaftlichen Politik dieser Epoche ihren Niederschlag fanden. So ist etwa von Hans Maier jener Problemkomplex aufgearbeitet worden, den wir mit dem Begriff der »Lehre von der guten Polizei« bezeichnen,[42] der wissenschaftlichen Beschäftigung mit der obrigkeitlichen Vorsorge um den gemeinen Nutzen im Territorialstaat des 16.-18. Jahrhunderts. Neuere Untersuchungen von Oestreich, Seils und Dreitzel haben die Anfänge einer praktisch orientierten Politikwissenschaft im 17. Jahrhundert betont und damit ältere Urteile über diese Literatur revidiert.[43]

Der bei Maier entwickelte Überblick über diese »ältere deutsche Staats- und Verwaltungslehre« bliebe freilich unvollständig, wollte man nicht die Literatur einbeziehen, die sich der Problematik des manifesten innergesellschaftlichen Konflikts widmete. Ihren – keineswegs erstaunlichen – speziellen Ausgangspunkt nahm die intensivere Behandlung dieses Themas von der frühen Steuerliteratur, die mit dem Beginn des 17. Jahrhunderts einsetzte. Keiner der Steuertraktate jener Zeit versäumte es, auf die Gefahren hinzuweisen, die aus der gewaltsamen Eintreibung der Steuer, der ungerechten Überbesteuerung und anderem Mißbrauch erfolgen konnten: »Es entsteht Haß, aus Haß Verachtung. Verachtung aber zeugt Konspiration«, schreibt Kaspar Klock in seiner Dissertation von 1608.[44] Diese Warnung Klocks bedient sich einer Erfahrung, die schon in der aristotelischen »Politik« niedergelegt worden war. Mit diesem klassischen politikwissenschaftlichen System ist zugleich der allgemeine Ausgangspunkt angesprochen, aus dem sich die neue Aufstandsliteratur entwikkelt. Den politikwissenschaftlichen Werken des späten 16. und 17. Jahrhunderts, die sich in diese Tradition hineinstellen, ist also das Problem der »Veränderung« der politischen Systeme durchaus vertraut, ohne dabei freilich in diesem Punkt wesentlich über die aristotelischen Feststellungen hinaus zu gelangen.[45] Erst die neue, praktisch orientierte Politikwissenschaft des frühen 17. Jahrhunderts, die freilich bislang wenig untersucht worden ist,[46] greift weiter hinaus. Hier haben wir es mit einer Reihe von Werken zu tun, die das Problem sozialer Konflikte nicht mehr nur unter dem Aspekt der Staatsformenlehre oder der Veränderung der Staaten begreifen, sondern es vor allem als Fragestellung und Aufgabe praktischer Politik verstehen.

Einige dieser Titel seien hier, da sie in der bisherigen politikgeschichtlichen Forschung überhaupt nicht erwähnt, geschweige im Zusammenhang untersucht worden sind, aufgeführt. Ich verzichte dabei auf die z. T. sehr ausführlichen Behandlungen des Aufstandsproblems in den politikwissenschaftlichen Werken wie bei Justus Lipsius, Georg Schönborner, Adam Contzen, Paul Matthias Wehner, Friedrich Wendelin, Henning Arnisäus, Arnold Clapmarus, Michael Kreps oder Bartholomäus Keckermann, um nur einige zu nennen. Auch auf die Bedeutung, die den Aufständen in den »Regenten-Spiegeln« eines Johann Schuwardt oder eines Georg Lauterbeck beigemessen wird, will ich nur summarisch hinweisen.[47]

Um 1530 legte der französische Parlamentspräsident Nikolaus Boerius, veranlaßt durch eine Reihe von Aufständen in seiner Heimat, seinen Traktat »de seditionibus« vor, der auch in Deutschland verbreitet wurde.[48] 1550 schrieb der deutsche Rechtsgelehrte Konrad Brunus eine gleichlautende Abhandlung, die auch die Erfahrungen der beginnenden Glaubensspaltung, des Bauernkrieges und der Wiedertäufer in Münster einbezog.[49] Aus dem Jahre 1601 findet sich ein Traktat Andreas Dalners »vom Aufruhr und Empörungen aus geistlichen und weltlichen Historien nach gemeinem Rechte«, der anläßlich der österreichischen Bauernaufstände geschrieben wurde.[50] 1633 schrieb Johann Neumair von Ramsla ein noch näher zu untersuchendes Buch »vom Aufstand der Untern wider ihre Regenten«.[51] Der Basler Johann Friedrich Burckhardt verknüpfte 1654 die Untersuchung der Konstitution Heinrichs VII. »qui sint rebelles« mit der des gerade beendeten schweizerischen Bauernkrieges, eine Verbindung, die dem Schweizer Historiker Karl Mommsen kürzlich besonders bemerkenswert erschien. Dieselbe Konstitution hatte schon 1623 Johann Alban Ritter zum Anknüpfungspunkt für seine Gießener Dissertation gedient, und 1675 arbeitete Johann Niklaus Kämpffer erneut über dieses Thema.[52] 1650 erschien ein »gruendtlicher Bericht und kurtze außführung« über die »Continuirende Rebellion« in Frankreich, 1655 ließ Jakob le Bleu in Gießen die Dissertation seines Schülers Johann Philipp Heintz »de rebellionibus« erscheinen.[53] Aus dem Jahre 1663 besitzen wir eine Abhandlung Johann Claussens über die »causae seditionum«.[54] Nur ein Jahr später veröffentlichte der Niederländer Martin Schoock eine umfangreiche Untersuchung »de seditionibus seu discordiis domesticis«.[55] 1666 faßte Melchior Balthasar Kupferschmit das bekannte Wissen über Aufstände und deren Anführer in seinem »Speculum rebellatorum et proditorum« zusammen,[56] 1675 handelt Georg Friedrich Glandorf »de rebellibus«, ein Jahr später Johann Heinrich Reinhart »de malecontentis in republica«.[57] 1682 und 1688 finden sich Leipziger bzw. Basler Dissertationen über das Aufstandsproblem von Andreas Mylius und Achilles August Lersner.[58] Schon 1685 hatte Ahasver Fritsch in seinem »Subditus peccans« eines der drängendsten Probleme der Zeit thematisiert, dem jedoch auch einen »Nobilis peccans« gegenübergestellt und damit den Zusammenhang zwischen beiden deutlich gemacht.[59] Den Schluß dieser sicher nicht vollständigen Aufstellung sollen Georg Melchior Hoffmanns »Rusticus seditiosus« von 1707,[60] Georg Wilhelm Fleischmanns Dissertation über den Bauernkrieg von 1525 aus dem Jahre 1712 und schließlich Johann Christian Schmids Dissertation »de tumultibus« bilden.[61]

Als Indiz für das neue Interesse an einer intensiveren, stärker empirisch-praktischen Aufstandslehre – oder richtiger einer Lehre zur Verhütung und unproblematischen Beilegung von Aufstandsbewegungen – mag zusätzlich die Tatsache gelten, daß 1617 der hessiche Pfarrer Georg Draudius den bereits zweimal aufgelegten »Fürstlichen Tischreden« – einer Art Regentenlehre des späten 16. Jahrhunderts – einen völlig neuen zweiten Teil hinzufügte, der sich allein mit dem Aufstandsproblem beschäftigte und vor allem »scharfe Mittel und allerhand tunliche Wege« zu seiner Verhinderung diskutierte.[62] Für den Verfasser der erwähnten »Continuirenden Rebellion« war es geradezu der »Spring-Brunn, darauß Empörungen, Zerrüttungen, Mißbrauch und gäntzliche Verderbungen der Regimenter und Reiche herfür quellen«, wenn sich die Regierenden nicht um die Mittel und Wege kümmerten, die Untertanen »unter dem Joch des Gehorsams« zu erhalten.[63]

Über die Gründe und Intentionen einer solch erstaunlichen Intensivierung der Erforschung des Aufstandsproblems kann es kaum Zweifel geben. Nicht nur die Tatsache, daß alle hier erwähnten Schriften, selbst die thematisch begrenzten juristischen Dissertationen, die sich häufenden Aufstandsbewegungen zum Anlaß nehmen, ist hier anzuführen.[64] Diese Einsicht ordnet sich zudem in den größeren Zusammenhang ein, der mit einem Zitat von Johann Heinrich Cravelius angesprochen wird:

> Omnis historia profecta docet, quod futuras rerumpublicarum mutationes discordiae civiles et seditiones intestinae praecedere soleant.[65]

Der hier angesprochene Kontext einer möglichen umfassenden Veränderung des »Regiments« – immer verstanden als Umsturz der bestehenden Verhältnisse – wurde ebenfalls in einer Vielzahl von Arbeiten untersucht, die hier nur als Gattung angesprochen werden können.[66] Aus dieser Perspektive einer drohenden Umwälzung der bestehenden politischen Verhältnisse ergab sich aber auch der direkte Anstoß aller hier angeführten Autoren. Folgen wir exemplarisch noch einmal Kaspar Klock, dem Finanzwissenschaftler, um die Intentionen dieser Schriften zu verdeutlichen.

In der Vorrede zum zweiten Band seiner Konsiliensammlung diskutierte Klock 1649 die unterschiedlichen Auffassungen über die Veränderung und den Untergang von Staaten. Manchen diene hierbei der Stand der Gestirne als Maßstab, die Theologen beriefen sich auf den unerforschlichen Ratschluß Gottes. Ohne diese Möglichkeiten schon definitiv auszuschließen, erscheine es ihm doch angebracht, auf die wirklichen Ursachen solcher Veränderungen selbst einzugehen, die bei den Menschen selber zu suchen seien. Als wirkliche Ursachen nennt er: Ungerechtigkeit, Zwietracht, Machtgier, Stolz, Luxus und Geiz. Die Uneinigkeit und Zwietracht, von der alle Welt spreche, komme also nicht von außen, sondern sei im Menschen selber begründet.

Die unvermeidliche Folge solcher Schäden seien Aufstände, Haß zwischen Fürsten und Untertanen. Hier setzt Klock seine Arbeit als Jurist und Politikwissenschaftler an: »De remediis cogitandum erit, quibus curatio obtineri queat.« Den Meinungen aber, die in Aufständen positive Entwicklungen sähen, könne er sich nicht anschließen. Seine Arbeit habe der unversehrten Erhaltung der »membra corporis rei publicae« bzw. der Wiederherstellung ihrer früheren Gesundheit zu dienen.[67] In den meisten Schriften wird der Vergleich mit der Funktion des Arztes gezogen und damit die praktische Aufgabe der Überlegungen betont.[68] »Tractatur a politico haec materia non positive, sed remotive, non ut excitetur, sed ne excitetur in republica seditio. Eodem modo, quo a logicis fallaciae, ab ethicis vitia, a medicis morbi considerantur«, formuliert Johannes Claussen 1663 in der Einleitung seiner Dissertation über die Gründe von Aufständen.[69]

Hier wird die Aufgabe dieser neuartigen Analyse gesellschaftlicher Krisenerscheinungen noch deutlicher, als wir das etwa in der Polizeiliteratur der gleichen Epoche kennengelernt haben. Vor dem politisch und sozial bewegten Hintergrund des 16. und 17. Jahrhunderts bildet sich eine neue Stufe der Erkenntnis sich anbahnender »mutationes, conversiones oder eversiones« aus, die als solche analysiert und bekämpft werden.

Konsequenz solcher Untersuchungen war für Klock die Forderung nach einem neuen Verhältnis zwischen Untertanen und Obrigkeiten. Angesichts der Tatsache, daß »malitia« heute die vorzüglichste Eigenschaft der Bauern sei, die ganz allgemein als »schlau, listig und arrogant« bezeichnet werden,[70] mußte es jetzt darauf ankommen, auftauchende Konflikte durch strikte Beachtung der rechtlichen Normen beizulegen.[71] Jeder Eindruck ungerechter und tyrannischer Behandlung mußte jetzt vermieden werden. Klocks Steuerlehre, die er in einem stattlichen Folioband von fast 600 Seiten 1676 vorlegte, ist deshalb unter unserem Blickwinkel ein Kompendium über die Möglichkeiten und Schwierigkeiten, die für den Betrieb des absolutistischen Territorialstaats erforderlichen Abgaben von der bäuerlich-bürgerlichen Bevölkerung ohne nennenswerte Reibungsverluste zu erhalten.

War für Klock und alle anderen oben aufgeführten Schriftsteller ein Aufstand die schlimmste aller denkbaren Belastungen eines Staatswesens – weit schlimmer noch als Krieg –, so haben wir mit Johann Wilhelm Neumair von Ramsla einen Vertreter der Auffassung vor uns, die auch die Möglichkeit positiver Entwicklungen in einer Aufstandsbewegung zumindest diskutierte. Der weitgereiste sächsische Adlige hat uns mit seinem »Sonderbaren Traktat vom Aufstand der Untern wider ihre Regenten und Obern« eine bemerkenswerte Arbeit hinterlassen, die die bisherige rechts- oder politikhistorische Forschung – soweit ich das übersehen kann – nicht beachtet hat.[72] Dabei handelt es sich bei seinem Werk wohl um das ergiebigste der hier untersuchten Gruppe von Schriften über das Aufstandsproblem, das am ehesten als ein Kompendium für das Verhalten der auf beiden Seiten an einem Aufstand beteiligten Personen und Gruppen zu bezeichnen ist.

Die in dieser Literaturgattung vermutete neue Bewertung sozialer Konflikte findet in Neumairs Traktat ihren oft überraschenden Niederschlag. Ausgangspunkt seiner Überlegungen ist wie bei den meisten Schriften die Klage über sich häufende Aufstände mit allen ihren negativen Konsequenzen. Unser Autor zieht jedoch nicht die klassische Konsequenz einer für Regenten und Obrigkeiten gedachten Handlungsanweisung zur Domestizierung der Untertanen und zur gewaltsamen Eindämmung solcher Konflikte, sondern wählt eine abgewogene Untersuchung der konfligierenden Interessengruppen, ihrer Durchsetzungsmöglichkeiten und der Konsequenzen ihres Handelns. Neumairs eigene Inhaltsangabe mag das verdeutlichen:

Im ersten gesagt wird, aus was Ursachen die Untern bewogen werden, wider ihre Regenten und Obern aufzustehen.

Im andern, was vor Nutz und Vortheil aus Auffstand und Aufruhr beydes den Untern und den Regenten und Obern wie auch andern und in gemein erfolgen kann.

Im dritten, was vor Schad, Nachtheil und Ungemach aus Auffstand und Aufruhr so wol den Untern als den Regenten und Obern wie auch andern und in gemein zu entstehen pflege.

Im vierten, was die Untern zu bedencken haben auch thun sollen, wann sie wider ihre Regenten und Obern aufstehen wollen oder albereits auffgestanden sind.

Im fünfften, was Regenten und Obern thun können, wann ihre Untern wider sie auffstehen wollen oder albereits auffgestanden sind.

Im sechsten und letzten, durch was Mittel Aufruhr und Auffstand der Untern wider ihre Regenten und Obern auffhören oder sonst zergehen könne.[73]

Überschaut man den Bereich der hier behandelten Fragestellungen, die jeweils mit einer Vielzahl historischer Beispiele umgeben werden, so wird die besondere Intention Neumairs sichtbar. Sie läuft insgesamt darauf hinaus, den Regierenden der deutschen Territorialstaaten deutlich vor Augen zu stellen, in welchem jeweils größeren Zusammenhang auftauchende soziale Konflikte gesehen werden müssen. Ihnen wird klargemacht, daß ein Aufstand, eine geschlossene Verweigerung von Diensten, die Vorbereitung eines Prozesses gegen einen Grundherrn oder ähnliche Ereignisse nicht allein unter dem Aspekt des Aufruhrparagraphen gesehen werden können. Solche Bewegungen werden von Neumair als Fälle elementarer Infragestellung der tradierten Sozialordnung gewertet, die ein angemessenes Krisenverhalten der beteiligten Obrigkeiten erfordern. Denn angesichts der relativen Unwahrscheinlichkeit, mit seinen Ausführungen über die Rolle der Untertanen in einem solchen Konflikt diese Gruppe direkt zu erreichen, muß sein Traktat doch letztlich als Anweisung für reflektiertes Handeln der betroffenen Obrigkeiten verstanden werden. So systematisiert und unterstützt seine Arbeit im Grunde jene bereits erwähnten Tendenzen der territorialstaatlichen Regierungsapparate, den Untertanen in ein entwickeltes administratives und judikatives System einzubinden und damit tendenziell den Aufstand als ultima ratio sozialen Verhaltens schon an der Wurzel unmöglich zu machen.

Das qualitativ Neue an Neumairs Traktat – einem frühen Versuch einer Konfliktsoziologie der ständischen Gesellschaft – wird deutlicher, wenn man ihn den traditionellen Interpretationen der

Sozialbeziehungen in der Ständegesellschaft gegenüberstellt. In diesem Verständnis kam jedem Stand eine Gruppe von Privilegien zu, deren ungetrübte Nutzung möglichst sicherzustellen war. Denkbare Überschreitungen der Privilegien, die zu Einschränkungen der Rechte anderer Schichten führten, wurden zwar abgelehnt, doch in ihren tatsächlichen Konsequenzen nicht diskutiert. Es wurde die Fiktion aufrechterhalten, als garantiere allein die Nutzung der jeweiligen Privilegien ein konfliktfreies Nebeneinander der unterschiedlichen gesellschaftlichen Interessen. Ein Beispiel für diese Auffassung mag etwa die Gruppe von Schriften sein, die Ahasver Fritsch 1684/85 über das Verhalten einiger gesellschaftlicher Gruppen veröffentlichte. Gemeint ist hier sein »Subditus peccans sive tractatus de peccatis subditorum«, sein »Quaestor peccans sive tractatus de peccatis quaestorum et officialium« und sein »Nobilis peccans sive tractatus de peccatis nobilium«, um nur drei herauszugreifen.[74] Thematisiert werden hier vor allem Überschreitungen der Rechte und Privilegien dieser drei Gruppen, postuliert wird dagegen die Einhaltung der tradierten Grenzen des sozialen Verhaltens aller drei Gruppen in der unausgesprochenen Annahme, daß damit die gesellschaftliche Harmonie gesichert bleibt. Obwohl Fritsch bereits die Frage der Überschreitungen dieser Grenzen zum Gegenstand seiner Untersuchung macht, so tut er das doch vor der überholten Vorstellung möglicher »tranquillitas interna«[75] und verkennt dabei die gesellschaftliche Realität, die mit ständigen Konflikten konfrontiert war. Hier scheint mir das Verdienst Neumairs zu liegen, wenn er de facto von der Normalität ständiger Auseinandersetzungen zwischen den verschiedenen gesellschaftlichen Gruppen ausgeht, die er zudem als »Untere« und »Obere« typisiert. Natürlich postuliert auch Neumair einen Zustand innerer Eintracht, bringt dies jedoch in einen engen Zusammenhang mit seiner Forderung nach einem Verhalten zwischen »Untern« und »Obern«, das mögliche Reaktionen der anderen Seite im voraus einkalkuliert.

Richtet sich Neumair trotz seines deutsch geschriebenen Buchs und trotz seiner scheinbar die Untertanen ansprechenden Aussagen an die Regierenden, so setzt sich der Traktat Andreas Dalners, eines niederösterreichischen Regimentsrats, »Von Auffruhr und Empörungen« zum Ziel, durch eine deutsche Übersetzung eines ursprünglich lateinischen Textes »den gemeynen und des Latein unerfahrnen Mann« zu erreichen. Dalners unmittelbarer Anlaß ist zudem ungleich konkreterer Art, wenn er auf diese Art und Weise den österreichischen Untertanen die »Lehren« aus den österreichischen Bauernaufständen von 1595/97 nahebringen will. Im Unterschied zu Neumair lehnt es Dalner ab, über die Entstehung eines Aufstands auch nur zu schreiben, sein Interesse gilt vielmehr der Beilegung des Aufstands vorzugsweise mit militärischen Mitteln.[76] Sein den österreichischen Städten und Märkten gewidmeter Traktat ist ein Beispiel für eine Auffassung von innergesellschaftlichen Konflikten, die darin zunächst Bewährungsproben der territorialstaatlichen Regimente sah. Neumairs Leistung mag in dieser Gegenüberstellung um so deutlicher werden.

Versuchen wir, die hier angestellten Überlegungen, die das angesprochene Thema nur thesenhaft angehen konnten, noch einmal zusammenzufassen, so lassen sich die folgenden Ergebnisse festhalten:

1. Die Erfahrung des Bauernkrieges von 1525 bedeutet sowohl für Untertanen wie für Landesfürsten und adlige Grundbesitzer einen wichtigen Anstoß, die Skala der gewaltfreien Möglichkeiten zur Lösung sozialer Konflikte zwischen den angesprochenen Gruppen zu erweitern. Die agrarische Konjunktur und die steigende Bedeutung der bäuerlichen Untertanen für die finanzielle Basis der Territorialstaaten bildeten den Hintergrund dieser Tendenzen, die territorial unterschiedliche institutionelle Konsequenzen haben konnten. Die Verbesserung der Beschwerde- und Klagemöglichkeiten, die Einrichtung von Schiedskommissionen zur Beilegung sich anbahnender oder ausgebrochener Streitigkeiten laufen in der Tendenz darauf hinaus, den notwendigen Spielraum für den Austrag von Konflikten überhaupt erst zu schaffen und damit die gefährliche Alternative von Zusehen oder Zuschlagen zu überwinden. Trotz der weiterhin gültigen Kriminalisierung allen bäuerlichen Widerstands verschafften sich die Obrigkeiten ausreichenden Handlungsspielraum bei der Aburteilung solcher Aktionen, indem sie die Strafe von der Gesamtheit aller Umstände, damit von der politischen Zweckmäßigkeit abhängig machten. Daneben erweiterten die Territorialstaaten ihr administratives und exekutives Potential, das die sozialen Beziehungen zwischen Grundherrschaften und Untertanen zunehmend disziplinierte.[77]

2. Die zunehmend anerkannte Notwendigkeit flexibler Konfliktlösungen findet auch auf dem Sektor der zeitgenössischen Po-

litikwissenschaft ihr Pendant. Ausgehend von der »statischen« Veränderungslehre der aristotelischen »Politik« (C. J. Friedrich),[78] den römisch-rechtlichen Bestimmungen über die »seditio« und der steuertheoretischen und -praktischen Literatur der Zeit entstehen schon im 16. und vermehrt im 17. Jahrhundert spezielle Erörterungen über das Aufstandsproblem. Sie werden in der Absicht geschrieben, den territorialen und städtischen Führungsgruppen Hilfsmittel für die Analyse, Verhinderung und die möglichst reibungslose Beilegung solcher Bewegungen an die Hand zu geben. Hatte schon die Polizeiliteratur dieser Epoche vor der Aufgabe gestanden, die neu aufgetretenen Ordnungsprobleme einer in Fluß geratenen Gesellschaft aufzufangen, so trug die Aufstandsliteratur darüber hinaus der Tatsache Rechnung, daß die »allgemeine Krise der herrschenden kirchlichen und weltlichen Ordnungen« (Hans Maier)[79] unvermeidliche Konflikte produzierte, die unter möglichst geringen Verlusten aufgefangen werden mußten. Die hier angeführte Aufstandsliteratur, die sicherlich noch reichhaltiger ist und sich zudem im weiteren Verlauf des 18. Jahrhunderts noch vermehrt, belegt allein mit ihrer Existenz diesen Tatbestand. Die trotz ihrer sprachlichen Skurrilitäten wertvolle Untersuchung von Hans L. Stoltenberg hat 1937 die Entstehung einer politischen »Wirrwissenschaft« im späten 16. Jahrhundert verzeichnet und damit die wissenschaftliche Reaktion auf die Häufung sozialer Konflikte plastisch zusammengefaßt.[80]

Ein Zitat soll diese eher thesenhaften Bemerkungen zur Bedeutung sozialer Konflikte im späten 16. und im 17. Jahrhundert abschließen. Es scheint geeignet, den vermuteten Zusammenhang zwischen dem Ausgang des Bauernkrieges und den oben beschriebenen Konsequenzen noch einmal herzustellen und zu exemplifizieren. Im »Thesaurus practicus«, einem Handbuch politisch-rechtlicher Grundbegriffe des 17. Jahrhunderts von Christoph Besold, findet sich in der 4. Auflage von 1697 im Artikel »Aufruhr« das zustimmend übernommene Zitat eines gewissen »Johannes Leuctherus«:

Weil nu kein ander Regiment im römischen Reich zu hoffen ist, wie auch Daniel anzeigt, so ists nicht zu raten, daß mans ändre, sondern es flicke und plätze dran, wer da kann, solange wir leben, strafe den Mißbrauch und lege Pflaster und Schweden (d. h. Verband oder Pflaster – W. S) auf die Blattern. Wird man aber die Blattern ausreißen mit Unbarmherzigkeit, so wird den Schmerz und Schaden niemand mehr fühlen als solche klugen Barbierer, die das Geschwür lieber ausreißen als heilen wollen. Wohlan, Deutschland ist vielleicht reif und, ich fürchte, einer starken Strafe wert. Gott sei uns gnädig![81]

Kein Zweifel, daß hier die administrative Praxis der frühneuzeitlichen Territorialstaaten ihre theoretische Begründung findet. Die ganze Bedeutung des Zitats wird freilich erst dann deutlich, wenn man den wirklichen Autor dieser Passage kennt. Niemand anders als Martin Luther verarbeitete hier 1535 in der späten Auseinandersetzung mit Thomas Müntzer, veranlaßt durch die Auslegung des 101. Psalms, die Erfahrung des Bauernkrieges.[82] Das problemlose Einfügen dieses Lutherzitats in den Aufruhrartikel eines politischen Handbuchs des 17. Jahrhunderts mag noch einmal auf die realen Auswirkungen dieses Ereignisses hinweisen, die mir bislang nur unzureichend erfaßt scheinen.

Anmerkungen

1 Das ist der Tenor der Literatur zum Bauernkrieg, z. B. bei G. Franz, *Der deutsche Bauernkrieg*, Darmstadt 1969[8], bes. S. 299. Ähnlich auch A. Waas, *Der Kampf der Bauern um Gerechtigkeit*, München 1957, S. 259. W. P. Fuchs in: Gebhardt, *Handbuch der deutschen Geschichte*, Bd. 2, 9. Aufl., Stuttgart, S. 63, spricht von der »Ausschaltung des Bauerntums als eines politischen Faktors aus dem aktiven Geschehen der Nation.« Vgl. auch die Charakterisierung der Forschungslage bei P. Blickle, *Die Revolution von 1525*, München 1975, S. 17, und seinen Versuch einer Differenzierung dieses Bildes: S. 217 ff. – Überarbeitete und teilweise erweiterte Fassung eines Habilitationsvortrages im Fachbereich Geschichtswissenschaften der FU Berlin am 5. Februar 1975.

2 O. Schiff, »Die deutschen Bauernaufstände von 1525 bis 1789«, in *HZ* 130, 1924, S. 189-209, hier S. 208.

3 O. Hintze, »Kalvinismus u. Staatsräson in Brandenburg zu Beginn des 17. Jahrhunderts«, in: *Gesammelte Abhandlungen*, Bd. III, Göttingen 1967[2], S. 264. Der Hinweis auf Hintze mag hier für eine Vielzahl ähnlich argumentierender Autoren stehen.

4 G. Franz, *Geschichte des deutschen Bauernstandes*, Stuttgart 1970, S. 179 ff.

5 Ohne auf einzelne Autoren einzugehen, begnüge ich mich hier mit dem Hinweis auf den instruktiven Aufsatz von C. S. L. Davies,

»Peasant revolt in France and England. A comparison«, in: *The Agricultural History Review* 21, 1973, S. 122-34, mit weiteren Literaturangaben und die vergleichende Arbeit von B. Moore, *Soziale Ursprünge von Diktatur u. Demokratie. Die Rolle der Grundbesitzer u. Bauern bei der Entstehung der modernen Welt*, Frankfurt 1969.

6 Auszunehmen ist davon die in Anm. 4 erwähnte ausführlichere Behandlung der Aufstände nach 1525 bei Franz, der (S. 196) diesen Aufständen die Wirkung zuspricht, die »weitere Verschlechterung der bäuerlichen Lage« gehemmt und »die bestehende feudale Ordnung« untergraben zu haben. Zur Auffassung von Franz vgl. jetzt die Bemerkungen bei Blickle, *Revolution*, S. 17, Anm. 56. – Erst Veröffentlichungen der letzten Zeit greifen das Problem der Bauernaufstände im Zusammenhang auf, vgl. z. B. H. Wunder, »Der samländische Bauernaufstand von 1525. Entwurf für eine sozialgeschichtliche Forschungsstrategie«, in: R. Wohlfeil (Hg.), *Der Bauernkrieg 1524-26*, München 1975, S. 143-76, bes. S. 163 ff.

7 Diese im Rückgriff auf B. Porschnew formulierte These bei G. Heitz, »Der Zusammenhang zwischen den Bauernbewegungen u. der Entwicklung des Absolutismus in Mitteleuropa«, in: *ZfG* (Sonderheft) 13, 1965, S. 71-83, hier S. 72. Ähnlich auch H. Schultz, »Bäuerliche Klassenkämpfe zwischen frühbürgerlicher Revolution u. dreißigjährigem Krieg«, in: *ZfG* 20, 1972, S. 156-73.

8 P. Stultz u. A. Opitz, *Volksbewegungen in Kursachsen zur Zeit der Französischen Revolution*, Berlin 1956, S. 9, hier Friedrich Engels zitierend, der Maurer kritisiert. Vgl. Marx-Engels, *Über Deutschland u. die deutsche Arbeiterbewegung*, Bd. 1, Berlin 1961, S. 613.

9 So formuliert M. Reißner, »Bauer u. Advokat im spätfeudalen Kursachsen«, in: *Wissenschaftliche Zeitschrift der Universität Rostock, GSR*, 21, 1972, S. 38.

10 Heitz, »Bauernbewegungen«, S. 83. Vgl. auch die rhetorische Frage von Karl Czok, ob nicht »die bescheidene Entwicklung von Handwerk, Manufaktur und Handel« im Rahmen der Territorialstaaten »nicht immer noch vorteilhafter als der Sturz in die feudale Anarchie« war? K. Czok, »Charakter u. Entwicklung des feudalen deutschen Territorialstaates«, in: *ZfG* 21, 1973, S. 925-49, hier S. 949.

11 So etwa H. Hirschfelder, *Herrschaftsordnung u. Bauerntum im Hochstift Osnabrück im 16. u. 17. Jahrhundert*, Osnabrück 1971, S. 111, 182 u. 191, oder F. W. Henning, *Herrschaft u. Bauernuntertänigkeit. Beiträge zur Geschichte der Herrschaftsverhältnisse in den ländlichen Bereichen Ostpreußens u. des Fürstentums Paderborn vor 1800*, Würzburg 1964, z. B. S. 105, oder P. Blickle, »Bauer u. Staat in Oberschwaben«, in: *Zeitschrift für württembergische Landesgeschichte* 31, 1972, S. 104-20.

12 Der hier verwendete Begriff des »sozialen Konflikts« bedarf für die-

sen Zusammenhang keiner weiteren konfliktsoziologischen Präzisierung. Er dient lediglich zur generellen Kennzeichnung manifester Interessendivergenzen zwischen verschiedenen sozialen Gruppen, hier zwischen Grundherren, untertänigen Bauern und den jeweils betroffenen Landesfürsten. Bei der Anwendung dieses Begriffs auf die Verhältnisse des 16. u. 17. Jahrhunderts scheint der Hinweis Schelskys beachtenswert, wonach die Korrelation von »Schutz und Gehorsam« auf beiden Seiten des Herrschaftsverhältnisses Konflikt ebenso wie Kooperationstendenzen voraussetzt: H. Schelsky, »Die Bedeutung des Klassenbegriffes für die Analyse unserer Gesellschaft«, in: B. Seidel u. S. Jenkner (Hg.), *Klassenbildung und Sozialschichtung,* Darmstadt 1968, S. 398-446, hier S. 434.

13 Zu diesen Problemen die Überblicke bei R. Hildebrandt, »Rat contra Bürgerschaft. Die Verfassungskonflikte in den Reichsstädten des 17. u. 18. Jahrhunderts«, in: *Zeitschrift für Stadtgeschichte, Stadtsoziologie und Denkmalspflege* 1, 1974, S. 221-41, und bei H. Schultz, *Soziale und politische Auseinandersetzungen in Rostock im 18. Jahrhundert,* Weimar 1974, S. 11-44. Der Überblick umfaßt die Zeit zwischen dem Dreißigjährigen Krieg und der Französischen Revolution.

14 Dazu vor allem O. Brunner, *Land u. Herrschaft, Grundfragen der territorialen Verfassungsgeschichte Österreichs im Mittelalter,* Wien 1965[5], S. 263 ff. Der alleinige Rückzug auf dieses Begriffspaar würde freilich überdecken, daß auch diese Gesellschaft mit Konflikten konfrontiert wurde. Auch hier gilt die in Anm. 12 zitierte Feststellung Schelskys.

15 E. Wolf *(Peasant wars of the 20th. century,* London 1971, S. 279) spricht davon, »daß vor dem Beginn des Kapitalismus das soziale Gleichgewicht auf dem Ausgleich des Transfers des bäuerlichen Mehrwerts auf die Obrigkeit und des obrigkeitlichen Schutzes auf den Bauern« beruhte.

16 Vgl. dazu F. Hartung, »Herrschaftsverträge u. ständischer Dualismus in den deutschen Territorien«, in: *Schweizer Beiträge zur allgemeinen Geschichte* 10, 1952, S. 163-77, und K. Wolzendorff, *Staatsrecht u. Naturrecht in der Lehre vom Widerstandsrecht des Volkes gegen rechtswidrige Ausübung der Staatsgewalt,* Breslau 1916 (Neudr. Aalen 1961).

17 Hinzuweisen wäre hier auf Otto Brunners Überlegungen *(Land u. Herrschaft,* S. 343 ff., besonders S. 347 f.) zur veränderten Bedeutung der grundherrlichen Schutzgewalt, »die ihren Sinn zu verlieren beginnt, die der werdende moderne Staat übernimmt.« – Insgesamt zu dieser Fragestellung Blickle, *Revolution,* der eine abgewogene Einordnung des Bauernkrieges in die agrarische, staatliche und religiöse Entwicklung des frühen 16. Jahrhunderts leistet.

18 Der Begriff nach G. Oestreichs Klassifizierung in: »Ständetum u.

Staatsbildung«, zuletzt in: H. Rausch (Hg.), *Die geschichtlichen Grundlagen der modernen Volksvertretung*, Darmstadt 1974, S. 47-62, hier S. 57 ff., obwohl Oestreich diese Funktion nicht ausdrücklich erwähnt.

19 G. v. Below, *Territorium u. Stadt, Aufsätze zur deutschen Verfassungs-, Verwaltungs- und Wirtschaftsgeschichte*, 2. Aufl., München–Berlin 1923, S. 194 ff., und jetzt Czok, »Charakter«. Instruktiv auch K. H. Blaschke, »Die Ausbreitung des Staates in Sachsen u. der Ausbau der räumlichen Verwaltungsbezirke«, in: *Bl. f. dt. L.* 91, 1954, S. 74-109. – Für die kleinen »Territorien« oberschwäbischer Klöster zwischen dem 14. und 17. Jahrhundert hat diese Entwicklung zuletzt H.-M. Maurer (»Die Ausbildung der Territorialgewalt oberschwäbischer Klöster vom 14. bis 17. Jahrhundert«, in: *Bl. f. dt. L.* 109, 1973, S. 151-95) aufgezeigt.

20 Vgl. dazu allgemein F. Lütge, *Geschichte der deutschen Agrarverfassung von der frühen Neuzeit bis zum 19. Jahrhundert*, Stuttgart 1967[2], S. 127 ff. (für Ostdeutschland), S. 134 ff. (für West- und Süddeutschland). – Heranzuziehen ist immer noch der ältere Überblick bei O. Hoetzsch, »Der Bauernschutz in den deutschen Territorien vom 16. bis ins 19. Jahrhundert«, in: *Sch. Jb.* 16, 1902, S. 239-71 sowie E. Patzelt, »Bauernschutz in Österreich vor 1848«, in: *MIÖG* 58, 1950, S. 637-55, und A. Kamcke, *Die Bedeutung der Bauernschutzgesetzgebung des Kurfürsten August (1555-86) für die Gestaltung der bäuerlichen Rechtsverhältnisse*, Phil. Diss. Leipzig 1941.

21 Vgl. die Zusammenfassung der Forderungen des Bauernkrieges bei Franz, *Bauernstand*, S. 141, u. Blickle, *Revolution*, S. 180 ff.

22 Ich habe den Begriff erstmals verwendet in meinem Aufsatz: »Reformation oder frühbürgerliche Revolution. Überlegungen zum Modellfall einer Forschungskontroverse«, in: *Jahrbuch für die Geschichte Mittel- und Ostdeutschlands* 22, 1973, S. 253-69.

23 Vgl. etwa den Überblick über diese Entwicklung unter reichsrechtlichen Aspekten bei F. Wolff, *Corpus Evangelicorum und Corpus Catholicorum auf dem Westfälischen Friedenskongreß. Die Einfügung der konfessionellen Ständeverbindungen in die Reichsverfassung*, Münster 1966.

24 A. Waas, »Die große Wende im deutschen Bauernkrieg«, in: *HZ* 158. 1938, S. 457-91, bes. S. 475 ff. Waas spricht (ebd., S. 481) vom »eigenen Leben« des ersten Teils des Bauernkrieges, der in die Verträge ausmündete. – Beispiele für gemäßigte Fürsten: ebd., S. 482 f.; für die Anhänger harten Durchgreifens: ders., in: *HZ* 159, 1939, S. 38.

25 Zu erinnern ist hier auch an die kritische Bemerkung des Erasmus, der am 5. 9. 1925 in einem Brief an Polydore Vergil schrieb: »Principes tantum agunt *vulgaribus remediis.* Metuo ne magis exasperent malum«, in: *Opus Epistolarum Des. Erasmi Roterodami*, VI, Oxford

1926, S. 160.

26 Neue und vollständigere Sammlung der Reichsabschiede, Frankfurt/M. 1747, Bd. 2, S. 274 f. – Dazu jetzt Blickle, *Revolution*, S. 217 ff., das Zitat ebd.

27 Vgl. dazu die Ausführungen bei E. Mayer, *Die rechtliche Behandlung der Empörer von 1525 im Herzogtum Württemberg. Ein Beitrag zur Rechtsgeschichte des sog. »Deutschen Bauernkrieges«*, Tübingen 1957, S. 20 ff. Jetzt H. Rankl, »Gesellschaftlicher Ort u. strafrechtliche Behandlung von ›Rumor‹, ›Empörung‹, ›Aufruhr‹ u. ›Ketzerei‹ in Bayern um 1525«, in: *Zs. f. bayerische Landesgeschichte* 38, 1975, S. 524-69. Nicht nur tertitoriale Landesordnungen enthielten Aufruhrparagraphen, sondern auch die Ordnungen kleinerer Herrschaften. Vgl. etwa die »Policeyordnung« von St. Peter im Schwarzwald in: *Freiburger Diözesan-Archiv* 80, 1960, S. 195-227, hier S. 221. – Im Vorwort der Tiroler Landesordnung von 1573 wird von der »auffrur und empörungsordnung« gesprochen, vgl. *Deutsches Rechtswörterbuch* (Anm. 28!), Sp. 930. – Auf die Entwicklung der Landfriedensgesetzgebung und die zeitgenössische Diskussion über die Kriterien für Landfriedensbruch kann hier nicht eingegangen werden, vgl. P. Heilborn, »Die geschichtliche Entwicklung des Begriffs Landfriedensbruch«, in: *Zeitschrift für die gesamte Strafrechtswissenschaft* 18, 1898, S. 1-52, bes. S. 22 ff.

28 Vgl. dazu den Artikel »Aufruhr« bei Christoph Besold, *Thesaurus practicus adauctus,* Nürnberg 1697^4, S. 58-60, der den Schluß zieht: »Et pro regula hic est habendum, quod semper fovendum sit veteri statui, nec novatoribus adhaerendum.« Zusammenfassungen der rechtlichen Bestimmungen des Reiches und der Territorien finden sich auch bei Ersch-Gruber, *Allgemeine Enzyklopädie der Wissenschaften und Künste* 6, 1821, Art. Aufruhr, S. 319 f., und bei J. H. Zedler, *Großes und vollständiges Universal-Lexikon,* Bd. 30, Leipzig–Halle 1791, Art. »Rebellion«, Sp. 1234-39, und den Artikeln »Unterthan, ungehorsame«: ebd., Bd. 49, 1746, Sp. 2285-91. J. Weiske, *Rechtslexikon für Juristen aller deutschen Staaten enthaltend die gesammelte Rechtswissenschaft,* Bd. 1, Leipzig 1844, Art. »Aufruhr, Aufstand, Auflauf«, S. 466-72. Aufschlußreich auch *Deutsches Rechtswörterbuch* (Wörterbuch der älteren deutschen Rechtssprache, Hg. Preußische Akademie der Wissenchaften), Bd. 1, Nachweise für »Aufruhr«, »aufrühren«, »Aufrührer«, »Aufstand«, Sp. 930 u. 953. – Für die zeitgenössischen Rechtshandbücher vgl. Abraham Saur, *Straff Buch, das ist gruendtliche und rechte underweysung,* Frankfurt 1581, Nr. XVII »Straff derjenigen, so auffruhr des volcks machen«, S. 65-72, und J. Damhouder, *Praxis rerum criminalium,* Antwerpen 1616, S. 102-04, sowie grundlegend A. Gail, *Practicarum* (s. Anm. 40), *De pace publica.*

29 Die Zusammenarbeit der Landesfürsten von Bayern, Salzburg und den drei österreichischen Linien bei der zunächst notwendig erscheinenden gemeinsamen Bekämpfung des Windischen Bauernaufstands von 1573 habe ich analysiert in meiner Untersuchung: »Der Windische Bauernaufstand von 1573. Bauernaufstand u. feudale Herrschaft im späten 16. Jahrhundert«, in: *Südost-Forschungen* 33, 1974, S. 15-61, bes. S. 50 ff.

30 Blickle (*Bauer u. Staat in Oberschwaben*, S.-111) spricht im Zusammenhang mit dem Bauernkrieg davon, daß dieses Beispiel deutlich macht, »wie labil die herrschaftlich-staatliche Basis in Oberschwaben in Krisensituationen war. Das bedeutet, *daß auch die Herrschaften auf Ausgleich bedacht sein mußten, um sich selbst nicht zu gefährden.«* (Meine Hervorhebung.) Das bedeutet zugleich, daß die hier gemeinten Formen des Widerstands im allgemeinen unter der Schwelle des Aufruhrs blieben und sich im wesentlichen als unterschiedliche Formen der Rentenverweigerung und Angriff auf vermeintliche Rechtstitel der Herrschaften äußerten.

31 Das Folgende nach A. Czerny, *Der zweite Bauernaufstand in Oberösterreich 1595-1597*, Linz 1890, und G. Grüll, *Der Bauer im Lande ob der Enns am Ausgang des 16. Jahrhunderts. Abgaben und Leistungen im Lichte der Beschwerden und Verträge von 1597-98*, Wien 1969.

32 Dazu H. Sturmberger, *Georg Erasmus Tschernembl. Religion, Libertät u. Widerstand. Ein Beitrag zur Geschichte der Gegenreformation u. des Landes ob der Enns*, Graz 1953, bes. S. 69 ff. – Von Interesse für die offensichtliche Veränderung der Lage ist die mehrfache, jedoch vergebliche Forderung der oberösterreichischen Stände, den Aufstand genau wie 1525, d. h. durch eine aus Ständemitgliedern besetzte Kommission, beilegen zu lassen, um somit das Recht auf erste Instanz zu wahren, vgl. Czerny, *Der zweite Bauernaufstand*, S. 300, 302 f. – Die Bemerkung Khlesls bei J. von Hammer-Purgstall, *Khlesl des Cardinals, Directors des geheimen Cabinets Kaiser Mathias Leben*, Bd. 1, Wien 1847, S. 317.

33 Dabei muß betont werden, daß es sich bei dieser Art von Konfliktlösung durch Schiedskommissionen keineswegs um ein Verfahren handelt, das erst im späten 16. Jahrhundert genützt wird. Gerade die Konflikte im oberschwäbischen Raum wurden seit dem späten 15. Jahrhundert vielfach durch kaiserliche Kommissionen oder Schiedsgerichte des Schwäbischen Bundes beizulegen versucht. Die Landschaft des Stifts Kempten versucht noch 1525 in mehreren Versuchen mit dem Schwäbischen Bund, die Differenzen mit dem Abt zu bereinigen. Auch die von Waas (vgl. Anm. 24) stark akzentuierte Verhandlungsphase des Bauernkrieges ist hierbei zu bedenken, ebenso wie der Abschluß des Memminger Vertrags von 1526 (!), der die

Rechtsstellung der Kemptener Bauern präzisierte. Zu den Kemptener Vorgängen vgl. die Bewertung bei P. Blickle, »Personalgenossenschaften u. Territorialgenossenschaften im Allgäu«, in: *Standen en landen* 53, 1970, S. 216 ff. In diesem Zusammenhang scheint mir die Beobachtung W. Sellerts (*Prozeßgrundsätze u. Stilus Curiae am Reichshofrat im Vergleich mit den gesetzlichen Grundlagen des reichskammergerichtlichen Verfahrens,* Aalen 1973, S. 194 ff.) wichtig, daß von den beiden höchsten Reichsgerichten vor allem dann Kommissionen zur Untersuchung der Streitigkeiten am Ort eingesetzt wurden, wenn der innere Frieden im Reich gefährdet erschien.

34 Wichtig ist für diesen Vorgang der Speyerer Deputationsabschied von 1600 (Neue Sammlung III, hier S. 474-76), durch den die Appellationssumme auf 300 fl. erhöht wurde, gleichzeitig aber die territorialen Obrigkeiten zur Annahme von Untertanenbeschwerden bzw. zur Einrichtung entsprechender Institutionen verpflichtet wurden. Vgl. zu dieser Entwicklung W. Hülle, »Das Supplikenwesen in Rechtssachen, Anlageplan für eine Dissertation«, in: *ZRG* GA 90, 1973, S. 194-212, der (S. 202) davon spricht, daß die Supplikation sich im 17. Jahrhundert in Deutschland »zu einem echten Rechtsmittel geschriebenen Rechts« entwickelte. Vgl. auch Art. »Supplikation« in Zedler, *Universal-Lexikon,* Bd. 41, 1744, Sp. 365-69. Vgl. dazu auch die Ausführungen über die Armenrechtsbestimmungen an den beiden Reichsgerichten bei Sellert, *Prozeßgrundsätze,* S. 126 ff.

35 Nach Blickle, *Personalgenossenschaften,* S. 203.

36 Nach Reißner, *Bauer u. Advokat,* S. 42. K. H. Blaschke (»Das Kursächsische Appellationsgericht 1559-1835 u. sein Archiv«, in: *ZRG* GA 84, 1967, S. 329-54, hier S. 352), spricht von »mehreren tausend« Prozeßakten in Auseinandersetzungen zwischen Grundobrigkeiten und Untertanen. Nach einem Bericht in der *ZfG* 23, 1975, S. 434 ff. untersuchte H. Harnisch in den Stiftern Magdeburg und Halberstadt zwischen 1540 und 1630 25 Prozesse von Untertanen gegen ihre Obrigkeiten. Vgl. auch die Hinweise bei Stulz u. Opitz, S. 37.

37 Dieses Beispiel nach F. W. Henning, *Herrschaft u. Bauernuntertänigkeit,* Würzburg 1964, S. 238. Über eine ähnliche Prozeßkette der Untertanen von Hohenzollern-Hechingen gegen ihren Landesherrn berichtet F. Hertz, »Die Rechtssprechung der höchsten Reichsgerichte im römisch-deutschen Reich und ihre politische Bedeutung«, in: *MIÖG* 69, 1961, S. 334 ff. Über Prozesse ähnlicher Länge gegen die Herren von Schönburg vgl. Stulz u. Opitz, S. 33 ff.

38 Andere Beispiele bei E. Gothein, »Die oberrheinischen Lande vor u. nach dem dreißigjährigen Kriege«, in: *ZGO* 40, 1886, S. 3-38, und ders., »Die Hofverfassung auf dem Schwarzwald dargestellt an der Geschichte des Gebiets von St. Peter«, in: *ebd.,* S. 257-316, S. 306.

Zwischen 1583 und 1628 wehrten sich die Untertanen von St. Peter erfolgreich gegen die neue Gotteshausordnung, die ihre Rechte beschnitt. Im 17. und 18. Jahrhundert verweigerten die Untertanen dieses Klosters über Generationen hinweg die Leibeigenschaftsgefälle, bis diese 1735 durch eine Pauschalsumme von den Untertanen abgelöst werden konnte. Weitere Beispiele bei Franz, *Bauernstand*, S. 191, Anm. 13, S. 192, Anm. 15, S. 194. Vgl. auch K. Wernicke, *Untersuchungen zu den niederen Formen des Klassenkampfes im Gebiet der Gutsherrschaft 1648-1789*, Phil. Diss. Berlin 1962, und W. Recktenwald, *Verbrechen gegen die öffentliche Ordnung in Kursachsen zur Zeit Benedicts Carpzovs*, Jur. Diss. Bonn 1956, S.-103.

39 S. Anm. 34 mit den Verweisen auf den Deputationsabschied vom Jahre 1600 und die Ausführungen bei Sellert.

40 A. Gail, *Pacticarum observationum ad processum iudiciarium, praesertim imperalis camerae, quam causarum decisiones pertinentium, libri duo, editio postrema*, Köln 1592. Die Zitate nach der deutschen Ausgabe Hamburg 1601, fol. 37 f. – Zur Bedeutung Gails vgl. R. Stintzing, *Geschichte der deutschen Rechtswissenschaft*, 1. Abteilung, München 1880, S. 495-502. – J. Friedrich, *Dissertatio de pace publica ad praesentem Germanorum reipublicae et usum accomodata*, Gießen 1618 (praes. H. Conring), folgt in thesis 50 Gail fast wörtlich und betont die Pflicht des Kaisers, Untertanen vor »viehischer behandlung« mit allen Mitteln zu schützen.

41 Ich greife hier zurück auf D. Clasen, *Commentarius in Constitutiones Criminales Caroli V. imperatoris*, Frankfurt/M. 1693, S. 457, und J. Brunnemann, *Tractatus juridicus de inquisitionis processu*, Wittenberg 1672, S. 203. In der Tendenz ähnlich die andere hier benutzte juristische Literatur, sowie auch die politischen Abhandlungen »de seditionibus«.

42 H. Maier, *Die ältere deutsche Staats- u. Verwaltungslehre (Polizeiwissenschaft) – Ein Beitrag zur Geschichte der politischen Wissenschaft in Deutschland*, Neuwied 1966.

43 G. Oestreich, »Justus Lipsius als Theoretiker des neuzeitlichen Machtstaates«, jetzt in: ders., *Geist u. Gestalt des frühmodernen Staates – Ausgewählte Aufsätze*, Berlin 1969, S. 35-79. E. A. Seils, *Die Staatslehre des Jesuiten Adam Contzen, Beichtvater Kurfürst Maximilians I. von Bayern*, Lübeck 1968, und H. Dreitzel, *Protestantischer Aristotelismus u. absoluter Staat. Die »Politica« des Henning Arnisäus (ca. 1575-1636)*, Wiesbaden 1970. – Zu erwähnen sind hier auch P. J. Winters, *Die »Politik« des Johannes Althusius u. ihre zeitgenössischen Quellen. Zur Grundlegung der politischen Wissenschaft im 16. u. im beginnenden 17. Jahrhundert*, Freiburg 1963, und A. Voigt, *Über die »Politica generalis« des Johann Angelius von Werdenhagen* (Amsterdam 1632), Erlangen 1965.

44 K. Klock, *Dissertatio theorico (!) – practica de contributionibus hodie, ut plurimum in Germania usitatis*, Basel 1608, concl. LXVI. Ähnlich H. Bocer, *Tractatus de jure collectarum nunc primum in lucem editus*, Tübingen 1617, S. 7; Christoph Wintzler, *Observationes de collectis seu contributionibus imperii et provinciarum*, Frankfurt 1612, S. 8; Gothard Marquart, *Dissertation de contributionibus* (praes. H. Conring), Helmstedt 1669, thesis 80, 82, 83; und vor allem J. W. Neumair von Ramsla, *Von Schatzungen und Steueren sonderbarer Tractat*, Schleusingen 1633, passim, um nur einige Werke zu nennen.

45 Bei den vielen im Lauf des 17. Jahrhunderts erschienenen Dissertationen zum Thema »de mutationibus rerumpublicarum« handelt es sich oft um wenig originelle Ausschreibungen von Aristoteles. Einige Arbeiten der Schüler Conrings sind in dessen *Opera*, Bd. 3, Braunschweig 1730, Neudr. Aalen 1970, gesammelt. Auf diese sei hier exemplarisch verwiesen. Die Vielzahl der Arbeiten dieser Thematik ist freilich selbst schon ein Hinweis auf den generellen Charakter dieser Zeit.

46 Aristoteles, *Politik* (ed. E. Rolfes), Leipzig 1922[3], lib. V, Kap. 3. – Vgl. dazu die Charakterisierung der Forschungslage durch E.-A. Seils (1968) (Contzen, S. 19 ff.), der in Übereinstimmung mit Politologen und Historikern eine intensive Erforschung der neuaristotelischen Staatslehre des 17. Jahrhunderts fordert, sowie H. Dreitzel, »Das deutsche Staatsdenken in der Frühen Neuzeit (Literaturbericht)«, in: *NPL* 16, 1971, S. 17 ff., 256 ff., bes. S. 34 ff.

47 J. Lipsius, *Politicorum sive civilis doctrinae libri sex*, Frankfurt 1591; G. Schönborner, *Politicorum libri VII*, Leipzig 1614, S. 703 ff.; A. Contzen, *Politicorum libri X*, Mainz 1620, über Aufstandsproblem lib. 9; P. M. Wehner, *Metamorphosis rerum publicarum*, Frankfurt 1626; F. Wendelin, *Institutionum politicorum libri III*, Amsterdam 1654, über Aufstandsproblem: *De reipublicae eversione*, S. 483-508; H. Arnisäus, *Doctrina politica in genuinam methodum, quae est Aristotelis, reducta*, Frankfurt 1606; A. Clapmarus, *De arcanis rerum publicarum libri VI*, Bremen 1605; M. Kreps, *Teutsche Politick oder von der weise wol zu regieren, Ander Theil*, Frankfurt 1620, S. 143-60; B. Keckermann, *Systema disciplinae politicae*, Hannover 1608, S. 425 ff.; J. Schuwardt, *Regententaffell, Darinnen wol gegründeter christlicher bericht von der Obrigkeit Standt, Namen, Ampt*, Leipzig 1583; 1585 schrieb Schuwardt auch einen ergänzenden »Spiegel der Unterthanen«. G. Lauterbeck, *Regentenbuch*, Frankfurt 1579. – Vgl. auch die Titelsammlungen bei Seils, Contzen, S. 30 und bei Dreitzel, Arnisäus, S. 432-37.

48 N. Boerius (Boyer), Praeclarus et elegans tractatus de seditionis omnibus civitatum villarum vel castrorum dominis scabinis seu consulibus ac ceteris reipublicae administratoribus utilis, quotidianus ac ne-

cessarius, benutzt in der Ausgabe innerhalb des *Tractatus universi juris*, Bd. XI/I, Venedig 1584, S. 89-98. Über Boerius Ch. G. Jöcher, *Allgemeines Gelehrten-Lexikon, Erster Theil*, Leipzig 1750, Sp. 1179 f. – Über den römischrechtlichen Begriff der »seditio« vgl. G. Osthoff, *Tumultus-seditio. Untersuchungen zum römischen Staatsrecht u. zur politischen Terminologie der Römer*, Phil. Diss. Köln 1953.

49 K. Brunus, De seditionibus libri sex, rationibus et exemplis ex omni doctrinarum et authorum genere locupletati. Joannis Cochlaei theologi de seditiosis appendix triplex, contra quosdam rebelles huius temporis, Mainz 1550, auch in *Tractatus universi iuris* Bd. XI/I, Venedig 1584, S. 98-144. Über Braun Jöcher ebd., Sp. 1433 und dessen Beziehung zu Cochläus vgl. N. Paulus, »Dr. Konrad Braun. Ein katholischer Rechtsgelehrter des 16. Jahrhunderts«, in: *HJb.* 14, 1883, S. 517-48, und M. Spahn, *Johannes Cochläus – Ein Lebensbild aus der Zeit der Kirchenspaltung*, Berlin 1898, S. 314 ff.

50 Ein Tractat: *Von Aufruhr oder Empörungen auß geistlichen und weltlichen Historien, auch gemeynen rechten ... dem gemeynen Mann zu gutem verteutscht*, Ingolstadt 1601. Die lateinische Ausgabe erschien 1599 in Wien.

51 J. W. Neumair von Ramsla, *Vom Auffstand der Untern wider ihre Regenten und Obern sonderbarer Traktat*, Jena 1633. Zu Neumair vgl. *ADB* 23, 1886, S. 42 f., und W. Hrabar, *J. W. Neumayr von Ramsla. Beitrag zur Geschichte der staatswissenschaftlichen Literatur im Zeitalter des Hugo Groot*, Jurjew 1897 (Neudr. Frankfurt 1970), der freilich auf diese Schrift nicht näher eingeht und nur einige Zitate abdruckt. Neumairs Arbeiten über militärische und steuerliche Themen (vgl. Anm. 44) werden charakterisiert bei M. Jähns, *Geschichte der Kriegswissenschaften in Deutschland*, Bd. 2, München 1890, S. 951-56, und W. Roscher, *Geschichte der National-Ökonomik in Deutschland*, München 1874, S. 217 f.

52 J. F. Burckhardt, *Ad constitutionem Henrici VII, imperatoris romani unicam, qui sint rebelles, in extravagantia maxime accomodata*, Basel 1654. Dazu K. Mommsen, *Auf dem Wege zur Staatssouveränität. Staatliche Grundbegriffe in Basler juristischen Dissertationen des 17. u. 18. Jahrhunderts*, Bern 1970, S. 54 ff. – J. A. Ritter, *Dissertatio juridica-politica ad constitutionem Henrici VII. imperatoris rom. in c. unicam: Qui sint rebelles* (praes. G. Ritter), Gießen 1623; J. N. Kaempfer, *Ad Constitutionem Henrici VII. quomodo in laesae majestatis crimine procedatur et qui sint rebelles*, Argentoratum 1675. – Die Konstitution Heinrichs VII. von 1313 ist gedr. in: *MGH* LL IV Const. IV/2, S. 966 f.

53 Continuirende Rebellion, Das ist: Gruendtlicher Bericht und kurtze außführung so wol der anjetzo newen in Franckreich erweckten Re-

bellion, o. O. 1650; J. P. Heintz, *Dissertatio de rebellionibus*, Gießen 1655 (praes. Jakob le Bleu).

54 J. Claussen, *Dissertatio politica de seditionum causis*, Wittenberg 1663 (praes. Samuel Schelguigius).

55 M. Schoock, *Libri tres de seditionibus seu discordiis domesticis*, Groningen 1664.

56 M. B. Kupferschmit, *Speculum rebellatorum et proditorum. Das ist Spiegel deren Verräther und Aufrührer, in welchem sich praesentiren 269 exempla*, Frankfurt 1666.

57 G. F. Glandorf, *Dissertatio historico-politica de rebellibus*, Wittenberg 1675 (praes. Andreas Kaller); J. H. Reinhart, *Disputatio historico-politica de malecontentis in republica*, Leipzig 1675 (praes. Valentin Albert).

58 A. Mylius, *Disputatio juridica de seditione*, Leipzig 1682 (praes. Joh. Balth. Mylius); A. A. Lersner, *Disputatio politico-juridico de seditionibus, von Empörungen occasione Tit. 30, lib. 9, c. de seditionibus*, Basel 1688. Ausgangspunkt ist hier die Aufruhrbestimmung des römischen Rechts.

59 A. Fritsch, *Subditus peccans, sive tractatus de peccatis subditorum*, Nürnberg 1685; ders., *Nobilis peccans, sive tractatus de peccatis nobilium*, Nürnberg 1685.

60 G. M. Hoffmann, *Rusticus seditiosus*, Gießen 1707.

61 G. W. Fleischmann, *Dissertatio juridica de tumultibus rusticanis seculo XVI. motis, vom Bauern Krieg*, Straßburg 1712 (praes. Joh. Heinr. Boecler); J. C. Schmid, *Dissertatio politica-juridica de tumultibus vulgo von Auflauff, Aufruhr*, Jena 1714 (praes. Chr. Wildvogel). In Fleischmanns Arbeit erkennt M. Steinmetz (*Das Müntzerbild von Martin Luther bis Friedrich Engels*, Berlin 1971, S. 307 f.) trotz traditioneller Ausrichtung den Beginn eines kritisch-gelehrten Interesses am Bauernkrieg.

62 G. Draudius, *Fürstliche Tischreden: Das ist von allerhand politisch nachdenklichen Fragen, Handeln und Geschichten nützliche Bedenkken und anmuhtige Discursen, ander theil, darinnen in sonderheit von Auffruhrern . . . gehandelt wird*, Frankfurt 1626.

63 Continuirende Rebellion. – Zu erwähnen ist, daß mir alle Schriften im Leihverkehr bzw. in der Herzog-August-Bibliothek in Wolfenbüttel zur Verfügung standen.

64 Johann Friedrich Burckard behandelt »materiam rebellionum ob sui frequentiam«, S. A 2. Nikolaus Boerius (*Tractatus de seditionibus*, S. 89) sieht sich durch viele Aufstände zu seiner Arbeit veranlaßt. Schmid (*De tumultibus*, S. 5) spricht davon, daß man nicht nur davon höre, sondern die »fürchterliche Seuche des Aufstands vor Augen habe, ja spüre«. Contzen (*Politicorum libri X*) schreibt in seiner Dedikation von 1620, zu keiner Zeit und zu keinem Ort sei die Wissen-

schaft der Politik notwendiger gewesen als im Europa seiner Zeit.

65 J. H. Cravelius, *Dissertatio politica de communissimis republicas mutantibus seu corrumpentibus causis*, Helmstedt 1640 (praes. Heinrich Julius Scheurl), S. A 4.

66 Vgl. Anm. 45.

67 K. Klock, Consiliorum tomus II., Nürnberg 1673, Epistola dedicatoria.

68 Dieser Vergleich mit der Funktion des Mediziners schon bei Brunus (De seditionibus, epistola nuncupatoria), der damit die Behandlung des Aufstandsproblems erst rechtfertigt.

69 So Claussen, *De seditionum causis*, S. A 1.

70 So Klock, *Tractatus nomico-politicus de contributionibus in romano-germanico imperio et aliis regnis ut plurimum usitatis*, Frankfurt 1676, S. 53, wo er die Bauern in ihrer »malitia« mit den Sklaven der antiken Welt vergleicht.

71 Vgl. dazu das o. a. Zitat Gails. Bei Klock gilt das nicht nur für die Steuer, für die er stets einen gerechten Grund fordert, sondern auch für die anderen bäuerlichen Dienste und Abgaben, wo er zur Bewahrung der hergebrachten Normen und zur Mäßigung rät, ebd., S. 51 ff.

72 So ist Neumair z. B. nicht in der Althusius-Bibliographie, *Bibliographie zur politischen Ideengeschichte und Staatslehre, zum Staatsrecht und zur Verfassungsgeschichte des 16. bis 18. Jahrhunderts*, 2 Bde., Hg. Scupin-Scheuner, Berlin 1973, aufgeführt. E. Reibstein, *Völkerrecht. Eine Geschichte seiner Ideen in Lehre u. Praxis*, Bd. 1, Freiburg 1957, S. 459 f., verzeichnet seinen »Traktat von Friedenshandlungen«.

73 Neumair, *Vom Aufstand*, S. 2-6.

74 Vgl. die in Anm. 59 aufgeführten Schriften, hinzu kommt ders., *Quaestor peccans sive tractatus de peccatis quaestorum et officialium*, Nürnberg 1684.

75 Es handelt sich hier m. E. um ein »autoharmonisches« Gesellschaftsbild, wie es Carl Brinkmann etwa für den frühen Wirtschaftsliberalismus feststellte.

76 Dalner, *Traktat*, S. 18 f.

77 Die Überlegung von der sozialdisziplinierenden Tendenz des absolutistischen Staates bei G. Oestreich, »Strukturprobleme des europäischen Absolutismus«, in: ders., *Geist und Gestalt*, S. 179-97, hier S. 187 ff. – Diese Tendenz wird etwa sichtbar bei V. L. v. Seckendorff, *Teutscher Fürsten-Staat*, Jena 1737 (zuerst 1656), Neudr. Aalen 1972, S. 212, wenn er die Kontrolle aller Besitzverträge zwischen Grundherren und Untertanen zur Vermeidung von Streitigkeiten fordert.

78 C. J. Friedrich, *Der Verfassungsstaat der Neuzeit*, Berlin 1953,

S. 174 ff.

79 Maier, *Staats- u. Verwaltungslehre*, S. 87.

80 H. L. Stoltenberg, *Geschichte der deutschen Gruppwissenschaft (Soziologie) mit besonderer Beachtung ihres Wortschatzes*, Bd. 1, Leipzig 1937, S. 64, 411.

81 Besold, *Thesaurus practicus*, S. 58. Ich zitiere hier bereits nach der in der folgenden Anm. angegebenen Quelle, die den Originaltext leichter verständlich macht.

82 Martin Luthers Werke, WA Bd. 51, S. 258 (»der 101. Psalm ... ausgelegt«). – Den Hinweis auf den wirklichen Verfasser des Zitats verdanke ich der nützlichen Zusammenstellung von Luthers Äußerungen über Müntzer von E. Mühlhaupt, *Luther über Müntzer*, Witten 1973, S. 76 f.

Alfred Hoffmann
Zur Typologie der Bauernaufstände in Oberösterreich*

Um eine Erscheinung wie die Bauernaufstände in ihren einzelnen Formen und Phasen historisch-kritisch analysieren zu können, empfiehlt sich die Methode des regionalen Vergleichs. Wenn ich dazu ein so kleines Land wie Oberösterreich (12 000 km^2) heranziehe, so erscheint allein die Tatsache, daß wir hier seit dem großen allgemeinen Bauernkrieg von 1525 bis zur Aufhebung des Untertanenverbandes im Jahre 1848 herauf eine fast ununterbrochene Kette bäuerlicher Erhebungen der verschiedensten Art feststellen können, schon allein als günstige Basis.[1]

Weiters reicht die Eigenschaft der altösterreichischen Länder als historische Individualitäten bis in das 13. Jahrhundert zurück, und sie hat nicht nur die altständische, selbständige Landesverfassung geprägt, sondern auch die von der politischen Mitsprache ausgeschlossene Bauernschaft. Ihr Bestreben, die gegen ihre Grundobrigkeiten vorgebrachten Beschwerden als allgemeine Landesbeschwerden zu kennzeichnen, wendet sich gegen die Auflösung ihrer Anliegen in Einzelauseinandersetzungen, sie trachten als bäuerliche Landesgemeinde ihren Herren geschlossen gegenüberzustehen.[2]

Obwohl anders als Tirol nicht in unmittelbarem Kontakt mit der Schweizerischen Eidgenossenschaft stehend, kam jedoch auch im Lande ob der Enns, freilich nur vereinzelt, der Gedanke, eine von den Grundherrschaften gänzlich freie sogenannte »Schweizerische Freiheit« anzustreben, zum Ausdruck, so im Aufstand von 1595/97.[3] Man meinte damals, man wäre keiner Obrigkeit etwas schuldig, denn dieses Land sei ein freies Land.[4] Oft berief man sich seitens der Bauern auch auf die sybillinischen und andere Weissagungen, denen zufolge alle Herrschaften einmal ein Ende nehmen und die bisherigen Knechte auch einmal Herren sein

* Zuerst erschienen in: *Der oberösterreichische Bauernkrieg 1626. Ausstellung des Landes Oberösterreich,* hg. vom Amt der oberösterr. Landesregierung, Linz 1976, S. 15-22.

würden.[5] Ein adeliger Führer meinte, daß die Bauern eine eingebildete »demokratia« zur Unterdrückung des Adels anstrebten, und die sogenannten 15 Artikel hatten eine ähnliche Tendenz.[6] Aber im allgemeinen verfolgten die bäuerlichen Erhebungen kaum ein richtiges Programm, sie erscheinen fast durchwegs als bloße Reaktionen auf die als ungerecht oder zu schwer empfundenen Belastungen und Bedrückungen. Die Auffassung der Bauern vom freien Land beruhten auf der hier durchgesetzten Vererbrechtung der bäuerlichen Güter, die zur Entwicklung eines Nutzungseigentums führte und bei den Bauern die Meinung hervorrief, sie wären die tatsächlichen Eigentümer des von ihnen bebauten Grundes und Bodens, was von den adeligen Ständen natürlich ausdrücklich bestritten wurde.[7] Die hier ohnedies nur bei wenigen Herrschaften erhalten gebliebenen Reste leibherrlicher Art wurden 1525 zur gänzlichen Abschaffung beantragt.[8] Die große Empfindlichkeit der oberösterreichischen Bauern in dieser Hinsicht zeigt sich auch darin, daß man den Gesindezwangdienst der Bauernkinder als eine Art unwürdiger Sklaverei betrachtete. Auch Prügelstrafen nach böhmischer Art wollte man keineswegs hinnehmen.[9]

Auf der anderen Seite sind die seitens der Grundherren seit dem 16. Jahrhundert angestrebten Nivellierungen der früher außerordentlich verschiedenen Rechtsstellung der bäuerlichen Untertanen, obwohl sie keineswegs eine formale Verschlechterung mit sich brachten, bei den Bauern als »Neuerungen« auf eine erbitterte Abwehr gestoßen.[10] Zweifellos ging die seit dem 16. Jahrhundert zunehmende Belastung der Bauern auf die staatlichen Steuerforderungen, die ihrerseits durch Kriegserfordernisse bedingt waren, zurück. Nun haben die Bauern die Notwendigkeit solcher Landesanlagen keineswegs bestritten; ja sie haben solche in ganz ähnlicher Weise selbst zur Finanzierung ihrer Aufstände eingehoben.[11] Was aber ihren Unwillen erregte, war die Tatache, daß die Grundobrigkeiten viel mehr einhoben, als sie dann an die Landesfürsten abführten, und so mit den erhöhten Steuern einen großen Gewinn erzielten.[12] Eine zweite wesentliche Ursache der Empörung über die Steuern lag wohl darin, daß man die schon 1595 erhobene Forderung nach einer Mitwirkung der Untertanen bei der Bemessung seitens der Stände mit der Motivierung ablehnte, die Bauern hätten in Steuersachen nichts zu reden, denn sie seien kein Mitlandstand, Grund und Boden seien als rechtes Eigentum allein ihnen gehörig.[13] Erst Josef II. hat bei der Anlage des neuen Grundsteuerkatasters auch bäuerliche Vertreter beigezogen, und die seitdem als Gemeinderichter eingesetzten Organe wurden dann zu Hauptvertretern des bäuerlichen Selbstbewußtseins.[14]

Unter den Klagen über die seitens der Grundherren gesteigerten Abgaben und Dienste nehmen jene über die erst neu eingeführten Veränderungsgebühren, das sogenannte Freigeld einerseits, die Robot andererseits, die erste Stelle ein. Nun war aber die Robot in Oberösterreich im Vergleich zu anderen Ländern relativ gering und sie wurde 1597 auf höchstens 14 Tage im Jahr begrenzt, so daß es wohl mehr der Charakter eines persönlichen Zwangsdienstes war, der die Robot so verhaßt machte.[15] Und was das Freigeld betrifft, so haben die seit Mitte des 18. Jahrhunderts erstatteten Gutachten über den besonders hohen Stand der Landwirtschaft in Oberösterreich die Meinung vertreten, daß das mit dieser Abgabe verbundene Interesse der Grundherren an einer Wertsteigerung der Bauerngüter wesentlich zu dieser günstigen Entwicklung beigetragen habe.[16]

Alle die von den Bauern als ungerechte Neuerungen empfundenen Herrenforderungen stehen im Zusammenhang mit einer allgemeinen Tendenz zur Kapitalisierung der Grundherrschaften mittels der Erzielung höherer Einnahmen, verbunden mit einem allgemeinen inneren Strukturwandel, durch den die alte Rentenherrschaft in eine modern geführte, der Gutswirtschaft ähnlichere Wirtschaftsherrschaft umgestaltet wurde.[17] Die Grundherrschaft nimmt jetzt mehr den Charakter eines Unternehmens an, das zu einem in sich geschlossenen Wirtschaftsraum zusammenwachsen sollte. Damit entstand als Gegenpol zu dem von den Landesfürsten angestrebten Flächenstaat die Grundherrschaft als autarker Raum.[18]

Die Landesfürsten aber vermochten dieser ihrem Absolutismus entgegenstehenden Entwicklung nur dadurch zu begegnen, daß sie sich vermöge ihrer Eigenschaft als Wahrer des inneren Friedens in die Auseinandersetzungen zwischen den Grundherren und untertänigen Bauern einschalteten, stets das Beschwerderecht der Bauern aufrecht erhielten und als höhere Instanz die Entscheidungen direkt an ihren Hof zogen. Sie haben die Bauern als rechtmäßige Kontrahenten anerkannt, die Verträge mit ihren Grundherren abzuschließen imstande waren.[19]

Der trotz aller Enttäuschungen beinahe unerschütterliche Glaube der Bauern an eine Hilfe von Seiten der Landesfürsten[20] hatte insofern einen realen Hintergrund. Jedoch wurden sie dadurch zu Objekten eines Kampfes zwischen zwei Mächten, dessen Opfer sie allzuoft geworden sind, zumal die den Landesfürsten für die Ausübung eines direkten Bauernschutzes zur Verfügung stehenden Organe meist dem Stande der adeligen Grundherren angehörten und nur relativ selten das Staatsinteresse über ihr eigenes stellten. Solange die Landesfürsten nicht imstande waren, einen dauernden Kontakt mit den Bauern mittels eigener politischer Behörden zu nehmen, wie dies seit Maria Theresia und Josef II. im Wege der neu eingerichteten Kreisämter und der Untertansadvokaten geschah, blieb den Bauern meist nur das kostspielige und langwierige Verfahren eines Gerichtsprozesses offen; der andere waren die nicht enden wollenden Revolten.[21]

Das ungehemmte Vertrauen der Bauern zu den Landesfürsten resultierte aber nicht so sehr aus einem Glauben an die Möglichkeit eines Rechtsweges als vielmehr aus der Vorstellung von der »kaiserlichen Majestät« als Beschützer aller Schwachen und Unterdrückten. Der patriarchalische Charakter dieses Schutzes erscheint besonders deutlich darin, daß man sich auch an die Frauen der Herrscher, sogar an ihre Beichtväter um Hilfe wandte.[22] Seit dem aufgeklärten Absolutismus werden die Audienzen förmlich institutionalisiert; sie werden besonders von Franz II. gehandhabt, unter dessen reaktionärem Regiment der behördliche Bauernschutz sichtlich an Wirkung verloren hatte.[23] Im Wege solcher Vorsprachen einzelner Personen oder kleiner Abordnungen konnten ja Massenbewegungen überhaupt verhindert oder doch abgeschwächt werden.

Obwohl bei den Bauern hin und wieder von einer völligen Abschaffung aller Obrigkeiten, von einem »Herrenstaub« die Rede ist, treffen wir viel öfter die Idee von einer direkten kaiserlichen Herrschaft an. So wollen die Bauern die besetzten Schlösser so lange innehaben, bis der Kaiser ins Land kommt;[24] allerdings trifft man auch die Meinung, daß dann, wenn der Fürst die Beschwerden nicht abschafft, weder ihm noch einer anderen Obrigkeit mehr gehorcht werden soll. Das grundsätzliche Problem des Gehorsams wird wiederholt erörtert.[25]

Die Frage, inwieweit es sich bei all diesen Bewegungen und Revolten um wirkliche Bauernaufstände gehandelt hat, muß ebenfalls gestellt werden, zumal uns die bei den Beschwerden geltend gemachten Motive nicht immer eindeutige Bauerninteressen erkennen lassen. Schon seit dem ersten allgemeinen Bauernkrieg von 1525 bis zum Ende des Dreißigjährigen Krieges hat ja die Religionsreformation bzw. die Religionsfreiheit eine sehr wichtige Rolle gespielt, die nicht allein ein Anliegen der Bauern, sondern auch der sogenannten »oberen Stände« gewesen ist.

Auffallend ist jedenfalls, daß der gemeinsame Kampf der adeligen Stände und ihrer bäuerlichen Untertanen um Gewährung der Religionsfreiheit den Gegensatz zwischen den Herrschaften und ihren Untertanen praktisch nicht aufgehoben hat, ja daß es sogar evangelische Adelige waren, die bei den blutigen Exekutionen gegen die Bauern eine besonders traurige Rolle gespielt haben.[26] Gerade von dieser Seite her hat man die Meinung vertreten, daß die Bauern ihren Widerstand nur nach außen hin religiös motivierten, in Wirklichkeit aber eine Loslösung aus dem Untertanenverbande anstrebten.[27] Umgekehrt haben manche Vertreter der landesfürstlichen Gewalt den nicht unberechtigten Verdacht gehegt, daß der Adel im Religionskampf sich der Bauern als Werkzeug bediente.[28] Zweifellos aber konnte man einen Widerstand aus religiösen Gründen nach damaliger Auffassung moralisch ungleich besser verfechten als jenen gegen die bloße weltliche Obrigkeit.

Hinsichtlich der Religionsfreiheit bestand aber auch mit den Bürgern der Städte und Märkte eine noch stärkere Übereinstimmung. Damit erhebt sich aber zugleich der vorab seitens des Adels vorgebrachte Verdacht, daß es mehr ökonomische Interessen gewesen seien, die eine so starke Sympathie, ja eine direkte Teilnahme weiter bürgerlicher Schichten an den Bauernaufständen herbeigeführt haben.[29] Das gilt vor allem für die Kleinstädte und besonders die Märkte, bei denen aber eine trotz dem Besitz gewisser bürgerlicher Freiheiten sehr starke Unterordnung unter ihre Herrschaften festzustellen ist, so daß sie sich in betreff der Untertänigkeit von den Bauern gar nicht so stark abhoben.[30]

Wesentlich interessanter erscheint mir jedoch die im vorwiegend politisch-religiös motivierten Aufstand von 1626 beachtliche Mitwirkung führender bürgerlicher Oberschichten, vorab des Bürgermeisters der reichen Handels- und Gewerbestadt Steyr wie auch anderer großer Kaufleute und Kapitalisten.[31] Jedenfalls verstanden es diese Herren, die politische Führung der Verhandlungen so stark an sich zu ziehen, daß man den Verdacht nicht los wird, daß sie die Bauern nur als ein Werkzeug für die eigenen Pläne gebraucht haben. Recht eigentümlich kommt uns die Schonung vor, welche die staatliche Gewalt nach der Niederwerfung des Aufstandes diesen Rädelsführern erwies, die man gerne fliehen ließ, während die Bauern justifiziert wurden.[32] Möglicherweise haben auch ökonomische Interessen, welche diese Kapitalisten mit dem in ihren Händen befindlichen Verlag der ländlichen »Industrie« verbanden, mitgespielt.[33]

Die ländlichen Handwerker haben übrigens die Bauern immer wieder mit bezahlten Waffen beliefert,[34] wie überhaupt alle jene Schichten, bei denen eine Verbindung bäuerlicher Wirtschaften mit gewerblich-händlerischer Tätigkeit bestand, bei den Aufständen stets eine führende Rolle eingenommen haben.[35] Überhaupt erfreuten sich bei den Bauern jene Standesgenossen des größten Ansehens, die wohlhabend gewesen sind.[36] Das führt uns zur Frage, ob und inwieweit die Armut der bäuerlichen Untertanen ein Grund zu ihrer andauernd revolutionären Haltung gewesen ist.[37] Sogar seitens ihrer Grundherren wird immer wieder auf die am Lande herrschende Not hingewiesen, hauptsächlich aber wohl deshalb, weil den Grundherren daran gelegen war, daß ihre Gülten nicht zu hoch eingeschätzt und besteuert wurden.[37]

So wie die Rechtslage sehr verschieden gewesen ist, bestanden auch hinsichtlich der materiellen Lage der bäuerlichen Untertanen sehr erhebliche Differenzen; neben krasser Armut und Not gab es auch eine in luxuriöser Lebensweise ersichtliche Wohlhabenheit.[38] Diese beruhte teils auf den vorerwähnten Nebengewerben, teils auf einer Konjunktur bei Lebensmittelnot und Teuerungen. So haben während der Inflation von 1622 die Bauern den Städtern Silbergeschirr und andere Kostbarkeiten gegen Lebensmittel vertauscht.[39] Zweifellos bewirkte umgekehrt die natürliche Unfruchtbarkeit mancher Gegenden und der hier herrschende Mangel eine besondere Neigung zu Revolten.

Wie sehr die Belieferung des Marktes ein Anliegen der Bauernschaft bildete, sehen wir aus den Beschwerden gegen das grundherrliche Anfeilrecht. Dieses wurde nämlich nicht allein zur Selbstversorgung der herrschaftlichen Familie, sondern zu einem adeligen Produktenhandel ausgenützt und damit den Bauern der Zugang zum Markt erschwert.[40]

Kehren wir von den Motiven zum Vorgang der Bauernaufstände

zurück, so müssen wir noch jenen Persönlichkeiten unsere Aufmerksamkeit schenken, welche dabei eine führende Stellung eingenommen haben. Stets haben die Obrigkeiten und auch die landesfürstlichen Behörden diesen »Rädelsführern« eine besondere Beachtung geschenkt und diese oft allein verantwortlich gemacht.[41] Als Voraussetzungen für eine Führerrolle erscheint einmal ein gewisses Ansehen unter den Standesgenossen, teils hervorgerufen durch eine gewisse Wohlhabenheit, sodann größere Erfahrung in Geschäften, wie sie Wirte und Müller hatten, schließlich – sehr wichtig – eine geistige Überlegenheit, wie sie sich in Beredsamkeit, auch in der Fähigkeit zur Abfassung von Beschwerdeschriften zeigte.[42] Ein gewisser Fanatismus und eine Halsstarrigkeit gegenüber den Obrigkeiten verband sich mit charismatisch-religiösen Zügen und vermeintlichen dämonisch-zauberischen Kräften.[43]

Da es aber mit der Fähigkeit zur Abfassung von Schriften bei vielen Bauernführern mangelte – so konnte z. B. Stefan Fadinger gar nicht schreiben[44] – spielte bei den Bauernkriegen eine gewisse Schichte ländlicher Intelligenz eine nicht unbedeutende Rolle. Oft waren es ehemalige kleinere Herrschaftsbeamte, Marktschreiber, häufig Schulmeister, die sich für die Bauern verwendeten.[45] Auf die offiziellen bäuerlichen Vertreter seit Josefinischer Zeit wurde schon hingewiesen; neben ihnen gab es noch die recht eigenartigen Bauernprocuratoren.[46] Wo sie aber materiell in der Lage waren, haben sich die Bauern bei ihren Hofbeschwerden auch juristisch gebildeter Advokaten bedient.[47]

Versagte jedoch der sozusagen normale Beschwerde- und Prozeßweg, dann sahen sich die Bauern gezwungen, mittels der Aufstandsbewegungen eine Wendung herbeizuführen und zur Gewalt zu schreiten. Stets war es den Bauern klar, daß ein gewaltsames Vorgehen einer gewissen Organisation bedurfte, um die zusammenströmenden Massen zur Wirksamkeit zu bringen. Das Vorbild dazu hatte man in den Landesaufgeboten, zu denen die Bauern immer wieder herangezogen worden waren und für die sie selbst auf eigene Kosten ihre Wehren beschaffen mußten. Viele von ihnen hatten zudem als Soldaten gedient und waren im Gebrauch von Waffen erfahren. Als Muster diente die reguläre Heeresordnung mit stufenweiser Gliederung der Befehlsgewalt.[48] Nicht ganz klare Aufschlüsse haben wir hinsichtlich der persönlichen Teilnahme der Bauern an den Schlachten; obwohl die Aufstandsleitung stets alle Bauern »bei Kopfabhacken und Niederbrennen« zum Zuge aufbot, konnten doch auch Ersatzleute gestellt werden.[49] Man hat übrigens jenen, die nicht mitmachen wollten, auch damit gedroht, daß man sie der ländlichen Unterschichte, nämlich dem über keinen eigenen Grundbesitz verfügenden ledigen »Gesindel« und den Inleuten, offenbar zur Plünderung, ausliefern wolle.[50] Wiederholt hat man sich, um die Massen der Kämpfer zu vermehren, bemüht, die Holzknechte, meist aus der steirischen Nachbarschaft, gegen Gewährung von Kost oder Plünderungsrecht, als »Mitstreiter« zu gewinnen.[51]

Obwohl es den Bauern einige Male gelang, militärische Siege über die gegen sie aufgebotenen Truppen zu erringen, blieben diese doch immer nur von vorübergehendem Erfolg. Das hängt wohl hauptsächlich daran, daß es an geeigneten Führerpersönlichkeiten, welche ihre zerteilten Massen einheitlich lenken konnten, mangelte. Den Bauern war dies durchaus bewußt, weshalb sie sich immer wieder bemühten, für diese Rolle Adelige zu gewinnen; in den wenigen Fällen, in denen dies gelang, hat es sich aber auch nur um Persönlichkeiten geringen Ranges gehandelt.[52]

Seitdem die Religionsfrage im Sinne der landesfürstlichen Gegenreformation entschieden war und die außenpolitische Lage nicht mehr so wie bisher eine für Aufstände günstige Situation abgab, spielte sich der bäuerliche Widerstand nun hauptsächlich in kleineren, mehr lokalen Revolten ab. Nur die großen Jagdaufstände zu Anfang des 18. Jahrhunderts nehmen wieder den Charakter einer allgemeinen Bewegung an, wobei die Landesfürsten aus Gründen der Nahrungssicherung zwar für die Bauern eintraten, die von ihnen verübten Gewalttaten aber doch nach bisheriger Art hart bestraften.[53] Sonst aber führten die vom Volk vor Verhaftung geschützten Bauernprocuratoren einen andauernden Kleinkrieg im Prozeß- oder Beschwerdeweg.

Versuchen wir abschließend die aus den Quellen oft nur nebenbei ersichtlichen tieferen Hintergründe des ganzen Vorganges zu ermitteln, den man manchmal nicht ganz zutreffend als »bürgerliche Revolution« charakterisiert, so liegen sie in einer Strukturveränderung mehrfacher Art.[54] Gehen wir einmal von den ökonomischen Veränderungen, wie sie sich im ländlichen Siedlungsraum abspielten, aus, so zeigt sich hier eine Verlagerung von vorher rein landwirtschaftlicher Produktion auf eine breite Streuung gewerblicher Betätigung auch der bäuerlichen Bevölkerung, die bis weit ins 18. Jahrhundert herauf zu einer förmlichen Industrialisierung fortschreitet.[55]

Die Grundherren haben diese Entwicklung sehr gefördert und damit dem alten, in den größeren Städten sitzenden Bürgertum das bisher von den Landesfürsten gewährte Monopol auf Handel und Gewerbe entrissen.[56] In der gleichen Linie wirkte sich die massenhafte Vermehrung der den Herrschaften untertänigen Märkte aus.[57] Und schließlich haben die Grundherren sich selbst ökonomisch wie bürgerliche Unternehmer mit gewerblichen Betrieben und einer Beteiligung am Landesproduktenhandel betätigt.[58] Die auf dem Lande sitzenden »untertänigen« Gewerbetreibenden genossen aber gar keine oder (in den Marktorten) nur recht bescheidene bürgerliche Freiheiten und selbst wenn, deshalb noch keine Anteilnahme am Landesregiment.[59] Diese, ich möchte sagen »neubürgerlichen« Schichten haben nach 1848 oft eine maßgebende Rolle als politisch aktive Staatsbürger erlangt.

Wie sieht nun dieser Vorgang der »ökonomischen Verbürgerlichung« breiter ländlicher Schichten von seiten der Landesfürsten aus? Der Rückgang des Handelsbürgertums in den Städten, das Sinken ihrer wirtschaftlichen Bedeutung haben den Landesfürsten einer wichtigen Stütze gegen die adeligen Landstände beraubt, umgekehrt die ökonomische Macht der Stände gehoben, um so mehr als der Landesfürst viele seiner Regalien den Ständen überlassen mußte.[60] An die Stelle des alten Bürgertums treten immer mehr die scheinbar beamteten Kameralunternehmer und die Hofbankiers. Auf der anderen Seite haben die Landesfürsten mit Hilfe des Bergregals die zur Montanwirtschaft gehörigen Betriebe, in Oberösterreich vor allem die Eisenhämmer, unter ihren Einfluß zu bringen und jenen ihrer Grundherren zurückzudrängen getrachtet. Ferner standen in den Bergwerksgesellschaften Adelige, Bürger und Bauern als Aktionäre grundsätzlich gleichberechtigt nebeneinander, womit die alte ständische Schichtung aufgehoben erscheint. Mit den im Sinne des Merkantilismus aus dem Zunftverbande losgelösten meist auf dem Lande gelegenen »Fabriken« entwickelte sich wiederum eine Schichte eines neuen, rein ökonomisch fundierten »Bürgertums«.[61] Sehr deutlich zeigt sich die Neugruppierung in den staatlichen Statistiken der zweiten Hälfte des 18. Jahrhunderts, in denen die sogenannte Klasse der »Bürger und Professionisten« sowohl Stadtbürger wie ländliche Gewerbetreibende umfaßt und andererseits zwischen den eigentlichen

Bauern und den Kleinhäuslern und Gärtnern unterschieden wird.[62]

Diese Entwicklung hat es dann den Landesfürsten erleichtert, das im Sinne des aufgeklärten Absolutismus im Gegensatz zur grundherrlichen Untertänigkeit angestrebte allgemeine Staatsbürgertum allmählich zur Geltung zu bringen und auch bei der Bauernschaft an Stelle des bloßen landesfürstlichen Schutzes zu setzen. Die seit der Regierung Maria Theresias und Josefs II. einsetzende Verbesserung der Rechtslage der bäuerlichen Untertanen war zugleich von einer Befreiung aus den bisher bestehenden ökonomischen Bindungen, vor allem des herrschaftlichen Anfeilrechtes begleitet, womit den Bauern der freie Zugang zum Markt eröffnet wurde; die bisherigen Belieferungszwänge (Widmungen) für bestimmte Gegenden wurden aufgehoben und der Landesproduktenhandel über die Grenzen der einzelnen Länder hinaus freigegeben. Dazu kamen noch die durch die Agrarreformen allmählich bewirkten beachtlichen Steigerungen der Produktion, so daß der endgültigen Bauernbefreiung durch die 1848 erfolgte Aufhebung des Untertänigkeitsverbandes ihre ökonomische Befreiung eigentlich schon vorausgegangen war.

Die Bauern aber haben lange unter der Devise des »guten alten Rechts« an ihrer Vorstellung von der mittelalterlichen patriarchalisch funktionierenden und nicht ökonomisch-bürgerlich denkenden Grundherrschaft festgehalten; ein solcher moderner grundherrlicher Unternehmer erschien ihnen nur als Bedrücker und Ausbeuter. Auf der anderen Seite waren sie aber durchaus geneigt, selbst »ökonomisch-bürgerliche« Unternehmer zu sein, wenn sie dazu nur irgendeine Gelegenheit fanden. Sogar manche Kleinbauern betätigten sich als Geldverleiher, weil man sie steuerlich nicht so zu erfassen vermochte wie die größeren Wirtschaften.[63]

Im krassen Gegensatz zu dieser breiten ökonomischen Verbürgerlichung und den hier entfalteten Aktivitäten stand jedoch das gänzlich fehlende Mitspracherecht in politischer Hinsicht. Dieses stützte sich weiterhin allein auf das reine, von den adeligen und geistlichen Herren beanspruchte und behauptete Grundeigentum mittelalterlicher Prägung. Der Grundsatz, daß jeder, der mitsteuert, auch ein politisches Mitspracherecht haben soll, konnte sich vor 1848 nur auf der alleruntersten Ebene der neuen Steuergemeinde und auch da nur ganz kümmerlich entwickeln. Breiten Volksschichten wie den Bauern mußten somit die Aufstände als das einzige Mittel erscheinen, sich als politische Macht zur Geltung zu bringen. Daher betrachteten sich die seit 1525 in Form einer der städtisch-bürgerlichen ähnlichen Eidgenossenschaft konstituierten Bauernbünde bereits als Repräsentanten des gesamten Landes.[64] Sobald aber für die Bauern eine ordentliche politische Vertretung im parlamentarisch konstitutionellen Staate gegeben war, erlosch ihr Interesse an Revolutionen. So haben denn auch im Jahre 1848 die oberösterreichischen Bauern sogleich Hans Kudlich eine deutliche Absage erteilt.

Gerade dieser sofortige Rückzug der Bauern zeigt an, daß ihre bisherigen Aufstände nicht als Vorläufer der 48er Bewegung, nicht als »frühbürgerliche Revolution« angesehen werden können. Kennzeichnend für die weitere Entwicklung wird das Mißvergnügen der »bürgerlichen Kreise« über die zahlenmäßig relativ starke Vertretung der Bauern in den neuen parlamentarischen Vertretungen sowie ihr Bestreben, mit Hilfe des Wahlzensus weiterhin eine »privilegierte«, von den Bauern deutlich getrennte Schichte zu verbleiben. Diese Tendenz hat bald hernach eine politisch verschiedene Ausrichtung zur Folge gehabt.[65]

Anmerkungen

1 A. Czerny, *Der erste Bauernaufstand in Oberösterreich 1525* (1882); ders., *Der zweite Bauernaufstand in Oberösterreich 1595-1597* (1890); F. Stieve, *Der oberösterreichische Bauernaufstand des Jahres 1626* (1904); G. Grüll, *Der Bauer im Lande ob der Enns am Ausgang des 16. Jahrhunderts* (1969); ders., *Bauer, Herr und Landesfürst, Sozialrevolutionäre Bestrebungen der oberösterreichischen Bauern von 1650-1848* (1963).
2 Czerny, *1525*, S. 107; ders., *1595*, S. 83, 156.
3 Czerny, *1595*, S. 76, 104, 190, 223.
4 Czerny, *1595*, S. 139, 223, 240.
5 Czerny, *1525*, S. 84; ders., *1595*, S. 76, 131, 339; Grüll, *Landesfürst*, S. 480.
6 Czerny, *1595*, S. 241; Stieve, *1626*, S. 57.
7 Czerny, *1595*, S. 223, 286, 299; Grüll, *16. Jh.*, S. 33.
8 Czerny, *1525*, S. 82; Grüll, *Landesfürst*, S. 3.
9 Czerny, *1595*, S. 365.
10 A. Hoffmann, *Wirtschaftsgeschichte des Landes Oberösterreich*, Bd. 1 (1952), S. 88 ff.

11 Czerny, *1595*, S. 89, 321; auf demselben Wege Freikauf des Landes, siehe Anm. 24.
12 Hoffmann, *Wirtschaftsgeschichte*, S. 91.
13 Czerny, *1595*, S. 196, 299.
14 Hoffmann, *Wirtschaftsgeschichte*, S. 287.
15 G. Grüll, *Die Robot in Oberösterreich*, 1952, S. 54 ff.; Hoffmann, *Wirtschaftsgeschichte*, S. 89 ff., 92 f., 98.
16 Hoffmann, *Wirtschaftsgeschichte*, S. 283 f.
17 Hoffmann, *Wirtschaftsgeschichte*, S. 98 ff.
18 A. Hoffmann, »Die Grundherrschaft als Unternehmen«, in: *Zeitschr. f. Agrargesch. u. Agrarsoziologie* 6, 1958, S. 123 f.
19 1595 fordert der Landeshauptmann die Bauern auf, zur Abfassung ihrer Beschwerden gegen die Obrigkeiten einen Ausschuß zu erwählen. Grüll, *16. Jh.*, S. 16; ders., *Landesfürst*, S. 10 f., 297; Czerny, *1595*, S. 105 f., 156, 161, 175, 192, 196.
20 Der Kaiser setzt 1596 den Reichshofrat als unparteiischen Richter ein, wogegen die Stände protestieren, Czerny, *1595*, S. 175; Grüll, *16. Jh.*, S. 18; die »Hofleute« für die Bauern, s. Grüll, *Landesfürst*, S. 10 f.
21 Grüll, *Landesfürst*, S. 363 ff.
22 Grüll, *Landesfürst*, S. 10 ff., 270 ff.
23 Grüll, *Landesfürst*, S. 363 f.
24 Czerny, *1525*, S. 84; Stieve, *1626*, S. 75. Im Zusammenhang mit dieser Auffassung steht der Vorschlag der aufständischen Bauern, daß sie selbst auf eigene Kosten das Land aus der bayerischen Pfandherrschaft lösen wollten, Stieve, *1626*, S. 75, 133. Offenbar hätte die vorhergehende Konjunktur die Bauern materiell dazu in die Lage versetzt, siehe Anm. 39.
25 Czerny, *1525*, S. 84; ders., *1595*, S. 9, 117 f.; Stieve, *1626*, S. 57.
26 Grüll, *16. Jh.*, S. 48 f.; ders., *Landesfürst*, S. 5.
27 Siehe Anm. 6; Czerny, *1595*, S. 9, 241; Stieve, *1626*, S. 57; Grüll, *16. Jh.*, S. 15.
28 Stieve, *1626*, S. 323.
29 Hoffmann, *Wirtschaftsgeschichte*, S. 97 f.; Czerny, *1525*, S. 87; ders., *1595*, S. 106 f., 112 f., 119, 193, 235, 271; Stieve, *1626*, S. 111, 136 f., 198, 314. Die Bauernbeschwerden enthielten oft manche Artikel, die eindeutig städtische Interessen, insbesondere in bezug auf den Weinhandel und die Errichtung neuer Gewerbe auf dem Lande, betrafen; die adeligen Stände beschuldigten daher die Städte, wegen des »Zäpfelziehens« die Bauern gegen die Grundherrschaften aufgehetzt zu haben, Hoffmann, *Wirtschaftsgeschichte*, S. 162.
30 A. Hoffmann, »Die oberösterr. Städte und Märkte«, in: *Jahrb. d. oö. Musealvereins*, Bd. 84, 1932, S. 92 f.; ders., *Wirtschaftsgeschichte*, S. 163 f.
31 Stieve, *1626*, S. 111 ff.

32 Hoffmann, *Wirtschaftsgeschichte*, S. 171; Stieve, *1626*, S. 315 f.

33 Das gilt besonders für den Leinwandhandel, Hoffmann, *Wirtschaftsgeschichte*, S. 183 ff.

34 Czerny, *1595*, S. 167, 191.

36 Insbesondere die Wirte, Müller und Viehhändler. Grüll, *16. Jh.*, S. 70 f.; ders., *Landesfürst*, S. 29 (1704/18); Czerny, *1595*, S. 121, 239; Hoffmann, *Wirtschaftsgeschichte*, S. 96.

36 Grüll, *16. Jh.*, S. 18.; Czerny, *1595*, S. 123.

37 Hoffman, *Wirtschaftsgeschichte*, S. 96; Hermann Rebel, »Probleme der oberösterreichischen Sozialgeschichte 1620-1628«, in: *Jahrbuch des oö. Musealvereins*, Bd. 115, 1970, S. 155 ff.

38 Czerny, *1525*, S. 35; ders., *1595*, S. 14 f.

39 Hoffmann, *Wirtschaftsgeschichte*, S. 96.

40 Hoffmann, *Wirtschaftsgeschichte*, S. 91 f., 155, 158.

41 Czerny, *1525*, S. 156; ders., *1595*, S. 121, 134, 197; Grüll, *16. Jh.*, S. 16, 39, 70 f.

42 Czerny, *1595*, S. 35, 44, 121, 167; Grüll, *16. Jh.*, S. 32, 70 ff.; ders., *Landesfürst*, S. 87, 91, 98.

43 Grüll, *Landesfürst*, S. 496, 515, 535.

44 Die im Stiftsarchiv St. Florian verwahrten, von Fadinger ausgestellten Schriftstücke zeigen statt einer Namensunterschrift drei Kreuze.

45 Grüll, *16. Jh.*, S. 70 ff.; Czerny, *1595*, S. 9.

46 Czerny, *1595*, S. 239; Grüll, *16. Jh.*, S. 15; ders., *Landesfürst*, S. 427 ff., 472 ff., 489 f., 486.

47 Grüll, *16. Jh.*, S. 70; ders., *Landesfürst*, S. 87.

48 Czerny, *1525*, S. 120 ff.; ders., *1595*, S. 21, 148, 222, 240, 321; Stieve, *1626*, S. 49, 71 ff., 99 ff.; Grüll, *16. Jh.*, S. 16; ders., *Landesfürst*, S. 508.

49 Czerny, *1525*, S. 105; ders., *1595*, S. 68, S. 130, die Bauern geben jenen, die an ihrer Stelle mitziehen, 3 bis 4 fl.

50 Czerny, *1595*, S. 184, 243, 246, 365 f. Das Verhältnis der eigentlichen Bauern zu den von ihnen sonst verachteten Unterschichten der Knechte, Inleute und des »ledigen Gesindels« erfuhr offenbar nur während der Aufstandsbewegungen eine vorübergehende Besserung, weil man sie ebenso wie die Holzknechte und Eisenarbeiter als kämpfende Masse benötigte.

51 Czerny, *1595*, S. 227, 238, 242, 246, 278, 320; Grüll, *Landesfürst*, S. 226. Die meisten dieser Mitstreiter dienten wohl um Geld.

52 Stieve, *1626*, S. 53; Grüll, *16. Jh.*, S. 16; ders., *Landesfürst*, S. 7.

53 Grüll, *Landesfürst*, S. 205 ff., 282 ff.

54 Dazu den von R. Wohlfeil herausgegebenen Band *Reformation oder frühbürgerliche Revolution*, 1972 mit Beiträgen von M. Steinmetz, G. Zschöbitz, D. Lösche, Th. Nipperdey, O. Rammstedt, K. Dienst, A. Friesen, P. Melcher, insbesondere S. 157, 210, 215.

55 A. Hoffmann, »Die Agrarisierung der Industriebauern«, in: *Österreich, Zeitschr. für Agrargesch. und Agrarsoziologie,* Jg. 20, 1972, S. 66 ff.; zu den agrarischen »Nebengewerben« in Bayern E. Schremmer, *Die Wirtschaft Bayerns,* 1970, S. 124 ff., 345 ff.

56 Hoffman, *Wirtschaftsgeschichte,* S. 91 ff., 98 ff., 155 ff. Man könnte gewissermaßen von einer »Feudalisierung« der Stadtwirtschaft sprechen.

57 Hoffmann, *Wirtschaftsgeschichte,* S. 163 ff.

58 Hoffmann, *Grundherrschaft,* s. Anm. 18.

59 A. Hoffmann, »Der oberösterreichische Städtebund im Mittelalter«, in: *Jahrbuch des oö. Musealvereins,* Bd. 93, 1948, S. 107 ff. Nur ganz ausnahmsweise hat man zur Beratschlagung über die Bauernfrage auch die Märkte zum Landtag eingeladen, Czerny, *1595,* S. 154.

60 Hoffmann, *Wirtschaftsgeschichte,* S. 86, 92, 99, 148 ff.

61 Die den Fabriksunternehmen gewährten Privilegien lösten ihre Unternehmungen ebenso wie die darin tätigen Arbeitskräfte aus dem Zunftverband und damit zugleich aus dem alten, ständisch fundierten Bürgertum, das ihnen mißtrauisch gegenübertrat.

62 Hoffmann, *Wirtschaftsgeschichte,* S. 262. Erst damit entsteht eine Bourgeoisie neuen Stils.

63 Czerny, *1595,* S. 310; siehe Anm. 39.

64 Czerny, *1525,* S. 107; ders., 1595, S. 83.

65 Ernst Bruckmüller, »Wirtschaftsentwicklung und politisches Verhalten der agrarischen Bevölkerung in Österreich 1867-1914«, in: *Vierteljahresschr. f. Sozial- und Wirtschaftsgeschichte,* Bd. 59, 1972, S. 489 – S. 529.

Josef Petran

Der Höhepunkt der Bewegungen der untertänigen Bauern in Böhmen*

In der ausländischen Literatur erschienen einige Arbeiten, die versuchen, die gemeinsamen Wesenszüge in der Geschichte der Bauernbewegungen hauptsächlich Mittel- und Osteuropas zusammenzufassen.[1] In den Diskussionen darüber unter internationaler Beteiligung (bis 1969) stellte sich heraus, wie schwierig es ist, angesichts des heutigen Forschungsstandes solche Wesenszüge zu finden, nicht etwa deshalb, weil wir die Hoffnung auf einen Erfolg des komparativen Studiums aufgeben würden, sondern eher darum, weil die Kenntnisse der Autoren gewöhnlich einseitig sind und nicht die spezifischen Besonderheiten der Entwicklung der einzelnen Länder und der verschiedenen in die Vergleichung einbezogenen Perioden erfassen und dann von scheinbar identischen Wesenszügen weitreichende Verallgemeinerungen ableiten. Irgendeinen Nutzen zeitigten jene Diskussionen aber doch: es wurde wenigstens in groben Umrissen der Bereich der Probleme abgesteckt, mit denen man sich auf den einzelnen Gebieten befassen muß, bevor man auf Grund der Vergleichung einige allgemeine gültige Schlußfolgerungen wird aufstellen können. Eine gewisse Koordinierung (und dies gilt hauptsächlich hinsichtlich der Methoden) wird hier unerläßlich sein.

Der Versuch einer Verallgemeinerung der Ergebnisse des Studiums der sozialen (hauptsächlich sozial-revolutionären) Aktivität der Bauernschaft alten Typs – der Untertänigen – findet in den böhmischen historischen Ländern heute den Boden bereits in den Beiträgen des Studiums vergangener Jahre vorbereitet.[2] Trotz bestimmter Lücken, die es immer geben wird, vermitteln die Forschungsergebnisse im großen und ganzen bereits eine gute Vorstellung hauptsächlich von der Qualität der Volksbewegungen in der Vergangenheit.

* Zuerst veröffentlicht in: *Acta Universitatis Carolinae – Philosophica et Historica* 3, 1969, S. 107-140, vom Verf. für den Wiederabdruck überarbeitet. Übersetzung durch Dr. A. Hubala.

Die verschiedenen Bewegungen lassen sich, wie die Autoren der erwähnten Abhandlungen richtig begriffen hatten, nur dann würdigen, wenn wir eine Typologie schaffen, die den zu untersuchenden Stoff nach vereinbarten Aspekten klassifiziert, unter deren Zuhilfenahme wir zur Struktur und Funktion der Bewegung vordringen wollen. In der vorliegenden Abhandlung befasse ich mich vor allem mit folgenden Aspekten: ökonomisch-soziale Motivierung der Bewegung und Niveau des sozialen Bewußtseins, Formen und Organisation der Bewegung, ihr Umfang und schließlich erzielte Ergebnisse. Die Einteilung nach Typen ist begreiflicherweise ideell (Modell), in Wirklichkeit existieren sie in dieser reinen Form nicht.

J. Svoboda führte insgesamt 267 Orte in Böhmen an, wo es in den Jahres 1750-1774 zu Bauernbewegungen verschiedenen Typs kam, die von staatlichen oder obrigkeitlichen Behörden behandelt wurden.

I. Ökonomisch-soziale Motivierung der Bewegungen und Niveau des sozialen Bewußtseins

Wenn wir nicht nur den Umfang, sondern auch das Niveau der Forderungen und die Organisation berücksichtigen, kann behauptet werden, daß die sozial-revolutionäre Aktivität der untertänigen Gruppen in Böhmen im J. 1775, in Mähren im J. 1821 ihren Höhepunkt erreichte.[3] Hinsichtlich der ökonomisch-sozialen Motivierung der angeführten Aufstände, ebenso wie bei den meisten vorhergehenden sozial-revolutionären Bewegungen der Bauernschaft bei uns im 18. Jh., gibt es keine Zweifel. Es ist aber nicht so leicht die Frage zu beantworten, welchen Platz diese Bewegungen im gesellschaftlichen Bewußtsein einnehmen, ob sie nur mehr oder weniger einen Niederschlag der (entweder aktuellsten oder sonstigen dauernd wirkenden) gesellschaftlichen Differenzen des damaligen Systems bilden oder ob ihre Teilnehmer bewußt an der Spitze der gesellschaftlichen Bewegung stehen und neue Ziele erkämpfen wollen. Danach könnten wir nämlich die Volksbewegungen entweder als »Automatik der geschichtlichen Bewegung« würdigen, wo der Mensch in der Bewegung lediglich den Hebel eines unabhängig von seinem Willen funktionierenden Automats bildet, oder ob er umgekehrt selbst aktiv seine Wirklichkeit schaffen kann – dann könnten die Volksbewegungen die Rolle einer sozialen Avantgarde gespielt haben.

Als Motiv wird angeführt	Zahl der Fälle	Orte in Prozenten
Fronarbeiten	151	
weite Fuhren (Transportfronarbeit)	9	60,7
Gebühren von der Robotreluierung	2	
Feudalabgaben allgemein	17	
Naturalabgaben	5	8,2
zwangsweise Arbeit im Lohnverhältnis	2	
Löhne in den Betrieben der Großgrundbesitze	2	2,9
Untertänigkeitsverhältnis	4	
Bodenentzug	29	
Grundausgleich (Bodenentzug der Großbauern und Zuteilung an die Kleinbauern)	4	12,3
körperliche Züchtigung der Untertänigen	12	4,4
Bußen	10	3,7
taxa stolae	8	2,9
Kontributionen	5	1,9
Verletzung von Privilegien der untertänigen Städte	6	3,7
Wahlen in den Stadtrat	4	

(Die Zahl der Fälle ist größer als die Zahl der Orte, da manchmal mehrere Motive angeführt werden. Es sind nicht alle Fälle erfaßt, da mancherorts die Motive nicht präzis unterschieden werden und das gesamte System der feudalen Unterdrückung angegeben wird.)

Forderungen. – Den größten Bauernbewegungen am Ende des Feudalismus bei uns ist die Tatsache gemeinsam, daß sie sich in ihrer erdrückenden Mehrheit auf ökonomische und soziale Forderungen konzentrieren, weitaus seltener das religiöse Gebiet streifen (hauptsächlich in der Zeit und um den Zeitpunkt der Erlassung des Toleranzpatentes im J. 1781) und daß sie größtenteils überhaupt nicht in die nationale und politische Sphäre eingreifen.

Hinsichtlich der Quantität sind durchweg Bewegungen vorherrschend, bei denen unter den Forderungen Umgestaltungen oder die Aufhebung der Fronarbeit vorkommen. Alle Bewegungen größeren Umfangs stellen diese Forderungen an die Spitze. Auch die weiteren ökonomischen Forderungen, die bei den Bewegungen der Bauern vorkommen, beziehen sich häufiger auf die Feudalrente, auf den Zwang der obrigkeitlichen Monopole, auf die Bedingungen des Besitzes und Nutzungsrechtes des Bodens, wie sie sich aus dem Untertänigkeitsverhältnis ergaben. (Dies gilt z. B. für die Abführung der Steuer von dem von den Obrigkeiten beschlagnahmten untertänigen Boden, dem Rustikalboden, ferner für die übermäßigen Verpflichtungen, die sich aus dem herrschaftlichen Boden, dem Dominikalboden, ergaben, der im Besitze der Untertänigen war; weiter gilt dies für verschiedene Verpachtungen der gemeinsamen Weide, des compascuums, für das Nutzungsrecht in den herrschaftlichen Wäldern u. ä.). Insgesamt handelt es sich hier um eine Reaktion auf die Steigerung der Forderungen der Obrigkeit nach Fronarbeiten oder Geldleistungen, wogegen sich die Untertänigen zur Wehr setzen. Auch die Minderung oder Aufhebung einiger Verpflichtungen gegenüber der kirchlichen Obrigkeit, den Pfarrern, kommt, wenngleich selten, unter den ökonomischen Forderungen der Bauern vor. (Dies gilt hauptsächlich für Abgaben für kirchliche Leistungen – für die Erhöhung der sog. Stolagebühr, selten des Zehnten).

Unter den sozialen Forderungen kommt seit den vierziger Jahren des 18. Jh. häufiger der Ruf nach »Freiheit« der Bauern vor, was nicht näher bestimmt wird. Meines Erachtens handelt es sich nicht bloß um die Forderung nach Aufhebung des Leibeigenensystems, aus einigen Äußerungen hat es eher den Anschein, daß die Bauern unter diesem Begriff auch die ökonomische Freiheit (Aufhebung der Fronarbeit) sowie die persönliche und ökonomische Loslösung von den Obrigkeiten zusammenfaßten. Danach gibt es – ähnlich wie bei den ökonomischen Forderungen – eine ganze Reihe partieller spezifischer Forderungen, die die unterschiedliche Situation auf den Herrschaften widerspiegeln (Waisenangelegenheiten, Dienstverpflichtungen auf den herrschaftlichen Höfen usw.).

Zu den ökonomischen und sozialen Bauernbewegungen müssen auch solche gerechnet werden, die zwar nicht die Beziehung der Untertänigen zur Obrigkeit, aber die Beziehungen der einzelnen ländlichen Gruppen untereinander betrafen. Sie konnten in gegenseitigen Streitigkeiten und Aktionen einzelner Dörfer verlaufen, so waren z. B. in der zweiten Hälfte des 18. Jh. Streitigkeiten um die Rechte der Gemeinden an den Gemeindeweiden nach Erlassung der Weidepatente aus den J. 1768 und 1770 häufig.[4] Es kommen auch Bewegungen zwischen den Gruppen innerhalb der einzelnen Dörfer vor, von denen der sich im Antisemitismus auf dem Lande äußernde Widerstand gegen »Fremdgruppen« zu erwähnen wäre. Ganz vereinzelt arteten die Differenzen zwischen der Gruppe der Bauern und den niedrigeren Sozialschichten in einen Akt des Widerstandes aus, und daher kann man in der angeführten Periode diesbezüglich nicht von einer Bewegung sprechen. In dieser Abhandlung werden wir uns bei der Analyse lediglich auf solche Bewegungen beschränken, die sich auf Differenzen der Untertänigen mit den Obrigkeiten, der Kirche und dem Staat bezogen, sofern sie eine gesellschaft-revolutionäre Rolle spielen können. Deshalb reihen wir hier auch nicht den Widerstand der Bauern gegen einige vom Standpunkt der Geschichte fortschrittliche staatliche Eingriffe in ihr Leben ein (Widerstand gegen einige hygienische Anordnungen des aufgeklärten Staates usw.).

Unter den religiös-ideologischen Forderungen taucht bei den nicht katholischen Gruppen vor der Erlassung des Toleranzpatentes 1781 der Ruf nach Freiheit der evangelischen Bekenntnisse auf, der an den Herrscher (Petition der heimlichen Nichtkatholiken hauptsächlich aus den J. 1774-1775) oder sogar an den politischen Vertreter eines feindlichen Staates adressiert ist. Hier fehlt aber das Bewußtsein der möglichen politischen Tragweite dieser Aktion, wenn die heimlichen Häretiker dem Preußenkönig ihre Hilfe im Falle seines Einfalls in das Land anboten, damit er sie von der religiösen Unterdrückung befreit. Die vom ländlichen Milieu ausgehenden Bewegungen haben aber nichts gemeinsam mit sozialer Aktivität der Bauernschaft. In der Zeit um die Erlassung des Toleranzpatents treten religiös motivierte Bewegungen auf, die die Differenz zwischen katholischen und evangelischen Gruppen auf dem Lande zum Ausdruck bringen (z. B. Widerstandsaktionen gegen die Bestattung von Protestanten auf katholischen Friedhöfen u. ä.).

Eine ideologisch religiöse Motivierung des Widerstandes bei einzelnen bäuerlichen Sozialbewegungen können wir nicht nur nach den Forderungen, sondern auch nach den Taten beobachten (z. B. beabsichtigte Vernichtung religiöser Symbole u. ä.). Solche Aktionen gehören zu spontanen Äußerungen eines Widerstandes, dessen Träger ihre Postulate nicht formulieren. In solchen einfachen Formen, wo die Teilnehmer nicht konkrete Forderungen zum Ausdruck bringen, waren offenbar mehrere Motive bei der elementaren Haßexplosion miteinander verbunden. Wir kennen derartige Repressivakte auch aus massenweisen Kollektivaktionen.

Die häufigsten Forderungen der Bauernbewegungen des 18. Jh. finden wir als verbindende Faktoren in den umfangreichsten Aktionen hervorgehoben.

Der Aufstand in Böhmen im J. 1775 richtet sich sowohl gegen die Feudalrente, hauptsächlich gegen ihre Form der Fronarbeit, wie auch gegen die persönlichen Beziehungen der »Leibeigenschaft«. In Mähren kommt es im J. 1821 zu einem großen Aufstand schon in einer etwas veränderten Situation; nach Aufhebung der Leibeigenschaft im J. 1781 konzentriert sich der Widerstand voll und ganz auf die Fronarbeit. Die ökonomischen Forderungen der Bauernbewegungen in jener Periode lassen sich in drei Gruppen einteilen:

a) Forderungen nach Erleichterungen, die in der Beseitigung eines Teiles der untertänigen Verpflichtungen gegenüber dem Feudalherren – der Obrigkeit – beruhten, durch deren Erfüllung das gegebene ökonomisch-soziale System nicht untergraben wurde,

b) Forderungen nach Aufhebung sämtlicher Verpflichtungen einer bestimmten Art, hauptsächlich der Fronarbeiten, deren Erfüllung das ökonomisch-soziale System, das an die Fronarbeit anknüpfte, ernstlich gefährdet hätte,

c) Forderungen nach Aufhebung des gesamten ökonomisch-sozialen Untertänigkeitsverhältnisses.

Bis zum Jahr 1775 waren die in der ersten Gruppe zusammengefaßten Forderungen vorherrschend, während die Forderungen der dritten Gruppe derart sporadisch waren, daß sie kein Gewicht beim Druck auf die ökonomisch-soziale Politik des Staates haben konnten. Die meisten Bewegungen älteren Typs erstrebten nicht die Aufhebung des gegebenen ökonomisch-sozialen Systems und zogen auch nicht die Möglichkeit seiner Aufhebung in Erwägung. Im Gegenteil: die bäuerlichen Gruppen erblickten darin eine selbstverständliche und unerläßliche Ordnung, deren Mängel das Werk »schlechter« Obrigkeiten sind und beseitigt werden können. Dies verbürgte den Weiterbestand dieses Systems, das doch nicht nur von der Gewalt der Herrschenden, sondern auch von ihrer Autorität und von der »Zustimmung« der Beherrschten abhängt. Die Sprecher der Bauern bezeichneten sich mehr als einmal als Verteidiger der Ordnung gegen ihre »Verletzung« seitens der betreffenden Obrigkeit. Größtenteils handelte es sich nicht um ein taktisches Manöver, sondern um eine wirkliche Überzeugung der Untertänigen hinsichtlich der Unantastbarkeit der Fundamente der gegebenen sozialen Verhältnisse, was auch in ihrer (für Obrigkeit und Untertänige gemeinsamen) religiösen Überzeugung enthalten war. Diese allgemeine Meinung – der eigentliche Kern des sozialen Inhalts der öffentlichen Meinung im Feudalismus – war allerdings den Untertänigen nicht angeboren; sie wurde aber unter der Suggestion und Autorität der Eltern und der weltlichen und kirchlichen Obrigkeiten akzeptiert, ähnlich wie der Glaube oder andere von einer Gruppe angenommene Reflexe der gesellschaftlichen Wirklichkeit (Stereotypen). Abweichende, von mystisch-religiösen Quellen der Christenheit, der Bibel, begründete Meinungen von Sektierern fanden unter den untertänigen Gruppen keinen Boden zur allgemeinen Verbreitung, obwohl sie die soziale Utopie von der Gleichheit aller Menschen verkündeten.[5] Sie stießen auf die Vorstellungen und Überzeugungen stereotypen Denkens. Es ist nichts Paradoxes daran, wenn die Unterdrückten in Wirklichkeit bewußt das feudale Recht und ganze System verteidigten und sich dabei auf »alte Rechte« beriefen. Hier wirkte auch die uralte ideologische Lüge von der geheiligten Unantastbarkeit des Rechtes sowohl für die herrschenden wie auch für die beherrschten Gruppen.

Aus den Forderungen der Bauern im J. 1775 kann man den Schluß ziehen, daß sich der gedankliche Sterotyp im Laufe des 18. Jh. änderte. In der angeführten Bewegung kam bereits größtenteils die Motivierung des Widerstandes mit einer »Verteidigung alter Rechte« der Untertänigen nicht vor, es handelt sich um eine offensive Aktion, die eine Änderung der sozialen Verhältnisse anstrebt. Bei den verschiedenartigen Forderungen einigten sich die Untertänigen vor allem in der Forderung nach einer wesentlichen Reduktion oder sogar nach Aufhebung der Robotpflichten, die man durch einen konsequent vorgenommenen Fronstreik den Obrigkeiten abzwingen müsse. Historisch bis zu Ende gedacht: die Erfüllung solcher Forderungen hätte zur Aufhebung des bestehenden ökonomisch-sozialen Systems führen müssen. So avantgardistisch dachten die Untertänigen aber nicht. Die Bewegung reagierte hier – einigermaßen spät – auf die ungünstige Änderung der Bedingungen und war bestrebt, eine bessere Situation für die Bauern herbeizuführen. Diese Feststellung vermag allerdings nicht viel zu erklären, regt eher zu neuen Fragen an: Worin beruhte die Änderung des gedanklichen Stereotyps der Bauern, ergab sie sich aus der autarken Entwicklung des Bewußtseins menschlicher Gruppen im Sinne eines »Fortschrittes« oder wirkten hier äußere Einflüsse einer »Propaganda« u. ä.? Und noch eine zweite Frage: War das Anwachsen der Fronarbeiten im 18. Jh. der einzige Faktor, der die Änderung der Situation der untertänigen Gruppen ungünstig beeinflußte? Oder anders: War es die drückendste Veränderung? Sofern es mehrere solche Veränderungen gab, muß man Erwägungen dahingehend anstellen, weshalb die Bauern mit ihren untertänigen Forderungen in den Bewegungen nicht ebenso und gleich empfindlich auf alle ungünstigen Änderungen in ihrer Stellung reagierten. Diese Fragen lassen sich nicht ohne Klärung der Funktion des Fronsystems und aller Bedingungen beantworten, die einen Einfluß auf den Umschwung im sozialen Bewußtsein der bäuerlichen Gruppen haben konnten.

Veränderungen des Robotsystems. – Das ökonomische Produktionssystem des böhmischen und mährischen Großgrundbesitzes im 18. Jh. war von der Fronarbeit abhängig, die eigentlich in wesentlichem Ausmaß den Betrieb aller Abschnitte der obrigkeitlichen Wirtschaftsgebarung aufrechterhielt.[6] Der ökonomische Effekt der Fronarbeiten äußerte sich im entfalteten System des auf der Fronarbeit beruhenden Großgrundbesitzes in der Bilanz der Einkünfte weitaus stärker als die stabilen Einkünfte aus der feudalen Geld- oder Naturalrente, die gleichfalls auf Grund der unter dem Titel des obrigkeitlichen »Herrschaftsrechtes« ausgeübten Feudalmacht gefordert wurde. Das Robotpotential überwog dauernd den Bedarf an Arbeitskräften in den adeligen Betrieben, was ihren reibungslosen Gang sogar bei niedriger Arbeitsproduktivität gewährleistete. Dieses System war undenkbar ohne Existenz höherer Robotnormen, als bei dem damals üblichen Durchschnitt der Arbeitsproduktivität bei der Lohnarbeit im Betrieb des Großgrundbesitzes erforderlich war. Im 18. Jh. hatte sich ein solches System bereits überlebt – es kam in der zweiten Hälfte des 17. Jh., unter der Herrschaft der ökonomischen Ansicht zur Geltung, wonach die Obrigkeit das Recht habe, in jedweder Weise Schäden wettzumachen und die äußerst schlechten wirtschaftlichen Verhältnisse nach dem Kriege zu konsolidieren. Unter solchen Verhältnissen herrschte beträchtliche Willkür der Obrigkeiten; der Staat griff in diese Verhältnisse erst dann ein, wenn der Widerstand der Untertänigen die öffentliche Ordnung im Lande gefährdete. Vor allem führten politische und Sicherheitsgründe zur Erlassung der Robotpatente in den Jahren 1680, 1713 und 1738, die infolge der (bei den Untertänigen die Autorität der Obrigkeit übersteigenden) Autorität der staatlichen Gewalt den Status quo sanktionieren sollten: d. h. im wesentlichen die unkontrollierte Anwendung eines außerökonomischen Zwanges auf den Untertänigen zur Arbeit auf dem Großgrundbesitz.

In den fünfziger und sechziger Jahren des 18. Jh. erreichte der Aufstieg des auf der Fronarbeit beruhenden Großgrundbesitzes seine äußerste Grenze und bot schon nicht mehr viel Gelegenheiten für die Ausnützung der Fronarbeit. Die Ökonomen legten Wert auf eine Intensivierung der Wirtschaft, wollten u. a. auch das unökonomische verschwenderische Umgehen mit der feudalen Robotrente beseitigen. Die Reserve ließ sich durch Überführung eines Teils der Robotnormen in Zahlungen zu Geld machen, durch die sog. Reluierung, was für die Obrigkeit insbesondere dort nutzbringend war, wo die Fronarbeit wenig ausgenützt wurde oder nicht effektiv war (in weniger ergiebigen Gegenden, in den von den Höfen oder anderen Betrieben entfernten Dörfern u. ä.). Seit den fünfziger Jahren des 18. Jh. gesellten sich immer mehr herrschaftliche Güter hinzu, die die Robotreluierung in größerem oder geringerem Umfang verwirklichten. Im J. 1757 wurde in Böhmen von einer Gesamtzahl von 1604 Dominien die Reluierung auf 311, also im großen und ganzen bei 20%, durchgeführt.[7] Führend waren dabei die Gebirgslandschaften in Nordböhmen, wo es weniger Herrenhöfe gab und wo für die nicht mit Landwirtschaft befaßten Betriebe der Obrigkeiten (Manufakturerzeugung von Leinen- und Glaswaren, Holzverarbeitung u. ä.) bei der zerstückelten Sozialstruktur der Dörfer ein Überschuß an Arbeitskräften vorhanden war. Demgegenüber war in einigen ausgesprochen landwirtschaftlichen Gebieten das Ausmaß der Reluierung verhältnismäßig gering (kaum annähernd 10% der Güter). Die Summe der Reluierung repräsentiert im Durchschnitt einen Betrag ungefähr in der Höhe eines Viertels der Geldrente, in einigen Gebieten und auf einigen Großgrundbesitzen waren die Verhältnisse allerdings beträchtlich unterschiedlich. Auf nicht ganz hundert Großgrundbesitzen hauptsächlich aus dem nordböhmischen Gebirgsland ist die Reluierung sogar höher als die Einkünfte aus der Geldrente.

Während der weiteren Jahrzehnte erhöhte sich die Zahl der herrschaftlichen Güter, wo es eine teilweise oder vollständige Robotreluierung gab. Am häufigsten reluierte die Obrigkeit die Fronarbeiten einigen Dörfern oder Bauern und überführte die Arbeitspflicht auf die restlichen Dörfer oder auf andere Gruppen von Bauern, wodurch vom ökonomischen Standpunkt aus die Robotnormen ausgenützt wurden. Wo die alte Arbeitsform beibehalten wurde, stiegen die Robotforderungen an.

Im Vergleich zu den Nachbarländern waren die Fronarbeiten in der Hälfte des 18. Jh. auf einigen herrschaftlichen Gütern in Böhmen ungemein hoch. Nach den Normenangaben der Kataster entfielen im Durchschnitt des Landes auf einen Bauern mit Gespann ungefähr 18 Strich (± ha) Ackerbodens der Obrigkeit und auf einen Fronarbeiter zu Fuß im allgemeinen 15 Strich (4¾ ha). Diese Verpflichtungen waren allerdings nicht gleichmäßig verteilt; in den fruchtbaren Landschaften Mittelböhmens entfielen bis zu 37 Strich (10¾ ha) des dominikalen Ackerbodens auf einen Gespannbauern. Die Höhe der Robotpflichten war selbstverständlich nicht nur von der Ergiebigkeit der Landschaft abhängig, eine wichtige Rolle spielte z. B. das Ausmaß des herrschaftlichen Gutes. Besonders auf den kleinen Dominien mit Betrieben des Großgrundbesitzes waren die Fronarbeiten gewöhnlich hoch. Dort, wo das Ausmaß des Dominikalbodens dem Ausmaß des Rustikalbodens nahekam oder dieses sogar übertraf, mußten die

Bauern oft 5-6 Tage wöchentlich mit dem Gespann Frondienste leisten. Auf jenen herrschaftlichen Gütern, wo das Verhältnis zwischen Dominikal- und Rustikalboden dem Durchschnitt des ganzen Landes (1:3) nahekam, konnten die Fronarbeiten mit dem Gespann niedriger sein (in den ungenauen Katastralquellen bewegten sie sich um 3 Tage in der Woche), wenngleich dies nicht als Regel angesehen werden kann. Es muß damit gerechnet werden, daß die Fronarbeiter nicht nur bei den Feldarbeiten, sondern auch bei der Aberntung der Wiesen, beim Abtransport von Holz aus den Wäldern, bei Bauarbeiten usw. herangezogen wurden. Daher kann es nicht überraschen, wenn auf 1 ha Dominikalbodens manchmal ein Vielfaches mehr an Fronarbeiten in den weniger ergiebigen waldreichen Landschaften entfällt als in den fruchtbaren Ebenen. Die Verhältnisse auf den einzelnen herrschaftlichen Gütern unterschieden sich untereinander stark. Man muß auch mit einer saisonbedingten Kumulierung der Fronarbeiten in einer Periode rechnen, wo man mehr Arbeitskräfte auch bei den Wirtschaften der Untertänigen benötigte.

Die bisherigen mit der Bilanz der untertänigen Gehöfte und mit dem Anteil der »Robotunkosten« befaßten Arbeiten gelangen zu der Schlußfolgerung, daß das Ausmaß der Belastung der untertänigen Gehöfte mit Fronarbeit noch von zwei Faktoren abhängig war, nämlich vom Ausmaß des Gehöftes und von der Bonität seines Bodens. Je größer das Gut und je fruchtbarer die Felder waren, um so geringer war die Belastung durch die Robotpflichten (wenn wir die Kosten auf einen Arbeiter in Geld umrechnen), dies bei einem Vergleich mit der Summe der Einkünfte des Bauern.

Seit den siebziger Jahren des 18. Jh. hatte auch das allmählich auf den Großgrundbesitzen eingeführte neue ökonomische Abolitionssystem, das als Raabsches System bekannt war, starken Einfluß auf die Reluierung der Fronarbeiten.[8] Es beruhte in einer Reluierung sämtlicher Fronarbeiten und in einer Umwandlung der dominikalen Grundstücke der Höfe zu Liegenschaften, die dann von den Untertänigen in Pacht bewirtschaftet wurden. Dieses System entsprach vollauf dem feudalen ökonomischen Aspekt, der den Effekt der Wirtschaftsgebarung auf Grund der *Stabilität des Gewinnes* bei geringstem Risiko wertete. Der Pachtzins vom Dominikalboden glich dem durchschnittlichen Einkommen aus den Höfen des auf dem Robotsystem beruhenden Großgrundbesitzes. Die erste Raabsche Reform wurde zur Zeit des großen Aufstandes im J. 1775 auf den durch Konfiskation des Jesuitenvermögens erworbenen staatlichen Gütern durchgeführt. Nach und nach wurde das Raabsche System in den weiteren Jahrzehnten auf 105 herrschaftlichen Gütern in Böhmen eingeführt. Die Reluierung und das Raabsche System bildeten die äußerste Grenze der feudalen landwirtschaftlichen Ökonomik, über die die verknöcherte Betrachtungsweise der adeligen Großgrundbesitzer, bei der es oft an neuzeitlichem Betriebsgeist fehlt, nicht hinauszudringen vermochte.

Der Anstieg der Fronarbeiten, die Reluierung und das Raabsche System bedeuten im 18. Jh. nicht etwa schlechte soziale Verhältnisse bei den mittelgroßen und vermögendern Bauern. Reluierung und Raabsches System waren einzig und allein unter den Bedingungen einer gesamten Besserung der wirtschaftlichen Situation der angeführten Schichten (im Vergleich zum Stand in der 2. Hälfte des 17. Jh.) möglich, deren Angehörige Arbeitskräfte (bei den niedrigeren sozialen Schichten im Dorf) für die Fronarbeiten anheuern konnten, die ungeahnte Höhe erreichten, oder eine Reluierung zahlen konnten. Die Reluierung und das Raabsche System waren größtenteils Angelegenheit einer Übereinkunft zwischen Obrigkeit und Bauern in bezug auf die Steigerung der Fronarbeiten, nicht immer aber bedeutete der Widerstand der Untertänigen eine unmittelbare Reaktion darauf.

Unterschiedliche Beziehung der Untertänigen zur obrigkeitlichen Macht und zur Staatsgewalt. – Vom ökonomischen Standpunkt war, abgesehen von der Feudalrente, die Steuerbelastung der Gehöfte bedeutsam. Angesichts der Uneinheitlichkeit der Feudalrente läßt sich schwer sagen, ob in der Regel die Steuer die Rente überstieg oder umgekehrt, man kann aber Beispiele herrschaftlicher Güter finden, wo die Verpflichtungen der Untertänigen gegenüber dem Staat weit über der Summe der Verbindlichkeiten gegenüber den Obrigkeiten lagen.[9] Unterschiedlich war auch die Situation bei Gehöften mit einem größeren Ausmaß fruchtbaren Bodens und auf kleineren Gütern. Bei den Großbauern überstiegen öfter die Steuern die Ausgaben für die Fronarbeit. Es ist aber keine illegale Volksbewegung bekannt, bei der grundlegendes Postulat eine Senkung oder Aufhebung der Steuern gewesen wäre. Von Zeit zu Zeit kamen Beschwerden über eine ungerechte Verteilung der Steuer vor, keinesfalls aber gab es Proteste gegen die Steuer überhaupt. Bei einer kommissionellen Untersuchung mußten in der Regel die Steuerinstitutionen die Forderungen der Bauern anerkennen und die Steueraufschlüsselung abändern. Im Jahre des großen Aufstandes 1775 erfüllten die Untertänigen ihre Steuerpflichten widerstandslos. Für die Beurteilung der Motive der Bauernbewegungen kann hier der Schluß gezogen werden, daß der Widerstand der Untertänigen nicht direkt abhängig war vom Maß der Ausbeutung. Wir können beobachten, daß der Untertänige subjektiv anders die Steuerlast und anders die Robotrente empfindet, die er als Unterdrückung ansieht. Wir können demnach sagen, daß der Untertänige die obrigkeitliche Gewalt anders als die Staatsgewalt betrachtet.

Der reale Hintergrund der unterschiedlichen Betrachtungsweisen kann im Leibeigenensystem erblickt werden, das bei den Untertänigen ein Gefühl ständiger Unterdrückung hervorrufen mußte, sogar auch dann, wenn gegenüber dem Untertänigen Gewalttaten, körperliche Züchtigungen u. ä. nicht in vollem Maße zur Anwendung gelangten. Das Bewußtsein, daß es in der Kompetenz der Obrigkeit liege, wann immer Sanktionen auszuüben, erweckte auf der einen Seite Angst, auf der anderen Widerstand. Die Beziehung des Untertänigen zur Obrigkeit hatte keinen persönlichen Charakter, gelangte auch dann zur Ausbildung, wenn der Untertänige seinem Herrn niemals im Leben begegnete. In den aus bäuerlichem Milieu aus der zweiten Hälfte des 18. Jh. stammenden Quellen können wir eine bemerkenswerte Differenz zwischen der Beziehung der Untertänigen zu Personen (Obrigkeiten, ihren Beamten, Bütteln u. ä.) und der Beziehung zu jenem Machtsystem herauslesen, das diese verkörperten. Die Beziehung zur Person der Obrigkeit war gewöhnlich bei weitem nicht eindeutig haßerfüllt, es lag darin eher Ehrfurcht gegenüber der Autorität der Macht, und auch gegenüber den Ausübenden der obrigkeitlichen Gewalt verhielten sich die Bauern nicht ausgesprochen feindselig. Anders war dies der Fall hinsichtlich des Systems selbst, dabei gab es ständige Spannung zwischen den beiden Polen: zwischen dem Untertänigen und der Obrigkeit. Die Solidarität der Klasse ging über die Grenze der Gruppen hinaus: so waren z. B. die Mietsleute oder das Gesinde, die auf den herrschaftlichen Feldern gegen einen ihnen von den Bauern bezahlten Lohn arbeiteten – sie waren doch sogar in ihrer Existenz an den

Fronarbeiten interessiert –, bei den Bauernbewegungen größeren Umfangs mit den Bauern im Widerstand gegen die Fronarbeit solidarisch.

Das System der obrigkeitlichen Gewalt war im Leibeigenenverhältnis unmittelbar, alltäglich, enthalten, während die Organisationen der Staatsmacht doch nur hoch über den Wolken schwebten; der Herrscher, dessen Willen sie »vollstrecken«, war vom Nimbus der »göttlichen Gnade« umgeben. Die Staatsmacht entfernte sich so stark der Vorstellung des Bauern im Alltag, daß er diesbezüglich größere Illusionen haben konnte, besonders wenn er dem Druck einer ideologischen Suggestion ausgesetzt war. Es ist daher nichts Merkwürdiges daran, wenn sich die Untertänigen sehr oft auf die Hilfe des Staates vor der obrigkeitlichen Gewalt beriefen oder wenn die Bauernbewegungen keine bewußt staatsfeindlichen Aktionen sind. Ohne Verständnis des sozialen Bewußtseins läßt sich auch eine so allgemeine Erscheinung nicht erklären, wie es der sog. naive Monarchismus der Volksschichten war, der sich von der Person des Herrschers auch auf die »Vollstrecker seines Willens« – die staatlichen Institutionen – übertrug.[10] Dies alles war im 18. Jh. nicht ganz neu. In der zweiten Hälfte des 18. Jh. müssen wir aber die Änderung im Inhalt und Ausmaß der Staatsgewalt in Betracht ziehen. Dann tritt auch das Problem des Verhältnisses der Bauern zur Staatsgewalt in neuem Lichte hervor.

Das untertänige System war niemals nur ganz auf die Beziehung Untertäniger – Obrigkeit reduziert, im Laufe des 18. Jh. erhöhte sich aber die potentionelle Bedeutung der Beziehung Staat – Untertäniger. Einen solchen Schluß kann man schon bloß auf Grund der Zahl der erlassenen staatlichen Verordnungen und Kundmachungen (Patente) hinsichtlich der wirtschaftlichen und sozialen Stellung der Untertänigen ziehen.[11] Es ist interessant, die Reaktion der Untertänigen auf diese Normen zu verfolgen. Zum Unterschied von den Robotpatenten der J. 1680 und 1717, die unmittelbar nach der Unterdrückung der Aufstände der Untertänigen als politisch-sicherheitstechnische Reaktion darauf erlassen wurden, begegnen wir seit dem J. 1738 weitaus häufiger einer Bauernbewegung, die auf vorher erlassene Robotpatente reagiert oder diese von den obrigkeitlichen Kanzleien in der Vermutung abverlangt, die Obrigkeit wolle sie den Untertänigen verheimlichen.

Die Patente aus dem J. 1717 und 1738 petrifizieren in den Passagen, die als Regulierung der bis dahin unbeschränkten Fronarbeiten interpretiert werden können, in Wirklichkeit eigentlich den vorangegangenen Prozeß der Steigerung der Fronarbeiten, der spontan eingesetzt hatte. Die Obrigkeiten haben durch diese Patente die gesteigerten Robotansprüche bestätigt und in Zahlen ausgedrückt. Die eigenständige Interpretation der Patente, die eher ein Ausdruck der Hoffnungen und Wünsche der Untertänigen darstellt, bewegt die Bauern zu demonstrativen Aktionen gegen die Obrigkeiten, die vermeintlich die Aufträge der Patente nicht erfüllen. Dies war der Fall nicht nur mit dem Patent im J. 1738, sondern auch mit jenen Kundmachungen, die die Reform im J. 1775 vorbereiteten, sowie mit einigen Patenten während des Krieges zu Beginn der vierziger Jahre. Es wurde bereits gesagt, daß der Staat allmählich die Bauernbewegungen seit jenem Zeitpunkt beachtete, da sie zu einem politischen Problem, und zwar zunächst zu einem politisch-sicherheitstechnischen Problem geworden waren, was man noch von verschiedenen Kundmachungen aus den kriegerischen vierziger Jahren sagen kann. Die prekäre Situation zu Kriegszeiten zwang allerdings den Staatsapparat, ängstlich auf eine Konsolidierung der wirtschaftlichen Verhältnisse zu achten.

Es ist gewiß kein Zufall, daß »offensive« Postulate der Bauern in den Bewegungen während der kriegerischen vierziger Jahre aufzutreten beginnen. Damals zeigte es sich, daß die Bauernschaft eine politische Rolle als völlig elementare Kraft spielen kann, die keine eigenen politischen Ziele hat.[12] Die unverbindliche Agitation der Staatsbeamten brachte eine Lawine sozialer Bewegungen der Bauern zur Auslösung, die dann in den weiteren Jahrzehnten dauernd zu einer politischen Frage in den böhmischen Ländern wurden. Man kann entschieden nicht behaupten, daß die Probleme einer wesentlichen Reduktion oder einer Aufhebung der Fronarbeiten sowie einer Beseitigung der Leibeigenschaft durch Agitation von außen her in die Bauernbewegung hineingetragen worden wären. Man kann umgekehrt behaupten, daß die Bauern erst dann ihre Forderungen erhoben, wenn sie durch staatliche Erlässe den Rücken gedeckt wußten. Für die Staatsmacht waren einige in der zweiten Hälfte des 18. Jh. in den Bauernbewegungen enthaltene Probleme Fragen, deren Lösung in Angriff genommen werden mußte, da die Zeit dafür gekommen war, da sie nicht nur politisch-sicherheitstechnische, sondern auch politisch-wirtschaftliche Bedeutung hatten. Dies bedeutet allerdings ganz und gar nicht, daß die Staatsgewalt irgendeine Kooperation mit der Bauernbewegung hätte entwickeln wollen, gegen die sie stets – sofern dies die Aufrechterhaltung der öffentlichen Ordnung erfordert – mit Nachdruck einschreitet.

Die heftigste Welle im Ansteigen der Robotverpflichtungen endete bereits in der ersten Hälfte des 18. Jh., wenngleich die Fronarbeiten weiter anstiegen (bis zum J. 1775); dieser Anstieg war aber nicht mehr so sprunghaft wie in der zweiten Hälfte des 17. und zu Beginn des 18. Jh., da der Staat den Großgrundbesitz als Fundament betrachten mußte, auf dem die Ökonomik des Landes beruht. In der Mitte des 18. Jh. konnte man sich bereits vom Großgrundbesitz auf die Bauernwirtschaft als konsolidiertes Fundament der Ökonomik des Staates umorientieren. Die Patente, die bis dahin die Untertänigkeitsfrage ausschließlich unter dem Aspekt der Unverletzlichkeit des Großgrundbesitzersystems betrachteten, waren ein Reflex der staatlichen Betrachtungsweise der Funktion des Großgrundbesitzes im ökonomischen System. Eine solche Betrachtungsweise änderte sich im Laufe der zweiten Hälfte des 18. Jh.; dies findet seinen augenfälligen Niederschlag in den staatlichen Eingriffen in die Frage der Untertänigen, wobei diese Eingriffe ihren Höhepunkt im Patent des J. 1775 erreichten. Erstrangiges Augenmerk wird in diesem Patent zum erstenmal der Wirtschaftsgebarung des untertänigen Bauern gewidmet, der adelige Großgrundbesitzer wird zu den Veränderungen des Systems dadurch gezwungen, daß ihm der Staat einen Großteil der Arbeitskräfte bei den unbezahlten Fronarbeiten entzieht.

Einige Jahre vor dem Aufstand im J. 1775 lösten die höchsten staatlichen Organe – die Hofkanzlei und der Hofrat – die Frage, ob die Staatsmacht Privatrechte der Obrigkeiten in der Frage der Untertänigen schmälern könne.[13] Den Anstoß dazu gaben einige Memoranden der Untertänigen an den Staatsrat in den Jahren 1768-1771; diese Memoranden verwiesen auf die ungünstigen Verhältnisse des Robot- und Leibeigenschaftssystems in Böhmen und forderten im Interesse des »allgemeinen Wohls« des Staates ihre Abstellung. Die Memoranden lieferten tatsächlich nur den Anstoß, denn die Ursachen dafür, daß derartige Fragen von den höchsten staatlichen Behörden erörtert werden mußten, lagen weitaus tiefer. Man mußte die Steuerzahler, d. h. die Untertänigen, in Schutz nehmen, damit sie nicht übermäßig durch andere Verpflichtungen belastet werden und dann Steuerrückstände und -schulden haben. Außerdem gab es hierfür auch militärische Gründe, die von der Konskriptionskommission im J. 1771 in ihrem zusammenfassenden Bericht hervorgehoben wurden. Die Erörterungen dieser Materialien zeigten die Uneinheitlichkeit der Ansichten der obersten staatlichen Organe, bei denen die Konservativen auf der Beibehaltung der Rechte der Obrigkeiten in den Angelegenheiten der Untertänigen beharrten, während die von Blanco geführte Minderheit der Reformer eine rationalistische aufgeklärte Lösung vom Standpunkt der Erfordernisse des Staates nachdrücklich anstrebte. Nach der Ansicht der Reformanhänger sollte eine Unifikation die Voraussetzung für eine Ordnung im Steuersystem schaffen; diese Unifikation sollte auch bei der Feudalrente zur Anwendung gebracht werden, damit eine gewisse Ordnung im ökonomisch-sozialen System der Landbevölkerung erreicht wird. Die Verpflichtungen sollten nach einem Schlüssel auf Grund von Berechnungen der Durchschnittserträge der Bauerngehöfte errechnet werden. Bis zum J. 1775 waren bloße Kompromisse das Ergebnis; dies ist aus den staatlichen Kundmachungen ersichtlich, deren vorsichtige Stilisierung und unklare Formulierungen die Bauern zu eigenen Interpretationen verführten, die bald wiederum durch neue Kundmachungen berichtigt und widerlegt wurden. Diese Kompromisse waren ein Reflex der unausgeprägten Machtverhältnisse. Während einflußreiche Reformanhänger am kaiserlichen Hof bemüht waren, rationelle und verhältnismäßig radikalere Maßnahmen zur Verwirklichung zu bringen, befanden sich die Konservativen unter den Hofkreisen und die Stände bei den Landtagen (vorwiegend hohe Würdenträger des Landes aus den Reihen des Adels, die im Zeitpunkt des Verfalls der Landtage vorwiegend hier vertreten waren) unter den entschiedenen Gegnern und bemühten sich, die Kundmachungen zu boykottieren, was auch ein Großteil des Adels im Lande tat.[14] Dies gilt insbesondere von den Kundmachungen über den »freiwilligen Ausgleich« der Obrigkeiten mit den Untertänigen hinsichtlich der Fronarbeiten. Zunächst – im J. 1771 – sollten eingesetzte Urbarialkommissionen über das Maß des Erträglichen bei den in den neuen Urbarien eingetragenen Verpflichtungen der Untertänigen entscheiden. Wegen des Boykotts der Stände konnte aber die neue Urbarialreform nicht verwirklicht werden.

Vom J. 1773 bis zum Aufstand des J. 1775 war der Staat bestrebt, wenigstens einen freiwilligen »Ausgleich« herbeizuführen, der auf einer Übereinkunft der Obrigkeiten mit den Untertänigen beruhte und wo die staatlichen Organe nur dann eingreifen sollten, wenn ein Abkommen unmöglich sein sollte. Um solchen Situationen vorzubeugen, wurde in der Kundmachung festgelegt, daß die Fronarbeit nirgends drei Tage in der Woche überschreiten dürfe. Die ständige Verlängerung der für die Erstellung der Urbarien festgelegten Fristen durch neue Kundmachungen und die Ermahnungen an die Obrigkeiten zur Durchführung der staatlichen Verordnungen beweisen, daß die Feudalherren nicht geneigt waren, die Staatsgewalt zu respektieren.

Die Durchführung der Urbarialkonskriptionen und die Regelung der Verpflichtungen nach der erwähnten Kundmachung auf den staatlichen Gütern und den Gütern des aufgehobenen Jesuitenordens, deren Verwaltung der Staat übernommen hatte, beeinflußte stark die öffentliche Meinung der Bauern bei Jahresende 1774. Es verbreiteten sich Nachrichten, wonach die Obrigkeiten den Untertänigen staatliche Kundmachungen verheimlichten, und die mündliche Tradition verzerrte und vergrößerte ihren Inhalt. So brachen allmählich Fronstreiks aus. Die Bauernbewegung im J. 1775 ermöglichte den Verfechtern radikaler Reformen die Durchsetzung der von ihnen betriebenen Lösungen, und die erschreckten Konservativen waren außerstande, Widerstand zu leisten. In einer solchen Atmosphäre konnte das Robotpatent aus dem J. 1775 erlassen werden.

Fassen wir einige Schlußfolgerungen bei der Beantwortung der zunächst gestellten Fragen zusammen: die Bauernbewegungen waren im 18. Jh. eine »blinde Kraft«, die eher das zu formulieren verstand, was sie nicht wollte, als das, was sie bewußt betreibt. Das bedeutet nicht, daß sie Bestandteil irgendeiner vom Willen der Menschen unabhängigen ökonomisch-sozialen Automatik sein mußte. Es ist aber undenkbar, daß die Bauern eine eigene Ansicht hinsichtlich ihrer Stellung gehabt haben konnten, die manchmal heutzutage Historiker ihnen einsuggerieren, indem sie ihnen ihre eigene kritische Betrachtungsweise unterschieben. Bei der Motivierung des Widerstandes war nicht immer das Maß der Ausbeutung, sondern eher das Niveau des sozialen Bewußtseins entscheidend, den Vorrang vor einem objektiven Reflex der ökonomisch-sozialen Differenzen hatten die *subjektiven Empfindun-*

gen der Unterdrückung, was aus der unterschiedlichen Beziehung zu den beiden ausbeuterischen Systemen – der Staatsgewalt und der obrigkeitlichen Gewalt – ersichtlich ist. Es war dies auch ein Problem der ideologischen Vorstellungen von der Macht. Bei ihrem »Sprung ins Ungewisse« benötigten die Bauern eine Stütze, eine Rechtfertigung für ihren Aufstand. Diese war eher von der Autorität als von der Fähigkeit zur Schaffung einer eigenen individuellen Ansicht abhängig. Im Mittelalter nahm diese Stärkung Ausgang bei den revolutionären Volksbewegungen von der Autorität der Bibel, im 18. Jh. tritt bei uns immer mehr die Autorität der Staatsgewalt in den Vordergrund. Mehr als einmal beriefen sich die Aufständischen auf staatliche Erlässe als Unterstützung (ohne Rücksicht darauf, ob diese eine wirkliche oder nur vermeintliche Stütze waren), verließen sich sogar auf staatliches Eingreifen in ihrer – nach eigener Überzeugung gerechten – Sache. Dadurch wirkten sie u. a. agitatorisch bei der massenhaften Verbreitung der Bewegung mit. Auf die in den Forderungen der Bauern im J. 1775 erkennbare Veränderung des gedanklichen Stereotyps wirkte das Echo des politischen Interesses der Staatsgewalt an der Frage der Untertänigen ein. Dieses Echo zeigte, daß die »alten Rechte« und Ordnungen im Untertänigensystem nicht unantastbar sind; es half auch bei der Desakralisierung des obrigkeitlichen Machtsystems, was bereits einen Schritt auf dem Weg zur Untergrabung dieser Macht bedeutet. Ich möchte bei weitem nicht die Veränderungen des Sozialbewußtseins der Bauern auf ähnliche Einflüsse reduzieren, bin eher bestrebt nachzuweisen, daß man damit rechnen muß. Ferner werden wir die Sturkturveränderungen des Dorfes auf wirtschaftlichem, gesellschaftlichem und kulturellem Gebiet beachten, sofern sie einige der angeführten Probleme klären können.

Strukturveränderung der Landbevölkerung. – Mit ausgeprägten Forderungen traten in den Bewegungen der Untertänigen bereits vor dem J. 1775 häufiger die Bauern als die niedrigeren Bevölkerungsgruppen auf dem Lande hervor. Hand in Hand mit der fortschreitenden sozialen Differenzierung, die vom Populationsaufschwung auf dem Lande begleitet wird, tritt immer deutlicher der entscheidende Einfluß der Bauern hervor, die die niederen Gruppen unter ihre soziale Botmäßigkeit bringen.[15] Die bäuerliche Schicht ist verhältnismäßig stabil, während die Schicht der Landlosen und Kleinhäusler insbesondere in der zweiten Hälfte des 18. Jh. quantitativ anwächst.

In der ersten Hälfte des 18. Jh. kommen auch Eingriffe der Obrigkeiten in den Bodenbesitz der größeren Bauern, so etwas wie eine Nivellierung der mittelgroßen bäuerlichen Güter vor, wobei die Obrigkeiten den Großbauern Boden entzogen und diesen den kleineren Bauern zuteilten, um eine möglichst große Konsolidierung der mittelgroßen Gehöfte zu erreichen, die ständige Einkünfte gewährten, aber auch eine Garantie für Arbeitskräfte bei der Zugfronarbeit boten. Die Tatsache, daß wir auf einem Bauerngut in gewissen Gebieten damals bis zu drei Familien vorfinden – die Familie des Wirtschafters, seine Eltern bzw. Geschwister und manchmal sogar die Familie seines Sohnes, des künftigen Nachfolgers – war vom Standpunkt der Arbeitskräfte günstig und ihre Auslastung mit Fronarbeiten nicht so drückend.

Da auf zahlreichen herrschaftlichen Gütern die Robotforderungen gesteigert wurden und auch die Steuerlast anstieg, kann man besonders in den fruchtbareren Gebieten einen wirtschaftlichen Aufstieg der bäuerlichen Gruppe in der zweiten Hälfte des 18. Jh. wahrnehmen. Dies hängt zweifelsohne mit der neuen landwirtschaftlichen Konjunktur zusammen, wofür auch das Interesse am Boden (Urbarmachung von Ödland und Bruchbeständen, Interesse an Dominikalboden u. ä.) bei steigenden Grundstückspreisen und beim neuen steigenden Trend der Preise landwirtschaftlicher Produkte einen Beweis liefert. Die Kriegsereignisse und Elementarkatastrophen (katastrophale Dürre und Mißernte 1770-1771) gefährdeten anscheinend nicht dauernd die Prosperität der Bauerngehöfte.

Um so eher begannen allerdings die Bauern die Verluste nachzurechnen, die ihnen dadurch entstehen, daß der herrschaftliche Hof die Arbeitskraft ihnen in Form von Fronarbeiten abschöpft und sie daher überdies Gespanne für die Fronarbeiten halten müssen. Anstelle der Fronarbeiten in Gespannleistungen hätten sie die Viehbestände zum eigenen Nutzen erhöhen können. Diese Tatsache wurde offenbar weitaus drückender empfunden als die physische Leistung der Fronarbeit.

Der gleichfalls in der zweiten Hälfte des 18. Jh. erkennbare Populationsanstieg war unter den niedrigeren Sozialgruppen auf dem Lande weitaus markanter. Er war abhängig von den Möglichkeiten der sozialen Existenz dieser Schichten, die in den fruchtbaren Gebieten auf die Bauern und die Regiewirtschaft der Obrigkeit angewiesen waren; in den Gebirgslandschaften gewährte ihnen – abgesehen von den traditionellen Bereichen (Holzgewinnung) – die aufsteigende Industrie in den Manufakturen den Lebensunterhalt.

Der wirtschaftliche und soziale Aufstieg der bäuerlichen Gruppe war von der Konjunktur in der Landwirtschaft und in der Industrie abhängig (Absatz landwirtschaftlicher Erzeugnisse in den Industriezentren, Beteiligung an der Entfaltung des Handels und Verkehrs, Fuhrwerkergewerbe u. ä.). Man kann sich schwerlich vorstellen, daß sonst die Bauern die hohen Fronpflichten erfüllen oder sich davon durch Reluierung hätten loskaufen können. Die ökonomische Funktion des Bauern in der Beziehung zum Großgrundbesitz besteht darin, eine unbezahlte Arbeitskraft zu beschaffen, lediglich formell besteht seine Robotpflicht. Faktisch heuert er oft eher aus eigenen Mitteln Fronbauern an und stellt ihnen seine Gespanne und Werkzeuge zur Verfügung. Sein Widerstand gegen die Fronarbeiten hat daher gewöhnlich andere Motive als bei jenen, die die Fronarbeit tatsächlich leisten mußten. Es waren dies vorwiegend Angehörige der niederen Sozialgruppen des Dorfes (teilweise auch Bauernkinder), die zur Fronarbeit ökonomisch – durch die Notwendigkeit der Beschaffung des Lebensunterhaltes – angehalten waren. Wenngleich es sich hier um eine Arbeit im Lohnverhältnis handelte, war sie als Zwangsarbeit wenig produktiv, da der anheuernde Bauer kein Interesse an ihrem Ergebnis hatte. Um einer solchen Arbeit überhaupt irgendeinen Effekt zu verschaffen, bringt die Obrigkeit außerökonomische Zwangsmittel zur Anwendung. Strafen, hauptsächlich körperliche Züchtigungen (Hiebe), nahmen in diesem System ungemein überhand. Bei den Aufständen rechneten dann mehr als einmal die Fronbauern mit den obrigkeitlichen Angestellten (Bütteln, Schaffern u. ä.) persönlich ab.

Die Verhältnisse auf dem Lande in der zweiten Hälfte des 18. Jh. beeinflußten auch die Veränderungen des Systems des auf der Fronarbeit beruhenden Grundbesitzes; dieses System war allmählich überholt und wurde auf zahlreichen herrschaftlichen Gütern von den Obrigkeiten selbst reformiert. Der Staat nahm zahlreiche Änderungen auf den Großgrundbesitzen unter seiner direkten Verwaltung vor (Raabsches System, völlige oder teilweise Liquidierung der Wirtschaftsgebarung auf den Höfen).

Das Leibeigenensystem, das in der Mitte des 18. Jh. seinen Kulminationspunkt in den brutalen Strafformen erreichte, war in seinem Wesen bereits ziemlich stark zersetzt.[16] Der Zuwachs an niederen Sozialgruppen auf dem Lande, die seit je mobiler waren, und der Aufschwung der Industrieunternehmung (Manufakturen) brachte die ländlichen Arbeitskräfte in Bewegung. Die einstmals geschlossene ständische Gesellschaft wurde von innen her durch die kapitalistischen Beziehungen bereits derart aufgelokkert, daß die Kriterien des Ständetums in Verfall gerieten und die Kriterien des Vermögenstandes an ihre Stelle traten. Dies eröffnete anfangs nur beschränkte Möglichkeiten für eine soziale Mobilität der Bauern, die nicht über die Grenze der ständischen Barrieren hinausging, unterstützte aber ihre Ambitionen. Die Leibeigenschaft und ihre Verbote des freien Umzugs, des Schulbesuchs oder des Erlernens eines Handwerkes wurde von den Bauern, die für ihre Söhne soziale Sicherstellung suchten, als drückende Last empfunden.

Auch in der allgemein kulturellen Kommunikation verlor das flache Land seine einstige Isoliertheit, was im Zusammenhang mit der gesamten Strukturveränderung der Gesellschaft stand, bei der die neue Schicht der Intelligenz neben den alten ständischen Komponenten immer größere Bedeutung unter den Beamten, Geistlichen, Lehrern (Reformen der Verwaltung, der Schulen, der Kirchenverwaltung usw.), Offizieren der Armee usw. erlangte. Jene Schicht nimmt dann so oder so die ideologischen Strömungen der Aufklärung in sich auf. Oft hatte diese Intelligenz eine andere Beziehung zu den Untertänigen und zu ihren sozialen Problemen als die ständischen feudalen Komponenten. Dies ersieht man aus der aus ihren Reihen stammenden Publizistik, wo wir Vorbehalte gegen das Leibeigenensystem vorfinden. Häufig stand ein Teil dieser Intelligenzler in amtlichem Kontakt mit den Untertänigen, einige entstammten sogar dem ländlichen Milieu. Sie wirkten auf das Sozialbewußtsein der Bauern ein. Den äußerlichen Rahmen dieses Prozesses bildete der Ausbau der Kommunikation, die anfangs eher ein Werk des Marktes war, der zu größerer Informiertheit und ferner auch zur Bildung der bäuerlichen Gruppen und der gesellschaftlichen Mobilität führt.

II. Formen und Organisation der Bauernbewegungen

Vom formellen Standpunkt kann man bei den Bauernbewegungen einen offenen und versteckten, ferner einen legalen und illegalen Widerstand unterscheiden. Das Problem des *bewußten Widerstandes* an sich ist manchmal ziemlich strittig, wie zahlreiche Diskussionen bei uns und anderswo beweisen.[17] Insbesondere bei individuellen Äußerungen ist es schwer, nicht nur zu bestimmen, ob es sich um eine bewußte Tat handelte, wir sind vielmehr im Zweifel, ob es sich überhaupt um einen aus sozialen Beweggründen erfließenden Widerstand handelte. Die geringe Arbeitsintensität der Untertänigen bei der Fronarbeit und der Umstand, daß die Untertänigen diese Fronarbeit absichtlich verringerten, davonliefen und andere ähnliche Taten begingen, muß nicht immer ein Ausdruck des Widerstandes sein. Das flache Land war eine Gruppenstruktur mit unterschiedlichen wirtschaftlichen oder auch persönlichen Interessen. Viel einfacher ist die Erklärung, daß der Untertänige durch schlechte Arbeit auf dem herrschaftlichen Acker nichts mehr als das beabsichtigte, daß er das Gespann, die Werkzeuge und auch seine Arbeitskraft schonen wollte, um all dies für die eigene Wirtschaft einsetzen zu können. Dazu reichte eine äußerst einfache wirtschaftlich-rationelle Erwägung aus, und es bedurfte gar keines Widerstandes gegen den Ausbeuter. Für eine vollkommen niedrige Produktivität der Fronarbeit genügte auch der Umstand, daß die Fronarbeiter kein Interesse am Ergebnis hatten. Etwas ganz anderes war es dann, wenn die Fronarbeiter (im Zeitpunkt irgendeines Konfliktes mit der Obrigkeit) demonstrativ in offenem oder stillschweigendem Übereinkommen die Arbeit allmählich abzutun begannen. Nicht anders verhält sich die Sache mit dem Davonlaufen. Wer konnte den Untertänigen daran hindern, bessere Lebensunterhaltsbedingungen zu suchen? Sofern er sie auf seinem Gehöft, in seinem Dorf oder auf der Herrschaft nicht finden konnte, entlief er ohne Ansuchen um den Entlassungsschein, für den er der Obrigkeit hätte zahlen müssen. Die Flucht war manchmal der letzte verzweifelte Schritt, mit dem sich der Untertänige der Verantwortung für den schlechten Stand der Wirtschaftsgebarung seines Gehöftes entledigen wollte. Es war dies die Angst vor der Strafe, eine ökonomische Erwägung und nicht ein Protest, der ihn zu dieser Tat bewogen hatte. Entschieden möchte ich solche nicht ganz klare Formen des Widerstandes nicht überschätzen, wo wir uns dessen nicht sicher sein können, ob es sich nicht nur um das übliche Streben handelte, der Arbeit auszuweichen, das eigene Inventar und die eigene Kraft zu schonen, den Schmarotzer am herrschaftlichen Gut zu spielen, ganz abgesehen von Diebstählen und Räubereien; und dies manchmal auch dann nicht, wenn die Tat in den Quellen als »Aufruhr« oder mit einem anderen geläufigen Begriff aus dem obrigkeitlichen Wörterschatz bezeichnet wird. Begreiflicherweise muß man mit der Spannung rechnen, die sich aus der Beziehung des Untertänigen zur Obrigkeit ergab.

Der gesellschaftliche Antagonismus im System des auf der Fronarbeit beruhenden Großgrundbesitzes läßt sich weitaus leichter theoretisch in allgemein ökonomischen Kategorien ausdrücken als in konkreten Äußerungen mit Bestimmtheit bloßlegen, wenn wir bekannte Erfahrungen der Sozialpsychologie in Betracht ziehen. Bei individuellen Äußerungen läßt sich manchmal schwer sagen, ob es sich um einen sozial motivierten Widerstand auch dort handelt, wo die Tat vom Akzent der Wut, des Hasses gegen die übergeordnete Person begleitet wird. Es kann derart viele Motive für eine Tat geben, daß man sie schwerlich aufzählen kann. Kriterium in der Frage, ob es sich wirklich um einen sozialen Widerstand handelt, kann am ehesten der Massencharakter solcher Taten oder wenigstens die kollektive Solidarität einer Gruppe mit jener Person sein, die die Tat begeht. Ich denke dabei begreiflicherweise an soziale Bewegungen, die noch nicht sozialrevolutionären Charakter haben müssen. Ganz natürlich wendet sich die historische Forschung bei ihrem Streben nach positiven Ergebnissen den Erscheinungen mit Massencharakter zu, die sich quantitativ ausdrücken lassen.

In der Literatur hat sich im allgemeinen die *Klassifikation der Bewegungen* in höhere und niedrigere eingebürgert. Kriterium für die höhere Form ist gewöhnlich der Massencharakter und die Offenheit des Widerstandes, so daß die Aufstände an der Spitze stehen. Meines Erachtens sollte man größeren Wert auf Inhalt, Programm und Organisation der Bewegungen legen. Versteckte Formen des Widerstandes dürfen nicht unterschätzt werden. Ich wage nicht zu beantworten, ob z. B. die *passive Resistenz* in den böhmischen Ländern vom Standpunkt ihres Einflusses auf die gesellschaftliche Entwicklung weniger bedeutsam gewesen wäre als irgendein offener Aufstand. Auch die subjektiven Momente:

persönlicher Mut und persönliche Tapferkeit, lassen sich nicht nach der Lautstärke offener Massenaktionen bemessen.

Eine aktive Einstellung steckt auch in den passiven Formen, ebenso wie die Legalität bloß eine »Hintertür« der Bewegung sein kann, deren Inhalt bereits über die Grenzen der Legalität hinausgeht. Der Sozialpsychologe würde sicherlich bemerken, daß sich in ähnlichen Situationen, wie es die Aufstände waren, bei denen es zur Massenaktion kommt, auch Menschen anschließen, die nicht durch persönliche Tapferkeit hervorragen. Ferner müssen wir das Moment der Verzweiflung in Betracht ziehen, das bei einigen spontanen Aktionen auftritt. Demgegenüber bedurfte es zum passiven Trotz eines großen Maßes persönlichen Mutes, zugleich aber auch beträchtlicher Überlegung, die bei Massenaktionen nicht so selbstverständlich ist. Schwierigkeiten beim Studium bereitet die Tatsache, daß die passive Resistenz häufiger vorausgesetzt als durch Quellen nachgewiesen werden kann. Der Historiker, der wohl weiß, welche Fragen die Sozialpsychologie stellt, muß mehr als einmal auch bei einer noch so sorgfältigen Überprüfung der Quellen resignieren. Wieviel weiß er vom Bewußtsein jener Menschen, die damals die ländlichen Gruppen bildeten, um die Motive ihrer Taten beurteilen zu können? So entschwand die Sicherheit des Dogmas und es blieben eher Fragezeichen und Hypothesen übrig, die immer neue Impulse für die wissenschaftliche Arbeit liefern.

Das Untertänigkeitssystem beruhte nicht auf offener Gewalttätigkeit, sondern auf der »Bejahung« der Verhältnisse, wobei die Untertänigen durchweg ein passives Objekt repräsentieren. Abgesehen von einem gewissen Opportunismus ist in den Beziehungen zwischen Untertänigen und Herrschaften potentiell eine passive Resistenz, manchmal eher als Drohung, anwesend. Dem kollektiven Druck des passiven Widerstandes sind jene ausgesetzt, die durch Kollaboration den Gegner unterstützen möchten. Der passive Trotz wechselte mit offenen Widerstandsformen nach ihrer Liquidierung ab. Sein Wirken in der sozialen Sphäre darf nicht unterschätzt werden. Wir können dies alles eher ahnen als nachweisen.

Bei den *kollektiven offenen Aktionen* ist der bewußte Widerstand augenfällig und deshalb konzentriert sich darauf auch die Aufmerksamkeit der Historiker. Man kann hier einige Typen von Bewegungen unterscheiden. Bei allen haben eher die vermögenden bäuerlichen Gruppen ausgeprägte Forderungen als die Armen im Dorf.

Am häufigsten waren bis zum J. 1775 *legale Streitigkeiten* mit dem Feudalbesitzer in Verbindung mit Petitionsaktionen, Interventionen bei den staatlichen Behörden, beim Herrscher u. ä. Man schätzt, daß sich im 18. Jh. dieser Widerstand in dieser oder jener Form in den Quellen in einem Drittel der Dörfer in Böhmen verzeichnen läßt. Diese Form des Widerstandes verteilte sich über einen langen Zeitraum oder war auf einen kürzeren Zeitabschnitt beschränkt. Sie hatte manchmal langwierigen Verlauf, ging unter und wurde wiederum erneuert. Sehr oft handelte es sich dabei um konkrete Forderungen, die ein Ausdruck des Interesses einer Gruppe des Dorfes, Städtchens oder der Stadt waren. Die ländlichen Gruppen traten gewöhnlich selbständig, in völliger Isolierung hervor. Auch bei der massenweisen Verbreitung und bei der zeitlichen Konzentration solcher Bewegungen wirkten sie eher durch ihr Beispiel als durch Organisiertheit aufeinander ein.

Auch gegen Streitigkeiten, Petitionen und andere legale Formen gehen die Obrigkeiten oft mit Terror vor, durch den sie die Aktion durch Einschüchterung unterbrechen wollen. Die Obrigkeiten bezeichnen in ihren Zuschriften mehr als einmal schon die Abfassung von Suppliken, Petitionen und Beschwerden gegen ihre Person als Akt des Aufruhrs. Diese Würdigung unterscheidet sich gewöhnlich von der Stellungnahme der staatlichen Behörden, die in der Regel derartige Aktionen nicht als illegal ansehen, d. h. sie erledigen, behandeln usw. Die Führung von Prozessen war oft kostspielig – die Bauern mußten die Hilfe städtischer Notare oder anderer rechtskundiger Beamten aufsuchen, mußten die Reisen ihrer Deputationen in der Residenzstadt des Kaisers oder der Regierungsbehörde bezahlen. Wir stoßen daher oft auf Erwähnungen von Geldsammlungen unter der Bauernschaft für Petitionen oder andere Aktionen.

Wenn sich der Streit zuspitzte, kam es mehr als einmal zum *Fronstreik*. Die konkreten Forderungen betrafen, wie bereits gesagt, am häufigsten die Fronarbeiten, und die Fronstreiks begleiteten Bewegungen des vorangegangenen Typs oder brachen ohne das Vorspiel solcher Streitigkeiten aus. Bei den Streiks ging oft die Beteiligung der Untertänigen über die Grenze der Gruppen auf dem Lande hinaus – übertrug sich oft auch auf andere herrschaftliche Güter.

In der Phase der Streiks arteten die Bewegungen von legalen in illegale aus – nach den Landesgesetzen wurden die Streiks als Aufstand bewertet. Die emotionelle Komponente darin setzte sich über rationale Barrieren hinweg. Gewöhnlich schlossen sich *Demonstrationsaktionen* an – Zusammenrottungen am Sitz der obrigkeitlichen Behörde; diese Aktionen waren schon nicht mehr das Werk einer ländlichen Gruppe, sondern ein Ereignis der Masse, ein *Volksaufstand*. Bei den Massenaktionen verschwand die Isoliertheit der Gruppen, der Volkshaufen gewann eine ganz andere Struktur als bei den Bewegungen früheren Typs. Die Gruppe, die mit ihren Forderungen und ihrer Agitation den Anstoß zur Massenaktion gegeben hatte, mußte nicht zahlenmäßig am stärksten vertreten sein und einen entscheidenden Anteil an der Bewegung haben. Die Massenaktionen wurden von Zügellosigkeit beherrscht, die Forderungen wuchsen proportional mit der Radikalisierung der Teilnehmer, bezogen sich nicht nur auf die Beziehung der Untertänigen eines Dorfes zum konkreten Feudalherren, sondern waren allgemein; am häufigsten tauchten solche auf, die eine Änderung des Robotsystems oder persönliche Freiheit für die Untertänigen herbeiführen wollten. In dieser Phase wurden die Bewegungen unterdrückt. Gewöhnlich genügte nicht Zureden der obrigkeitlichen oder staatlichen Beamten, man mußte gegen die Führer der Bewegung Repression anwenden, die dann die übrigen Teilnehmer einschüchterte. Soweit die Mittel der Obrigkeit oder der Staatsbeamten nicht ausreichten, trat das Militär auf den Plan, das gewöhnlich bloß durch seine Anwesenheit die Bauern »beruhigte«. Aus den böhmischen Ländern sind keine Beispiele wirklicher »Bauernschlachten« bekannt, es genügte höchstens ein einziger Angriff des Militärs, um die Aufständischen auseinanderzujagen. Weder die Fronstreiks noch die Demonstrationsaktionen waren von langer Dauer.

Davon, welche Form die häufigste war und welche Kombinationen der verschiedenen Formen bestanden, kann man sich eine gewisse Vorstellung nach den 256 Orten in Böhmen machen, wo in den Jahren 1750-1774 Bauernbewegungen auftraten, die von den staatlichen oder obrigkeitlichen Behörden behandelt wurden.

Form der Bewegung	Kombination	Zahl der Fälle
Beschwerden	Petition	171
Beschwerden	passive Fronresistenz	4
Beschwerden	passive Fronresistenz + Resistenz bei der Abführung von Geldleistungen	1
Beschwerden	passive Fronresistenz + Fronstreik	1
Beschwerden	Resistenz bei der Abführung von Geldleistungen	2
Beschwerden	Fronstreiks	17
Beschwerden	passive Fronresistenz + Aufstand	2
Beschwerden	Fronstreiks + Aufstand	3
Beschwerden	Aufstand	5
Passive Fronresistenz		2
Passive Fronresistenz	Robotstreik	1
Resistenz bei der Abführung von Geldleistungen	Aufstand	1
Fronstreiks		41
Fronstreiks	Aufstand	1
Aufstand		4

Insgesamt gab es in der angeführten Periode an den zitierten Orten:

206 Beschwerden, Petitionen und Beschwerdeaktionen
11 Fälle passiven Fronwiderstands
64 Fronstreiks
16 Aufstände

Der größte Bauernaufstand in Böhmen im J. 1775. – Die Bewegung im J. 1775 hat mit den angeführten Typen größtenteils gemeinsame Merkmale und kann als ihr Höhepunkt angesehen werden.[18] Sie begann mit einem ungemein verbreiteten Fronstreik, nahm ihren Fortgang mit großen massenhaften Demonstrationsaktionen und endete nach dem Eingreifen des Militärs. Wir finden hier allerdings ausgeprägter auch neue Elemente, und zwar vor allem in der Organisation. Zum Unterschied von den vorangegangenen Bewegungen wurde der Streik im J. 1775 durch eine umfangreiche Agitation ausgelöst, es existierte hier gewissermaßen der Versuch einer Koordinierung. Vom Zentrum des Aufstands aus, der spontan ausbrach, wurden mündliche oder schriftliche Hinweise von Dorf zu Dorf verbreitet, die die Bauern zum Aufstand vorbereiten sollten. Die Organisatoren beeinflußten nicht nur den Ablauf des Streiks, sondern lenkten auch die koordinierten Manifestationsaktionen in den obrigkeitlichen Kanzleien, wo sie eine Regelung der Robotpflichten durch »Übereinkommen« nach den Instruktionen der einstweiligen staatlichen Regulative forderten. Sie interpretierten allerdings diese Instruktionen nach ihrer Art, und auch das unter dem Druck der Massendemonstration geschlossene »Übereinkommen« erschien ihnen nicht erzwungen. Im Rahmen des herrschaftlichen Großgrundbesitzes wurden derartige Aktionen größtenteils von den Dorfrichtern und jenen Einzelpersonen gelenkt, die sich des Vertrauens der übrigen als Autoritäten erfreuten. Am bekanntesten von diesen Führergruppen war das sog. »Bauerngubernium« in der Gegend von Náchod, das durch seinen Widerstand und seine direkte Agitation das Vorgehen auf den Nachbargütern in Ostböhmen beeinflußte. Für derart organisierte Bewegungen war bezeichnend, daß ihre Führer bestrebt waren, Disziplin zu halten und emotionellen Explosionen spontaner Massenaktionen vorzubeugen. Sie gingen härter gegen Feiglinge und Gegner in den eigenen Reihen als gegen den gemeinsamen Widersacher vor. Sie wollten die Demonstrationszüge dem Zweck unterordnen, einen nachhaltigen Druck auf die durch die Aufstandsdrohung eingeschüchterten obrigkeitlichen Beamten auszuüben, die dann zu Verhandlung leichter zu haben wären. Die Bauernzüge außerhalb der Grenzen eines herrschaftlichen Gutes wurden von ihnen nicht organisiert. Nach der Niederwerfung des Aufstandes wurde niemand von diesen Führern hingerichtet, und sie wurden im Vergleich zu den anderen Aufständischen verhältnismäßig mild bestraft. Dies entsprach dem gemäßigten Vorgehen dieser »realistischeren« bäuerlichen Autoritäten, die vom gegebenen Zustand und von den nach ihrer Meinung durch die staatlichen Kundmachungen angedeuteten Möglichkeiten ausgingen.

Organisation der Bauernzüge im J. 1775. – Die mobilisierte öffentliche Meinung auf dem Lande gab zugleich die Aktivität der Masse der Untertänigen frei, die sich nicht im Rahmen der durch die angeführten »Streikausschüsse« organisierten Demonstrationen innerhalb eines herrschaftlichen Gutes halten ließ; sie begnügte sich auch nicht mit den Postulaten und Zielen dieser Ausschüsse. Den Impuls zum Fronstreik übertrugen die aufrührerischen Haufen von einem Zentrum in die weiteren Gebiete. Anfangs waren die Aktionen solcher Bauernhaufen völlig ungeregelt, Anfänge einer Organisation treten erst während des Marsches auf. Diese Organisation entstand also buchstäblich während des Marsches und war das Ergebnis neuer, rasch angeeigneter Erfahrungen. Sie konnte sich innerhalb der kurzen Dauer des Aufstandes nicht voll entfalten. Die Führer hatten bei diesen Haufen keine führende Stellung als Autoritäten, die den Ruf erprobter und weiser Männer gehabt hätten, sie mußten ihre Stellung direkt bei der Aktion durch die Autorität des Mutes und der Entschlossenheit, durch ihre Taten erwerben, mit denen sich die radikalisierte Masse identifizierte, die sich ihnen freiwillig unterordnete. Die Abweichung vom Alltag, die der Aufstand mit sich brachte, bewirkte, daß einzelne das, was man sonst Monate und Jahre beim Aufbau der Autorität benötigt, innerhalb weniger Stunden erreichten. Auch die ersten organisatorischen Grundsätze waren das Werk äußerst kurzer Zeit, wenngleich die Emotionen in einer solchen Situation die Vernunft bei der Masse betäubten.

Unter den Führern der Bauernhaufen gab es Menschen verschiedener Typen, die in der Regel aber radikaler waren als die angeführten »Streikausschüsse«. Einige bemühten sich, die Disziplin unter den erschwerten Bedingungen der heterogenen Masse aufrechtzuerhalten, andere lösten spontane Explosionen aus, und es gab sogar auch solche Leute, die die übrigen zu zweckloser vernichtender Tätigkeit hinrissen, die sich dann gewissermaßen in ein Programm verwandelte, was daraus ersichtlich ist, daß sie sich auf den Schlössern von den Beamten bestätigen ließen, alles mögliche vernichtet zu haben. Einige dieser Führer ereilte bereits während des Aufstandes die Todesstrafe am Galgen zur Warnung.

Wenngleich wir den einzelnen Elementen der Organisation bereits bei älteren Bewegungen begegnen, war der Umzug der Bauernhaufen auf einem derart großen Territorium etwas völlig Ungewohntes und Neues. Dies war gewiß auch dadurch bedingt, daß sich aus einer spontanen Aktion eine organisierte Demonstration mit Elementen revolutionärer Taktik entwickelte. Was die Führer unter der Androhung körperlicher Züchtigungen und materieller Schäden (Einschlagen von Fenstern, Zertrümmern von Öfen) forderten, war die obligatorische Beteiligung eines Mannes aus jedem Hause in allen Dörfern, durch die die Bauernhaufen marschierten. Diese freiwilligen oder unfreiwilligen Teilnehmer mußten mit den Aufständischen wenigstens drei obrigkeitliche Kanzleien aufsuchen, um dann heimkehren zu dürfen. Die Berichte über das Einschlagen von Fenstern oder sonstiger Vermögensbeschädigung oder sogar von Gewalttaten seitens der Aufständischen gegen die Bauern beweisen, daß die Führer tatsächlich ganz entschieden die Beteiligung erzwangen, was den Massencharakter dieser Züge bei einer Auswechslung der Kräfte sicherstellte. Ein anderer Wesenszug bestand in der Teilung des Hauptzuges in einige Haufen, in der Regel in zwei bis drei, damit man beim Marsch möglichst große Gebiete erfassen und möglichst viele Verstärkungen in kurzer Zeit erhalten könne. Vor den Herrensitzen und den Städten schlossen sich die Haufen oft wieder zusammen. Bewundernswert ist die Schnelligkeit der »Operationen« einiger Haufen. Die Gruppe einiger Hundert Aufständischer, die in der Nacht vom 19. auf den 20. März aus Hradec Králové (Königgrätz) aufgebrochen war, wuchs zu einer Masse an, die sich in einigen Haufen in der Nacht vom 23. auf den 24. März bereits in der nächsten Nähe Prags bewegte. Die kürzeste Entfernung dieser Trasse beträgt ungefähr 100 km, wobei die Gruppen verschiedene Abzweigungen in einem Intervall bis zu 10 km von der Hauptrichtung machten. In dieser offenbar bestorganisierten Strömung hatte auch die zwangsweise Abforderung schriftlicher Bestätigungen in den obrigkeitlichen Kanzleien Bedeutung als Agitationsmittel; nach diesen Bestätigungen sollten von den Untertänigen keine Fronarbeiten verlangt werden, sofern diese ihre Angelegenheit nicht in Prag erledigt hätten. Das Ziel des Marsches auf Prag bestand darin, durch Verhandlungen mit den Landesbehörden eine Regelung des Urbarialsystems, und zwar so rasch als möglich, zu erreichen. Auch darin liegt das naive Vertrauen der Bauern zu der Autorität des Staates und seine Gerechtigkeit verborgen. Die Bauernhaufen wurden aber vor Prag durch Militär auseinandergetrieben.

Keine der Bauernaktionen im J. 1775 kann als bewaffneter Aufstand bezeichnet werden; es handelte sich um Massendemonstrationen, die allerdings von oft sehr scharfen Verbalstreitigkeiten mit den obrigkeitlichen Beamten begleitet waren, wobei die Aufständischen manchmal auch physische Gewalt gegen ihre Widersacher anwandten. Größtenteils erfolgten aber diese Verhandlungen in den obrigkeitlichen Kanzleien ohne Gewaltanwendung, und zwar deshalb, weil die Beamten aus Angst vor der radikalisierten Menge bereitwillig jede Bestätigung unterschrieben, die ihnen diktiert oder vorgelegt wurde.

Später verbreiteten sich Berichte über den »Bauernkaiser«; so wurde der alte studierte Bauer Jan Chvojka bezeichnet, der dem gemäßigten Flügel der Aufständischen angehörte; er verfaßte für den gegen Prag ziehenden Bauernhaufen die erste Attestation über die Einstellung der Fronarbeiten bis zum Zeitpunkt der Erledigung der Fronangelegenheiten seitens der Aufständischen mit den Staatsbeamten. Nach dem Muster dieser Attestation ließen sich die Aufständischen in den obrigkeitlichen Kanzleien während des Marsches weitere Bestätigungen ausstellen und zwangen die Beamten, mit ihrer Unterschrift die Gültigkeit dieser Atteste zu bekräftigen. Die Berichte über den »Bauernkaiser« oder das »Bauerngubernium« riefen ziemlich viel Erregung unter den Militärkommandanten und bei den Behörden hervor, von wo dann oft auf Fiktion beruhende aufgebauschte Alarmmeldungen der Regierung zugingen.

Die Chronisten und sonstigen Berichterstatter beachteten insbesondere die Tatsache, daß beim Marsch der Bauernhaufen auf Prag die Organisatoren bestrebt waren, die Disziplin aufrechtzuerhalten; bei den obrigkeitlichen Behörden und manchmal auch bei den Pfarreien verlangten sie Essen und Trinken, verhinderten aber Plünderungen. Manchmal ließen sich die Führer in den Kanzleien sogar bestätigen, daß sich die Bauernversammlung ruhig verhalten habe. Bei ihrem Marsch auf Prag gaben die Demonstranten nirgends Anlaß zu einem Zusammenstoß mit dem Militär, sondern respektierten sogar die Kommandanten der kaiserlichen Armee überall dort, wo sie auf Garnisonen stießen. Bei Besprechungen mit ihnen zeigten sie gehörige Ehrerbietung gegenüber dem Kaiser und seinem Militär – ein neuer Beweis für den naiven Glauben an die Autorität der Staatsgewalt. Dieses Verhalten desorientierte die Kommandanten, die in den ersten vier Tagen des Aufstandes keinen Befehl zum Eingreifen gegen die Bauernhaufen hatten; im Gegenteil: bis dahin galt ein älterer Befehl, wonach man mit den Bauern keine Zusammenstöße hervorrufen dürfe. Das war auch eine der Bedingungen, unter denen die Bewegung derart große Ausmaße annehmen konnte. Im Verhalten der Demonstranten lag manchmal auch das Streben nach bewußtem Ausweichen vor offenem Kampf, in dem sie keine Hoffnung auf Erfolg haben könnten – dies war eine durch die Erfahrung mit dem passiven Widerstand erworbene Taktik.

III. Ergebnisse der Bauernbewegungen

Die Ergebnisse der Bauernbewegungen lassen sich entweder nach ihrer Beziehung zu den aus den Forderungen der Bauern erkennbaren Absichten oder in der Beziehung zur allgemeinen ökonomisch-gesellschaftlichen Entwicklung beurteilen. Was den ersten Aspekt anlangt, erfüllten die Bewegungen die Forderungen der Teilnehmer in geringem Ausmaß. Wenn wir die Aufschlüsselung der einzelnen oben erwähnten Typen von Postulaten in Betracht ziehen, kann gesagt werden, daß die Bauern höchstens bestimmte Ergebnisse bei den Forderungen der ersten Gruppe, nämlich Erleichterungen in einigen Verpflichtungen, erzielten. Am häufigsten geschah dies auf Grund einer offenen Kollektivaktion, gleichgültig, ob sie legal oder illegal war, gewöhnlich nach angeordneter kommissioneller Untersuchung unter Beteiligung eines Repräsentanten der Staatsgewalt, wenn man zum Schluß gelangte, daß die Verbindlichkeit, deren Leistung die Untertänigen verweigern, im Widerspruch zu den gültigen Bräuchen, Vorschriften oder staatlichen Kundmachungen steht. Die Einstellung der obrigkeitlichen und der staatlichen Gewalt gegenüber illegalen Aktionen war hierbei einheitlich: sie erstrebten ihre Unterdrückung um jeden Preis, was auch in kurzer Zeit gelang.

Was die Ergebnisse der Bewegungen in der Beziehung zur allgemeinen ökonomisch-gesellschaftlichen Entwicklung anlangt, läßt sich ihre Bedeutung nur sehr schwer genau abwägen. Im wesentlichen kann man eine doppelte Bedeutung diesbezüglich unterscheiden:

a) die Bauernbewegungen können die Obrigkeiten daran hindern, bestimmte Maßnahmen wirtschaftlichen, sozialen oder sonstigen Charakters vorzunehmen,

b) oder können Veränderungen auf wirtschaftlichem oder sozialem Gebiet zur Durchsetzung bringen, ohne Rücksicht darauf, ob diese Veränderungen in ihren Forderungen enthalten waren oder von einer anderen Macht – im 18. Jh. insbesondere von der Staatsgewalt – vorbereitet werden.

Die Ergebnisse sind das Resultat der Verhandlungen und Verhältnisse, während die Intentionen bei den Bauernbewegungen in der Regel über die aus diesen konstitutiven Elementen erzielten Ergebnisse hinausgehen, so daß diese Ergebnisse, die die Intentionen nicht vollauf zufriedenstellen, in der nächsten Phase eine neue Grundlage für weitere Aktionen bilden können. Die Bauern lebten in bestimmten konkreten Verhältnissen, unbeschadet dessen, wie sie sich selbst darin fühlten. Die Stabilität der Verhältnisse war allerdings in Wirklichkeit auch davon abhängig, wie sich die Menschen darin fühlten; deshalb liegt darin jener Antrieb der Aktivität verborgen. Die Verhältnisse existieren zwar unabhängig vom Bewußtsein der Menschen, ändern sich aber mit ihrem Bewußtsein. Die Bauernbewegungen brachten den Herrschenden von Zeit zu Zeit in Erinnerung, daß die die Stabilität der Verhältnisse gewährleistende Grenze überschritten wurde. Die Staatsgewalt reagierte hier begreiflicherweise weitaus empfindsamer als die obrigkeitliche Gewalt, die in der Regel jene Grenze mit ihren Forderungen überschritt. Lange Zeit hindurch vermittelten die Bauernbewegungen eine Stabilität der Verhältnisse – der feudalen Verhältnisse, waren im wesentlichen eine Abwehrreaktion eines der Pole dieses Systems, der Untertänigen, gegen die Willkür des anderen Poles, der Obrigkeiten. Die obrigkeitliche Gewalt beruhte, wie jedwede andere Macht, auf dem »Gleichgewicht der Angst«. Wenn eine Kraft ihren Druck vergrößerte, setzte sich die andere zur Wehr. Es war dies aber in Wirklichkeit hier nicht irgendein geschichtlicher Mechanismus. Gerade deshalb, weil sich die gesellschaftlichen Verhältnisse mit dem Bewußtsein der Menschen änderten, war es schließlich und endlich nur vom Individuum abhängig, ob es sich in der Rolle eines Zuschauers (freiwillig oder unfreiwillig, zum Vorteil oder mit Verlust) auf dieser historischen Szene beteiligt oder ob es versucht, diese Szene – sei es auch als Unfreier – unter Beibehaltung seiner Selbständigkeit zu betreten. (Dies schließt nicht aus, daß der Mensch hier eine »blinde Kraft« war.)

Wenn, wie gezeigt, während des 18. Jh. Voraussetzungen für einen Umschwung der Verhältnisse sowohl auf sozialem wie auch auf wirtschaftlichem und politischem Gebiet entstanden, fiel allerdings den Bauernbewegungen auch eine veränderte Rolle zu. Dies zeigte sich beim Aufstand im J. 1775. Dieser bildete den Höhepunkt der sozial-revolutionären Aktivität der Bauernschaft, weil er die Unaufschiebbarkeit revolutionärer Veränderungen hervorhob, die auch nach und nach im weiteren Zeitraum, wenngleich nicht ohne Hindernisse und Peripetien, verwirklicht wurden. Obgleich auch die Bewegungen im J. 1775 nicht sofort eine Verwirklichung der Forderungen der Aufständischen herbeiführten und – wie alle Bauernbewegungen – durch die Zusammenarbeit der obrigkeitlichen und der staatlichen Gewalt unterdrückt wurden, unterscheiden sie sich von den vorangehenden in den positiven Ergebnissen von größerer gesellschaftlicher Reichweite. Sie beeinflußten zahlreiche nicht nur soziale, sondern auch politische Sphären, was sich in einer beschleunigten Durchführung jener Veränderungen äußerte, denen sich vorher die konservativen ständischen Politiker mehr als vier Jahre hindurch widersetzt hatten. Der Aufstand brach eben ihren Widerstand.

Durch das Robotpatent vom J. 1775 wurde schließlich eine Unifikation der Robotpflichten nach den auf Grund einer Schätzung der Erträgnisse der Höfe berechneten Steuern erreicht. Zugleich wurde die Robotnorm dort reduziert, wo sie bei den Gespannbauern drei Tage in der Woche überschritt (sowohl bei den Gespannleistungen wie auch bei den Fußleistungen). Es war dies das erste Robotpatent in unseren Ländern, das vor allem von ökonomisch-politischen Aspekten ausging, zum Unterschied von den älteren Patenten, die vor allem politisch-sicherheitstechnische Aspekte vor Augen hatten. Das Patent berührte wesentlich die obrigkeitlichen Rechte und hatte für viele Großgrundbesitze wirtschaftliche Folgen.

Die staatlichen Reformen der siebziger und achtziger Jahre des 18. Jh. erfolgten noch unter dem Einfluß der Bewegung aus dem J. 1775. Die Aufhebung der Leibeigenschaft im J. 1781 berührte die niederen Sozialgruppen des Dorfes nicht allzu sehr. Die Lockerung der Mobilität war für sie bloß ein formeller Akt, da sie schon vorher nicht durch die Bande der Leibeigenschaft gebunden waren und gegenwärtig weitaus eher vom Problem des Lebensunterhaltes bedrückt wurden, was aus den zahlreichen Hungeraufständen ersichtlich ist, die ihren Fortgang nehmen. Die mittleren und vermögenden ländlichen Gruppen, die durch die Reformen gewisse Erleichterungen erlangt hatten, waren angestrengt bemüht, sich von den Obrigkeiten nicht nur personenrechtlich, sondern auch ökonomisch loszulösen, was nicht mit einem Schlage erfolgen konnte. Der Staat setzte den im J. 1775 beschrittenen Weg der

Reformen am Ende des 18. und zu Beginn des 19. Jh. nicht mehr fort. Unter dem Druck der konservativen Kräfte übernahm die Staatsgewalt die Verteidigung der gefährdeten Stabilität der Gesellschaftsordnung. Das Reluierungspatent Josefs II. aus dem J. 1789, das die Fronarbeit aufhob und einen Höchstbetrag für die Reluierung festsetzte, wurde bereits im folgenden Jahr unter der Herrschaft seines Nachfolgers – auf Drängen des Adels – aufgehoben.[19]

In den Bauernbewegungen verblieb auch nach dem J. 1775 die Fronarbeit ständig auf dem Programm. Größten Umfang erreichten in dieser Periode die Fronstreiks in Mähren im J. 1821. Diese Bewegung erinnert in vielen Belangen an den Aufstand des J. 1775 in Böhmen. Es zeigte sich hier – etwas verspätet – der Einfluß der französischen Revolution. Das Solidaritätsbewußtsein der Bauernschaft erfuhr eine Stärkung. Dieser Fronaufstand betonte jene Elemente, die markanter im J. 1775 zutage getreten waren. Die herrschenden Kreise wurden sich der Unerläßlichkeit einer Änderung, und zwar schon nicht mehr einer Regelung, sondern direkt der Beseitigung der Fronarbeiten bewußt. Die Angelegenheit blieb aber noch lange Zeit hindurch der freiwilligen Initiative der Obrigkeiten (unter Einwirkung des Druckes der Bewegungen) überlassen, die in Mähren nach der Bewegung vom J. 1821 größer war als in Böhmen. Noch im J. 1846 wurde ein Patent über den freiwilligen Loskauf von der Fronarbeit durch Übereinkunft mit den Obrigkeiten erlassen. Im ökonomisch-sozialen Geschehen der zwanziger Jahre des 19. Jh. spielt auf dem flachen Land bereits entschieden die Frage der Fronarbeiten nicht die entscheidendste Rolle; sie scheint aber bis zum J. 1848 im Programm der Bewegungen auf. Die Stellung der Bauern in der Struktur der Dörfer war bereits gefestigt, die Ambitionen der Bauernfamilien konnten sowohl in der wirtschaftlichen wie auch in der sozialen und kulturellen Sphäre saturiert werden, der Anteil der Söhne aus reichen Bauernfamilien bei den Behörden nahm zu. Von den zwanziger Jahren angefangen, zeigten sich markante ökonomische Veränderungen in der Landwirtschaft, deren Andeutungen bereits am Ende des 18. Jh. erkennbar sind. Es waren dies Veränderungen in der landwirtschaftlichen Technik, in der Organisation der Arbeit und in der Verwaltung des Großgrundbesitzes. Die Literatur spricht manchmal vom Beginn der landwirtschaftlich-technischen Revolution, die auf einigen Großgrundbesitzen gut beobachtet werden kann.[20] Das Robotsystem war unvereinbar mit der neuen Technik und der Organisation der Arbeit. Lediglich ein eingearbeiteter Arbeiter im Lohnverhältnis verstand es, gut mit den neuen Werkzeugen und Geräten umzugehen. Der Fronbauer hatte diese einerseits oft überhaupt nicht und arbeitete auch nicht mit ihnen auf den Äckern des herrschaftlichen Gutes mit vollem ökonomischem Effekt.

Trotz der angeführten beträchtlichen Strukturveränderungen der Bauernschaft im Zeitraum 1775-1848 sind die neuen sozialen Konflikte auf dem Lande, die sich aus der Stellung einer begüterten Gruppe und einer zahlenmäßig anwachsenden Gruppe von Kleinbauern und Landlosen ergeben, nicht irgendwie besonders intensiv. In der Entwicklung der damaligen Zeit ist noch der Nachhall der Robotfrage unter den wichtigsten Forderungen zu spüren. Das ergibt sich auch aus den Petitionen der ländlichen Gemeinden an den revolutionären Nationalausschuß im J. 1848 sowohl in Böhmen wie auch in Mähren.[21] Die meisten Petitionen betrafen den Loskauf von der Fronarbeit. Die Bauernbewegung, in der das alte »Programm« dominiert und neue Forderungen nur selten auftauchen, kann bereits nicht mehr jene sozial mobilisierende Aktivität in der ganzen Gesellschaft ausüben, wie dies im J. 1775 der Fall war; in der national-revolutionären Bewegung dieser Zeit kann sie keine führende Rolle haben.

Bis zum J. 1848 tauchen bei den Bauernbewegungen keine nationalen Forderungen auf. Soweit in den Petitionen patriotische Äußerungen vorkommen, ist hier der Einfluß ihrer Verfasser und Schreiber – der ländlichen Lehrer und Priester – erkennbar. Dadurch unterscheidet sich die Bauernbewegung im J. 1848 völlig von der revolutionären Bewegung in den Städten, wo die Nationalitätenfrage sehr lebendig war. Durch die Agitation gelangten zahlreiche programmatische politische Schlagwörter des Bürgertums auf das flache Land, die Bauernschaft verstand sie aber oft nicht und interpretierte sie nach eigenem Gutdünken (das bekannte Beispiel von der Interpretation der Konstitution als Freiheit zur Jagd von Wild in den obrigkeitlichen Wäldern usw.). Eine solche Interpretation war gewöhnlich auf die Intentionen der Bauern bei ihren ökonomisch-sozialen Bewegungen zugestutzt.

Der Adel verlangte zu Beginn der revolutionären Bewegung des J. 1848 selbst bereits grundlegende Änderungen, vor allem in der Frage der Fronarbeiten, die die Untertänigen reizte. In der Petition vom 21. März verlangte der adelige Teil der Stände vom Herrscher, beschleunigt den Loskauf von der Fronarbeit gegen Ersatzleistung zur Durchführung anzuordnen. Die angeführte Petition, die einen Beweis für das Streben der Obrigkeiten liefert, die Fronarbeit gegen eine feste Jahresrente »zu verkaufen«, wurde auf dem Lande mit der Propagandaabsicht publiziert, als Ausdruck »väterlicher Fürsorge« hingestellt zu werden. In Wirklichkeit waren damals bereits auf vielen herrschaftlichen Gütern die Fronarbeiten zur Gänze reluiert. In Mähren, wo man bereits weiter war, wurden schätzungsweise Fronarbeiten von höchstens einem Viertel der Dörfer geleistet. Im Revolutionsjahr 1848 hörten noch vor Erlassung der staatlichen Verordnungen über die Aufhebung der Fronarbeit in Wirklichkeit die Robotarbeiten infolge des allgemeinen Lohnstreiks auf.

Anmerkungen

1 Vgl. S. Pascu – V. V. Mavrodin – B. F. Porchnev – I. G. Antelava, »Mouvements paysans dans le centre et le sud- est de l'Europe du XVe au XXe siècle«, in: *Rapports IV, Comité International des Sciences Historiques,* Wien 1965, 211 ff. Es handelt sich um ein Referat, das eine ausgedehnte Diskussion hervorrief, bei der zahlreiche kritische Vorbehalte gemacht wurden. Mit einem Anmerkungsapparat erschien das Referat von S. Pascu mit dem Titel Mişcări ţărăneşti în centrul şi sud-estul Europei din sec. al XV-lea pînă în sec. al XX-lea, Annuarul Institului de Istorie din Cluj VIII, 1965, 7 ff. Bei der Klassifikation der Bauernbewegungen geht er hauptsächlich aus von B. F. Poršnev, *Feodalizm i narodnyje massy,* Moskva 1964. Ferner vgl. J. J. Kalk, O nekotorych obščich problemach istorii klassovoj bor'by častnovladelčeskich krestjan v period razloženija i krizisa feodal'noj formacii, Ježegodnik po agrarnoj istorii Vostočnoj Jevropy 1958 g., Moskva 1959, 70 ff. Ein bemerkenswerter Beitrag zur Typologie der Volksbewegungen auf dem Territorium Jugoslawiens ist die Studie von B. Grafenauer, Tipologija kmećkih uporov in ljudskih vstaj pri jugoslovenskih narodih od XV. do konca XVIII. stoletja, Jugoslovenski istorijski ćasopis 2/1962. In Frankreich unternahm den Versuch der Abgrenzung einiger grundlegender Probleme R. Mandrou, *Les classes et luttes de classes en France au début du XVIIe siècle,* Messina–Firenze 1965. Hierzu der Beitrag A. Mączak, »La paysannerie et les luttes de classes«, in: *Acta Poloniae Historica* 1967.

2 Die Ansichten und die diesbezügliche Literatur bringe ich zusammenfassend in meiner Abhandlung »Typologie der Bauernbewegungen in Mitteleuropa unter dem Aspekt des Übergangs vom Feudalismus zum Kapitalismus«, in: *Der Bauer im Klassenkampf*, Berlin 1975, 449 ff.

3 Ich schöpfe vor allem aus den Studien zur Geschichte des Aufstandes der Untertänigen im J. 1775; diese Studien erschienen in den Sammelwerken »Příspěvky k dějinám třídních bojů v Čechách, I«, in: *Acta Universitatis Carolinae, Historica VI*, 1955; II, in: *Philosophica et Historica III*, 1962, V, 1974; ferner aus der Quellenedition Prameny k nevolnickému povstání Čechách a na Moravě v roce 1775, Praha 1975. Vgl. J. Petráň, »Nevolnické povstání 1775«, in: *Acta Universitatis Carolinae, Philosophica et Historica XLII*, 1972, Monographia; *Povstání poddanského lidu v severovýchodních Čechách* [Sammelwerk], Hradec Králové 1975.

4 Vgl. V. Černý, Dělení pastvin v zemích českých 1768-1848, Časopis pro dějiny venkova XI, Praha 1924 und XII, 1925.

5 Vgl. J. Petráň, *Nevolnické povstání* 1775, 122 ff.

6 Vgl. K. Grünberg, *Die Bauernbefreiung und die Auflösung des gutsherrlich-bäuerlichen Verhältnisses in Böhmen, Mähren und Schlesien*, I-II, Leipzig 1893-1894; E. Janoušek, Význam výkonu a využití robotních služeb v zemědělské výrobě na feudálním velkostatku, Sborník Československé zemědělské akademie Historie a muzejnictví XXIX/1956; ders., Historický vývoj produktivity práce v zeměděelství v období pobělohorském, Prameny historie zemědělství a lesnictví, Nr. 3, Praha 1967; M. Vávrová, Význam roboty pro poddanské hospodářství v 18. století, Vědeckě práce ČSAZV Z dějin zemědělství a lesnictví, I/1959, 193 ff.

7 Die Angaben werden hier aus dem Theresianischen Steuerkataster bezogen und als solche auch kritisch gewertet. / Vgl. auch *Acta Universitatis Carolinae, Philosophica et Historica* 3, 1969, 71 ff. / A. Chalupa, »Venkovské obyvatelstvo v Čechách v tereziánských katastrech 1700-1750«, in: *Sborník Národního muzea v Praze, ř, A Historie*, XXIII, č. 4-5, 1969.

8 Vgl. V. Černý, Pozemková reforma v 18. století, Časopis pro dějiny venkova 14/1927, 15/1928; V. Novák, Raabův systém a provádění jeho na některých velkostatcích, Časopis pro dějiny venkova 8/1921, 9/1922; B. Mendl, Z novějších dějin agrárních 1789-1848, Časopis pro dějiny venkova 6/1919, 7/1920; J. Kazimour, K dějinám dělení velkostatků v 18. století, Praha 1921; J. Tiray, Z ovzduší pozemkových reforme císaře Josefa II., Časopis pro dějiny venkova 11/1924; J. Procházka, Parcelování velkostatků (raabizace) za Marie Terezie v Čechách, Praha 1925; E. Janoušek, Raabisace na panství karlštejnském, Od pravěku k dnešku II, Praha 1930, 248 ff.; K. Peters, Raa-

bova reforma na klatovském panství, Časopis Společnosti přátel starožitností 55/1947, 36 ff.; J. Tlapák, Raabisace na Zbraslavi, Historie a muzejnictví 2/1957, 247 ff.; M. Šmerda, Parcelace těšínských dvorů v letech 1769-1772 a vznik ustroňských železáren, Slezský sborník 57/1959, 423 ff.

9 Einseitig wurde die Steuerbelastung mehr als die Rente gewürdigt von J. Pekař, *České katastry*, Praha 1915, 320 ff.

10 Vgl. F. Kutnar, *Sociálně myšlenková tvářnost obrozenského lidu*, 134 ff.

11 Zusammenfassung der Gesetze über die Landwirtschaft in: *Abhandlungen die Verbesserung der Landwirtschaft betreffend*, Bd. 7/1804. Vgl. F. Kutnar, K počátkům hospodářského obrozování poddaného lidu moravského, Časopis Matice moravské 1951, 80 ff. Ferner K. Grünberg, *Die Bauernbefreiung*. K. Krofta, *Dějiny selského stavu*, Praha 1949, 287 ff.

12 Dies behandelt die Abhandlung E. Maurs, »Sociální aktivita českých poddaných za války o dědictví rakouské«, in: *Acta Universitatis Carolinae, Philosophica et Historica* 3, 1969, 35 ff.

13 Hierzu neben K. Grünberg, *Die Bauernbefreiung*, vgl. K. Kutnar, »Poddanství a robota v názorech české osvícenské společnosti«, in: *Acta Universitatis Carolinae, Philosphica et Historica* III/1962, 25 ff. J. Prokeš, Memoriály o hospodářském stavu Čech před selskou bouří z r. 1775, Časopis pro dějiny venkova 11/1924, 111 ff. J. Kočí, Zpráva o celkové situaci na Moravě v roce 1771, Časopis Matice moravské 79/1960, 226 fl. K. Krofta, *Dějiny selského stavu*, 314 ff.

14 Vgl. K. Grünberg, *Die Bauernbefreiung*, ferner B. Rieger, *O poměru českých stavů reformám poddanským za Marie Terezie*, Praha 1892; K. Krofta, *Dějiny selského stavu*, 318 ff.

15 Vgl. L. Kárníková. *Vývoj obyvatelstva v českých zemích 1754-1914*, Praha 1965.

16 Vgl. hierzu *Acta Universitatis Carolinae, Philosophica et Historica* 3, 1969, 84 ff.

17 Ich zitiere hier nicht eingehend die Literatur, die in den in den Anmerkungen 1-2 zitierten Arbeiten zusammengefaßt ist.

18 Vgl. die in Anmerkung 3 zitierte Literatur samt Quellen.

19 Vgl. F. Roubík, K odvolání josefinské urbariální reformy r. 1790, Český lid I/1946.

20 Vgl. hierzu F. Lom, Vývoj zemědělského vzdělání v Čechách, Sborník Vysoké školy zemědělské v Praze, 1958, 21 ff.; E. Albert, Ekonimika moravského zemědělství v letech 1790-1820, Sborník Vysoké školy zemědělské v Brně, ř. A, 1964, Nr. 4, 707 ff.; J. Jirásek, Český velkostatek v době evropské »zemědělské revoluce«, Sborník Matice moravské 86/1967, 80 ff.

21 Vgl. F. Roubík, *Petice venkovského lidu z Čech k národnímu výboru*

v roce 1848 (Edition), Praha 1954. Ferner vgl. F. Kutnar, *Cesta selského lidu ke svobodě*, Praha 1948; J. Kočí, Příspěvek k rolnické otázce v Čechách v roce 1848, Československý časopis historický 1957, 59 ff.; F. Roubík, *Revoluční rok 1848 a rolnictvo*, Praha 1955; Vl. Klimeš, *Česká vesnice v roce 1848*, Praha 1949; F. Roubík, Český venkov a zrušení roboty v redakční korespondenci K. Havlíčka z roku 1848, Časopis pro dějiny venkova 1938, 185 ff.

Literaturauswahl

Die folgende nach geographischen Gesichtspunkten gegliederte Literaturauswahl beschränkt sich i. a. auf die Standardwerke und die neueren Forschungsbeiträge. Ausführlichere Literaturhinweise enthält die Auswahlbibliographie in Winfried Schulze, *Bäuerlicher Widerstand und feudale Herrschaft in der frühen Neuzeit*, Stuttgart 1980, S. 307-344.

Verzeichnis der Abkürzungen

EcHR	= Economic History Review
GG	= Geschichte und Gesellschaft
HZ	= Historische Zeitschrift
JMH	= Journal of Modern History
PaP	= Past and Present
PSN	= Peasant Studies (News letter)
ZfG	= Zeitschrift für Geschichtswissenschaft
ZGO	= Zeitschrift für die Geschichte des Oberrheins

1. Bäuerliche Gesellschaft, Bauernrevolten und bäuerlicher Widerstand, allgemein

Abel, Wilhelm, *Agrarkrisen und Agrarkonjunkturen. Eine Geschichte der Land- und Ernährungswirtschaft Mitteleuropas seit dem hohen Mittelalter*, 3. erw. Aufl. Hamburg–Berlin 1978.

Bercé, Yves-Marie, *Révoltes et révolutions dans l'Europe moderne (XVIe-XVIIIe siècles)*, Paris 1980.

Blum, Jerome, *The end of the old order in rural Europe*, Princeton/N. J. 1978.

Buganov, Viktor, »Bauernaufstände und Bauernkriege in Ost-, Mittel- und Westeuropa in der Feudalzeit«, in: *Jahrbuch für Geschichte der sozialistischen Länder Europas* 21/2, 1977, S. 115-129.

Burke, Peter, *Helden, Schurken und Narren. Europäische Volkskultur in der frühen Neuzeit*, Stuttgart 1981.

Čistozvonov, A. N., »Die Genesis des Kapitalismus und ihre Widerspiegelung in den regionalen Typen der Bauernbewegungen in Europa im XVI . bis XVIII. Jh. (Problemstellung)«, in: *Der Bauer im Klassenkampf*, hg. v. G. Heitz/A. Laube/M. Steinmetz/G. Vogler, Berlin (DDR) 1975, S. 1-26.

Elliott, J. H., »Revolution and continuity in early modern Europe«, in: *PaP* 42, 1969, S. 35-56, erneut abgedruckt in: G. Parker/L. M. Smith

(Hg.), *The general crisis of the seventeenth century,* London 1978, S. 110-133.
Forster, R./Greene, J. P. (Hg.), *Preconditions of revolution in early modern Europe,* Baltimore 1970.
Franz, Günther (Hg.), *Bauernschaft und Bauernstand 1500-1970. Büdinger Vorträge 1971-1972,* Limburg/Lahn 1975 (Dt. Führungsschichten in der Neuzeit, Bd. 8).
Heitz, Gerhard/Vogler, Günter, »Bauernbewegungen in Europa vom 16. bis zum 18. Jahrhundert«, in: *ZfG* 28, 1980, S. 442-454.
Dies., »Agrarfrage, bäuerlicher Klassenkampf und bürgerliche Revolution in der Übergangsepoche vom Feudalismus zum Kapitalismus«, in: *ZfG* 28, 1980, S. 1060-1078.
Kosminski, J. A., »Das Problem des Klassenkampfes in der Epoche des Feudalismus«, in: *Sowjetwissenschaft* GA 1952, S. 460-482.
Makkai, Laszlo, »Gelöste und ungelöste Probleme der Geschichte der Bauernbewegungen«, in: G. Heckenast (Hg.), *Aus der Geschichte der ostmitteleuropäischen Bauernbewegungen im 16.-17. Jh.,* Budapest 1977, S. 523-529.
Mendras, Henri, *Sociétés paysannes. Eléments pour une théorie de la paysannerie,* Paris 1976.
Mollat, Michel/Wolff, Philippe, *The popular revolutions of the late Middle Ages,* London 1973.
Moore, Barrington Jr., *Soziale Ursprünge von Demokratie und Diktatur. Die Rolle der Grundbesitzer und Bauern bei der Entstehung der modernen Welt,* Frankfurt/M. 1969.
Mousnier, Roland, *Peasant Uprisings in Seventeenth Century France, Russia and China,* London 1971.
Petran, Josef, »Typologie der Bauernbewegungen in Mitteleuropa unter dem Aspekt des Übergangs vom Feudalismus zum Kapitalismus«, in: *Der Bauer im Klassenkampf,* hg. v. G. Heitz/A. Laube/M. Steinmetz/G. Vogler, Berlin (DDR) 1975, S. 449-467.
Poršnev, B. F., »Formen und Wege des bäuerlichen Kampfes gegen die feudale Ausbeutung«, in: *Sowjetwissenschaft* GA 1952, S. 440-459.
Press, Volker, »Französische Volkserhebungen und deutsche Agrarkonflikte zwischen dem 16. und dem 18. Jahrhundert«, in: *Beiträge zur historischen Sozialkunde* 7, 1977, S. 76-81.
Schulze, Winfried (Hg.), *Aufstände, Revolten und Prozesse, Beiträge zum bäuerlichen Widerstand im Europa der frühen Neuzeit,* Stuttgart 1982 (in Vorb.).
Scott, James C., »Protest and profanation: Agrarian revolt and the little tradition«, in: *Theory and Society* 4, 1977, S. 1-38, 211-249.
Shanin, Teodor (Hg.), *Peasants and peasant societies,* Harmondsworth 1971.
Tilly, Charles, »Hauptformen kollektiver Aktion in Westeuropa 1500-

1975«, in: *GG* 3, 1977, S. 153-163.
Woloch, Isser (Hg.), *The peasantry in the old regime. Conditions and protests*, New York 1970.
Zagorin, Perez, »Prolegomena to the comparative history of revolution in early modern Europe«, in: *Comparative Studies in Society and History* 18, 1976, S. 151-174.

2. England

Appleby, Andrew B., »Common land and peasant unrest in sixteenth century England: A comparative note«, in: *PSN* 4, 1975, S. 20-23.
Brewer, John/Styles, John (Hg.), *An Ungovernable People. The English and their law in the seventeenth and eighteenth centuries*, London 1980.
Cheke, Sir John, *The Hurt of Sedition*, London 1549, Repr. Menston Scholar Press 1971.
Clark, Peter, »Popular protest and disturbances in Kent, 1558-1640«, in: *EcHR* 29, 1976, S. 365-382.
Davies, C.S.L., »Les révoltes populaires en Angleterre«, in: *Annales E.S.C.* 24, 1969, S. 24-60.
Ders., »Die bäuerliche Gemeinde in England (1400-1800)«, in: W. Schulze (Hg.), *Aufstände, Revolten und Prozesse. Beiträge zum bäuerlichen Widerstand im Europa der frühen Neuzeit*, Stuttgart 1982 (in Vorb.).
Fletcher, Anthony, *Tudor Rebellions*, 2. Aufl. London 1973.
Goring, Jeremy, »The riot at Bayham Abbey, June 1525«, in: *Sussex Archeological Collections* 116, 1978, S. 1-10.
Hilton, Rodney H., *Bond men made free. Medieval peasant movements and the English rising of 1381*, London 1973.
James, M.E., »Obedience and dissent in Henrician England: The Lincolnshire Rebellion, 1536«, in: *PaP* 48, 1970, S. 1-78.
Ders., »The concept of order and the northern rising of 1569«, in: *PaP* 60, 1973, S. 49-83.
Land, St.K., *Kett's Rebellion. The Norfolk rising of 1549*, Ipswich 1977.
MacCulloch, Diarmaid, »Kett's Rebellion, in context«, in: *PaP* 84, 1979, S. 36-59.
Macfarlane, Alan, *The Justice and the Mare's Ale. Law and disorder in seventeenth-century England*, Oxford 1981.
Manning, Roger B., »Violence and social conflict in mid-Tudor rebellions«, in: *Journal of British Studies* 16, 1976/77, S. 18-40.
Ders., »The rebellions of 1549 in England (Review article)«, in: *Sixteenth Century Journal* 10, 1979, S. 93-99.
Sharp, Buchanan, *In contempt of all authority. Rural artisans and riot in the west of England*, 1586-1660. Berkeley/Cal. 1980.

Stevenson, John, *Popular disturbances in England 1700-1870*, London–New York 1979.
Thompson, Edward P., »Die ›sittliche Ökonomie‹ der englischen Unterschichten im 18. Jahrhundert«, in: D. Puls (Hg.), *Wahrnehmungsformen und Protestverhalten. Studien zur Lage der Unterschichten im 18. und 19. Jahrhundert*, Frankfurt/M. 1979, S. 13-80.
Walter, John/Wrightson, Keith, »Dearth and the social order in early modern England«, in: *PaP* 71, 1976, S. 22-42.

3. Frankreich

Bercé, Yves-Marie, *Histoire des Croquants. Étude des soulèvements populaires au 17e siècle dans le sud-ouest de la France*, 2 Bde., Genéve 1974.
Ders., *Croquants et Nu-Pieds. Les soulèvements paysans en France du XVIe aux XIXe siècle*, Paris 1974.
Ders., *Fête et révolte. Des mentalités populaires du XVIe aux XVIIIe siècle*, Paris 1976.
Dommanget, Maurice, *La Jacquerie*, Paris 1971.
Foisil, Madelaine, *La révolte des Nu-Pieds et les révoltes normandes de 1639*, Paris 1970.
Garland, Yves-Nières-Claude, *Les révōltes brétonnes des 1675. Papier timbré et bonnets rouges*, Paris 1975.
Lavallée, Louis, »Les soulèvements populaires en France dans la première moitié du dix-septième siècle. État de la question«, in: *Histoire sociale – Social History* 10, 1977, S. 427-432.
Le Roy Ladurie, Emmanuel, »Über die Bauernaufstände in Frankreich 1548-1648«, in: *Wirtschaftliche und soziale Strukturen im säkularen Wandel. Festschrift f. W. Abel zum 70. Geburtstag*, Bd. 1, Hannover 1974, S. 277-305.
Ders., »Révoltes et contestations rurales en France de 1675 à 1788«, in: *Annales E.S.C.* 29, 1974, 6-22.
Nicolas, Jean, »Sur les émotions populaires au XVIIIe siècle: le cas de la Savoie«, in: *Ann. Hist. de la Révolution Franç.* 1973, S. 593-607, 1974, S. 111-153.
Pillorget, René, *Les mouvements insurrectionnels de Provence entre 1596 et 1715*, Paris 1975.
Ders., »L'étude comparée des mouvements insurrectionnels«, in: *Revue d'Histoire Diplomatique* 92, 1978, S. 5-16.
Ders., »Die Bauernaufstände im Frankreich des 17. Jahrhunderts«, in: K. Malettke (Hg.), *Politische und soziale Konflikte im Frankreich des Ancien Régime*, Berlin 1982, S. 66-79.
Poršnev, B.F., *Die Volksaufstände in Frankreich vor der Fronde 1623-*

1648, Leipzig 1954.
Reichardt, Rolf, »Auf dem Weg zu einer Totalgeschichte des ländlichen Frankreich«, in: *HZ* 224, 1977, S. 635-654.
Salmon, J.H.M., »Peasant revolt in Vivarais, 1575-1580«, in: *French Historical Studies* 11, 1979, S. 1-28.
Tilly, Louise A., »The Food Riot as a form of political conflict in France«, in: *Journal of Interdisciplinary History* 2, 1971-2, S. 23-57.

4. Schweiz

Eine bibliographische Übersicht über die schweizerischen Unruhen von 1712-1789 findet sich bei Pierre Felder, »Ansätze zu einer Typologie der politischen Unruhen im Schweizerischen Ancien Régime 1712-1789«, in: *Schweizerische Zeitschrift für Geschichte* 27, 1977, S. 324-389, hier S. 385-389.
Blickle, Peter, »Bäuerliche Rebellionen im Fürststift St. Gallen«, in: ders. (Hg.), *Aufruhr und Empörung? Studien zum bäuerlichen Widerstand im Alten Reich*, München 1980, S. 215-295.
Livet, Georges, »La guerre des paysans de 1653 en Suisse, vue par l'ambassadeur de France«, in: *Revue d'Histoire Diplomatique* 92, 1978, S. 130-165.
Mühlestein, Hans, *Der große schweizerische Bauernkrieg 1653*, Celerina 1942 (Nachdruck Zürich 1977).
Müller, Walter, »Die Rorschacher Unruhen von 1558 und 1559«, in: *Rorschacher Neujahrsblatt* 1972, S. 85-91.
Wipf, H.U., *Die Hallauer Unruhen von 1790*, Schaffhausen 1971.

5. Österreich

Barton, Peter F. (Hg.), *Sozialrevolution und Reformation. Aufsätze zur Vorreformation, Reformation und zu den »Bauernkriegen« in Südmitteleuropa*, Wien–Köln–Graz 1975.
Der oberösterreichische Bauernkrieg 1626. Ausstellungskatalog, Linz 1976.
Eichmeyer/Feigl/Litschel, *Weilß gilt die Seel und auch das Guet. Oberösterreichische Bauernaufstände im 16. und 17. Jahrhundert*, Linz 1976.
Feigl, Helmuth, *Der niederösterreichische Bauernaufstand 1596/97*, Wien 1972 (Militärhistorische Schriftenreihe 22).
Grüll, Georg, *Bauer, Herr und Landesfürst. Sozialrevolutionäre Bestrebungen der oberösterreichischen Bauern*, Linz 1963.
Ders., »Bauernkriege, Aufstände und Revolten im Lande ob der Enns«,

in: *Bauernland Oberösterreich*, hg. v. A. Hoffmann, Linz 1974, S. 76-94.
Heilingsetzer, Georg, *Der oberösterreichische Bauernkrieg 1626*, Wien 1976 (Militärhistorische Schriftenreihe 32).
Hoffmann, Alfred, »Zur Typologie der Bauernaufstände in Oberösterreich«, in: G. Heckenast (Hg.), *Aus der Geschichte der ostmitteleuropäischen Bauernbewegungen im 16.-17. Jh.*, Budapest 1977, S. 325-333.
Pferschy, Gerhard, »Zu den obersteirischen Bauernunruhen 1635«, in: *Mitteilungen des steiermärkischen Landesarchivs* 23, 1973, S. 85-89.
Schober, Herta, »Der verspätete Aufstand im Mondseeland«, in: *Oberösterreichische Heimatblätter* 29, 1975, S. 200-212.
Stieve, Felix, *Der oberösterreichische Bauernaufstand des Jahres 1626*, 2 Bde., Linz 1904/05.
Sturmberger, Hans, *Adam Graf Herberstorff. Herrschaft und Freiheit im konfessionellen Zeitalter*, München 1976.
Ders., »Der oberösterreichische Bauernaufstand von 1626 im Rahmen der Landesgeschichte«, in: *Der oberösterreichische Bauernkrieg 1626*. Ausstellungskatalog, Linz 1976, S. 1-14.

6. *Deutschland*

a) allgemein

Bibliographische Hilfsmittel:
Volz, Ingrid/Brather, Hans-Stephan, »Der deutsche Bauer im Klassenkampf (1470-1648). Auswahlbibliographie der Veröffentlichungen in den sozialistischen Staaten aus den Jahren 1945 bis 1972«, in: *Der Bauer im Klassenkampf*, hg. v. G. Heitz/A. Laube/M. Steinmetz/G. Vogler, Berlin (DDR) 1975, S. 573-600.
Franz, Günther, *Geschichte des deutschen Bauernstandes vom frühen Mittelalter bis zum 19. Jahrhundert*, 2. Aufl. Stuttgart 1976, S. 196 f. (Literaturhinweise).
Thomas, Ulrich (Bearb.), *Bibliographie zum deutschen Bauernkrieg und seiner Zeit (Veröffentlichungen seit 1974)*, Stuttgart 1976.

Blickle, Peter, »Bäuerliche Erhebungen im spätmittelalterlichen deutschen Reich«, in: *Zeitschrift für Agrargeschichte und Agrarsoziologie* 27, 1979, S. 208-231.
Ders. (Hg.), *Aufruhr und Empörung? Studien zum bäuerlichen Widerstand im Alten Reich*, München 1980.
Ders., *Deutsche Untertanen. Ein Widerspruch*, München 1981.
Gerteis, Klaus, »Regionale Bauernrevolten zwischen Bauernkrieg und

Französischer Revolution«, in: *Zeitschrift für historische Forschung* 6, 1979, S. 37 62.
Harnisch, Hartmut, »Landgemeinde, feudalherrlich-bäuerliche Klassenkämpfe und Agrarverfassung im Spätfeudalismus«, in: *ZfG* 26, 1978, S. 887-897.
Heitz, Gerhard, »Bäuerliche Klassenkämpfe im Feudalismus«, in: G. Brendler/A. Laube (Hg.), *Der deutsche Bauernkrieg 1524/25. Geschichte – Traditionen – Lehren*, Berlin (DDR) 1977, S. 199-224.
Klein, Thomas, »Die Folgen des Bauernkrieges von 1525. Thesen und Antithesen zu einem vernachlässigten Thema«, in: *Hessisches Jahrbuch für Landesgeschichte* 25, 1975, S. 65-116.
Schiff, Otto, »Die deutschen Bauernaufstände von 1525 bis 1789«, in: *HZ* 130, 1924, S. 189-209.
Schultz, Helga, »Bäuerliche Klassenkämpfe zwischen frühbürgerlicher Revolution und Dreißigjährigem Krieg«, in: *ZfG* 20, 1972, S. 157-173.
Dies., »Bäuerlicher Klassenkampf und ›Zweite Leibeigenschaft‹. Einige Probleme des Kampfes in der Zeit zwischen frühbürgerlicher Revolution und Dreißigjährigem Krieg«, in: *Der Bauer im Klassenkampf*, hg. v. G. Heitz/A. Laube/M. Steinmetz/G. Vogler, Berlin (DDR) 1975, S. 391-404.
Schulze, Winfried, *Bäuerlicher Widerstand und feudale Herrschaft in der frühen Neuzeit*, Stuttgart 1980 (Neuzeit im Aufbau, Bd. 6).
Ders., »Herrschaft und Widerstand in der Sicht des ›gemeinen Mannes‹ im 16./17. Jahrhundert«, in: H. Mommsen/W. Schulze (Hg.), *Vom Elend der Handarbeit. Probleme historischer Unterschichtenforschung*, Stuttgart 1981, S. 182-198.
Ders., »Der bäuerliche Widerstand und die ›Rechte der Menschheit‹«, in: G. Birtsch (Hg.), *Grund- und Freiheitsrechte im Wandel von Gesellschaft und Geschichte*, Göttingen 1981, S. 41-56.
Ders., »›Geben Aufruhr und Aufstand Anlaß zu neuen heilsamen Gesetzen.‹ Beobachtungen über die Wirkungen bäuerlichen Widerstandes in der Frühen Neuzeit«, in: Ders. (Hg.), *Aufstände, Revolten und Prozesse. Beiträge zum bäuerlichen Widerstand im Europa der frühen Neuzeit*, Stuttgart 1982 (in Vorb.).

b) Süd- und Südwestdeutschland

Alter, Willi, »Eberhart Augenreich (1474-1550). Ein Bauernkriegsschicksal. 1. Hälfte: 1474-1525«, in: *Mitteilungen des Historischen Vereins der Pfalz* 77, 1979, S. 145-229; »2. Hälfte: 1525-1550«, *ebd.* 78, 1980, S. 223-299.
Blickle, Renate, »›Spenn und Irrung‹ im ›Eigen‹ Rottenbuch. Die Auseinandersetzungen zwischen Bauernschaft und Herrschaft des Augusti-

ner-Chorherrenstifts«, in: P. Blickle (Hg.), *Aufruhr und Empörung? Studien zum bäuerlichen Widerstand im Alten Reich*, München 1980, S. 69-145.

Elbs, Eberhard, »Owingen 1584 – Der erste Aufstand in der Grafschaft Zollern«, in: *Zeitschrift für Hohenzollerische Geschichte* 17, 1981, S. 9-127.

Endres, Rudolf, »Bauernunruhen im Hochstift Bamberg im Zeitalter des Absolutismus«, in: *117. Bericht des Historischen Vereins Bamberg* 1981.

Haselier, Günther, *Geschichte des Hotzenwaldes*, Lahr/Schwarzwald 1973.

Müller-Ettikon, Emil, *Die Salpeterer. Geschichte eines Freiheitskampfes auf dem südlichen Schwarzwald*, Freiburg 1979.

Press, Volker, »Von den Bauernrevolten des 16. zur konstitutionellen Verfassung des 19. Jahrhunderts. Die Untertanenkonflikte in Hohenzollern-Hechingen und ihre Lösungen«, in: H. Weber (Hg.), *Politische Ordnungen und soziale Kräfte im Alten Reich*, Wiesbaden 1980, S. 85-112.

Probst, Christian, *Lieber bayrisch sterben. Der bayerische Volksaufstand der Jahre 1705 und 1706*, München 1978.

Saarbrückener Arbeitsgruppe, »Huldigungseid und Herrschaftsstruktur im Hattgau (Elsaß)«, in: *Jahrbuch für westdeutsche Landesgeschichte* 6, 1980, S. 117-155.

Schulze, Winfried, »Oberdeutsche Untertanenrevolten zwischen 1580 und 1620. Reichssteuern und bäuerlicher Widerstand«, in: P. Blickle (Hg.), *Festschrift für Günther Franz zum 80. Geburtstag*, Stuttgart 1982, S. 120-147.

Steuer, Peter, »Der vorderösterreichische Rappenkrieg (1612-1614)«, in: *ZGO* 128, 1980, S. 119-165.

Störmer, Wilhelm, »Ansatzpunkte politischer Willensbildung der Bauernschaft im spätmittelalterlichen Schwaben, Franken und Bayern«, in: *Zeitschrift für Agrargeschichte und Agrarsoziologie* 23, 1975, S. 165-180.

Ulbrich, Claudia, »Bäuerlicher Widerstand in Triberg«, in: P. Blickle (Hg.), *Aufruhr und Empörung? Studien zum bäuerlichen Widerstand im Alten Reich*, München 1980, S. 146-214.

c) Mittel- und Westdeutschland

Barth, Hermann-Peter, *Aufstand der Bauern. Ein Zeitbild aus der 2. Hälfte des 16. Jahrhunderts*, Zweibrücken 1960.

Evertz, Gerhard, »Die Revolte der Bauern der Herrschaft Tüschenbroich gegen ihre Obrigkeit in den Jahren 1650-1658«, in: *50 Jahre St. Lambertus-Schützenbruderschaft Tüschenbroich*, Wegberg 1959, S. 26 ff.

Keinemann, Friedrich, »Unruhen und Krisen im Fürstbistum Paderborn am Ende des 18. Jahrhunderts«, in: *Westfälische Zeitschrift* 118, 1968, S. 339-362.
Schmidt, Georg, »Agrarkonflikte im Riedeselischen Gericht Moos im 17. Jahrhundert«, in: *Archiv für hessische Geschichte und Altertumskunde* N.F. 37, 1979, S. 215-328.
Troßbach, Werner, »Bauernbewegungen in deutschen Kleinterritorien 1648-1789«, in: W. Schulze (Hg.), *Aufstände, Revolten und Prozesse. Beiträge zum bäuerlichen Widerstand im Europa der frühen Neuzeit*, Stuttgart 1982 (in Vorb.).

d) Nord- und Ostdeutschland

Frehe, Erwin, »Lasten, Leiden und Widerstand märkischer Bauern im 18. Jh.«, in: *Geschichtsunterricht und Staatsbürgerkunde* 7, 1965, S. 914-921.
Gentsch, G., *Der Klassenkampf der ländlichen Untertanen im Erzgebirge und Vogtland im 17. Jahrhundert*, Phil. Diss. PH Dresden 1977.
Harnisch, Hartmut, »Bäuerliche Klassenkämpfe in der Mark Brandenburg und im Gebiet der Stifter Magdeburg und Halberstadt im 16. und 17. Jahrhundert. Einige vergleichende Aspekte«, in: G. Brendler/A. Laube (Hg.), *Der deutsche Bauernkrieg 1524/25. Geschichte - Traditionen – Lehren*, Berlin (DDR) 1977, S. 293-300.
Ders., *Bauern – Feudaladel – Städtebürgertum. Untersuchungen über die Zusammenhänge zwischen Feudalrente, bäuerlicher und gutsherrlicher Warenproduktion und den Ware-Geld-Beziehungen in der Magdeburger Börde und dem nordöstlichen Harzvorland von der frühbürgerlichen Revolution bis zum Dreißigjährigen Krieg*, Weimar 1980.
Hauptmeyer, Carl-Hans, »Die Bauernunruhen in Schaumburg-Lippe 1784-1793. Landesherr und Bauern am Ende des 18. Jahrhunderts«, in: *Niedersächsisches Jahrbuch für Landesgeschichte* 49, 1977, S. 149-207.
Hayessen, Ute, *Das Kloster Preetz und seine Bauern vor und nach den Unruhen von 1612*, Phil. Diss. Kiel 1975.
Leszczyński, Jósef, »Forschungsergebnisse der polnischen Historiographie auf dem Gebiete des Klassenkampfes der schlesischen Bauern im Spätfeudalismus«, in: *Der Bauer im Klassenkampf*, hg. v. G. Heitz/A. Laube/M. Steinmetz/G. Vogler, Berlin (DDR) 1975, S. 469-489.
Mětšk, Frido, »Zur urkundlichen und volkskundlichen Tradition des Uckroer Aufstands«, in: *Luckauer Heimatkalender* 1976/77, S. 46-57.
Prange, Wolfgang, »Christoph Rantzau auf Schmoel und die Schmoeler Leibeigenschaftsprozesse«, in: *Quellen und Forschungen zur Geschichte Schleswig-Holsteins* Bd. 49, Neumünster 1965.
Reißner, Manfred, »Ideologie und Klassenkampf sächsischer Ritterguts-

bauern zwischen Dreißigjährigem Krieg und Französischer Revolution«, in: *Sächsische Heimatblätter* 21, 1975, S. 267-274.
Vogler, Günter, »Probleme des bäuerlichen Klassenkampfes in der Mark Brandenburg im Spätfeudalismus«, in: *Acta Universitatis Carolinae – Philosophica et Historica XI*, 1974, S. 75-94.
Wernicke, Kurt, *Untersuchungen zu den niederen Formen des bäuerlichen Klassenkampfes im Gebiet der Gutsherrschaft 1648-1789*, Phil. Diss. Berlin 1962.
Ders., »Der bäuerliche Klassenkampf als Stimulus für Reformdenken und Reformtätigkeit in Ostelbien«, in: G. Brendler/A. Laube (Hg.), *Der deutsche Bauernkrieg 1524/25. Geschichte – Traditionen - Lehren.* Berlin (DDR) 1977, S. 287-292.

7. Ost- und Südosteuropa

Adamček, Josip, *Seljačka buna 1573*, Zagreb 1973.
Beu, Octavian, *Kaiser Josef II. und der Bauernaufstand Horias*, Sibiu (Hermannstadt) 1944.
Buganov, Viktor, »Der Klassenkampf in Rußland in der Epoche der Bauernkriege im 17. und 18. Jahrhundert«, in: *Klassenkampf und revolutionäre Bewegung in der Geschichte Rußlands*, hg. von V. Buganov/V.T. Pašuto/P. Hoffmann/G. Voigt, Berlin (DDR) 1977.
Dzuk, F./Führlick, H./Klos, A., *Ursachen, Charakter und Verlauf des Widerstandskampfes der bäuerlichen Bevölkerung in den böhmischen Ländern in der Periode von 1618-1648*, Phil. Diss. Dresden 1975.
Edroiu, Nicolae, »La révolte des paysans roumains de Transsylvanie par Horea (1784) et ses échos en Europe«, in: St. Pascu u. a. (Hg.), *Nouvelles études d'histoire, publiées à l'occasion du XVe congrès international des sciences historiques*, Bd. 1, Bukarest 1980, S. 211-217.
Gierowski, Josef, »Die politische Bedeutung der Bauernbewegungen in Polen im 17. Jh.«, in: G. Heckenast (Hg.), *Aus der Geschichte der ostmitteleuropäischen Bauernbewegungen im 16.-17. Jh.*, Budapest 1977.
Grafenauer, Bogo, »Typologie des révoltes paysannes et des soulèvements populaires chez les peuples yougoslaves du XVe à la fin du XVIIIe siècle«, in: *Acta Jugoslaviae Historica* 1, 1970, S. 59-84.
Heckenast, Gusztav (Hg.), *Aus der Geschichte der ostmitteleuropäischen Bauernbewegungen im 16.-17. Jh.*, Budapest 1977.
Karaman, Igor, »Die Bauernbewegungen und der bäuerliche Klassenkampf in Kroatien im Zeitalter des Spätfeudalismus«, in: *Der Bauer im Klassenkampf*, hg. v. G. Heitz/A. Laube/M. Steinmetz/G. Vogler, Berlin (DDR) 1975, S. 491-512.
Kaspar, J., »Nevolnické povstani v Čechách roku 1680«, in: *Acta Univer-*

sitatis Carolinae. Philosophica et Historica – Monographia VIII, Prag 1965.
Peters, D., *Politische und gesellschaftliche Vorstellungen in der Aufstandsbewegung unter Pugačev (1773-1775)*, Wiesbaden 1973.
Petran, Josef, »Nevolnıcké povstaní 1775«, in: *Acta Universitatis Carolinae – Philosophica et Historica.* Monographia XLII, Prag 1972.
Podraza, Antoni, »Bauernbewegungen in den Karpaten vom 16. bis zum 18. Jh.«, in: G. Heckenast (Hg.), *Aus der Geschichte der ostmitteleuropäischen Bauernbewegungen im 16.-17. Jh.*, Budapest 1977, S. 121-140.
Purš, Jaroslav, »Der Bauernaufstand in Nordböhmen im Jahre 1680 in neuer Sicht«, in: *Jahrbuch für Wirtschaftsgeschichte* 1968, S. 383-392.
Ratkos, Peter, »Die slowakischen Bauern im Klassenkampf von 1526 bis 1785«, in: *Der Bauer im Klassenkampf*, hg. v. G. Heitz/A. Laube/M. Steinmetz/G. Vogler, Berlin (DDR) 1975, S. 429-447.
Revesz, Laszlo, *Der osteuropäische Bauer. Seine Rechtslage im 17. und 18. Jh. unter besonderer Berücksichtigung Ungarns*, Bern 1964.
Schulze, Winfried, »Der Windische Bauernaufstand von 1573. Bauernaufstand und feudale Herrschaft im späten 16. Jahrhundert«, in: *Südostforschungen* 33, 1974, S. 15-61.
Szücs, Jenö, »Die Ideologie des Bauernkriegs«, in: G. Heckenast (Hg.), *Aus der Geschichte der ostmitteleuropäischen Bauernbewegungen im 16.-17. Jahrhundert*, Budapest 1977, S. 157-187.
Tscherepnin, L.W., »Die Bauernkriege im feudalen Rußland«, in: *Sowjetwissenschaft* GR 27, 1974, S. 1069-1081.

8. Andere europäische Länder

De Frede, Carlo, »Rivolte antifeudali nel Mezzogiorno d'Italia durante il Cinquento«, in: *Studi in onore di A. Fanfani*, Bd. 5, Mailand 1962, S. 1-42.
Dekker, R.M., »Oproeren in de provincie Holland 1600-1750. Frequentie en karakter, relatie met de conjuncteur en repressie« in: *Tijdschrift voor sociale Geschiedenis* 3, 1977, S. 299-329.
Elliott, John H., *The revolt of the Catalans. A study in the decline of Spain (1598-1648)*, Cambridge 1963.
Imhof, A.E., »Über die Möglichkeiten internationaler Meinungsbeeinflussung um die Mitte des 16. Jahrhunderts am Beispiel des großen Bauernaufruhrs in Südschweden 1542/43«, in: *Vierteljahrsschrift für Sozial- und Wirtschaftsgeschichte* 59, 1972, S. 153-181.
Kamen, Henry, »A forgotten insurrection of the seventeenth century: The Catalan peasant rising of 1688«, in: *JMH* 49, 1977, S. 210-230.
Koht, Halvdan, *Les luttes des paysans en Norvège du XVIe au XIXe siècle*,

Paris 1929.
Kossok, Manfred, »Comuneros und Germanias. Spanien an der Schwelle der frühbürgerlichen Revolution?« in: *ZfG* 27, 1979, S. 125-139.
Lariquié, Claude, »Les soulèvements populaires en Espagne au milieu du XVIIe siècle«, in: *Revue d'Histoire Diplomatique* 92, 1978, S. 31-50.
Lepre, A., »Classi, movimenti politici e lotta di classe nel mezzogiorno dall fine del settecento al 1860«, in: *Studi Storici* 16, 1975, S. 363 ff.
Mastellone, Salvo, »Les révoltes de 1647 en Italie du sud étaientelles paysannes ou urbaines?« in: *Revue d'Histoire Diplomatique* 92, 1978, S. 166-188.
Perez, J., *La révolution des »communidades« de Castille, 1520-1521*, Bordeaux 1970.
Seaver, H. L., *The great revolt in Castile*, London 1928.
Vetter, Klaus, »Das ›Kaas-en Broodspel‹. Ein wenig beachteter Bauernaufstand am Vorabend der deutschen frühbürgerlichen Revolution«, in: *ZfG* 28, 1980, S. 651-660.
Villari, Rosario, *La rivolta antispagnola a Napoli*, Bari 1967.
Ders., *Ribelli e riformatori dal XVI al XVIII secolo*, Rom 1979.
Weisser, Michael, R., *The peasants of the montes. The roots of rural rebellion in Spain*, Chicago/London 1976.
Ylikangas, Heikki, *Nuijasota*, Helsinki 1977.

Norbert Elias
Über den Prozeß der Zivilisation

Soziogenetische und psychogenetische Untersuchungen

Erster Band: Wandlungen des Verhaltens in den weltlichen Oberschichten des Abendlandes
stw 158. 350 Seiten

Zweiter Band: Wandlungen der Gesellschaft. Entwurf zu einer Theorie der Zivilisation
stw 159. 508 Seiten

Die Soziologie des 20. Jahrhunderts konzentriert sich vor allem auf Zustände. Die langfristigen Transformationen der Gesellschaft und Persönlichkeitsstrukturen hat sie weitgehend aus den Augen verloren. Im Werk von Norbert Elias bilden diese langfristigen Prozesse das zentrale Interesse: Wie ging eigentlich die »Zivilisation« im Abendlande vor sich? Worin bestand sie? Und welches waren ihre Antriebe, ihre Ursachen oder Motoren?
Bei Elias' Arbeit handelt es sich weder um eine Untersuchung über eine »Evolution« im Sinne des 19. Jahrhunderts noch um eine Untersuchung über einen unspezifischen »sozialen Wandel« im Sinne des 20.; seine Arbeit ist grundlegend für eine undogmatische, empirisch fundierte soziologische Theorie der sozialen Prozesse im allgemeinen und der sozialen Entwicklung im besonderen.

Materialien zu Norbert Elias' Zivilisationstheorie

Herausgegeben von Peter Gleichmann, Johan Goudsblom und Hermann Korte
stw 233. 448 Seiten

Dieser Materialienband möchte zur Verbreiterung und Intensivierung der Auseinandersetzung mit dem soziologischen Arbeitsprogramm von Norbert Elias beitragen.
Die in ihm enthaltenen Beiträge zeigen u. a., daß für die Untersuchung langfristiger gesellschaftlicher Entwicklungen und die Struktur ungeplanter Prozesse in der Zivilisationstheorie von Norbert Elias eine fruchtbare Ausgangsposition vorliegt.

Heidi Rosenbaum
Formen der Familie

Untersuchungen zum Zusammenhang von Familienverhältnissen, Sozialstruktur und sozialem Wandel in der deutschen Gesellschaft des 19. Jahrhunderts
stw 374. 634 Seiten

Heidi Rosenbaum untersucht in dieser Arbeit, aufgrund welcher Verhältnisse die um 1800 in Deutschland bestehende Vielfalt von Familienformen sich im Laufe des 19. Jahrhunderts aufgelöst und sich der relativ einheitlich wirkende Typus »moderne Familie« herausgebildet hat. Sie geht dabei von der Hypothese aus, daß die verschiedenen Familienformen und ihre Entwicklung durch ihre spezifische Eingebundenheit in den und Verbundenheit mit dem Bereich der gesellschaftlichen Produktion und seinen Wandlungen grundlegend geprägt sind.
Die Hypothese wird an fünf Familienformen, »traditionellen« und »modernen«, überprüft. Als Beispiele für traditionelle Familien werden die von Bauern und Handwerkern untersucht. Dabei zeigen sich innerhalb des Typus des »ganzen Hauses«, dem beide zuzurechnen sind, wichtige, aus der jeweiligen Produktionsweise sich ergebende Differenzen. Ein Bindeglied zwischen diesen Familienformen und den modernen bildet die Heimarbeiterfamilie, in der sich alte und neue Elemente vermischen. Als Prototypen »moderner Familie« werden die bürgerliche und die proletarische Familie des deutschen Kaiserreichs analysiert. Obwohl die Trennung der Erwerbsarbeit von dem Wohn- und Familienbereich ein zentrales, beiden Familienformen gemeinsames Merkmal ist, überwiegen die aus der unterschiedlichen Arbeits- und Lebenssituation resultierenden Unterschiede.

Seminar:
Familie und Gesellschaftsstruktur

Materialien zu den sozioökonomischen Bedingungen von Familienformen
Herausgegeben von Heidi Rosenbaum
stw 244. 511 Seiten

Marie-Odile Métral
Die Ehe

Analyse einer Institution
Mit einem Vorwort von Philippe Ariès
stw 357. 345 Seiten

»Das Glück der Ehe liegt in ihrer Bedeutung, nicht in ihrer Realität« – dieser Satz, die Quersumme des ersten Teils des Buchs, der der Untersuchung der Ehe in der christlichen Lehre des Mittelalters gewidmet ist, könnte leicht als Motto auch über den späteren Kapiteln stehen. Die Frau, die ihr Leben vom Manne hat (aus der Rippe Adams), lebt nur durch den Mann. Er liebt sie, sie unterwirft sich; er ist Kopf, sie ist Körper. Die Ehe impliziert Gemeinsamkeit, Einheit, aber nicht Gleichheit. – Die ambivalente Einstellung der Kirche zur Ehe – als Sakrament gefeiert, bleibt sie gleichwohl suspekt, weil sie de facto gegen das christliche Ideal der Virginität und der Askese verstößt; sie *ist* nicht christlich, sie kann allenfalls christlich *geführt* werden – hält sich in der Gesellschaftsgeschichte des Nachmittelalters und der Neuzeit durch. Bereits die erste gravierende Abweichung vom vorgeschriebenen Kodex, für welche die höfische Liebe, das »Paar«, als Beispiel steht, wird alsbald von der Kirche unterbunden – erfolgreich unterbunden bis ins 19. Jahrhundert hinein, denn erst das Bürgertum verschafft der »amour-passion« einen Platz in der Ehe. Freilich ist auch dies nur eine Episode: nun übernimmt das Patriarchat die determinierende Rolle in der »natürlichen« Institution Ehe, an den Lebensbedingungen der Frauen ändert sich so gut wie nichts.
Die Studie von Marie-Odile Métral interpretiert Struktur und Praxis der Ehe im Abendland aus ihrem Entstehungskontext: der christlichen Doktrin. Eines ihrer Ergebnisse ist der Nachweis, daß das Mittelalter, jedenfalls im Verständnis der Ehe, noch nicht beendet ist, obwohl die Geschichte dieser Institution vor allem ihre Geschichtlichkeit aufdeckt.

Hört ihr die Kinder weinen

Eine psychogenetische Geschichte der Kindheit
Herausgegeben von Lloyd deMause
stw 339. 627 Seiten

Auf Initiative von Lloyd deMause hat ein Team von zehn Psychohistorikern untersucht, wie sich die Beziehungen zwischen Eltern und Kinder in unserer Kultur von der Antike an verändert haben.
Weil die psychische Struktur von Generation zu Generation durch den Engpaß der Kindheit weitergegeben werden muß, sind die Praktiken der Kindererziehung in einer Gesellschaft mehr als ein beliebiges kulturelles Merkmal neben anderen. Sie stellen vielmehr die entscheidende Bedingung für die Überlieferung und Entwicklung aller anderen Merkmale der Kultur dar und legen definitive Grenzen für das in den verschiedenen Bereichen der Geschichte Erreichbare fest. Es bedarf spezifischer Kindheitserfahrungen, um spezifische Merkmale einer Kultur aufrechtzuerhalten; sobald die betreffenden Erfahrungen fehlen, verschwindet auch das entsprechende kulturelle Merkmal.

Inhalt

Lloyd deMause, Evolution der Kindheit; *Richard B. Lyman, Jr.*, Barbarei und Religion: Kindheit in spätrömischer und frühmittelalterlicher Zeit; *Mary Martin McLaughlin*, Überlebende und Stellvertreter: Kinder und Eltern zwischen dem neunten und dem dreizehnten Jahrhundert; *James Bruce Ross*, Das Bürgerkind in den italienischen Stadtkulturen zwischen dem vierzehnten und dem frühen sechzehnten Jahrhundert; *M. J. Tucker*, Das Kind als Anfang und Ende: Kindheit in England im fünfzehnten und sechzehnten Jahrhundert; *Elizabeth Wirth Marvick*, Natur und Kultur: Trends und Normen der Kindererziehung in Frankreich im siebzehnten Jahrhundert; *Joseph E. Illick*, Kindererziehung in England und Amerika im siebzehnten Jahrhundert; *John F. Walzer*, Ein Zeitalter der Ambivalenz: Kindheit in Amerika im achtzehnten Jahrhundert; *Patrick P. Dunn*, »Der Feind ist das Kind«: Kindheit im zaristischen Rußland; *Priscilla Robertson*, Das Heim als Nest: Mittelschichten – Kindheit in Europa im neunzehnten Jahrhundert; Register.

Alphabetisches Verzeichnis der suhrkamp taschenbücher wissenschaft